Bedingungen internationaler
Gewerkschaftskooperation in Thailand

Europäische Hochschulschriften
Publications Universitaires Européennes
European University Studies

Reihe XXII
Soziologie

Série XXII Series XXII
Sociologie
Sociology

Bd./Vol. 360

PETER LANG
Frankfurt am Main · Berlin · Bern · Bruxelles · New York · Oxford · Wien

Stefan Chrobot

Bedingungen internationaler Gewerkschaftskooperation in Thailand

Das Verbindende und Trennende zwischen den Kulturen

PETER LANG
Europäischer Verlag der Wissenschaften

Die Deutsche Bibliothek - CIP-Einheitsaufnahme

Chrobot, Stefan:

Bedingungen internationaler Gewerkschaftskooperation in Thailand : das Verbindende und Trennende zwischen den Kulturen / Stefan Chrobot. - Frankfurt am Main ; Berlin ; Bern ; Bruxelles ; New York ; Oxford ; Wien : Lang, 2001
(Europäische Hochschulschriften : Reihe 22, Soziologie ; Bd. 360)
ISBN 3-631-38211-1

Gedruckt mit Unterstützung
der Hans Böckler Stiftung.

ISSN 0721-3379
ISBN 3-631-38211-1

www.peterlang.de

Für Anorthe, Ulrike, Florian und Daniel

Vorwort

In langjähriger entwicklungspolitischer Tätigkeit traf ich immer wieder auf Kooperationsverläufe, in denen gutgemeinte internationale Hilfe für Arbeiterorganisationen ihre Wirkung verfehlte oder sogar schadete. Besser schien die internationale Zusammenarbeit dort zu verlaufen, wo sich zwischen den wirtschaftlich und kulturell ungleichen Partnern eine soziale Öffnung mit dem Ergebnis wachsenden wechselseitigen Verständnisses ergab. Um der ungeklärten Frage internationaler Kooperationsbedingungen von Arbeiterorganisationen nachzugehen, entschloss ich mich 1998 zu einer Forschung am Fallbeispiel Thailands. Die Ergebnisse liegen jetzt als Beitrag zum soziologischen Diskurs vor. Aus ihrer Veröffentlichung erhoffe ich mir auch ein besseres internationales Verständnis zwischen Gewerkschaften.

Danken möchte ich guten Freunden und Kollegen, die mich bei der Verwirklichung dieses Projektes ermutigt und unterstützt haben. Besonders gilt dies für Detlef Eke, der nicht nur stets ein offenes Ohr hatte, sondern mich in schwierigen Phasen immer wieder bestärkte, Sakdina Chatrakul na Ayudhaya, der mir bei der Überwindung sprachlicher und kultureller Barrieren half sowie Gretel Daub, die das Manuskript durchsah. Ich danke auch Pia Bungarten, Erwin Schweisshelm und Katja Meyer für ihre Unterstützung meiner Feldforschung in Bangkok sowie den Thai Gewerkschafterinnen und Gewerkschaftern, die mir großes Vertrauen entgegenbrachten. Unvergessen sind Banchongsiri Ratanapojnard, die kurz vor ihrem tödlichen Unfall im Dezember 1998 als Übersetzerin half und Rüdiger Sielaff, der im November 2000 verstarb und dem ich in der internationalen Kooperation viel verdanke. Mein Dank gilt des weiteren der Hans Böckler Stiftung für ihren anteiligen Druckkostenzuschuss sowie der Friedrich-Ebert-Stiftung für ihre Aufgeschlossenheit gegenüber diesem Projekt.

Hamburg im April 2001 Stefan Chrobot

Inhalt

Übersichten und Darstellungen

Abkürzungsverzeichnis

AAFLI	American Asian Free Labour Institute
ADGB	Allgemeiner Deutscher Gewerkschaftsbund
AFL	American Federation of Labour
APRO	Asia Pacific Regional Organisation
ASEAN	Association of South East Asian Nations
BA	Benefits approach
BATU	Brotherhood of Asian Trade Unions
BI	Bildungsinternationale
BTC	Bangkok Tramway Company
CBA	Collective benefits approach
CI	Communications International
CIO	Congress of Industrial Organisations
CLU	Central Labour Union
DAC	Development Assistance Committee
DGB	Deutscher Gewerkschaftsbund
NEDB	National Economic Development Board
EOI	Exportorientierte Industrialisierung
FES	Friedrich-Ebert-Stiftung
FIET	Internationaler Bund der Privatangestellten
FLUT	Federation of Labour Unions of Thailand
FWAT	Free Workmen's Association of Thailand
IAA	Internationale Arbeiter Assoziation
IAO	Internationale Arbeitsorganisation
IBA	Individual benefits approach
IBBH	Internationaler Bund der Bau- und Holzarbeiter
IBCG	Internationaler Bund Christlicher Gewerkschaften
IBFG	Internationaler Bund Freier Gewerkschaften
IBS	Internationales Berufssekretariat
ICEM	Internationale Föderation von Chemie-, Energie-, Bergbau- und Fabrikarbeiterverbänden
ICFTU	International Confederation of Free Trade Unions
IG	Industriegewerkschaft
IGF	Internationale Grafische Föderation
IGB	Internationaler Gewerkschaftsbund

IJF	Internationale Journalisten Föderation
IMB	Internationaler Metallgewerkschaftsbund
IÖD	Internationale der Öffentlichen Dienste
IPPT	Internationale des Personals der Post-, Telegrafen- und Telefonbetriebe
ISA	International solidarity approach
ISI	Importsubstitution Industrialisierung
ITBLAV	Internationale Textil-, Bekleidungs- und Lederarbeiter-Vereinigung
ITF	Internationale Transportarbeiterförderation
IUH	Internationale Union der Holzarbeiter
IUL	Internationale Union der Lebensmittel-, Landwirtschafts-, Hotel-, Restaurant-, Café- und Genussmittelarbeiter-Gewerkschaften
LCCT	Labour Coordination Centre of Thailand
LCT	Labour Congress of Thailand
LDC	Least developed countries
NCTL	National Council of Thai Labour
NSA	National solidarity approach
NPKC	National Peace Keeping Council
NRO	Nicht-Regierungsorganisation
NSDAP	Nationalsozialistische Deutsche Arbeiterpartei
OECD	Organisation for Economic Cooperation and Development
RENGO	Japanese Trade Union Confederation
RGI	Rote Gewerkschaftsinternationale
SA	Solidarity approach
SEC	Siam Electric Company
SPD	Sozialdemokratische Partei Deutschlands
SERC	State Enterprise Relations Confederation
SESRA	State Enterprise Staff Relations Act
TLU	Thai Labour Union
TMF	Thai Metal Workers Federation
TTA	Thai Tramwaymen's Association
TTUC	Thai Trade Union Congress
UNI	Union Network International
WGB	Weltgewerkschaftsbund
WVA	Weltverband der Arbeit

1 Einleitung

1.1 Fragestellung

Diese Untersuchung befasst sich mit den Bedingungen der Kooperation zwischen einer internationalen Gewerkschaftsbewegung, die ihre Wurzeln im europäischen Industrialisierungsprozess findet, und den Arbeiterorganisationen des exportorientierten Entwicklungslandes Thailand. Der praktische Hintergrund für die Festlegung des Untersuchungsgegenstandes ist die Beobachtung vielfältiger Probleme und Schwierigkeiten in der Zusammenarbeit zwischen Gewerkschaften in Thailand und ihren internationalen Kooperationspartnern. Auch bei guter Absicht und intensivem Bemühen ist es für die Beteiligten oft sehr schwer, das Paradigma und die Verhaltensweise der jeweils anderen Seite zumindest einigermaßen zu verstehen, oder gar in einen nachhaltigen Lernprozess einzutreten, aus dem die Zusammenarbeit mit ihren Ergebnissen sich weiterentwickelt. Selbst jahrzehntelange internationale Unterstützung ging im Falle Thailands nicht mit einer nachhaltigen Aufwärtsbewegung der Arbeiterbewegung einher. Ob dies an den Thai Gewerkschaften liegt, oder an Mängeln der internationalen Kooperation, oder aber an gesellschaftlichen Bedingungen, die sich einer Veränderung durch gemeinsames Handeln entziehen, ist bisher ungeklärt. Den Formen, Verläufen und Inhalten der gewerkschaftlichen Zusammenarbeit liegen im Falle Thailands weitgehend unbekannte Bedingungen zugrunde. In dieser Arbeit soll der Gehalt dieser bisher unbekannten oder möglicherweise missverstandenen Kooperationsbedingungen mit einer wissenschaftlichen Analyse allgemein erklärt und dargestellt werden.

Die Thai Gewerkschaften und ihre internationalen Kooperationspartner und Dachverbände agieren außerhalb der internationalen Interaktion in recht unterschiedlichen gesellschaftlichen Rahmenbedingungen, die sich getrennt voneinander in zeitversetzten Industrialisierungsprozessen herausgebildet haben. Was dabei wie und unter welchen Bedingungen die internationale gewerkschaftliche Kooperation und ihre Solidaritätsbeziehungen ermöglicht und erleichtert, oder aber erschwert und verhindert, ist für Thailand bisher unbekannt und soll analysiert werden. Es wird nach dem Verbindenden und Trennenden zwischen den wirtschaftlich und kulturell ungleichen Partnern und nach seinen Auswirkungen auf die Kooperationsbeziehungen gefragt. Vorgefundene strukturelle Voraussetzungen sind dabei nicht eindimensional Bestimmungsfaktoren des Handelns in einer Kooperation, sondern in einer Wechselwirkung zugleich Gegenstand möglicher Veränderung durch gewerkschaftliche Akteure. Strukturelle Kooperationsbedingungen wirken einerseits auf das Handeln der internationalen Kooperationspartner ein, andererseits sind sie selbst Gegenstand des Handelns und von den internationalen Kooperationspartnern veränderbar.

Dieses Wechselverhältnis von Struktur und Handeln gilt ebenso für die Entwicklung der Kooperationspartner innerhalb ihrer jeweiligen gesellschaftlichen Rahmenbedingungen. Die Entstehung der europäischen Arbeiterbewegung und ihrer internationalen Verbände ist Ausdruck des Arbeiterhandelns im Umfeld sozialer Herausforderungen durch den Industrialisierungsprozess. Klassenbildung ist darin kein im Ergebnis determinierter Reflex auf ökonomische Veränderungen. Indem die Menschen ihre eigene Geschichte als gewerkschaftliche Klassenbewegung leben, definieren sie sich nach E.P. Thompson selbst als ‚gesellschaftliche und kulturelle Formation'. Auch die Thai Arbeiterbewegung ist eine ‚gesellschaftliche und kulturelle Formation', die sich mit ihrem Handeln und vor dem Hintergrund der spezifischen sozialen Gegebenheiten Thailands in Form und Inhalt selbst definiert. In Thailand war dies seit der Einbindung des Königreichs in den Weltmarkt als Rohstoffexporteur im 19. Jh. und in der anschließenden exportorientierten Industrialisierung bis zur Gegenwart ein Prozess von bisher sechs Repressions- und Expansionszyklen.

Es stellt sich die Frage nach der Bedeutung der jeweiligen Besonderheiten der Klassenbildungsprozesse als Bedingung der internationalen Kooperation. Die Partner agieren dabei in einer Gegenwart im Globalisierungsprozess und unter postindustriellen Entwicklungen in den bisherigen Industrieländern, was zu berücksichtigen ist. Neben ökonomischen sind kulturelle Trennlinien zwischen den sonst teilweise ähnlich, wenn auch zeitversetzt entstandenen oder sich auflösenden Klassenbewegungen von Bedeutung. Es wird gefragt, ob solche Trennlinien, z.B. aufgrund kultureller oder religiöser Traditionen, langfristig konstant und damit der Veränderung durch die Kooperationspartner entzogen sind, oder aber bei lediglich relativer Persistenz (bzw. als moderne Projektion vermeintlicher kultureller Verschiedenheit) innerhalb einer absehbaren Handlungsperspektive verändert oder überwunden werden können. Analysiert werden die Bedingungen der internationalen Kooperation zum einen aus den strukturellen Voraussetzungen, wie z.B. den zeitversetzten Industrialisierungsprozessen unter teils gleichen und teils verschiedenen Umständen, oder den unterschiedlichen kulturellen Gegebenheiten. Andererseits werden sie unter dem Blickwinkel des Handelns und der Handlungsintentionen von Kooperationspartnern als den Gestaltenden ihrer eigenen Entwicklung und Kooperationsbeziehungen betrachtet. Die Analyse untersucht das Verhältnis struktureller Voraussetzungen zu den Intentionen und Handlungen der Akteure mit ihren jeweiligen Selbstzuordnungen im internationalen Raum. Dabei wird sowohl strukturell als auch in den Handlungsintentionen Verbindendes und Trennendes differenziert. Es handelt sich im Ergebnis um eine allgemeine Erklärung der Bedingungen gewerkschaftlicher Kooperation in Thailand. Dabei wird nicht der Anspruch einer vollständigen Erfassung sozialer Wirklichkeit der internationalen Kooperation mit all ihren Möglichkeiten erhoben.

1.2 Inhaltliche Eingrenzung und Methodik

Die Bedingungen internationaler gewerkschaftlicher Kooperations- und Solidaritätsbeziehungen bei unterschiedlichen wirtschaftlichen, sozialen und kulturellen Gegebenheiten werden am Beispiel Thailands untersucht, eines exportorientierten Entwicklungslandes in Südostasien mit außeninduzierter Industrialisierung. Dies erfolgt durch Diskussion unterschiedlicher theoretischer und empirischer Erklärungsansätze und eine parallel zueinander durchgeführte historische und empirische Analyse. Ausgangspunkt dieses methodischen Vorgehens sind empirische Eindrücke und theoretische Vorüberlegungen. Zunächst wurde ein erstes Spektrum thematisch relevanter theoretischer Erklärungsansätze auf seine Bedeutung für den Untersuchungsgegenstand dargestellt und diskutiert. Daraus entstand ein offenes theoretisches Konzept mit vorläufiger Hypothesenbildung als Vorstufe der weiteren Analyse. Auf dieser Grundlage konnte mit parallel angewendeten Verfahren der historischen und empirischen Analyse der deduktive und induktive Forschungsprozess durchgeführt, fortentwickelt, in seinen jeweiligen Zwischenergebnissen präzisiert und am Ende zu einem Gesamtergebnis zusammengeführt werden.

Kapitel 2 ist der Darstellung und Diskussion theoretischer und empirischer Erklärungsansätze mit Bedeutung für die internationalen Kooperationsbedingungen in Thailand gewidmet. Abschnitt 2.1 zur traditionellen Gesellschaft und Sozialordnung Thailands behandelt Hypothesen zu kosmischer Ordnung und vertikaler Struktur, ‚patron-client' Beziehungen, Klassen und dem Individualismus im traditionellen Kontext. Abschnitt 2.2 geht ein auf die kulturelle Interpretation der Thai Arbeitbewegung, ihre sozialgeschichtliche Interpretation und die Frage des modernen Geschichtsbildes gegenüber der historischen Realität Thailands. Schichtung, Status und ungleiche Informalisierungsprozesse von Gesellschaften sind Gegenstand von Abschnitt 2.3. Auswirkungen eines okzidentalen Verständnisses von Klassenbildung und sozialer Schließung im Verhältnis zu einem buddhistischen Verständnis und dessen Interpretation werden in Abschnitt 2.4 behandelt. Abschnitt 2.5 fragt nach der Bedeutung von Kultur und Klassenmentalitäten als Kooperationsbedingung. Hier geht es zum einen um die Relativität kultureller Unterschiede und zum anderen um die Persistenz von Klassenmentalitäten. Abschnitt 2.6 befasst sich schließlich mit der Bildung und Devolution von Klassen im sozialen Raum und mit den Auswirkungen postindustrieller Bedingungen auf die internationale gewerkschaftliche Kooperation. Die Weiterentwicklung des vorhandenen ,Theorieangebots' zu Trendaussagen ist als deduktives Zwischenergebnis aus der Diskussion der behandelten Erklärungsansätze in Abschnitt 2.7 zusammengefasst.

Kapitel 3 beschreibt als Teil der historischen Analyse die Entwicklung der Arbeiterbewegung in Thailand. Dies umfasst den Zeitraum von der Weltmarktanbindung im ausklingenden 19. Jh. bis zur Gegenwart der Exportorientierung und des wirtschaftlichen Einbruchs der Asienkrise am Ende des 20. Jh.. Es werden vor dem Hintergrund der politischen, ökonomischen und sozialen Entwicklung sechs Zyklen identifiziert, in denen jeweils spezifische historische Bedingungen der internationalen Kooperation vorgefunden werden. Die wiederkehrende Repression in diesen Zyklen war so heftig, dass eine historische Kontinuität im Bewusstsein der Thai Gewerkschaftsbewegung zerstört und ihre Entwicklung immer wieder unterbrochen wurde. Auch mit internationaler Kooperation und Unterstützung konnte dieser zyklischen Depression nicht nachhaltig entgegengewirkt werden. Das Zwischenergebnis der historischen Analyse zur Thai Arbeiterbewegung mit Bedeutung für die internationalen Kooperationsbedingungen wird am Ende des Kapitels 3 in Abschnitt 3.6 zusammengefasst.

Kapitel 4 zur internationalen Arbeiterbewegung und Globalisierung behandelt in Abschnitt 4.1 die historische Entwicklung der internationalen Gewerkschaftsbewegung in ihrer Bedeutung für die Kooperationsbedingungen in Thailand. Zunächst werden Erfahrungen aus der Gründerzeit und des Verhaltens gegenüber einem repressiven Regime mit den Bedingungen in Entwicklungsländern verglichen. Danach wird die moderne Entwicklung und die Struktur der internationalen Gewerkschaftsbewegung bis zur Gegenwart dargestellt. Abschnitt 4.2 geht auf typische sachliche Zusammenhänge und allgemeine Sachverhalte in der Realität gewerkschaftlicher Akteure in der Globalisierung und im Industrialisierungsprozess von Entwicklungsländern ein. Ob und wie Solidarität möglich wird und eine internationale Kooperation verläuft, hängt neben strukturellen Voraussetzungen in einem Wechselverhältnis zugleich vom Handeln und der Selbstzuordnung der gewerkschaftlichen Akteure im internationalen Raum ab. Zwischenergebnisse des Kapitels 4 mit Bedeutung für internationale Kooperationsbedingungen in Thailand werden am Ende in Abschnitt 4.3 zusammengefasst.

Mit der empirischen Analyse in Kapitel 5 wird mittels qualitativer Sozialforschung ergänzend zur Diskussion theoretischer Ansätze und historischen Analyse konstitutiv mit Hypothesengenerierung und der Entwicklung von Kategorien in die Theoriebildung eingewirkt. Ziel der qualitativen Sozialforschung ist die empirische Erfassung der Wirklichkeitsdefinitionen thailändischer Gewerkschafterinnen und Gewerkschafter als Beitrag zur Theoriebildung im Gesamtrahmen dieser Arbeit. Die Forschung wurde mit Thai Akteuren der internationalen Gewerkschaftskooperation in Bangkok durchgeführt. Die lokalen Rahmenbedingungen sind einleitend in Abschnitt 5.1 wiedergegeben. Von einer ergänzenden empirischen Forschung mit den internationalen Akteuren und Kooperationspartnern der Thai Gewerkschaften aus verschiedenen Ländern in vier Kontinenten musste wegen des ohnehin weit gespannten Rahmens des Gesamtvorhabens abgesehen werden. Ein Teil der empirischen Forschungsergebnisse bezieht sich im Innenverhältnis der Thai Gewerkschaften (Abschnitt 5.2) auf die Differenzierung zwischen Basis und Führung, Typen von Gewerkschaftsführern und kulturelle Besonderheiten. Ein anderer Teil umfasst im internationalen Außenverhältnis (Abschnitt 5.3) die Differenzierung zwischen den Thai und Ausländern (‚Nicht-Thai'), die Kategorie des ‚Nicht-Verstehens' und die Bedeutung von Mittlern in der Kooperation. Hier wird zudem ein Versuch der Bildung eines Modells zur Erklärung von Bedingungen internationaler Kooperation unternommen, der auf den Einzelergebnissen der Interviewauswertung beruht. In einem Exkurs werden in Abschnitt 5.4 Fallbeispiele empirisch und theoretisch interpretiert. Die empirischen Teilergebnisse der internationalen Kooperationsbedingungen in Kapitel 5 werden am Ende als Zwischenergebnis in Abschnitt 5.5 zusammengefasst.

Der gewählte Forschungsansatz geht von einem theoretischen Vorverständnis aus, das sich im Wesentlichen aus Kapitel 2 dieser Arbeit ergibt. Die Empirie wirkt parallel zur deduktiven Methodik und ihrer Anwendung auf vorgefundene Theorien, (und zur historischen Analyse in den Kapiteln 3 und 4) konstitutiv auf die Hypothesen- und Theoriebildung ein. Es handelt sich demnach um einen Prozess der Genese zusätzlicher Hypothesen mittels qualitativer Sozialforschung. Die induktive Weiterentwicklung eines theoretischen Vorverständnisses ist nach Lamnek[1] ein mögliches Verfahren der qualitativen Sozialforschung. Es wurde gewählt als ein dem Gesamtvorhaben angemessener Weg des wissenschaftlich kontrollierten Verstehens der Konstruktion von sozialer Wirklichkeit in der internationalen Gewerkschaftskooperation. Im Gegensatz dazu stände alternativ im quantitativen Paradigma eine falsifikativ-deduktive Theorie- und Hypothesenprüfung, die hier jedoch keine Anwendung findet. Die induktive Theoriebildung erhebt innerhalb dieser Methodik dennoch nicht den Anspruch einer ausschließlich empirisch fundierten ‚grounded theory'. Wie dargestellt, ergänzt sich in dem durchgeführten Forschungsprozess die Empirie mit einem deduktiv entwickelten vorläufigen Theorieverständnis. Das theoretisch entwickelte und durch die historische Analyse erweiterte Vorverständnis wird mit Methoden der qualitativen So-

1 Vgl.: Siegfried Lamnek: Qualitative Sozialforschung, Bd. 1 und Bd. 2, München: Beltz, 1993

zialforschung fortentwickelt und präzisiert. Deduktion und Induktion *„gehen Hand in Hand.“*[2]

Zur Gewinnung des empirischen Ausgangsmaterials wurde die Technik ‚problemzentrierter Interviews’[3] ausgewählt. Diese Arbeitstechnik lässt es zu, mit einem theoretischen Konzept und vorläufigen Annahmen aus dem Vorverständnis ins Feld zu gehen. Diese Ausgangsbasis wird durch die Feldforschung modifiziert, verbessert, korrigiert und ergänzt. Der Konstitutionsprozess von sozialer Wirklichkeit in der internationalen Gewerkschaftskooperation wird durch prozessorientiertes Forschen dokumentiert, rekonstruiert, interpretiert und erklärt. Diese Forschungsmethode erfordert Offenheit, Kommunikativität und Flexibilität. Den narrativen Beiträgen der Befragten kommt dabei besondere Bedeutung zu. Die interviewten Personen werden als Situationen und Bedeutung interpretierende Akteure gesehen,[4] deren Handeln sich nicht nur aus einer vorgegebenen Struktur ergibt, sondern, bedingt durch ihre Ziele und ihr Verständnis, auch gestaltend auf diese einwirkt. Die Erhebung des Ausgangsmaterials mit problemzentrierten Interviews genügte einerseits dem Anspruch relativer Offenheit und sie ließ anderseits den Aspekt des theoretischen Vorverständnisses nicht außer Acht. Entsprechend wurde ein Interviewleitfaden[5] entwickelt, der bei grundsätzlicher Offenheit für die Interpretationen und narrativen Beiträge der interviewten Personen einen flexiblen Rahmen von vier Interviewphasen vorsah und den Einstieg mit einem Kurzfragebogen vermittelte.

Gegenstand des Forschungsprozesses war die Dokumentation und Interpretation sozialer Wirklichkeit, so wie sie sich aus dem Verständnis gewerkschaftlich international tätiger Akteure ergibt. Es sind empirisch erfasste Thai Interpretationen von sozialer Wirklichkeit innerhalb der Gewerkschaftsbewegung und ihrer nationalen und internationalen Außenkontakte. Diese Interpretationen sind Konstruktionen von sozialer Wirklichkeit. Für die national und international handelnden gewerkschaftlichen Akteure bilden sie eine Bedingung ihrer internationalen Interaktion und Kooperation. Ziel der Auswertung war die Identifikation und Typisierung von Handlungsmustern im sozialen Feld. Bei dieser Typisierung handelt es sich um ein *„wissenschaftliches Konstrukt,“*[6] das die Bedingungen der internationalen Kooperation erklären soll. Mit ihrem theoretischen Gehalt muss diese Typisierung nicht immer den Einzelheiten der empirischen Wirklichkeit und der ihrer Akteure entsprechen.

---

2 Ebd., Bd.2 , S. 78
3 Vgl.: Ebd., Bd. 2, S. 74 ff.
4 Vgl.: Ebd., Bd. 2, S.172 ff.
5 Siehe Anhang
6 Vgl.: Lamnek, 1993, ... a.a.O., Bd. 2, S. 204

Es wurden insgesamt neun problemzentrierte Interviews durchgeführt, vollständig in englischer Sprache in anonymisierter Form transkribiert (mit Ausnahme der Vor- und Nachbesprechungen, die nicht von einem Tonträger aufgezeichnet wurden) und später mit einer qualitativen Inhaltsanalyse zur induktiven Gewinnung von Hypothesen ausgewertet. Die Auswertung erfolgte in Anlehnung an das von Mayring[7] entwickelte Verfahren der qualitativen Inhaltsanalyse, bei dem eine Generalisierung der gewonnen Ergebnisse durch Typisierung vorgenommen wird.[8] Eine Auswertung durch das alternative Verfahren der ‚objektiven Hermeneutik' mit ihrer oftmals betonten Bedeutung natürlich gesprochener Sprache[9] erschien dagegen im Falle der von einem ‚Ausländer' in Thailand durchgeführten Interviews aus sprachlichen, kulturellen und methodischen Gründen nicht zweckmäßig.

Bei der Auswertung des Interviewmaterials richtete sich die übergeordnete Forschungsfrage auf die Erfassung und Typisierung der Konstitution von sozialer Wirklichkeit innerhalb der Thai Gewerkschaften im Hinblick auf ihre internationale Kooperation. Die Auswertung erfolgte in aufeinanderfolgenden Bearbeitungsstufen durch Zusammenfassung, Strukturierung und Interpretation der eingangs transkribierten Interviews. Zur Zusammenfassung wurde in einem ersten Materialdurchlauf zunächst eine Paraphrasierung aller für die Forschungsfrage relevanten Textbestandteile durchgeführt. Danach erfolgte in einem zweiten Materialdurchlauf eine Generalisierung auf Abstraktionsniveau als weitere Reduktion. Als nochmalige Reduktionsstufe schloss sich eine fallübergreifende, alle neun Interviews umfassende Bündelung gleicher bzw. ähnlicher (generalisierter) Aussagen an. Diese generalisierten und gebündelten Aussagen wurden dann mit zusammenfassenden Beschreibungen ihres Kerngehalts versehen. Der Kontext in den so gebildeten ‚Gruppen' ergab sich manchmal nicht nur aus dem Interviewtext, sondern ergänzend durch Explikation (z.B. unter arbeitsrechtlichen, politischen oder historischen Gesichtspunkten). In einem weiteren Durchlauf des so gebündelten und mit Zusammenfassungen versehenen Materials war schließlich eine typisierende Strukturierung möglich. Die Darstellung der Ergebnisse dieser Strukturierung und ihrer Interpretation in Richtung der Hauptfragestellung sind Inhalt der Abschnitte 5.2 (Wirklichkeit in den Thai Gewerkschaften) und 5.3 (Wirklichkeit in der internationalen Kooperation). Die Interpretation der typisie-

---

7 Vgl.: Phillip Mayring: Qualitative Inhaltsanalyse: Grundlagen und Techniken, 4. erw. Auflage, Weinheim: Dt. Studien-Verlag, 1993

8 Vgl.: Lamnek, 1993, ... a.a.O., Bd. 2, S. 204

9 Vgl. hierzu und zum ‚Oevermannschen Ansatz' der, Objektiven Hermeneutik: Jo Reichertz: Probleme qualitativer Sozialforschung: zur Entwicklungsgeschichte der Objektiven Hermeneutik, Frankfurt: Campus Verlag, 1986

renden Strukturierung wurde mit sachbezogenen und für das Verständnis des Lesers hilfreichen Ankerbeispielen aus dem originalen Interviewtext ergänzt.

In Kapitel 6 werden die Zwischenergebnisse der vorhergehenden Kapitel in 15 begründeten Thesen (Abschnitt 6.1) und dem abschließendem Fazit (Abschnitt 6.2) zu einem einheitlichen, allgemeinen Erklärungsansatz der Bedingungen internationaler Gewerkschaftskooperation in Thailand zusammengefasst.

2 Darstellung und Diskussion bisheriger Erklärungsansätze

2.1 Traditionelle Gesellschaft und Sozialordnung Thailands

2.1.1 Kosmische Ordnung und vertikale Struktur

In seiner Abhandlung „*Merit and Power in the Thai Social Order*"[1] zum sozialen Verhalten der Thai untersucht Hanks abstrahierend von den historischen Bedingungen (‚ahistorically') die Auf- und Abwärtsbewegungen von Individuen in einer vorgegebenen sozialen Ordnung.[2] Hanks geht von einer ‚buddhistischen' Vorstellung der Thai aus, dass alle Lebewesen in einer Hierarchie stehen. Merkmale dieser Hierarchie sind unterschiedliche Fähigkeiten in der Wirksamkeit des Handelns der in ihr stehenden Personen, die mit unterschiedlichen Graden der Freiheit von Leid einher gehen. Die individuellen Lebewesen finden ihren relativen Standort innerhalb der Hierarchie durch ihre Verdienste aus ihren früheren oder jetzigen Leben, d.h. durch ‚merit' *(bun)* oder ‚virtue' *(khwaamdii)*. So entsteht eine kosmische Ordnung. Die Wirksamkeit des Handelns und die Freiheit von Leid eines Lebewesens steigen mit dem Grad der erworbenen Verdienste (‚merit' bzw. *bun*). Die kosmische Ordnung legt für individuelle Lebewesen keine speziellen Positionen innerhalb der Hierarchie fest. Sie beschreibt lediglich die Stationen, die ein Wesen gemessen an seinen Verdiensten als Tier, Mensch oder höheres Wesen durchlaufen kann.[3] Die menschliche Sozialordnung ist nach dieser Vorstellung nur ein Segment der umfassenderen kosmischen Hierarchie. Die kosmischen Gesetze der Hierarchiebildung kommen deshalb in ihr zur Geltung und die individuellen Positionen können sich jederzeit verschieben.

„Because of his grater merit, a rich man is more effective than a poor man and freer from suffering. ... As with the cosmic hierarchy, the Thai social order roots individuals in no permanent rank. Peasants have become ministers of state, just as powerful kings have become slaves. Social life is a continuous process of changing station by earning and validating a higher one, or falling to a lower one. At any moment the lowest man may

1 Lucien M. Hanks: Merit and Power in the Thai Social Order, in: American Anthropologist 64 No. 6, 1962, S. 1247 ff.
2 Ebd., S. 1247
3 Ebd., S. 1248

catapult himself to a position effectively superior to the king; he need only take the vows of a priest." [4]

Hanks untersucht auf der Annahme einer seiner Ansicht nach von der Bevölkerung verinnerlichten Kosmologie die Bildung von Gruppen innerhalb der Thai Sozialordnung. Danach kann es dann zur Konstitution von Gruppen kommen, wenn einem Menschen ausreichend Ressourcen zur Verfügung stehen, um anderen ‚benefits' zukommen zu lassen. Ungleichheit ist somit eine unabdingbare Voraussetzung der Existenz solcher Gruppen.[5] Die Gruppenhierarchie äußert sich in einer ‚linearen' Organisationsstruktur:

> "Groups themselves are tiny hierarchies with a superior showering benefits on his nearest inferior, who in turn relays a portion to some one standing beneath him. ... The leader must see that even the lowliest member is adequately cared for, yet the linear organisation is evident." [6]

Die Existenz von Hierarchien wird so zur Voraussetzung von Ordnung in der Gesellschaft. Der Zusammenhalt der Thai Gesellschaft basiert demnach wesentlich auf dem Bemühen ihrer Mitglieder, in den Klientenstatus anderer Person einzutreten, die über größere Ressourcen als sie selbst verfügen. Trotz der individuellen Verantwortlichkeit eines jeden für sich selbst wäre man schlecht beraten, in der hierarchisch strukturierten Gesellschaft alleine und ohne Unterstützung zu kämpfen.[7] Ein unmittelbarer Aufstieg in dieser sozialen Hierarchie der menschlichen Gesellschaft ist auf zwei Wegen möglich. Die erste Möglichkeit besteht darin, als erfolgreicher Führer einer Gruppe zusätzliche Ressourcen für die Verteilung an Rangtiefere zu beschaffen. Reputation und Status eines Führers wachsen mit seiner Großzügigkeit und Fähigkeit, anderen Vorteile zukommen zu lassen. Entsprechend wächst oder fällt auch die Bedeutung seiner Gruppe.[8] Personen auf den unteren Stufen hoffen kaum auf eine eigenständige und unabhängige Erhöhung ihrer verfügbaren Ressourcen. Ihnen bleibt als Alternative die Suche nach einer Dienstbeziehung zu einer höherstehenden Person mit größeren Ressourcen. Lässt sich dies Verwirklichen, dann kann zur Bewerkstelligung des eigenen Aufstiegs ein Teil der hierdurch zugänglichen ‚benefits' an die eigene Klientel weiter verteilt werden:

---

4 Ebd.
5 Ebd., S. 1249
6 Ebd.
7 Ebd.
8 Vgl.: Ebd., S. 1250

„... (one) may offer his services to another with resources greater than his own and redistribute the resulting benefits among his own following.“ [9]

Die Hierarchie der Thai Sozialordnung unterscheidet sich damit von der europäischen Feudalordnung mit ihren permanenten und auf die Nachkommen übertragenen Beziehungen. In der Thai Ordnung ist der Bestand einer konkreten Über- und Unterordnung zweier Personen abhängig von der Nützlichkeit und Dienlichkeit dieser Beziehung für die Beteiligten auf beiden Seiten. Die einseitige Aufkündigung ist (theoretisch!) grundsätzlich möglich. Ein Höhergestellter *„may terminate benefits, or an inferior may cease rendering services at his own discretion."* [10]

Hanks sieht diese Thai Besonderheit durch die Abwesenheit von Bauernrevolten in der Thai Geschichte bestätigt und schließt daraus, dass diese spezifische Art der Vertragsfreiheit geholfen habe, Tyrannei zu reduzieren.[11] Andere Autoren greifen diesen Gedanken auf und entwickeln daraus die Annahme eines symbiotischen Gesellschaftsbildes, dessen historische Existenz jedoch fraglich ist.[12] Hanks kommt zu der Schlussfolgerung, dass ‚Verrat' als moralische Kategorie in solch einer ‚Szenerie' nicht vorkomme.[13] Loyalitäten sind von daher unbeständig, was demnach, dies als Anmerkung, auch für die Bedingungen in Gewerkschaften und die geringe Beständigkeit ihrer Bündniskonstellationen gelten würde.

In diesem System sieht Hank einige Regeln der sozialen Aufwärts- und Abwärtsbewegung. Eine Hauptregel besteht darin, dass eine Gruppe mit wachsenden Ressourcen größer und stabiler wird. Umgekehrt schwindet mit abnehmenden Ressourcen auch die Größe und Stabilität einer Gruppe.[14] Bei zunehmenden Ressourcen werden die größten Vorteile zunächst auf die unmittelbar unter dem Führer stehenden Personen verteilt und dann in abnehmender Skala an die jeweils Tieferstehenden. Danach erhalten in einer Gruppe die Ranghöheren und Reicheren einen relativ größeren Anteil als die Rangtieferen und Ärmeren. Dies stärkt den Zusammenhalt an der Spitze einer Gruppe und führt zum unteren Ende hin zu wachsender Instabilität.[15] Wendet man diese Regel auf Gewerkschaften an, dann müsste ein Führer an der Spitze der Organisation Ressourcen beschaffen und

---

9 Ebd.

10 Ebd., S. 1250

11 „helped reduce a master's tyranny“, Hanks, 1962, ... a.a.O., S. 1250

12 Vgl. hierzu Abschnitt 2.2.3.

13 „Traitors as morally despicable figures are absent from the scene. ... Change of affiliation is not a privilege of aristocrats and statesmen but extends as a right to all people." Hanks, 1962, ... a.a.O., S. 1251

14 Vgl.: Ebd., S. 1252 f.

15 Vgl.: Ebd., S. 1253

verteilen, um damit seinen engeren Führungskreis der unmittelbar unter ihm Stehenden zu stabilisieren.

‚Merit' ist der wichtigste Faktor für den Standort und die Auf- und Abwärtsbewegungen einer Person in der sozialen Ordnung. Hinzu kommt jedoch ‚power' *(khaeng, khenggraeng, amnaad;)*[16] als weiterer Faktor in der Hierarchiebildung. ‚Power' bringt ein Element der Unsicherheit in die soziale Ordnung. Hochgestellte Personen, in deren Dienst man steht, können plötzlich ihre Macht verlieren oder durch die Macht anderer gestürzt werden. Tritt dies ein, dann verlieren deren Klienten die statusgewährenden Vorteile aus ihrer reziproken Beziehung. Dies zwingt diese Klienten, sich anderweitig an neuen Patronen zu orientieren. Diese allgegenwärtige Unsicherheit in der sozialen Ordnung des im buddhistischen Verständnis für sich selbst verantwortlichen Individuums führt nach Hanks zu einer spezifischen Verhaltensweise der Thai, die er wie folgt beschreibt:

„To each other everyone is outwardly polite, even light-hearted, but they are rarely frank. Because the other person is superior or inferior, he must be treated circumspectly, particularly if he is a stranger, for he may become a source of some advantage or disadvantage. ... From this atmosphere arises the Thai proclivity to maximize the harmony and pleasantness of meeting others; it is well to avoid debates and best to keep the topic amusingly light." [17]

Hinter der oberflächlichen gesellschaftlichen Harmonie bleibt der Einzelne wachsam. Durch prüfenden Blick nach Oben und Unten versichert er sich seiner Position.[18] Zugleich darf ein gelegentlicher Seitenblick zu solchen Personen in etwa gleicher Position nicht vergessen werden, die als potentielle Rivalen beim Aufstieg in höhere Stationen zu verstehen sind.[19] Nach Hanks kann unter diesen so beschriebenen Bedingungen die Konzeption einer Klassengesellschaft nicht auf Thailand angewendet werden. Bemühungen zur Darstellung sozialer Klassen in der Thai Gesellschaft müssen danach scheitern, weil sie eine Sozialordnung missdeuten, die mehr einer Militärorganisation ähnelt als einer westlichen Klassengesellschaft.[20]

Internationale Projektpartner, die außerhalb von Thai Gesellschaft und Hierarchie stehen, können unter solchen lokalen Arbeitsbedingungen den Eindruck einer chaotischen *„impermanence of arrangements"* [21] gewinnen. Es ist bemer-

---

16 Vgl. den Abschnitt „The function of power", Hanks, 1962, ... a.a.O., 1253 ff.
17 Hanks, 1962, S. 1255
18 Ebd., S. 1256
19 Ebd.
20 Vgl.: Ebd., S. 1252
21 Ebd., S. 1256

kenswert, dass Hanks die daraus resultierende Kooperationsproblematik bereits für den Zeitraum bis 1962 am Beispiel international finanzierter Ausbildungsprogramme festgestellt hat:

„International agencies complain that their training programs and carefully organized projects may be negated by shifts of the cooperating Thai civil officials. Even more disconcerting to a Westerner, the ethics of loyalty and honor seem to be badly developed in the Thai scene." [22]

Es ist für internationale Agenturen demnach schwierig, eigene westliche Vorstellungen von Ethik, Loyalität und Ehre bei den lokalen Kooperationspartnern wiederzuerkennen bzw. deren Vorstellungen nachzuvollziehen.

Arya relativiert in seinem Aufsatz „*Thailand: A Vertically Structured Social System*" [23] eine frühere Klassifizierung der Thai Gesellschaft als lose strukturiertes Sozialsystem.[24] Unter loser Strukturierung ist eine im Vergleich zu anderen asiatischen Gesellschaften geringere Ausprägung formaler Organisation zu verstehen. Arya glaubt, dass Thailand insgesamt gesehen weder straff noch lose strukturiert sei, sondern in den vertikalen Bindungen straff und auf horizontaler Ebene lose.[25]

Der Unterschied zu anderen asiatischen Gesellschaften wird deutlich beim Vergleich Thailands mit Indien und dem dortigen Kastenwesen oder China mit seinen Landeigentümer- und Pächterklassen. In beiden Fällen bestehen innerhalb einer Klasse oder Kaste starke horizontale Strukturen, die in Thailand in dieser Weise fehlen. In der Thai Gesellschaft seien dagegen die vertikalen Strukturen mit ihren ‚patron-client' Beziehungen von herausragender Bedeutung. Die Beziehung zwischen Individuen von höherem und niederem Status sei das strukturelle Prinzip der Thai Gesellschaft.[26] Im Gegensatz dazu entwickelt sich z.B. in der indischen Kastengesellschaft innerhalb einer Kaste relativ Gleichgestellter ein starkes Gefühl horizontaler Identität und gegenseitiger Hilfe,[27] das in der Thai Gesellschaft fehlt. Soziale Beziehungen beinhalten in Thailand stets Ungleichheit im Status und es gebe eine Abneigung gegen Kooperation unter Gleich-

22 Ebd.
23 Gosa Arya: Thailand: A Vertically Structured Social System, in: Journal of Social Sciences, Chulalongkorn University, Thailand, Vol. XVI, No. 1, 1979
24 Dieser Ansatz geht zurück auf Embree. Vgl.: John F. Embree: Thailand – a loosely structured system, in: American Anthropologist, 52: 1950, S. 181 – 193
25 Vgl.: Arya, 1979, ... a.a.O., S. 124
26 Vgl.: Ebd., S. 118
27 Vgl.: Ebd., S. 123

gestellten.[28] Auch Japan ist nach Arya ein vertikal strukturiertes System, weshalb Thailand von Japan lernen könne.[29]

In der vertikalen Struktur verläuft der Kommunikationsweg einseitig von Oben nach Unten.[30] Die untere Ebene gibt wegen der *krengtschai* Haltung[31] eigene Vorstellungen nicht nach Oben weiter.[32] Arya kommt vor diesem Hintergrund zu der Auffassung, dass Basisorganisationen, die von der Bevölkerung zur Durchsetzung gemeinsamer Ziele gegründet werden, in Thailand nur geringe Aussicht auf Erfolg haben.[33] Wegen der vertikalen Struktur ihrer Gesellschaft fehle den Thai die Disziplin zu horizontalen Beziehungen unter Gleichen. Unter solchen Voraussetzungen sind nach Arya die Entwicklungsbedingungen für Gewerkschaften äußerst schlecht. Es gebe unter Thai Arbeitern kein Bewusstsein der Zugehörigkeit zu einer sozialen oder ökonomischen Klasse:

> „The idea of unionization would seem irrelevant to most Thai workers. ... They have little consciousness of belonging to a social or economic class." [34]

Die Hypothese der vertikal strukturierten Gesellschaft ist in der populärwissenschaftlichen und landeskundlichen Fachliteratur, die ausländischen Geschäftsleuten und entwicklungspolitischen Projektbesuchern eine praktische Einführung in die Zusammenarbeit mit den Thai geben will, eine gängige Darstellung.[35] Danach kommt es in einer Kooperation zu Schwierigkeiten, wenn tendenziell egalitäre Arbeitsweisen, in denen Mitarbeiter z.B. als Experten ihre Chefs beraten, mit der Hierarchie einer vertikalen Struktur Thailands zusammentreffen:

> "Bringing such egalitarian systems and values to socially hierarchal Thailand can create a myriad of problems, most prominently in the areas of communication, sharing of information, staff loyalty, and language – both verbal and non-verbal." [36]

Auffassungen von kosmisch begründeten Hierarchien und vertikaler Struktur in Anlehnung an Hanks und Arya finden sich ähnlich dem aufgeführten Beispiel implizit in einer Vielzahl weiterer Beiträge und Publikationen, die sich populär-

---

28 Ebd.
29 Ebd., S. 125
30 Ebd., S. 120
31 Siehe die Erklärung im Glossar sowie Abschnitt 2.1.2.
32 Ebd., S. 117
33 Ebd., S. 121
34 Ebd., S. 123
35 Siehe u.a. das Kapitel "Hierarchy: The Vertical System", in: Henry Holmes, Suchada Tangtongtavy: Working with the Thais. A guide to Managing in Thailand. Bangkok: White Lotus, 1997
36 Ebd., S. 33

wissenschaftlich mit sozialen Gesetzmäßigkeiten in der Thai Gesellschaft und daraus abgeleiteten Empfehlungen für angemessenes Verhalten besuchender (westlicher) Ausländer befassen.[37]

2.1.2 Klassen und ,patron – client' Beziehungen

Teilweise aufbauend auf Hanks leistet der thailändische Sozialwissenschaftler Akin Rabibhadana einen Beitrag zum Verständnis traditionell bedingter Hierarchien und von ,patron-client' Beziehungen in der Thai Gesellschaft. In deutlichem Gegensatz zu Hanks erkennt Akin in seiner historischen Herangehensweise aber bereits für die traditionellen Bedingungen Siams die Dichotomie einer Klassengesellschaft.[38]

Akin untersucht in einem jüngeren Beitrag[39] die Auswirkungen des schnellen wirtschaftlichen Wachstums in der ASEAN Region auf traditionelle Kulturen am Fallbeispiel Thailands. Sein Ausgangspunkt ist hier analog zu Hanks die traditionelle Auffassung der Thai von einer kosmischen Hierarchie, die auf dem lokalen Buddhismus mit seiner relativ homogener Ausprägung[40] basiert. Abweichend von Hanks' ,ahistorischem' Verständnis lokalisiert Akin die Geltung dieser kosmisch abgeleiteten Hierarchie in der realen Sozialordnung Siams im 19. Jahrhundert:

> „Given the belief that a person's status in this life depended upon the amount of bun he had accumulated in previous reincarnations, the hierarchy of positions in society was seen as part of the natural order. At the apex of society was the king, in whom inherited infinite bun and infinite sak. Thai kingship was sacred because it represented the dharma, the moral order of the society .... Ranking was part of the moral order, hierarchy being maintained through the royal distribution of awards in the form of rank (yot) in accordance with the merit (bun) of each person." [41]

Historisch repräsentiert die traditionelle Hierarchie eine moralische Ordnung der Gesellschaft mit den Königen der Chakri Dynastie an der Spitze. Akin stellt

---

37 In den meisten Bangkoker Hotelbuchhandlungen findet sich solche ,cultural shock' Literatur.

38 Vgl. hierzu die folgenden Beiträge von Akin: Akin Rabibhadana: Clientship and Class Structure in the early Bangkok Period, in: From Change to Persistence in Thai Society, Cornell University Press, 1975, S. 93 – 123; ders.: Patron-Client Relationship and the Self-Help Organisation of the Poor, University of Amsterdam, Anthropological-Sociological Centre, 1980; ders.: The Impact of Economic Growth on Culture: The Case of Thailand, Bangkok: The United Nations University, 1994

39 Akin, 1994, ... a.a.O.

40 Vgl.: Ebd., S. 3

41 Akin, 1975, ... a.a.O., S. 103

in der Gesellschaft eine Spaltung zwischen einer höfischen Kultur und einer Volkskultur fest, die allerdings beide auf dem gleichen (kosmisch abgeleiteten) Prinzip basieren.[42] Anders als Hanks sieht er innerhalb der gestuften Hierarchie eine grundsätzliche Dichotomie. Auf der einen Seite steht darin eine obere, herrschende Klasse *(chan sung)*, bestehend aus dem Königshaus *(chao)* und der Hierarchie des Adels *(khunnang)* bzw. Patronen *(nai)*. Auf der anderen Seite findet sich die untere, beherrschte Klasse *(chan tam)* der ‚Gemeinen' *(phrai)* und ‚Sklaven' *(that)*.[43] Akin bestreitet für Friedenszeiten eine große Mobilität auf der Stufenleiter dieser sozialen Hierarchie beim Übergang von der unteren in die obere Klasse. Jeder Aufstieg von der beherrschten in die herrschende Klasse hing von der Gnade des Königs ab, die in Form des *thawaitua* Rituals durch Einführung am Hof mit der Gabe eines Geschenkes und dessen Annahme durch den König gewährt werden konnte.[44]

Für das Verständnis traditionell geprägter Beziehungen in der modernen Thai Gesellschaft ist eine weitere Dichotomie im sozialen Leben von herausragender Bedeutung: der Gegensatz zwischen hoch *(sung)* und tief *(tam)*. In den sozialen Beziehungen kommt dieser Gegensatz im Unterschied zwischen ranghohen Personen *(phuyai)* und rangtiefen Personen *(phunoi)* zum Vorschein. Die thailändische Gesellschaft ist durchdrungen von solchen Unterscheidungen zwischen *phuyai* und *phunoi*.[45] Es gab und gibt heute noch strikte soziale Normen für das Verhalten Tiefergestellter *(phunoi)* gegenüber Höhergestellten *(phuyai)*. Sie lassen sich in drei Thai Begriffe zusammenfassen: *khaorop*, *chueafang*, *krengtschai*. *Khaorop* bedeutet Respekt des Rangtieferen in Worten und Verhalten. *Chueafang* ist der Gehorsam gegenüber den Wünschen des Ranghöheren. Der Begriff *krengtschai* drückt die Furcht vor jedweder Handlung aus, die ein Missfallen des Ranghöheren auslösen könnte. Der Tiefergestellte ist also nicht nur zum Gehorsam verpflichtet. Er soll sich zudem allem enthalten, was den ausdrücklichen oder implizit angenommen Wünschen des Ranghöheren zuwiderlaufen könnte. Akin zeigt am historischen Beispiel eines Tempelbaus in der Epoche unter König Rama III (1824 – 1851) die praktischen Konsequenzen der strengen Normen sozialen Verhaltens zwischen *phuyai* und *phunoi*. Bemerkenswert ist an der beschriebenen Situation, dass die darin enthaltene Problematik sich sinngemäß auf

42 Vgl.: Akin, 1994, ... a.a.O., S. 3 u. 4

43 Vgl. Kapitel 3 zu den historischen Bedingungen.

44 „To cross the gulf that separated commoner from the noble, one had to go through the ritual of thawaitua. The assumption that mobility rates were high in traditional Thailand appears to have been valid only in times of war. In peacetime, there seems to have been very little upward mobility from the stratum of phrai into that of nai." In: Akin, 1975, ... a.a.O., S. 107

45 Vgl.: Akin, 1994, ... a.a.O., S. 109

die aktuelle Arbeitsschutzproblematik im modernen Thailand[46] der exportorientierten Industrialisierung übertragen lässt:

„At the construction of Wat Phrachettuphon in the reign of King Rama III, an ordinary royal page warned Phraya Siphadhat, the supervisor of the undertaking, that the rope used for hoisting logs was too long, creating a danger that a log might swing against the wall of the building. Phraya Siphadhat cut him down to size by saying, ‚You are young and know nothing. You should not tell phuyai what to do.'" [47]

An dieser Stelle sei eine weitere hierarchische Differenzierung erwähnt, auf die Akin in diesem Zusammenhang nicht eingeht. Sie äußert sich in dem Begriffspaar *pii* und *nong*, worunter in Anlehnung an die Rangordnung zwischen Geschwistern das Statusverhältnis zwischen ‚Älteren' *(pii)* und ‚Jüngeren' *(nong)* zu verstehen ist. Innerhalb eines Kollegenkreises oder einer Klientel stehen alle Mitglieder in einem Gefüge bilateraler *pii – nong* Beziehungen. Dies gilt auch für die innergewerkschaftliche Praxis. Internationalen Besuchern bleibt dies oft verborgen, da diese Unterscheidung bei der Übersetzung ins Englische nicht zum Ausdruck kommt. Egalitäre Anreden wie im Deutschen (‚Kolleginnen und Kollegen') oder im Englischen (‚brothers and sisters') sind in Thai so nicht möglich. Die Begriffe ‚sister' und ‚brother' existieren in Thai nicht statusneutral, sondern nur in hierarchischer Ordnung als ‚older sister / older brother' *(piisau / piichai)* und ‚younger sister / younger brother' *(nongsau / nongchai)*. Die gewerkschaftliche Anrede lautet in Thai *piinong,* was in etwa als ‚ältere und jüngere Geschwister' übersetzt werden kann.

Um die Entstehung von ‚patron-client' Beziehungen im Thai Kontext zu erklären, greift Akin zunächst auf die von Hanks beschriebene Stufenleiter der gesellschaftlichen Hierarchie und die darin existierenden sozialen Einheiten bzw. Kreise oder Gruppen zurück. Innerhalb jeder solchen Gruppe gibt es stets einen Führer (‚patron'), um den sich auf der Grundlage selektiver persönlicher Beziehungen Anhänger (‚clients') sammeln. Die Gruppen sind somit sowohl intern als auch im Außenverhältnis zu anderen Gruppen hierarchisch strukturiert. Der *„patron"* einer Gruppe kann zugleich *„client"* einer anderen Gruppe sein, die auf einem *„level"* oberhalb der erstgenannten Gruppe steht.[48]

Die ‚patron-client' Beziehung basiert auf Wertorientierungen in Anlehnung an die Eltern-Kind Beziehung. Sie wird in Thai mit drei Begriffen erfasst: *Bun-*

---

46 Vgl.: Stefan Chrobot: Occupational Health and Safety Development in Thailand, in: Social Security in the International Development Cooperation, Bonn: Friedrich-Ebert-Stiftung, 1997

47 Akin, 1975, ... a.a.O., S. 108 f.

48 Vgl. Akin, 1994, ... a.a.O., S. 5

khun, katanyu, katawethi.[49] *Bun-khun* bezeichnet eine Hilfe oder einen gewährten Vorteil. *Bun-khun* entsteht z.B., wenn eine Mutter ein Kind gebiert, dessen Seele durch diesen Akt nun die Lehre Buddhas hören darf. *Bun-khun* kann aber auch durch einen finanziellen Vorteil entstehen, den man jemandem zukommen lässt. Der hilfreiche Akt generiert auf der anderen Seite eine *bun-khun* Verpflichtung. *Katanyu* ist dann als weitere Stufe die Erinnerung des Kindes oder eines Klienten (‚client') an solch eine freundliche Hilfe. Der Kreis zur ‚patron-client' Beziehung schließt sich durch *katawethi.* Dabei handelt es sich um einen reziproken Akt des Zurückgebens in Gestalt eines Dienstes oder einer Leistung.

Der auslösende Akt zur Konstituierung einer ‚patron-client' Beziehung kann auch vom Klienten ausgehen. In traditioneller Sichtweise ist es schwierig, ohne Schutz und Hilfe eines Stärkeren zurechtzukommen. Deshalb wird *thi-phung* benötigt. Eine mächtige oder reiche Person kann für andere *thi-phung* sein. Wenn diese Person ihre Macht und die geleistete Hilfe nicht zum eigenen Vorteil nutzt, sondern sie im Sinne wirklicher Hilfe gewährt, dann erwirbt sie in traditioneller Vorstellung *barami,* worin nach Akin *„excellence due to merit"* zu verstehen ist.[50] Angemerkt sei, dass durch den hilfreichen Akt des Mächtigeren zugleich eine *bun-khun* Verpflichtung des Schwächeren entsteht, wodurch sich wiederum die ‚patron-client' Beziehung konstituiert. Insgesamt entsteht so eine Hierarchie von in sich selbst hierarchisch gegliederten ‚clientships', die nach Akin in eine Klassenstruktur eingebaut sind:

> „The society can therefore be seen as consisting of a hierarchy of clientships. It had two mayor levels. When the society is categorized as having two classes, the phrai, clients of the nai, were members of the lower class, while the nai, clients of the king, were members of the upper class. In this manner was clientship built into the class structure." [51]

Mit der Modernisierung Siams unter König Chulalongkorn (Rama V, 1868 – 1910) ging das traditionelle Gesellschaftssystem historisch unter. Die alten formellen ‚patron-client' Beziehungen zwischen *nai* und *phrai* wurden zerstört. Die grundlegende Bedeutung von ‚patron-client' Beziehungen für die Organisation der Thai Gesellschaft blieb auch danach in der folgenden Epoche und trotz der grundlegenden Umgestaltung der Wirtschaftsweise erhalten.[52] Im Ausgleich zu den sich auflösenden formellen Abhängigkeiten beginnt ab dem Ende des 19. Jahrhunderts der Aufstieg informeller ‚clientships'. Beschleunigt wird dieser Wechsel von formellen zu informellen Abhängigkeiten durch Begleiterschei-

---

49 Ebd., S. 6
50 Ebd., S. 7
51 Akin, 1975, ... a.a.O., S. 113
52 Vgl.: Akin, 1980, ... a.a.O., S. 20

nungen des wachsenden internationalen Handels.[53] Dabei kommt es mit der Absorption aufwärtsstrebender chinesischer Kaufleute zwar zu Veränderungen in der Zusammensetzung der herrschenden ‚bürokratischen' Klasse.[54] Die aus traditionellen Bedingungen herrührende Dichotomie zwischen einer herrschenden und einer beherrschten Klasse bleibt dabei jedoch im Grundsatz unverändert bestehen:

„Together with the sakdina system, the formal patron-client relations between the nai and his phrai was completely destroyed. This, however, does not mean that the organization of Thai society is no longer based on patron-client relations. The Reform has not accomplished the destruction of informal patron-client relations. Nor did it alter the class structure substantially." [55]

Akin beschreibt den Wandel gesellschaftlicher Beziehungen als Folge der wirtschaftlichen Entwicklung am Beispiel des Bedeutungswandels von traditionellen *nakleng* Dorfwächtern und des Aufstiegs der mafiaähnlichen modernen Strukturen unter wirtschaftlich einflussreichen *jao-pho* Führerpersönlichkeiten.[56] Dabei kommt es zu einem Wertewandel, mit dem traditionelle Fürsorgepflichten aus der Seniorität gegenüber Rangtieferen ins Wanken geraten. Lokale Führungsverantwortlichkeit für die Bevölkerung hat sich gewandelt zum profitorientierten Opportunismus im Wettstreit von Individuen.[57]

Angemerkt sei, dass in den zurückliegenden Dekaden exportorientierter Industrialisierung eine weitere Informalisierung der ‚patron-client' Beziehungen eingetreten ist. Nach den großen Reformen zu Beginn des 20. Jahrhunderts stand die Bürokratie als herrschende Klasse und als Teil der formalen Hierarchie noch eindeutig über der Geschäftswelt. In den letzten Jahrzehnten des zurückliegenden Jahrhunderts gibt es hier grundlegende Verschiebungen. Das Kapital gewinnt gegenüber der Bürokratie die Oberhand. Akin beschrieb die Bedeutung dieses Wandel für die kulturellen Bedingungen bereits 1980 am Erscheinungsbild des *wai,* einer in Thailand gebräuchlichen Geste des Respekts eines Rangtieferen gegenüber einem Ranghöheren. Dabei faltet der Rangtiefere die Hände vor dem Gesicht und beugt den Kopf nach unten. Will der Ranghöhere den *wai* beantworten, dann hält er die gefalteten Hände tiefer und beugt seinen Kopf weniger. Ein statusgleicher *wai* ist nicht gebräuchlich. Anders als zuvor ist es in der expandie-

53 Vgl.: Akin, 1975, ... a.a.O., S. 117
54 Akin, 1980, ... a.a.O., S. 20
55 Ebd.
56 Vgl.: Akin, 1994, ... a.a.O., S. 42 ff.
57 „... turning positions of local leadership from the one responsible for the local population ... into a gold pit, where opportunistic, profit-oriented individuals compete for the right to use for their own benefits." Akin, 1994, ... a.a.O., S. 41

renden Industrialisierung nicht mehr unüblich, dass ein ‚Bürokrat' der alten Elite einem ‚Kapitalisten' der neuen Elite mit dem *wai* die Ehre erbietet:

„Thai society is changing rapidly. ... Ten years ago, when a bureaucratic elites wai (...) to a capitalist magnate ... other bureaucratic elites ... would comment that sarcastically that bureaucratic elite wai money. (Nowadays) no one seems to be surprised at such action. ... commercialisation has, ... undermined patron-client relationship ... " [58]

Die Frage des Thai Individualismus und seiner Veränderung durch wirtschaftliche Prozesse und internationale Einflüsse ist von Bedeutung für die Bedingungen von Gewerkschaftsarbeit. So wie er von Brummelhuis[59] definiert wurde, erschwert der traditionelle Individualismus die Entstehung horizontaler Solidarität und das kollektive Aufbegehren gegen ‚Ungerechtigkeit'. Wird Gesellschaft jedoch als historischer Prozess und nicht als statische Ordnung begriffen, dann verändern sich unter modernen Einflüssen auch traditionelle Wertorientierungen. Dabei kann zum einen durch kollektive Erfahrungen von Arbeitern in der Industrialisierung der traditionelle Individualismus schwächer werden, was die Bildung von Gewerkschaften erleichtern würde. Zum anderen kann durch internationale Einflüsse aber auch eine moderne Individualisierung eintreten, die ein kollektives gewerkschaftliches Bewusstsein behindert. Beides ist von Bedeutung für die Kooperation mit einer im klassischen Sinne industriegesellschaftlich orientierten internationalen Gewerkschaftsbewegung.

Verständnisprobleme von Ausländern gegenüber dem Verhalten von Thai innerhalb ihrer Gesellschaft erläutert Akin durch einen spezifischen Thai Individualismus. Er beschreibt die Frustration eines deutschen Entwicklungshelfers, der sich in seiner Arbeit mit Bauernverbänden bitter über eine ihm unverständliche Hinnahme schlechten, unmoralischen oder ungerechten Handelns beklagt.[60] Die Erklärung für solches ‚westlichen' Beobachtern oftmals unverständliches Verhalten der Thai findet er in Brummelhuis' Studie zum Thai Individualismus. Brummelhuis sieht einen grundlegenden Unterschied zwischen dem traditionellen Thai Individualismus und einem westlichen Individualismusverständnis. Der westliche Individualismus entsteht in einer aufsteigenden bürgerlichen Mittelklasse als Weg zur materiellen Selbstverwirklichung und individuellen Behauptung. Der Thai Individualismus entstammt dagegen einer unterdrückten Schicht ohne Zugang und Ambition zu Macht und Herrschaft: *„This ruled majority was mainly*

---

58 Akin, 1980, ... a.a.O., S. 25

59 Han ten Brummelhuis: Abundance and Avoidance: an interpretation of Thai individualism, in: Han ten Brummelhuis, Jeremy H. Kemp (Ed.): Strategies and Structures in Thai Society, Antropologisch – Sociologisch Centrum, Universiteit van Amsterdam, 1984

60 Vgl.: Akin, 1994, ... a.a.O., S. 10

interested in isolating an area for undisturbed subsistance.“ [61] Dieser Thai *„hierarchic individualism“* findet sich in Gegensatz zum westlichen *„egalitarian individualism“* auf den unteren Ebenen einer hierarchischen Sozialstruktur, *„where public expression is controlled by those on the top.“* [62]

Akin fasst die Auswirkungen des schnellen Wirtschaftswachstums der zurückliegenden Dekaden in drei Punkten zusammen.[63] Erstens ist das traditionelle und auf Verwandtschaftsbeziehungen basierende Konzept der Seniorität herausgefordert. Zweitens kommt es zu einer Zersetzung traditioneller formaler Führungsverantwortlichkeit durch individuelle Profitgier der modernen informellen Führer. Drittens wird generell eine weiterhin starke Bedeutung von ‚patron-client' Beziehungen festgestellt. Dabei müssen die neuen mächtigen Patrone, von denen einige große landwirtschaftliche Exportregionen beherrschen, nun allerdings oftmals Gewalt anwenden, um ihre Klienten unter Kontrolle zu halten.[64] Akin sieht hierin sowohl ein mögliches Indiz für die Auflösung von ‚patron-client' Beziehungen als auch einen grundsätzlichen Unterschied zu früheren Bedingungen, unter denen Klienten das Recht gehabt hätten, ihren Patron zu wechseln. Gegen diese Annahme einer traditionellen Bindungsfreiheit spricht jedoch nach Akins eigenen früheren Analysen die Markierung der *phrai* in der traditionellen Gesellschaftsordnung. Jeder männliche *phrai* wurde mit dem Namen seines *nai* und dem der Provinz tätowiert.[65] Insgesamt gesehen könnten der moderne Einfluss und das wirtschaftliche Wachstums die ‚patron-client' Beziehung ebenso in Frage stellen, wie es im Punkte der verwandtschaftlichen Seniorität bereits geschehen ist. Die Thai Gesellschaft befindet sich somit kulturell in einem ungleichmäßigen Prozess der Transformation, in dem die Menschen sich in einem Kontinuum traditioneller und moderner Weltanschauungen auf unterschiedlichen Positionen wiederfinden.[66]

---

61 Brummelhuis, 1984, ... a.a.O., S. 52
62 Ebd., S. 50
63 Vgl.: Akin, 1994, ... a.a.O., S. 46 ff.
64 Vgl.: Ebd., S. 44
65 Vgl.: Akin, 1975, ... a.a.O., S. 100
66 Vgl.: Akin, 1994, ... a.a.O., S. 24

2.2 Interpretationen zu Kultur, Sozialgeschichte und Geschichtsbild Thailands

2.2.1 *Die kulturelle Interpretation der Arbeiterbewegung*

In seiner Untersuchung zur Entwicklung von ‚labor institutions' in Thailand[67] betont Mabry die Einflüsse der traditionellen thailändischen Kultur auf die modernen industriellen Beziehungen. Er vertritt die Auffassung, dass die „*labor institutions*" eines Landes ein Ergebnis sind „*of that nation's culture and stage of economic development.*"[68] Die wirtschaftliche Entwicklung führt demnach zur Modernisierung, aber die überlieferte Kultur übt weiterhin Einfluss aus auf das Wesen der Institutionen durch ihre Manifestation von Grundwerten und Haltungen „*that condition people's behavior.*"[69] Mabry stellt vor diesem Hintergrund für Thailand in Frage, ob die frühen Gewerkschaften, d.h. bis zu ihrer Auflösung als Folge des Militärputschs von 1958, überhaupt als wirkliche Arbeiterbewegung zu verstehen seien.[70] Zentral für das Arbeitsverhalten der Thai ist nach Mabry die Bedeutung des Buddhismus. Es gebe eine bemerkenswerte Konsistenz zwischen den buddhistischen Werten und „*Thai social values*",[71] die Mabry in seinen theoretischen Überlegungen verknüpft.[72]

Kulturelle Rahmenbedingungen haben nach Wehmhörner[73] ermöglicht, dass autokratische Regierungsführer in der langen, gewerkschaftsfeindlichen Phase von 1958 – 1973 bei großen Bevölkerungsanteilen eine gewisse Legitimität erlangen konnten.[74] Das Thai Machtsystem konstituiert sich danach aus dem Königshaus als Quelle der Legitimation, autokratischen Militärführern die oft Regierungsgewalt innehaben, Geschäfts- und Finanzgruppen die Parteien und Politiker finanzieren, und der Bürokratie für den Alltag.[75] In diesem ‚patron-client' System

67 Bevars D. Mabry: The Development of Labor Institutions in Thailand, Data Paper No. 112, Southeast Asian Programm, Department of Asian Studies, Cornell University, Ithaca, New York, 1979

68 Ebd., S. 2

69 Ebd.

70 „Although Thailand earlier (1932 – 1958) had organisations that called themselves labor unions, it is questionable whether Thailand, in fact, has until recently ever had a true labor movement." In: Mabry: The Thai Labour Movement, in: Asian Survey, Vol XVII, No 10, 1977, S. 931

71 Mabry, 1979, ... a.a.O., S. 23

72 Vgl.: Ebd., S. 23 – 33

73 Arnold Wehmhörner: Trade Unionism in Thailand – A New Dimension in a Modernising Socienty, in: Journal of Contemporary Asia Vol. 13. No. 4, 1983

74 Vgl.: Ebd., S. 488 f.

75 Vgl.: Ebd., S. 489

mit ‚classmates' Beziehungen sei die Gewerkschaftsbewegung ein Fremdkörper, *„a new social and political entity"*[76] als Teil einer neuen Mittelklasse, die sich mit der wirtschaftlichen Entwicklung herausbildet. In diesem Spannungsverhältnis von Tradition und moderner Entwicklung sind auch Gewerkschaften nicht frei von traditionellen ‚patron-client' Beziehungen.[77] Die Haltung des traditionell legitimierten Thai Machtsystem gegenüber der Gewerkschaftsbewegung unterstreicht Wehmhörner mit einer interessanten Beobachtung. Abweichend von der gängigen Praxis bei anderen gesellschaftlichen Gruppen hat der Königshof niemals einer Delegation von Gewerkschaftern eine Audienz gewährt.[78] Nach allgemeinem Informationsstand fand dies auch bisher niemals statt.

In ihrer kulturellen Analyse der Thai Arbeiterbewegung kommt Kanchada[79] anders als Mabry zu dem Ergebnis, dass sich als Reaktion auf ökonomische und politische Änderungen bis Mitte der 50er Jahre durchaus Arbeiterwiderstand entwickelt habe und eine Arbeiterbewegung entstanden sei. Sie sieht dies allerdings in einem spezifischen kulturellen Kontext. Danach haben im Transformationsprozess zur Lohnarbeit die traditionellen Einflüsse von ‚traditional hierarchy' ‚status system' und ‚master-servant norms' ihre Bedeutung behalten und keinen Niedergang erlebt. Wirtschaftliche Schwierigkeiten genügen nach Kanchada für sich genommen nicht, um den Widerstand der Arbeiter auszulösen.[80] Erst die Verletzung traditioneller moralischer Normen durch die Arbeitgeber habe dazu Anlass gegeben. Danach wäre es gerade die noch fortbestehende traditionelle Orientierung der Arbeiter gewesen, die in Verbindung mit einer Verletzung der daraus abgeleiteten Normen durch die Arbeitgeber zur Entwicklung von frühem Protest und später einer Arbeiterbewegung führten:

> „... it is the fusion of workers' immediate deprivation and their advocacy of the traditional right to be properly treated in accordance with the norm of reciprocity that made the occasion for workers resistance as well as the foundation for the later movement." [81]

Kanchada betont die kulturelle Verschiedenheit der Bedingungen in Thailand. Die Vernachlässigung dieses außerökonomischen Aspekts sei ein Hauptfehler in

---

76 Ebd., S. 490

77 Vgl.: Ebd., S. 492

78 „... while the court often receives delegations from different sections of society, a delegation of trade unionsits has never been received." Wehmhörner, 1983, ... a.a.O., S. 490

79 Kanchada Poonpanich: The Making of Third World Workers: A Cultural Analysis of the Labour Movement in Thailand, Dissertation, Bielefeld: 1989

80 Vgl.: Ebd., S. 229

81 Ebd.

Studien zur Entstehung von Arbeiterbewegungen in der ‚Ersten' und ‚Dritten' Welt gewesen:

„The non-recognition of extra economic compulsions and extra economic status is a major flaw in most studies of labour movements of the First and the Third Worlds. ... ethnicity, status system, and religious beliefs can significantly retard or enhance workers collective action and its capacity. ... The co-existence of traditional and modern elements in such a society as Thailand makes it necessary to apply a theory ... in a way to take fully into account the societal and cultural structure." [82]

In einer parallel zu Kanchada geschriebenen Analyse der thailändischen Arbeiterbewegung geht Sangsidt[83] einen Schritt weiter. Wegen kultureller und sozialökonomischer Unterschiede zwischen den heutigen Entwicklungsländern und der einstigen Klassenbildung in Europa negiert er die Anwendungsmöglichkeit eines europäisch entwickelten Klassenmodells auf Thailand. Er setzt sich dabei besonders mit Kockas Klassenbildungsmodell[84] auseinander, das vor dem deutschen historischen Hintergrund entwickelt wurde. Dabei kommt er zu dem Schluss, dass die Bedingungen in Thailand völlig verschieden von den mitteleuropäischen seien:

„ ... the development of the state, the emergence of wage labour, the industrialization process and the cultural background of Thai society is completely different from that of the birth place of Kocka's model. ... due to these factors the formative process and characteristics of wage labour in Thailand is dissimilar from the classic model of working class formation." [85]

Die Studien von Kanchada und Sangsidt über die Arbeiterbewegung in Thailand betonen die kulturellen, moralischen und gesellschaftlichen Unterschiede zu Europa. In diesem Punkt entsprechen sie denjenigen ‚westlichen' Erklärungen der Entwicklung von Kapitalismus und Arbeiterklasse, die neben ökonomischen Aspekten den Einfluss europäischer Werte und des dort lokalisierten Rationalismus betonen.

Bei der Hervorhebung völliger Verschiedenheit der Bedingungen in Thailand wird übersehen, dass sich auch europäische Klassenbildungsprozesse aus dem Zusammentreffen struktureller Veränderungen mit der Herausforderung noch nicht zerstörter vorindustrieller Traditionen erklären lassen.[86] Sofern der kultu-

82 Kanchada, 1989, ... a.a.O., S. 6 u. 8
83 Sangsidt Piriyarangsan: The Formation of a Workers Strategic Group: An Analysis of the Labour Movement in Thailand 1958 – 1976, Dissertation, Bielefeld: 1989
84 Siehe Abschnitt 2.6.1.1 zum Klassenbildungsmodell von Kocka.
85 Sangsidt, 1989, ... a.a.O., S. 4
86 Siehe die Abschnitte 2.6.1.1. und 2.6.1.2.

relle Einfluss auf die Arbeiterschaft von wirklich herausragender Bedeutung ist, müsste er in Thailands bzw. Siams Frühphase der Lohnarbeit zudem vorrangig chinesischer Natur gewesen sein.[87] Die rasch wachsende Nachfrage nach Lohnarbeit auf dem entstehenden Arbeitsmarkt an der Wende vom 19. zum 20. Jahrhundert wurde zunächst nahezu ausschließlich durch chinesische Migranten befriedigt.[88] Erst mit der exportorientierte Industrialisierung im letzten Quartal des 20. Jahrhunderts verschob sich das Schwergewicht in der Beschäftigtenstruktur deutlich hin zu Arbeitern siamesisch-ländlicher Herkunft. Danach könnte sich der Einfluss traditioneller lokaler Kultur erst in der jüngsten wirtschaftlichen Entwicklung verstärkt haben. Wie an anderer Stelle gezeigt, ist der Wertgehalt einer traditionell abgeleiteten lokalen Kultur jedoch nicht konstant, sondern ebenfalls einer Vielzahl nationaler und globaler Einflüsse unterworfen, die ihn kontinuierlich verändern.

Das relative Gewicht kultureller Faktoren bei der Entstehung der Thai Arbeiterbewegung und ihrer Form ist in einer internationalen gewerkschaftlichen Zusammenarbeit von Bedeutung für Verbindendes durch gemeinsame Identitäten und Klassenbildung, oder Trennendes durch soziale Schließung und Abgrenzung. Der empirische Gehalt möglicher Antworten ist bisher weitgehend ungeklärt. Die ausschließliche Erklärung des kulturellen Einflusses in den Außenkontakten der Gewerkschaften aus zu Thailand entwickelten Theorien ist problematisch, da sie nach gewählten Annahmen unabhängig vom sozialen Wirklichkeitsgehalt zu sehr unterschiedlichen Ergebnissen führen kann. Der Frage des kulturellen Einflusses wird deshalb hier parallel zur theoretischen und historischen Analyse mit Methoden qualitativer Sozialforschung empirisch nachgegangen.

2.2.2 Sozialgeschichtliche Interpretation

In einer Untersuchung zur Entstehung einer Arbeiterklasse in Thailand grenzt Brown[89] sich von vorheriger Forschung empirisch und theoretisch ab. Sowohl Modernisierer als auch Radikale hätten einen ‚Standard Total View' (STV) ent-

87 Diese Auffassung vertritt z.B Mabry: „the prewar 'labour force' of the private sector in Thailand was therefore basically Sino-Thai, with distincitve cultural characterism.“ Mabry, 1979, ... a.a.O., S. 1

88 Vgl. hierzu Abschnitt 3.2.2 im folgenden Kapitel. Eine umfassende Geschichte der chinesischen Migration in Thailand ist dargestellt in: G.William Skinner: Chinese Society in Thailand. An Analytical History, Ithaca, New York: Cornell University Press, 1957

89 Andrew Brown: The Industrial Working Class and the State in Thailand: An Introductory Analysis, The Australian National University, 1990

wickelt, der eine Lücke zwischen ihrer Projektion erwarteter Klassenbildung und dem konstatiert, was sie empirisch in Thailand vorfinden.[90] Dies führe zu der unrichtigen Schlussfolgerung, dass keine wirkliche Arbeiterklasse in Thailand entstanden sei und die Arbeiter ihre historische Bestimmung verfehlt hätten.[91] Die Lücke zwischen Theorie und Empirie werde entweder mit traditionellen kulturellen Einflüssen erklärt, oder mit mangelhafter Bewusstseinsbildung, die nicht der historischen Mission einer Arbeiterklasse entspreche. Für Brown ist es in der Analyse von Klassenbildung aber unzulässig, *„to assess the historical significance of the actions of Thai workers in terms of a pre-classificatory model or historical projection."*[92] Nicht auf eine vorab als richtig definierte Form von Klassenbildung komme es an, sondern auf das Verhältnis von Klassenstruktur und Klassenbildung.[93] Browns Ansatz zur Klassenbildung in Thailand beruht auf sozialgeschichtlichen Annahmen von Metcalfe[94] zum Wechselverhältnis von sozialer Struktur und menschlichem Handeln. Metcalfe grenzt sich unter Berufung auf Bourdieu vom Objektivismus strukturalistischer und individualistischer Ansätze ab, die eine Dialektik von *„power und structures"*[95] ignorieren. Zur Verdeutlichung seines sozialgeschichtlichen Verständnisses bedient Metcalfe sich der Metapher eines Flusses,[96] in welcher das Flussbett, geformt von der Strömung des Wassers, dennoch die Strömung lenkt:

> "At any time the flow and the structure have certain characteristics which can be described or analysed, but the river can only be understood if the flow and structure are considered historically and dialectically." [97]

Nach diesem historischen Verständnis wird das konkrete Handeln der Thai Arbeiter und ihrer Gewerkschaften nicht mehr am Maßstab einer vorgegebenen Projektion von Arbeiterklasse und Klassenhandeln beurteilt. Wie Brown in Bezug auf Thailand richtig feststellt, gibt es keine Form der Klassenbildung und der Klassenauseinandersetzung, die anderen Formen theoretisch überlegen ist.[98] Die Überwindung der ‚Standardfrage', ob in Thailand eine wirkliche, den wirtschaftlichen Bedingungen entsprechende Abeiterbewegung bzw. Arbeiterklasse vorzu-

---

90 Ebd., S. 6
91 Ebd.
92 Ebd., S. 7
93 Ebd., S. 5
94 Andrew Metcalfe: For Freedom and Dignity: Historical Agency and Class Structures in the Coalfields of N.S.W., Sydney: Allen and Unwin, 1988
95 Ebd., S. 11
96 Ebd., S. 13
97 Ebd.
98 Vgl.: Brown, 1990, ... a.a.O., S. 9

finden sei, ermöglicht ein besseres Verständnis von Klassenbildung in Thailand. Auch die Hypothese einer kulturellen Verschiedenheit der Thai Arbeiterschaft[99] ist dann für sich genommen keine hinreichende Begründung, dass in Thailand keine Klassenbildung stattfinde, weil die Bedingungen sich in jeder Hinsicht von räumlich und zeitlich getrennten Entwicklungen, wie in Europa, unterscheiden.

Für die internationale gewerkschaftliche Kooperation kommt es darauf an, ob sich bei unterschiedlichen strukturellen und kulturellen Voraussetzungen dennoch gemeinsames Handeln ergibt, und wie dieses internationale Handeln auf seine Voraussetzungen zurückwirkt. Dabei reicht für eine Analyse der internationalen Gewerkschaftskooperation der Hinweis auf eine ‚gleichberechtigte' Unterschiedlichkeit in den Entwicklungsformen von Arbeiterbewegungen nicht aus. Es muss in einem weiteren Schritt nach den Erklärungen der Unterschiede dieser spezifischen Formen gefragt werden, die ja nicht durch einen Zufallsgenerator entstehen. Brown nennt hier für Thailand bis 1958 den Faktor der staatlichen Unterdrückung.[100] Wie die historische Analyse im 3. Kapitel mit der Darstellung von sechs Repressionszyklen verdeutlicht, ist dies durchaus ein wesentlicher Faktor. Die nachfolgende theoretische Analyse und die Ergebnisse der empirischen Forschung in Kapitel 5 zeigen aber, dass es weitere Faktoren für die unterschiedliche Form der Thai Arbeiterbewegung gibt. Hier sind neben den politischen und wirtschaftlichen Rahmenbedingungen die kulturellen Aspekte sowie die Wirkungszusammenhänge in gesellschaftlichen Prozessen und der internationalen Interaktion von Bedeutung.

Überlegungen zum Wechselverhältnis von Arbeiterhandeln und gesellschaftlicher Struktur in der Klassenbildung finden sich neben der zitierten australischen Forschung vor allem in der europäischen sozialgeschichtlichen Tradition. In seiner Beschreibung der Klassenbildung in Deutschland stellt Kocka[101] dar, dass Veränderungen in der *„Arbeits- und Lebenswelt"* verschiedener Arbeitergruppen einerseits *„kollektive Anstrengungen"* auslösen, wobei andererseits *„die Arbeiterbewegung selbst als Teil des Klassenbildungsprozesses"* zu verstehen ist.[102] In seiner Forschung zu England betrachtet der britische Sozialhistoriker E.P. Thompson[103] Klasse nicht als eine Struktur oder Kategorie. Die Arbeiterklasse ist etwas, das sich in den Beziehungen der Menschen abspielt, *„etwas Fließendes,*

---

99 So u.a. bei Kanchada, 1989, ... a.a.O.

100 „... state repression is absolutely crucial for understanding the various forms which working class struggles took during this period." Brown, 1990, ... a.a.O., S. 133

101 Jürgen Kocka: Lohnarbeit und Klassenbildung: Arbeiter und Arbeiterbewegung in Deutschland 1800– 1875, Bonn, Berlin. Bonn: Dietz Nachf., 1983

102 Vgl.: Ebd., S. 165 f.

103 Edward P. Thompson: Die Entstehung der englischen Arbeiterklasse, Bd. 1, Frankfurt a.M.: Suhrkamp, 1987

das sich der Analyse entzieht, sobald wir versuchen, es zu irgendeinem Zeitpunkt anzuhalten und seine Struktur zu zerlegen."[104] Thompson distanziert sich von einer gewissen Variante ‚marxistischer' Analysen, die das Klassenbewusstsein danach ableiten „*wie es sein sollte*", und es nicht so nehmen „*wie es ist*".[105] Nach Thompsons Auffassung ist Klasse eine gesellschaftliche und kulturelle Formation. Indem Menschen ihre eigene Geschichte leben, definieren sie Klasse, „*dies ist letzten Endes die einzige Definition.*"[106] Wegen der kulturellen Komponente in der Klassenbildung ist Thompson vorsichtig mit Urteilen außerhalb des englischen Erfahrungsraums. Dennoch hofft er, dass die historischen Erfahrungen der englischen Arbeiterklasse bei der heutigen Auseinandersetzung „*mit Problemen der Industrialisierung und der Schaffung demokratischer Institutionen*" im größeren Teil der Welt (d.h. in Entwicklungsländern wie Thailand) von Nutzen sein können: „*Kämpfe, die in England verloren wurden, lassen sich in Asien oder Afrika vielleicht noch gewinnen.*"[107] Die Beachtung eines Wechselverhältnisses von Arbeiterhandeln und Klassenbildung, das sich aus dieser Tradition der sozialgeschichtlichen Forschung ergibt, ist unter den empirisch nachvollzogenen kulturellen Eigenheiten eine Voraussetzung für ein Verständnis der Arbeiterbewegung in Thailand. Von Bedeutung ist zudem die kulturelle und soziale Erweiterung des ökonomischen Kapitalbegriffs und der Klassenbildung bei Bourdieu, worauf an anderer Stelle eingegangen wird.[108]

2.2.3 Modernes Geschichtsbild und historische Realität

Traditionelle Werte und Orientierungen der Gegenwart beinhalten moderne Interpretationen der historischen Bedingungen einer Gesellschaft. Über den historischen Wirklichkeitsgehalt solcher Interpretationen bestehen im Falle Thailands jedoch erhebliche Unsicherheiten. Vergleicht man die Forschung zur Sozialgeschichte des Königreichs mit der zu Industrieländern, ehemaligen Kolonialgebieten oder den Staaten Lateinamerikas, dann wird ihr relativ schwacher empirischer Gehalt deutlich. Brown[109] hat die mangelhafte empirische Verankerung sozialgeschichtlicher Annahmen vieler Studien zu Thailand nachgewiesen. Er belegt am Beispiel des Gründungsjahres der ersten Arbeiterorganisation, dass unrichtige Angaben in wissenschaftlichen Veröffentlichungen häufig von nachfol-

---

104 Ebd., S. 7
105 Ebd., S. 8
106 Ebd., S. 10
107 Ebd., S. 12
108 Siehe die Abschnitte 2.4.1 und 2.6.1.3.
109 Vgl.: Brown, 1990, ... a.a.O., S. 3 ff.

genden Studien übernommen wurden.[110] Annahmen über traditionelle Bestimmungsfaktoren im modernen Arbeiterverhalten beruhen somit zumindest teilweise auf Annahmen über eine historische Wirklichkeit, die empirisch unzureichend belegt und deshalb möglicherweise falsch sind. Solche Annahmen sind moderne Projektionen der Vergangenheit, die der historischen Realität häufig nicht entsprechen.

Unter diesen Voraussetzungen in Thailand können moderne Annahmen, Behauptungen und Wünsche von historischen Realitäten abweichen und ein falsches Bild traditioneller Bedingungen projizieren. Diese Projektion der historischen Wirklichkeit beeinflusst jedoch mit ihren Annahmen über die Vergangenheit wiederum die soziale Realität der Gegenwart. Wie die Kritik an historisch unrichtigen Angaben zeigt, können sich falsche Annahmen verfestigen. Dies unterstreicht die Notwendigkeit einer Erweiterung der empirischen Basis in der Forschung zu gewerkschaftlichen und sozialen Bedingungen Thailands. Die Problematik vergrößert sich noch, wenn nicht nur bestimmte historische Sachverhalte, sondern eine theoretisch oder ideologisch abgeleitete Gesamteinschätzung traditioneller Bedingungen nicht den historischen Realitäten entspricht. Ein Beispiel ist die Annahme symbiotischer Verbundenheit in der traditionellen Gesellschaft mit reziproken Beziehungen, die in populärer englischsprachiger historischer Literatur vorkommt und mit dieser Projektion von sozialer Vergangenheit auf das moderne Thailandverständnis einwirkt. Wright transformiert den theoretischen Ansatz Hanks' und seine Interpretation von Akin zu einer Vorstellung vertikaler symbiotischer Verbundenheit innerhalb der Thai Gesellschaft.[111] Diese gesellschaftliche Symbiose gebiert demnach eine fundamentale Anziehungskraft, welche die Thai Gesellschaft miteinander verbindet.[112] Wright lässt so ein zeitlos wirkendes Gesellschaftsbild vertikaler harmonischer Verbundenheit von ‚patron' und ‚client' entstehen:

> „For centuries this arrangement survived without history recording any major dissatisfaction on the part of either patron or clients."[113]

Wie die sozialgeschichtliche Analyse in Kapitel 3 zeigt, waren die realen historischen Bedingungen der ersten Lohnarbeiter in Siam (d.h. der chinesischen Arbeitsmigranten) weitaus konfliktreicher und weniger harmonisch, als es

---

110 Vgl. zu dieser Problematik auch die historische Analyse in Abschnitt 3.2.3.

111 Joseph J. Wright Jr., The Balancing Act: A History of Modern Thailand, Bangkok: Asia Books, 1991. Vgl. hierzu: Chapter 1: Thai Social Order and the Role of Elites, S. 17 – 32.

112 Vgl.: Wright, 1991, ... a.a.O., S. 20

113 Ebd., S. 26

Wrights Vorstellung traditioneller Verbundenheit unterstellt. Die Praxis des Markierens und Tätowierens der *phrai* Unterschicht in der traditionellen Gesellschaft zur Identifikation ihrer Zugehörigkeit im Falle des Entweichens[114] wiederspricht deutlich dem Bild von Zufriedenheit in einem Zustand vertikaler symbiotischer Verbundenheit. Die Vorstellung einer kontinuierlich herausragenden Stellung des Königshauses ist ebenfalls ein modernes Phänomen. In der Praxis war die Bedeutung der Monarchie in den 30er und 40er Jahren weitaus geringer als am Ende des 20. Jahrhunderts. Während der zweiten Hälfte des 20. Jh. nahm die Bedeutung des Königshauses in der öffentlichen Wahrnehmung dann wieder zu.[115]

Ein literarisches Beispiel für das modern geschaffene Bild einer zeitlosen Bedeutung der Monarchie findet sich im Roman *si phaedin* von Kukrit Pramoy,[116] der verfilmt als Fernsehserie das Geschichtsbild der Bevölkerung beeinflusste. Kukrit belebt in seinem auch bei Ausländern populären Roman die Vorstellung eines zeitlosen Verhältnisses zwischen König und Untertanen, das tief in der Geschichte des Volkes verwurzelt sei. Er drückt dies aus in den Gefühlen von *Ploi*, eines Mädchens vom Lande, das im Bangkok des 19. Jahrhundert erstmals auf seinen Monarchen trifft:

> „Ploi found herself looking up at her king. He was standing so close she could have reached out a hand to touch his feet. (...) Her heart was pounding. She felt an upsurge of joy, was gripped at the same instant by an overwhelming sense of awe, and through all this was mutely expressing her love, loyalty, and gratitude. These feelings were older than she was, had been experienced by her forefathers and handed down the centuries, and would be bequeathed by her to the children and grandchildren to come.“ [117]

Das moderne Gesellschaftsbild vertikaler symbiotischer Verbundenheit mit zeitlos gültigen hierarchischen Institutionen macht es einer Bewegung von Lohnarbeitern der Unterklasse schwer, eine emanzipatorische Identität zu finden und die eigene Geschichte selbstbewusst zu projizieren. Das Hemmnis moderner Projektion vermeintlicher traditioneller Bedingungen behindert den Aufbau einer zivilgesellschaftlich anerkannten und emanzipierten Gewerkschaftsbewegung. Solche modernen Projektion der Vergangenheit vermitteln ausländischen Besuchern

---

114 Vgl. zu den damaligen Bedingungen Abschnitt 3.2.1.

115 Vgl. hierzu Wright, 1991, ... a.a.O., sowie die Darstellung im 3. Kapitel. An dieser Stelle sei darauf hingewiesen, dass eine kritische Auseinandersetzung mit Fragen der Monarchie in Thailand rechtlich eingeschränkt ist.

116 Kukrit Pramoy: Four Reigns (si phaedin), Bd. 1 u. Bd. 2, English Version by Tulachandra, Bangkok: Editions Dunag Kamol, o.J.. Der thailändische Autor, Politiker und Journalist Kukrit Pramoy lebte von 1911 bis 1995. Kukrit war 1975 – 1976 Premierminister.

117 Kukrit, Bd. 1, o.J., ... a.a.O., S. 80 f.

und Projektpartnern ein exotisches Gesellschaftsbild Thailands mit grundverschiedenen gesellschaftlichen Bedingungen und kulturellen Besonderheiten.

2.3 Schichtung, Status und Informalisierung

2.3.1 Bedeutung vorindustrieller Lebensstile und Ordnungen

Der Klassenbegriff wird in den Sozialwissenschaften häufig auf soziale Beziehungen oder Strukturen angewendet, die sich aus Industrialisierungsprozessen ergeben. Oft geschieht dies in Abgrenzung oder im Gegensatz zu vorindustriellen Formen sozialer Schichtung, die z.B. in Europa als Ständeordnung auftraten. In Industrialisierungsprozessen, die sich üblicherweise über mehrere Generationen erstrecken, verlieren Elemente vorindustrieller Lebensstile und Ordnungen nur langsam an Bedeutung. Für die meisten Entwicklungsländer gilt zudem, dass der Industrialisierungsprozess nur den geringeren Teil der gesellschaftlichen Strukturen erfasst. Der Einfluss vorindustrieller Beziehungsmuster und traditioneller Wertorientierungen mit Standes- und Statuselementen bleibt in ihnen mehr noch als in Europa von Bedeutung. Beim internationalen Vergleich sozialer Strukturen ist zudem zu beachten, dass Industrialisierungsprozesse in den verschiedenen räumlich voneinander getrennten Gesellschaften meist ungleichzeitig stattfinden. Dieser Zeitabstand ist besonders groß beim Vergleich von traditionellen Industrieländern mit Entwicklungsländern im Industrialisierungsprozess, so dass sich hier sehr unterschiedliche Bedingungen ergeben. Bei einer Analyse der Interaktion von Lohnarbeitern in den Industrialisierungsprozessen in unterschiedlich strukturierten Ländern müssen weiterhin relevante Einflüsse vorindustrieller sozialer Schichtungen und gesellschaftlicher Statusfragen berücksichtigt werden. Dies gilt entsprechend für ‚postindustrielle' Entwicklungen mit der Auflösung herkömmlicher Arbeitermilieus in den bisherigen Industriegesellschaften.

Pohlmann[118] ordnet dem industriellem ‚Klassenbegriff' und dem vorindustriellem ‚Ständebegriff' den ‚Schichtbegriff' über. Damit werden ‚Klasse' und ‚Stand' zu unterschiedlichen, dem jeweiligen sozialökonomischen Kontext entsprechende *„Formen von Schichtungsverhältnissen"*[119]. Dies geht zurück auf Geiger, der in Schichtung als umgreifendem Oberbegriff eine Gliederung der Gesellschaft nach typischem Status definiert. [120] Status umfasst *„Lebensstandard,*

118 Friedrich Pohlmann: Die europäische Industriegesellschaft, Opladen: UTB, 1997

119 Ebd., S. 171

120 Theodor Geiger: Theorie zur Sozialen Schichtung, in: Ders.: Arbeiten zur Soziologie, Neuwied: Luchterhand, 1962, S. 186 ff.

Chancen und Risiken, Glücksmöglichkeiten, aber auch Privilegien und Diskriminationen, Rang und öffentliches Ansehen.“ [121] Dabei ergeben sich ‚Statuskonsistenzen' bei einer Vielzahl von Menschen in ähnlich zu bewertenden Statuslagen, aber auch ‚Statusinkonsistenzen' als Ergebnis ungleicher Lagen. Danach wäre der Abstammungsstatus ein Merkmal von besonderer Bedeutung für vorindustrielle Gesellschaften, der Lohnarbeiterstatus für Industriegesellschaften, und für postindustrielle *„Gegenwartsgesellschaften“* z.B. die Bündelung eines *„ähnlich zu bewertenden Berufs-, Einkommens- und Ausbildungsstatus.“*[122] Die Intensität der Schichtbildung hängt ab von der Höhe inter- und intragenerationaler Auf- und Abstiegschancen zwischen den verschiedenen Statuslagen. Je höher die Mobilitätsbarrieren, desto mehr verfestigen sich mit ausgeprägteren Schichtstrukturen ähnliche Sozialerfahrungen zu schichtspezifischen Mentalitäten, Gesellschaftsbildern und Lebensmustern.[123]

Mit der Industrialisierung gerieten die vorindustriellen gesellschaftlichen Leitbilder einer von Gott und König gesteuerten Ordnung ins Wanken. Es konstituierte sich ein neuer Gesellschaftsbegriff. Die Entwicklung des neuen Verständnisses von Gesellschaft ging einher mit verringerten Machtdifferentialen zwischen Regierenden, Regierten und verschiedenen Schichten.[124] Gesellschaftliche Interdependenzketten verlängerten sich bei zunehmender Undurchschaubarkeit und Komplexität.[125] Auch in den heutigen Entwicklungsländern erschüttern Industrialisierungsprozesse traditionelle Schichtungen und Statuslagen, ohne sie vollständig aufzuheben. Industrialisierung und wirtschaftliche Entwicklung führen nicht zwingend zur Bedeutungslosigkeit alter Statuslagen und ihrer vollständigen Ablösung durch neue, der Industriegesellschaft entsprechende Statuslagen, wie Lohnarbeit oder Kapitaleigentum. So reduzierte sich z.B. in Thailand nach dem Sturz der absoluten Monarchie i.J. 1932 die Rolle des Königshauses nur vorübergehend zu einer unbedeutenden konstitutionellen Instanz. In dieser Schwächephase der Monarchie residierten die Könige jahrelang nicht im Lande. Mit der Eskalation des Kalten Krieges und während des einsetzenden Industrialisierungsprozesses steigerte sich die Bedeutung der Monarchie im gesellschaftlichen Status dann bis zur modernen Form der Überhöhung. Eine traditionell ausgerichtete soziale Schichtung mit dem Königshaus an der Spitze blieb unter den neuen wirtschaftlichen Bedingungen weitgehend erhalten. In der Entwicklung nach dem 2. Weltkrieg verbanden sich die gemeinsamen Interessen der alten, mit

121 Ebd., S. 186

122 Pohlmann, 1997, ... a.a.O., S. 173

123 Vgl.: Ebd., S. 137

124 Norbert Elias: Was ist Soziologie? 5. Aufl., Weinheim u. München: Juventa-Verlag, 1986, S. 70 ff.

125 Vgl.: Ebd., S. 74

Rang und Status versehenen Elite und einer wirtschaftlich aufstrebenden neuen Elite, die sich in die oberen Ebenen der gesellschaftlichen Statushierarchie integrieren wollte. Wie im vorherigen Abschnitt dargestellt, wirkt eine damit einhergehende Projektion des Gesellschafts- und Geschichtsbildes nachteilig auf den Status und die Handlungsbedingungen von Lohnarbeitern und ihrer Gewerkschaften in Thailand.

Eine ausschließlich an ökonomischen Klassen orientierte Analyse führt unter den gegebenen hierarchischen Schichtungen der thailändischen Gesellschaft nicht zu einer ausreichenden Erfassung von Macht- und Statuschancen und der Zuordnung von Gesellschaftsmitgliedern in ranghöhere und rangniedere Schichten. Der neu gewonnene Reichtum eines thailändischen Industriellen von vielleicht chinesischer Herkunft bringt diesem nicht sofort und unmittelbar einen entsprechend höheren Status. Aus den fortbestehenden traditionellen Schichtungen ergeben sich Aufstiegsbarrieren. Um das Ziel sozialer Akzeptanz durch die statushöheren Schichten mit dem Königshaus an der Spitze zu erreichen, können erheblicher finanzieller Aufwand und große gesellschaftliche Anstrengungen erforderlich sein. Die neue ökonomisch erfolgreiche Klasse erlebt im eigenen Bewusstsein ihren wirklichen Aufstieg erst dann, wenn sie aus der Eigenperspektive an den Symbolen der statushöheren Schichten teilhaben kann. Demonstrativer Luxuskonsum ist eine mögliche Strategie im Aufstiegskampf, als Einsatz ‚symbolischen Kapitals' zur Kompensation und Überwindung bestehender Statusprobleme im ‚sozialen Raum'.[126] Die Möglichkeit zur Teilhabe an statusvermittelnden Oberschicht-Ritualen ist über die ökonomisch definierte Position hinaus ein wesentlicher Faktor für die Einordnung von Personen in der gesellschaftlichen Hierarchie.

Elias beschreibt am historischen Beispiel der deutschen Oberschicht im Kaiserreich mit der ‚satisfaktionsfähigen Gesellschaft' an der Wende vom 19. zum 20. Jahrhundert[127] eine hierarchisch geschichtete Monarchie, die sich ähnlich dem modernen Thailand in einem Industrialisierungsprozess befindet. Spezifische Oberschicht-Rituale heben in dieser Gesellschaft *„Angehörige der Trägergruppen aus der Masse der tieferstehenden Menschen"* heraus und beinhalten die *„Funktion der Differenzierung und Distanzierung von höheren und niedrigeren Schichten."* [128] Das Bild der deutschen ‚guten Gesellschaft' zwischen 1871 und 1914 ähnelt trotz anderer wesentlicher Unterschiede in einem wichtigen Punkt den Bedingungen in Thailand in der Industrialisierung: Nicht *„kapitalreiche Unternehmer"* waren nach Elias in dieser Phase der Hochindustrialisie-

126 Vgl. zum Klassenverständnis nach Bourdieu Abschnitt 2.4.

127 Vgl. Norbert Elias: Studien über die Deutschen, Frankfurt a.M.: Suhrkamp, 1990, S. 61–158

128 Ebd., S. 100

rung die *„sozial mächtigste und höchstrangierende Schicht"*, sondern hohe Beamte und Militärs, gefolgt von wohlhabenden Akademikern, die *„ganz entschieden einen höheren sozialen Rang als reiche Kaufleute"* hatten.[129]

Beim Vergleich der damaligen Bedingungen im wilhelminischen Kaiserreich mit den heutigen Bedingungen unter der Monarchie in Thailand werden trotz bedeutender kultureller, politischer und wirtschaftlicher Unterschiede in der Frage einer Statushierarchie auch strukturelle Ähnlichkeiten erkennbar. Trotz Industrialisierung, Modernisierung und neuer Aufstiegschancen für ökonomische Spezialistengruppen gelang es in beiden Beispielen den alten Eliten, ihren bisherigen Status in erheblichem Umfang auf die neuen Bedingungen zu übertragen. Im Deutschen Reich konnte der Adel statusgebundene Machtpositionen auch innerhalb neuer ‚Korrelate von Establishment' geltend machen. Nicht nur ökonomisch bedingt, sondern auch aus dieser Machtposition heraus erfolgte eine Spaltung der Gesellschaft in Oben und Unten. Im oberen Bereich konstituierte sich im Kaiserreich die *„Gesellschaft der Satisfaktionsfähigen, in der Adelige und Bürgerliche, hierarchisch abgestuft, durch die gleichen Verkehrsformen"*,[130] den gleichen Kanon, miteinander verbunden waren. Die *„gute Gesellschaft"* ruhte auf den verknüpften Säulen eines militärischen und eines zivilistischen Sektors und sie fand ihren Zusammenschluss *„an der Spitze der Pyramide in der deutschen Regierung, in der höfischen Gesellschaft und schließlich in der Person des Kaisers selbst."*[131] Nicht satisfaktionsfähig und damit dem statusniederen Teil der Gesellschaft zugehörig waren z.B. Ladenbesitzer, Handwerker, Arbeiter, Bauern und Juden.[132]

Die Bildung einer Thai Oberschicht während der ersten Generationen der Chakri Dynastie im Laufe des 19. und frühen 20. Jahrhunderts verlief für das europäische Verständnis kulturell sehr andersartig. Im Zentrum stand dabei die Heiratspolitik der Chakri Könige bis zum Tod Chulalongkorns i.J. 1910. Die Spitze der herrschenden Elite entstand aus Abkömmlingen des Königshauses. Für wirtschaftlich erfolgreiche Geschäftsleute war die Verheiratung einer Tochter mit dem König eine Investition zum Erwerb ‚sozialen Kapitals', die den Aufstieg in die engere Elite ermöglichen und die Aussicht auf künftigen wirtschaftlichen Erfolg sichern sollte. Als Ergebnis ihrer Heiratspolitik hatten die ersten fünf Könige der Chakri Dynastie zwischen 1782 und 1910 durchweg eine größere Zahl von Kindern und Ehefrauen: Rama I: 42 Kinder von 28 Müttern; Rama II: 73 Kinder

129 Ebd., S. 62
130 Ebd., S. 81
131 Ebd.
132 Ebd., S. 76

von 40 Müttern; Rama III: 51 Kinder von 37 Müttern; Rama IV: 82 Kinder von 35 Müttern; Rama V: 76 Kinder von 36 Müttern.[133]

Das deutsche Bürgertum ließ sich nach der gescheiterten Revolution von 1848 im Interesse seines konfliktfreien Aufstiegs auf eine nachgeordnete Teilhabe am traditionellen Status ein. Es erlangte dabei im Bündnis gegen die Bedrohungen einer aufkeimenden Arbeiterbewegung die soziale Position einer nach dem deutschen ,Kriegsadel' zweitrangigen Etabliertenschicht. Im deutschen Reich erfolgte der Aufstieg des Bürgertums unter weitgehender Preisgabe der bürgerlichen Ideale des Humanismus und der Aufklärung mit der Folge einer relativ geringen Bedeutung des politischen Liberalismus in Deutschland, z.B. gegenüber dem angelsächsischen Raum. Die Anziehungskraft dieses Oberklassenmodells ließ unter den bürgerlichen Schichten später wieder nach. Das System war zudem nicht in der Lage, den Aufstieg der politischen und gewerkschaftlichen Arbeiterbewegung wirksam zu behindern. Mit der relativ geringen Bedeutung des Liberalismus und der Werte der Aufklärung im Bürgertum nach Gründung des Deutschen Reichs gingen Elemente dieser Traditionen samt ihrem moralischen Anspruch auf die Arbeiterbewegung über. Das Selbstbewusstsein und Eigenbild der Arbeiter als Klasse von zukunftsgestaltender Bedeutung entfaltete sich so mit geringerer ,fortschrittlicher' Konkurrenz aus dem bürgerlichen Lager, als in den Ländern eines starken politischen Liberalismus. Unter den Bedingungen des Kaiserreichs kam es trotz der relativ späten Industrialisierung Deutschlands und der spezifischen Oberschichtstrukturen des 1871 gegründeten Reiches zu einer ausgeprägten Klassenbildung.[134] Im Ergebnis entstand eine starke politische und gewerkschaftliche Arbeiterbewegung. Dies ist ein deutlicher Unterschied zum empirischen Befund in Thailand. Im Gegensatz zu Deutschland blieb die Thai Arbeiterbewegung im Modernisierungs- und Industrialisierungsprozess schwach und sie hatte Schwierigkeiten, aus einer Abgrenzung zur herrschenden Oberschicht der eigenen Gesellschaft ihre Selbstachtung zu stärken und Klassenbewusstsein zu entwickeln.

2.3.2 Ungleiche Informalisierungsprozesse als Kooperationsbedingung

Bei einer vergleichenden Betrachtung von Schichtenbildungen und spezifischen Verhaltensnormen in Industrialisierungsprozessen unter unterschiedlichen räumlichen und zeitlichen Gegebenheiten sind für eine Debatte übernationaler Ge-

---

133 Vgl. Pasuk Phongpaichit, Chris Baker: Thailand Economy and Politics, New York: Oxford University Press 1995, S. 235

134 Vgl.: Kocka, 1983 ... a.a.O.

meinsamkeiten zwei theoretische Überlegungen von Elias von Bedeutung. Die erste Überlegung betrifft die ‚Formalitäts-Informalitäts-Spanne'. Die zweite behandelt, damit verknüpft durch einen Zivilisationsprozess mit zunehmender Informalisierung, das Verhältnis von Fremdzwängen und Selbstzwängen in der Gesellschaft.[135]

Die „Formalitäts-Informalitäts-Spanne" beschreibt „die Gleichzeitigkeit formeller und informeller Verhaltenssteuerungen in der Gesellschaft". Elias definiert sie als das „synchronische Gefälle von Formalität und Informalität."[136] Es gibt demnach in Gesellschaften innerhalb einer Epoche Ereignisbereiche, in denen Formalität verlangt wird und andere, in denen Informalität angebracht ist. Im modernen Kontext könnte in einem Unternehmen das Gespräch zwischen Mitarbeiter und Personalchef als Bereich verstanden werden, in dem Formalität am Platz ist. Dagegen wäre der Umgang zwischen den Mitarbeitern gleicher Ebene eher von Informalität bestimmt. Nach Elias ist im Vergleich zu früheren Epochen die „Formalitäts-Informalitäts-Spanne in vielen fortgeschrittenen Industriestaaten relativ klein."[137] Es kommt somit im historischen Verlauf zu „Veränderungen des Verhaltenskanons". Elias stellt am Beispiel eines Beförderungsgesuchs von Mozarts Vater einen vorindustriellen Verhaltenskanon dar. Vizekapellmeister Leopold Mozart am Salzburger Hof gebrauchte im Schreiben an seinen ‚Chef', den Erzbischof, unterwürfige Formulierungen, die heute ungewohnt formell wirken:

> „als empfehle ich mich Euer Hochfürstl: Gnaden demüthigst und ersterbe in tiefster Unterwerfung / Euer Hochf: Gnaden meines Gnadigsten LandesFürsten und Herrn Herrn unterthänigster und gehorsamster Leopold Mozart"[138]

Die praktizierten und erwarteten Verhaltensformen unterschiedlicher Gesellschaftsmitglieder verändern sich in Richtung eines funktionalen Demokratisierungsprozesses, bei abnehmendem Machtgefälle zwischen Regierenden und Regierten. Diese Veränderungen eines Verhaltenskanons im Nacheinander der Gesellschaftsentwicklung definiert Elias als *„diachronisches Informalisierungsgefälle"*.[139] Übertragen auf das moderne betriebliche Beispiel ist im Gespräch zwischen Mitarbeiter und Personalschef zwar Formalität angebracht. Der Grad dieser Formalität und das Machtgefälle sind jedoch deutlich geringer als in der vorindustriellen Epoche Leopold Mozarts.

---

135 Vgl.: Elias, 1990, ... a.a.O., S. 33-60

136 Ebd., S. 41

137 Ebd., S. 42

138 Mozart, Briefe und Aufzeichnungen. Gesamtausgabe, gesammelt und erläutert von Wilhelm A. Bauer und Otto Erich Deutsch, Bd. 2, Kassel etc. 1962, S. 462; zit. aus Elias, 1990, ... a.a.O., S. 39

139 Ebd., S. 41

Unterscheiden lässt sich somit erstens im Rahmen des diachronischen Informalisierungsgefälles der Verhaltenskanon einer bestimmten Gesellschaft zu einem gewissen Zeitpunkt vom Verhaltenskanon derselben Gesellschaft in anderen Epochen. Zweitens kann bei internationalen Vergleichen von Gesellschaften in der gleichen Epoche, z.B. der Gegenwart, das *„synchronische Formalitäts-Informalitäts-Gefälle auch in verschiedenen Nationen der gleichen Periode eine recht verschiedene Struktur haben.“*[140] Die Mitglieder unterschiedlicher Gesellschaften können demnach trotz einer ökonomisch ähnlich erscheinenden Funktion, z.B. als Arbeiter, Beamte, Gewerkschaftsführer oder Unternehmer, dennoch in einem von Gesellschaft zu Gesellschaft sehr verschiedenen Verhaltenskanon stehen. Zu untersuchen sind dann die Auswirkungen solcher Unterschiede auf Formen, Inhalte und Potential der internationalen Interaktion dieser jeweils unterschiedlich verankerten Individuen und ihrer sozialen Aggregate. Dies erlangt z.B. Bedeutung, wenn Gewerkschafter unterschiedlicher Gesellschaften mit unterschiedlichen synchronischen Formalitäts-Informalitäts-Gefällen innerhalb einer internationalen Organisation oder entwicklungspolitischen Kooperation aufeinander treffen. Drittens können die voneinander abweichenden diachronischen Informalisierungsgefälle mehrerer unterschiedlicher Gesellschaften miteinander verglichen werden. Dabei kann untersucht werden, welche wesentlichen Ähnlichkeiten oder Unterschiede es in der Formalitäts-Informalitäts-Spanne bei ähnlichen Prozessen oder Ereignissen gab, die in den verschiedenen Gesellschaften zu unterschiedlichen Zeitpunkten stattfanden. Dies könnte angewendet werden auf die Bedingungen während der heutigen Industrialisierung in Thailand im Vergleich zu denen vor einem Jahrhundert während der Industrialisierung in Deutschland, z.B. in Bezug auf den Verhaltenskodex der Oberschicht, dem der Arbeiterschaft und dem Verhältnis beider Schichten bzw. Klassen zueinander.

Für Vergleiche innerhalb der gegenwärtigen Epoche zunehmender Internationalisierung und wachsender Migration muss über Elias' Betrachtung hinaus berücksichtigt werden, dass immer mehr Einzelpersonen oder soziale Gruppen mit sehr unterschiedlichen Prägungen und Erwartungen hinsichtlich eines geltenden Verhaltenskanons und mit unterschiedlicher ‚Formalitäts-Informalitäts-Spanne' räumlich aufeinander treffen. In der gesellschaftlichen und institutionellen Interaktion ergeben sich dabei unterschiedliche Handlungs- und Verhaltensoptionen. Wie im empirischen Teil gezeigt wird, kann dies unter der Bedingung einseitigen oder wechselseitigen ‚Nicht-Verstehens' erfolgen. Andererseits sind auf der Grundlage von Verständnis auch Anpassungs- und Lernprozesse zwischen den beteiligten Akteuren möglich, die je nach Konstellation von Motivations-

140 Ebd., S. 44. Auf diesen Aspekt geht Elias allerdings, wie er sagt, nur „im Vorbeigehen“ ein.

haltungen und Lernbereitschaft unterschiedlich verlaufen können. Dies betrifft z.B. in der Migration in einer Gesellschaft die Frage, welcher Verhaltenskanon von Migranten erstens gegenüber Migranten gleicher Herkunft, zweitens Personen mit gesellschaftlicher Sozialisation des Einwanderungslandes und drittens Migranten anderer internationaler Herkunft zur Geltung kommt. Eine hier bedeutsame Frage ist die Situation der Angestellten internationaler Organisationen, wie z.B. den Sekretären internationaler Gewerkschaftsbüros. Sie stammen aus Herkunftsländern mit verschiedener ‚Formalitäts-Informalitäts-Spanne' und müssen sich je nach Situation in einem unterschiedlichen Verhaltenskanon bewegen. Denkbar ist die Anwendung eines spezifischen Verhaltenskanons innerhalb der Sekretariatstätigkeit, eines weiteren für das Freizeitverhalten im Gastland während solcher zeitlich meist auf mehrere Jahre begrenzten Einsätze und eines dritten Kanons während vorübergehender Aufenthalte im Herkunftsland oder nach Rückkehr in die ‚Heimat'. Von besonderer Bedeutung sind dabei die Bedingungen eines Zusammentreffens des ‚Kanons' der internationalen Gewerkschaftsbewegung samt ihrer historisch gewachsenen Identität[141] mit dem einer lokalen Gewerkschaftsbewegung, die unter den kulturellen, wirtschaftlichen und politischen Bedingungen Thailands entstanden ist.[142]

Informalisierungsschübe bei der Transformation von Agrargesellschaften in Industriegesellschaften sind nach Elias Zivilisationsprozesse, die gekennzeichnet sind durch Veränderungen *„im Verhältnis von gesellschaftlichen Fremdzwängen und individuellen Selbstzwängen."*[143] Nach dieser Zivilisationstheorie ergeben sich auf verschiedenen ‚Entwicklungsstufen' von Gesellschaften jeweils entsprechende Persönlichkeitsstrukturen, aber auch Erziehungsmodelle oder spezifische politische Strukturen. Elias hat mit dieser Theorie in seinen ‚Studien über die Deutschen' und deren Nationalcharakter das Scheitern der Weimarer Republik vor dem politischen Terror der Nazis erklärt. Die Schwierigkeiten beim Übergang von absolutistisch-diktatorischen zu demokratischen Strukturen lassen ihn befürchten, *„daß es gewöhnlich drei, vier oder fünf Generationen dauert, ehe das Einspielen der Persönlichkeitsstrukturen auf die gewaltlosere Form des Parteienkampfes gelingt."*[144] Längerfristig verringern sich aber im Zuge von Demokratisierungsprozessen die Machtdifferentiale zwischen Höhergestellten und Tiefergestellten. Mit dieser Zivilisationstheorie können Hindernisse und Veränderungen bei der Entwicklung gemeinsamer Identitäten von Menschen unterschiedlicher Persönlichkeitsstrukturen aufgrund einer jeweils anderen Fremdzwang –

141 Vgl. hierzu Kapitel 4.
142 Vgl. hierzu Kapitel 3 sowie die Ergebnisse der empirischen Forschung in Kapitel 5.
143 Elias, 1990, ... a.a.O., S. 49
144 Ebd., S. 50

Selbstzwang Apparatur erklärt werden. Im Kontext des Nationalstaates lässt sich diese Theorie auf das Verhältnis ländlich geprägter zu städtischen Bevölkerungsschichten anwenden, oder international auf unterschiedliche Persönlichkeitsstrukturen von Gewerkschaftern in verschiedenen Gesellschaften.

Ein Problem ist bei dieser Vorgehensweise die implizite Anwendung eines linearen Entwicklungsverständnisses von Zivilisation auf Gesellschaften der ‚Dritten Welt'. Elias weist mehrmals auf einen voranschreitenden Zivilisationsprozess von ‚einfacheren' zu ‚differenzierteren' Gesellschaften hin. Die Problematik der Entwicklungsländer sieht er aber auch als Ergebnis radikalster Informalisierungsprozesse, die herbeigeführt wurden durch die *„Zerstörung der sinngebenden Rituale, der hochgehaltenen Formen einfacherer Völker im Zuge der Kolonisierung und Missionierung durch Europäer."*[145] Thailand wurde jedoch niemals kolonisiert und wird hier als eine differenzierte Gesellschaft verstanden, nicht aber als ein ‚einfacheres Volk', das sich in einem nachholenden Informalisierungs- und Zivilisationsprozess befindet. Es wird folglich nicht untersucht, wie eine Gesellschaft im Industrialisierungsprozess im Kontext der Internationalisierung die Entwicklung früher industrialisierter Gesellschaften nachholt, sondern gefragt, welche gemeinsamen Prozesse, Entwicklungen und Wechselwirkungen sich aus einem Zusammentreffen ergeben.

Des weiteren ist zu bedenken, dass Entwicklung nicht nur als kontinuierlicher Prozess, sondern auch in Sprüngen erfolgen kann, mit dem möglichen Ergebnis beschleunigter Veränderungen in den Persönlichkeitsstrukturen und politischem oder gewerkschaftlichem Bewusstsein. Dies könnte z.B. in Thailand nach dem Massaker des Militärs im Mai 1992 und dem anschließenden Erfolg einer zivilen Demokratiebewegung erfolgt sein. Weitere zu berücksichtigende Einschränkungen sind die beschleunigte Globalisierung bzw. Denationalisierung und Individualisierung seit den 70er Jahren, mit Konsequenzen für Entbettungsprozesse als dem Herausheben *„sozialer Beziehungen aus ortsgebundenen Interaktionszusammenhängen"* [146] und übergreifenden Umstrukturierungen, in denen Identitätsbildungen abnehmend nationalstaatlich ‚eingebettet' sind. Dies sind moderne Bedingungen, unter denen Veränderungen von Persönlichkeitsstrukturen als Folge der Globalisierung und vermittelt durch internationale Lernprozesse und zivilgesellschaftliche Bildungsarbeit rascher voranschreiten könnten als in ‚drei, vier oder fünf Generationen'. Unter Berücksichtigung dieser Einschränkungen und Relativierungen bietet Elias' Theorie dennoch einen wertvollen Erklärungsbeitrag für die Bedingungen des Zusammentreffens unterschiedlichen Spannen

145 Ebd., S. 102 f.

146 Anthony Giddens: Konsequenzen der Moderne, Frankfurt a.M.: Suhrkamp, 1990, S. 33

von Formalität und Informalität mit verschiedenem Verhaltenskanon in der internationalen Gewerkschaftskooperation mit Thailand.

2.4 Klassen, okzidentales Verständnis und Buddhismus

2.4.1 Interpretation und Grenzen Marxscher Klassentheorie

Dieser Abschnitt behandelt Marx' Klassentheorie und ihre Interpretation für Thailand unter Verzicht auf eine allgemeine Auseinandersetzung mit dem Marxismus. Marx wird auf sehr verschiedene Weise verstanden. Zudem gibt es in seinem umfangreichen Werk Bereiche, in denen er sich selbst relativiert. So hebt Marx z.B. einerseits die Individualisierung in der Gesellschaft unter der Herrschaft der Bourgeoisie hervor. Andererseits betont er im Klassenbildungsprozess neue Formen der Bindung innerhalb des Proletariats. Analysen über die Entwicklung der Länder des ‚Südens' können unter Bezugnahme auf Marx zu völlig entgegengesetzten Schlussfolgerungen führen. Der Kolonialismus kann mit Marx einerseits als Ursache des gegenwärtigen Elends in der Dritten Welt verstanden werden, andererseits aber auch als Grundlage der modernen wirtschaftlichen Erfolge Südostasiens durch seine Zerstörung der alten Ordnung und die Überwindung der ‚Asiatischen Produktionsweise'. Marx ermöglicht eine Vielfalt von Interpretationsmöglichkeiten, so dass es nach Menzel immer nur darauf ankommt, ob man ihn als Modernisierungstheoretiker, Dependenztheoretiker, leninistisch gewendet oder volkstümlich nimmt.[147]

E. P. Thompson weist in der Definition von ‚Klasse' darauf hin, dass eine historisch falsche Interpretation von Marx zu der Annahme führt, *„Klasse sei etwas Konkretes, Reales"*, weshalb viele *„spätere ‚marxistische' Analysen unbrauchbar"* sind.[148] Auch für Thailand gibt es solche nach E.P. Thompson unbrauchbaren ‚marxistischen' Interpretationen. Ungpakorn beantwortet die Frage ‚Who makes up the Thai working class?' mit statistisch erfassten ökonomischen Produktionsverhältnissen, ohne Bezug zu den Intentionen der Akteure eines Klassenbildungsprozesses und den Besonderheiten der Thai Gesellschaft, wie folgt:

> „Marxists define workers as all those who have no control over the means of production and must sell their labour, ... There are no "correct" ways of defining class in the abstract. ... Table 1 gives a class breakdown of modern Thai society. ... From the table it should be obvious that the working class is the second largest class in Thai society and

147 Vgl.: Ulrich Menzel: Die drei Entwicklungstheorien des Karl Marx, in: E + Z Jg. 2000:1, S. 8 ff.

148 E.P. Thompson,1987, ... a.a.O., S. 8

because of the nature of capitalist development, it will soon become larger than the peasantry."[149]

Nach dieser ‚marxistischen' Definition betrug im modernen Thailand des Jahres 1997 der Anteil der Arbeiterklasse an der arbeitenden Bevölkerung 41 %, oder absolut 13 Millionen Personen. [150] Solche strukturalistischen Erklärungen werden E.P. Thompsons Verständnis von Klasse als gesellschaftlicher und kultureller Formation in den Beziehungen von Menschen nicht gerecht. Sie vernachlässigen Besonderheiten der Thai Gesellschaft und die Bedeutung der Arbeiter als historische Agenten ihrer eigenen Klassenbildung.

Ausgehend von Marx und Engels ist die Geschichte aller bisherigen Gesellschaft eine Geschichte von Klassenkämpfen. Sie gewinnt aber in der ‚Epoche der Bourgeoisie' durch die Vereinfachung der Klassengegensätze eine neue Qualität. Die ganze Gesellschaft spaltet sich in zwei große Klassen, die sich feindlich gegenüberstehen: *„Bourgeoisie und Proletariat."*[151] Als Bourgeoisie präzisiert Engels die Klasse der modernen Kapitalisten, die Besitzer der gesellschaftlichen Produktionsmittel sind und Lohnarbeit ausnutzen. Das Proletariat ist dagegen die Klasse der modernen Lohnarbeiter, die ohne eigene Produktionsmittel *„darauf angewiesen sind, ihre Arbeitskraft zu verkaufen, um leben zu können."*[152] Die Herrschaft der Bourgeoisie zerstört alle Feudalbande und sie lässt zwischen den Menschen kein anderes Band übrig, *„als das nackte Interesse, als die gefühllose bare Zahlung."*[153] Es kommt als Resultat der bürgerlichen Freiheit des Kaufs und Verkaufs der Ware Arbeitskraft und der bürgerlichen Gleichheit im Tausch Geld gegen Arbeitskraft zu einer Individualisierung in der Gesellschaft. Dabei ist es jedem *„nur um sich zu tun"* und einzig die Macht *„des Eigennutzes, ihres Sondervorteils, ihrer Privatinteressen"*[154] setzt die Menschen ins Verhältnis miteinander. Als Ergebnis dieses ‚freien' und ‚gleichen' Tauschs schreitet der ehemalige Geldbesitzer dann *„voran als Kapitalist, der Arbeitskraftbesitzer folgt ihm nach als sein Arbeiter; der eine bedeutungsvoll schmunzelnd und geschäftseifrig, der andere scheu, widerstrebsam, wie jemand, der seine eigene Haut zu Markt getragen und nun nichts andres zu erwarten hat als die – Gerberei."*[155]

---

149 Ji Giles Ungpakorn: Thailand: Class Struggle in an Era of Economic Crisis. Hongkong, Bangkok: Asia Monitor Resources Centre, 1999, S. 26 f.

150 Vgl.: Ungpakorn, 1999, ... a.a.O., S. 26

151 Karl Marx, Friedrich Engels: Manifest der Kommunistischen Partei, 1848, in: Marx – Engels Studienausgabe, Bd. III, Frankfurt a. M.: Fischer Verlag 1966, S. 60

152 Anmerkung von Engels zur englischen Ausgabe von 1888, in: Ebd., S. 243

153 Ebd., S. 61

154 Karl Marx: Das Kapital, Bd. I, in: MEW Bd. 23, Berlin: Dietz Verlag 1973, S. 190

155 MEW Bd. 23, S. 191

Die Herrschaft der Bourgeoisie unterscheidet sich von früheren Produktionsweisen durch fortwährende Umwälzung, ununterbrochene Erschütterung aller gesellschaftlichen Zustände, ewige Unsicherheit und Bewegung. Ihre *„Exploitation des Weltmarktes"* gestaltet die Produktion und Konsumtion aller Länder kosmopolitisch. Eine *„allseitige Abhängigkeit der Nationen voneinander"* macht *„nationale Einseitigkeit und Beschränktheit mehr und mehr unmöglich."*[156] Die immanenten Gesetze der kapitalistischen Produktion führen zu einer Zentralisation der Kapitale im internationalen Ausmaß. Marx' Beschreibung aus dem 19. Jahrhundert zur Einbindung von Völkern in das Netz des Weltmarktes und des internationalistischen Charakters des Kapitals regt an zum Vergleich mit modernen Parallelen im Globalisierungsprozess am Ende des 20. Jahrhunderts.[157]

Marx und Engels bleiben nicht bei der Individualisierung als Konsequenz der Tauschbeziehungen in der Epoche der Bourgeoisie stehen. Sie sehen andererseits das Proletariat verschiedene Entwicklungsstufen durchlaufen. Am Anfang dieses Prozesses steht der einzelne Arbeiter, der seine untergegangene Stellung wiederzuerlangen sucht. Dann bilden die Arbeiter eine *„über das ganze Land zerstreute und durch die Konkurrenz zersplitterte Masse."*[158] Auf dieser Stufe werden die Arbeiter noch von der Bourgeoisie für deren Ziele in Bewegung gesetzt, sie bekämpfen *„die Feinde ihrer Feinde, die Reste der absoluten Monarchie, die Grundeigentümer, die nicht-industriellen Bourgeois, die Kleinbürger."*[159] Mit der Entwicklung der Industrie gleichen sich schließlich die Interessen und Lebenslagen innerhalb des Proletariats immer mehr an, die Maschinerie verwischt die Unterschiede der Arbeit und der Lohn wird *„fast überall auf ein gleich niedriges Niveau herabgedrückt."*[160]

Mit dem von Marx immer wieder beschriebenen umfassenden kapitalistischen Umwandlungsprozess wachsen aber nicht nur Elend, Knechtschaft, Entartung und Ausbeutung, sondern auf der anderen Seite auch *„die Empörung der stets anschwellenden und durch den Mechanismus des kapitalistischen Produktions-*

---

156 Marx und Engels, Manifest, 1966, ... a.a.O., S. 62

157 „Je ein Kapitalist schlägt viele tot. Hand in Hand mit dieser Zentralisation oder Expropriation vieler Kapitalisten durch wenige entwickelt sich die kooperative Form des Arbeitsprozesses auf stets wachsender Stufenleiter, die bewußte Anwendung der Wissenschaft, die planmäßige Ausbeutung der Erde, die Verwandlung der Arbeitsmittel in nur gemeinsam verwendbare Arbeitsmittel, die Ökonomisierung aller Produktionsmittel durch ihren Gebrauch als Produktionsmittel kombinierter, gesellschaftlicher Arbeit, die Verschlingung der Völker im Netz des Weltmarktes und damit der internationalistische Charakter des kapitalistischen Regimes." In: MEW, Bd. 23, S. 790

158 Marx und Engels, Manifest, 1966, ... a.a.O., S. 66

159 Ebd.

160 Ebd.

prozesses selbst geschulten, vereinten und organisierten Arbeiterklasse"[161] Die Proletarier entwickeln ein gemeinsames Bewusstsein als Klasse für sich, die den Kampf mit der Bourgeoisie aufnimmt. Durch diesen Kampf kommt es zu einer *„immer weiter um sich greifenden Vereinigung der Arbeiter."*[162] Zwar wird diese *„Organisation der Proletarier zur Klasse"* durch die Konkurrenz unter den Arbeitern *„jeden Augenblick wieder gesprengt ... aber sie ersteht immer wieder, stärker, fester, mächtiger."*[163] Dieser Prozess der Organisation zur Klasse bei zunehmender Zentralisierung der Produktionsmittel und Vergesellschaftung der Arbeit erreicht schließlich einen Punkt, an dem die ‚kapitalistische Hülle' gesprengt wird. *„Die Stunde des kapitalistischen Privateigentums schlägt. Die Expropriateurs werden expropriiert."*[164]

Marx bleibt unabhängig von den Problemen seiner Interpretation für das Selbstverständnis vieler Gewerkschafter und ‚radikaler' Bewegungen in den Entwicklungsländern von herausragender Bedeutung. Auch mit der Schwäche eines deterministisch auf die ökonomischen Produktionsverhältnisse limitierten Marxschen Klassenverständnisses und der unterschiedlichen Interpretationsmöglichkeiten bleibt eine Stärke: Marx gibt denen eine Chance, die sich in ihrer gesellschaftskritischen Haltung nicht von der traditionellen Projektion kultureller Identitäten und asiatischer Werte vereinnahmen lassen wollen, deren Gehalt von den herrschenden Eliten dieser Gesellschaften bestimmt wird. Dies ermöglicht den Arbeiterinnen und Arbeitern im Klassenbildungsprozess von Entwicklungsländern die Identität der Zugehörigkeit zu einer internationalen Bewegung.

Dieser Stärke des Marxschen Klassenverständnisses steht die Schwäche der Eindimensionalität des Gesellschaftsbildes mit seiner Konzentration auf den Antagonismus zwischen Eigentümern und Nicht-Eigentümern gegenüber. Wie die Ergebnisse der empirischen Forschung zeigen[165], gibt es auch unter ‚klassenbewussten' Thai Arbeiterführern die Wahrnehmung spezifischer kultureller Besonderheiten im Handeln der Thai Arbeiterklasse. Die Anwendung eines ökonomisch limitierten Klassenverständnisses wird somit in seiner Ausschließlichkeit der wirtschaftlichen, kulturellen und sozialen Mehrdimensionalität der Thai Gesellschaft (wie auch anderer Gesellschaften) und ihrer modernen Entwicklung nicht gerecht. Darauf deuten z.B. die anfänglichen Status- und Akzeptanzprobleme ‚neureicher' wirtschaftlicher Aufsteiger hin. In Thailand muss ein äquivalenter sozialer Aufstieg mit erheblichen Transformationskosten erkauft werden. Beispiele sind der Stimmenkauf für politische Positionen, Spenden für königliche

---

161 MEW Bd. 23, S. 790 f.
162 Marx und Engels, Manifest, 1966, ... a.a.O., S. 67
163 Ebd.
164 MEW Bd. 23, S. 791
165 Siehe Kapitel 5

Projekte im ‚Tausch' für Audienzen und Schirmherrschaften der königlichen Familie, Ausrichtung gesellschaftlicher Veranstaltungen (wie z.B. Hochzeiten) unter Teilnahme wirklich hochrangiger Persönlichkeiten, demonstrativer Luxuskonsum, Investitionen in Clubmitgliedschaften usw..

Bourdieu sieht das Unzulängliche Marxscher Klassentheorie in deren Unfähigkeit, einer Mehrdimensionalität objektiv feststellbarer Differenzen im sozialen Raum in ihrer Gesamtheit gerecht zu werden. Da Marx' Klassentheorie die *„soziale Welt auf das Feld des Ökonomischen reduziert"*, vermag sie die soziale Position in einem mehrdimensionalen Antagonismus *„zwangsläufig nur noch unter Bezugnahme auf die Stellung innerhalb der ökonomischen Produktionsverhältnisse zu bestimmen"*.[166] Marx' Klassentheorie vernachlässigt danach alle anderen das soziale Feld strukturierenden Gegensätze. Nach Bourdieu ist der soziale Raum aber mehrdimensional.[167] Neben den ökonomischen kommt auch den sozialen und kulturellen Produktionsverhältnissen eine besondere Bedeutung mit eigener ökonomischer Logik ihrer jeweiligen ‚Güter' zu.[168]

Mit Bourdieus Berücksichtigung kultureller Produktionsverhältnisse werden die kulturellen Besonderheiten einer Gesellschaft nicht mehr an den vereinfachenden Konzepten globaler kultureller Grenzziehungen[169] gemessen. Die kulturelle Dimension im sozialen Raum einer asiatischen oder europäischen Gesellschaft führt zur Verortung ihrer Akteure in Klassenverhältnissen, in denen es weiterhin Oben und Unten sowie Herrschende und Beherrschte gibt. Die Wahrnehmung kultureller Unterschiedlichkeit zwischen Gesellschaften führt dann nicht mehr zu der Schlussfolgerung kultureller Gleichheit innerhalb der kulturell voneinander verschiedenen Gesellschaften. Andererseits darf die über Marx hinausgehende notwendige Berücksichtigung der kulturellen Dimension nicht zu einer Unterberücksichtigung des von Marx hervorgehobenen Gegensatzes von Lohnarbeit und ökonomischem Kapital führen. Für die Industriearbeiterschaft exportorientierter Entwicklungsländer ist dieser ökonomische Gegensatz schon deshalb von existenzieller Bedeutung, weil sie analog zu den von Marx und Engels beschriebenen Bedingungen im Europa des 19. Jahrhunderts ihre Arbeitskraft häufig zu Konditionen am Existenzminimum anbieten muss.

Unter den Voraussetzungen Thailands hat sich alternativ zum herrschenden modernen Geschichtsbild eine wenig beachtete Tradition ‚radikalen' Denkens

---

166 Pierre Bourdieu: Sozialer Raum und Klassen, Frankfurt a.M.: Suhrkamp, 1985, S. 31

167 Vgl.: Ebd., S. 32

168 Vgl.: Pierre Bourdieu: Die feinen Unterschiede: Kritik der gesellschaftlichen Urteilskraft, Suhrkamp, 1983(a), 2. Aufl., S. 17

169 Wie z.B. bei Samuel Philipps Huntington: Kampf der Kulturen: die Neugestaltung der Weltpolitik im 21. Jahrhundert, München: Europa-Verlag, 1996

entwickelt, die ‚marxistische' Positionen auf der Grundlage des sie umgebenden kulturellen Einflusses interpretiert. Diese kritische Denktradition erlangte nach gesellschaftlichen Umwälzungen (z.B. Abschaffung der absoluten Monarchie i.J. 1932) oder in demokratischen Phasen (z.B. zwischen 1973 – 1976) immer wieder Bedeutung. Yuangrat weist in einer Analyse des modernen radikalen Denkens in Thailand zusammenfassend darauf hin, dass in dieser Tradition Thai ‚Marxisten' mit ihren gesellschaftlichen Interpretationen bewusst und unbewusst den authentischen Marx beträchtlich verändert haben.[170] Einige dieser Veränderungen sind auf simple Unwissenheit und Missverständnisse zurückzuführen. Andere beruhen dagegen auf der Interaktion zwischen einem starken Thai Wertesystem[171] und Marx' eigenen Ideen. Yuangrat benennt als hauptsächliche Aspekte dieser Interaktion: Erklärung marxistischer Ideen in buddhistischen Begriffen; Schwerpunktsetzung auf Kultur und Ethik anstelle von Ökonomie; selektives Aufgreifen von im Thai Kontext geeigneten Aspekten; Anpassung von industriellen auf ländliche Bedingungen; Neuinterpretation der Thai Geschichte passend zum marxistischen Modell.[172] Diese Veränderungen verdeutlichen den Einfluss eines spezifischen Thai Wertesystems und kultureller Verhältnisse auf das gesellschaftskritische Denken. Entsprechende lokale Anpassungen ergeben sich auch bei den Auswirkungen des Industrialisierungsprozesses auf Thailand und spezifische lokale Formen von Klassenbildung.

Wenn wirtschaftliche Veränderungen zur Ausweitung von Lohnarbeit führen und Thai Arbeiter sich mit ihrem Handeln selbst als Klasse definieren, dann wird in einem Wechselverhältnis das sie umgebende kulturelle Wertesystem ihr Handeln beeinflussen, wie auch sie umgekehrt mit ihrem Handeln das kulturelle Wertesystem verändern. In diesem Prozess innergesellschaftlicher Wechselwirkungen steht die Arbeiterbewegung mit der internationalen gewerkschaftlichen Kooperation zusätzlich und damit verbunden in einem parallelen Prozess zwischengesellschaftlicher Interaktion.

2.4.2 Europäisches Menschenbild, soziale Schließung und okzidentale Rationalisierung

Die Entstehung des Klassenbegriffs ist eng verbunden mit den gesellschaftlichen Entwicklungen und der Industrialisierung Europas im 19. Jahrhundert. Er ver-

170 Vgl.: Yuangrat (Pattanapongse) Wedel: Modern Thai Radical Thought: The Siamization of Marxism and its Theoretical Problems., Thammasat University, Bangkok: Thai Khadi Research Institute, 1982

171 „a strongly-held Thai belief system", in: Yuangrat, 1982, ... a.a.O.

172 Vgl.: Ebd.

körpert eine Abkehr von vorindustriellen Auffassungen, in denen individuelle soziale Positionen und die Ungleichheit der Menschen nicht auf gesellschaftliche Ursachen, sondern auf staatliche Herrschaftsausübung zurückgeführt wird.[173] Diese Herrschaft legitimierte sich in der europäischen vorindustriellen Ständegesellschaft im ‚Gottesgnadentum'. In Thailand findet dies eine Parallele in der metaphysischen Erhöhung des Königshauses, abgeleitet aus einer so verstandenen buddhistisch verankerten kosmischen Ordnung.

Entgegen solchen traditionellen Legitimationen ergibt sich nach von Stein die Unfreiheit des Proletariats nicht aus staatlicher Herrschaft, sondern aus dem gesellschaftlichen Prozess der Industrialisierung. Die ökonomischen Gesetze machen es dem einzelnen Arbeiter unmöglich, seine Unterordnung zu verlassen. Seine Verelendung ist *„eine unabweisbare Konsequenz der industriellen Gesellschaft."*[174] Bereits bei von Stein als frühem Vertreter des industriell geprägten Klassenbegriffs findet sich neben ökonomischen Faktoren der Klassenbildung als subjektives Element das Zusammengehörigkeitsgefühl der Arbeiter. Durch dieses *„Bewußtsein ist daher endlich aus dem industriellen Arbeiterstande das Proletariat der Gegenwart geworden."* [175] Auf der Grundlage eines in der europäischen Industrialisierung und durch die Französische Revolution entwickelten Menschenbildes entsteht der Anspruch auf *„Freiheit und Gleichheit."* [176]

Dieser im 19. Jahrhundert entwickelte Gedanke eines europäischen Menschenbildes im Kontext einer Klassentheorie trägt zum Anspruch einer Arbeiterbewegung auf Freiheit, Gleichheit und Solidarität bei. Für den späteren Vergleich mit außereuropäischen Traditionen ergibt sich daraus die Frage, ob die Industrialisierung für sich genommen über Klassenbildungsprozesse zu einem entsprechenden Verständnis führt, oder ob das europäische kulturelle Erbe und Traditionen der Aufklärung weitere maßgebliche Voraussetzungen für die Entwicklung des Anspruchs auf Freiheit und Gleichheit in einer nationalen oder internationalen Arbeiterbewegung sind. Der frühe Gedanke Immanuel Kants zur Aufklärung als *„Ausgang des Menschen aus seiner selbstverschuldeten Unmündigkeit"*[177] könnte ein spezifisch europäisches Phänomen sein. Er könnte aber, vielleicht in anderen Erscheinungsformen, auch in anderen Kulturen seine Entsprechung fin-

---

173 Vgl. Pohlmann, 1997, ... a.a.O., S. 177

174 Lorenz von Stein: Die Geschichte der sozialen Bewegung Frankreichs von 1798 bis auf unsere Tage, Bd. II: Die industrielle Gesellschaft: Der Sozialismus und Kommunismus Frankreichs von 1830 bis 1848, (1850) München: Drei Masken Verlag, 1921 (Neudruck), S. 74

175 Ebd., S. 96

176 Ebd., S. 97

177 Immanuel Kant: Was ist Aufklärung? In: Was ist Aufklärung? Stuttgart: Reclam, 1974, S. 9

den. Dies führt zu der Frage, ob sogenannte ‚asiatische' Werte[178] oder Traditionen, die sich z.B. im Konfuzianismus, Buddhismus, Hinduismus oder Islam begründen, bei der Klassenbildung und Entwicklung von Arbeiterorganisationen im Industrialisierungsprozess zu grundsätzlich anderen Werten und Ansprüchen führen, als dies innerhalb europäischer Traditionen wahrscheinlich wäre.

Ähnlich zur Marxschen Dichotomie sieht auch Max Weber zwei ökonomisch bestimmte Hauptklassen: eine ‚Besitzklasse' und eine ‚Erwerbsklasse'. Innerhalb dieser beiden Hauptklassen ergeben sich je nach Art des Besitzes und der Leistung unterschiedliche ‚Klassenlagen'. Mehrere solcher Klassenlagen werden zur übergeordneten Kategorie der ‚sozialen Klasse' zusammengefasst, wenn zwischen ihnen ein Wechsel der Personen selbst oder in der Generationenfolge möglich ist. Im Laufe der industriellen Entwicklung differenzieren sich so durch die größer werdenden Unterschiede in Ausbildung und Qualifikation zwei voneinander verschiedene soziale Klassen innerhalb der Erwerbsklasse aus.[179] Diese Differenzierung nach sozialen Klassen, z.B. als Folge der industriellen und technischen Entwicklung, unterscheidet sich vom Marxschen Verständnis eines sich angleichenden Proletariats aller Lohnarbeiter.

Auch bei Weber kommt der Industrialisierung eine herausragende Bedeutung für die Klassenbildung zu. Er sieht im Erlangen ökonomischer Macht bei einer Klasse deren *„Anwartschaft auf politische Leitung entstehen."*[180] Es sei gefährlich, *„wenn eine ökonomisch sinkende Klasse die politische Herrschaft in der Hand hält."*[181] Wie zuvor dargestellt, war dies im Deutschen Reich vor dem 1. Weltkrieg der Fall, als der Adel den höchsten sozialen Status und eine größere politische Macht hatte als die ‚Besitzklasse'. Eine ähnliche Situation kann in Entwicklungs- und Schwellenländern im Verlaufe eines Industrialisierungsprozesses bestehen. Die wirtschaftlich erfolgreichen aufstrebenden neuen Klassen treffen auf politisch mächtigere Eliten mit höherem Status und müssen sich gegen diese behaupten. Thailands Debatte um die Entwicklung einer demokratischen Zivilgesellschaft ist ein Beispiel für politische Prozesse im Ringen um gesellschaftliche Macht in diesem Spannungsverhältnis. Es ist eine Situation, in der die ‚Be-

178 Vgl. hierzu u.a. Huntington, 1996, ... a.a.O., sowie die entsprechend von autokratischen ASEAN Politikern bis Beginn der Asien Krise heftig geführte ‚Asian values' Debatte

179 Zu den begrifflichen Definitionen Webers siehe: Max Weber: Wirtschaft und Gesellschaft: Grundriss der verstehenden Soziologie, 5. Aufl., Tübingen: J.C.B. Mohr, 1972, S. 177 ff

180 Max Weber: Gesammelte Politische Schriften, 2. Aufl., Tübingen: J.C.B. Mohr, 1958, S. 19

181 Vgl.: Ebd., S. 19. Weber hält es allerdings für noch gefährlicher, wenn sich auf solche Klassen die ökonomische Macht und damit Anwartschaft auf politische Herrschaft hinbewegt, die noch nicht reif zur Leitung des Staates sind. Vgl.: Ebd.

sitzklasse' vor einer strategischen Entscheidung steht. Entweder kann (oder muss) sie in Marxscher Terminologie das Proletariat für ihre eigenen politischen Zwecke *„in Bewegung setzen“*[182]. Demokratische Reformen und die Entwicklung zur Zivilgesellschaft hätten dann Priorität. Oder aber sie entscheidet sich im Verständnis von Elias als wirtschaftlich aufstrebende Schicht für ein Bündnis mit der alten Elite, von der sie bisher unterdrückt worden war.[183] Damit könnte sie ohne Konflikt mit den immer noch mächtigen alten Eliten an deren Privilegien teilhaben und sich gemeinsam einem wachsenden Druck ‚von unten' entgegenstellen. Für Entwicklungsländer in einer Situation abhängiger Entwicklung und hoher außenwirtschaftlicher Verflechtung müssen bei dieser ‚strategischen' Entscheidung auch die Auswirkungen möglicher internationaler Reaktionen berücksichtigt werden. Eine ökonomisch aufstrebende Klasse, die sich mit einer international nicht mehr akzeptablen Elite verbündet, könnte zwar im Binnenverhältnis zunächst Vorteile daraus gewinnen, dann aber im Außenverhältnis Nachteile erleiden durch das Risiko politischer und wirtschaftlicher Beeinträchtigungen, die z.B. als internationale Sanktionen eintreten können.

Wollen soziale Klassen zur Wahrnehmung gemeinsamer Interessen kollektiv handeln, dann stehen sie vor dem Problem der Grenzziehung. Für die Identität, Solidarität und die Sicherung gemeinsamer Privilegien innerhalb einer agierenden Gruppierung sind nach Weber ‚soziale Schließungsprozesse' von Bedeutung.[184] Setzt Solidarität im Weberschen Sinne eine soziale Schließung voraus, dann erfordert eine Ausweitung von Solidarität umgekehrt eine soziale Öffnung, um z.B. nationale Grenzen oder kulturelle Barrieren zu überwinden. Dies wäre eine Voraussetzung für den Erfolg internationaler gewerkschaftlicher Solidarität. In ihren neueren Studien zur gewerkschaftlichen Solidarität im Prozess der europäischen Integration sehen Ebbinghaus und Visser in der Notwendigkeit zu dieser Grenzziehung eine wesentliche strategische Entscheidung für Gewerkschaften. Eine soziale Öffnung für neue Gruppen und Bereiche ist danach analog zu Webers Konzeption der sozialen Schließung *„eine der schwierigsten strategischen Entscheidungen“* von Organisationen, die im Allgemeinen *„nur zur Zeit einer Krise“* erfolgt, oder *„wenn alle anderen Alternativen ausgeschlossen sind.“*[185]

Aufschlussreich sind in diesem Zusammenhang Erfahrungen mit dem Versuch grenzüberschreitender sozialpolitischer Handlungsansätze innerhalb Europas

---

182 Marx und Engels, Manifest, 1966, ... a.a.O., S. 66

183 Vgl.: Elias, 1990, ... a.a.O., S. 69 – 159

184 Weber, WuG, 1972, ... a.a.O.

185 Bernhard Ebbinghaus, Jelle Visser: Barrieren und Wege „grenzenloser“ Solidarität: Gewerkschaften und Europäische Integration, in: Wolfgang Streek (Hrsg.): Staat und Verbände, Westdeutscher Verlag: Opladen 1994, S. 232

unter Beteiligung von Gewerkschaften. Eine Studie über Bedingungen einer dezentralen Arbeitsmarktinitiative in der deutsch- dänischen Grenzregion Schleswig / Sonderjylland kam u.a. zu dem Ergebnis, dass einer *„transnationalen Zusammenarbeit vielfältige „Vorurteilsketten" im Wege"* stehen und der *„Bereich der kulturell – gesellschaftlichen Beziehungen eher durch Konflikt und Vorurteil denn durch Kooperation und Verständnis der jeweils anderen Seite geprägt"* ist.[186] Diese transnationale ‚kulturell – gesellschaftliche' Distanz überrascht durch ihre Deutlichkeit in einer europäischen Grenzregion von gemeinsamer ‚okzidentaler' Grundorientierung und ohne deutliches Wohlstandsgefälle. Ein Aufprall unterschiedlicher Muster im Denken und Handeln wird auch für die benachbarten *„deutschen und französischen Managementwelten konstatiert."*[187]

Geht man von ausschließlich ‚rationalen' Nutzen-Kosten-Erwägungen internationaler Akteure aus, dann wäre internationale Solidarität wahrscheinlich ein sehr seltener Fall. Die nutzenorientierte Festlegung des angestrebten Vorteils von und für eine bestehende Gruppe könnte in einem mehr oder weniger demokratischen und transparenten Entscheidungsprozeß erfolgen und entsprechend einer Zeitpräferenzfunktion nach den kurz- oder langfristigen Prioritäten gewichtet werden. Solidarität über einen gegebenen sozialen Schließungsprozess hinaus reduzierte sich so auf eine rationale Strategie zu Abwendung unerwünschter Opportunitätskosten als negativ bewerteter Konsequenz nicht praktizierter Solidarität. Wie Kapitel 3 zeigt, findet internationale gewerkschaftliche Kooperation jedoch nicht nur ausnahmsweise als Einzelfall statt. In Kapitel 5 werden Motive und Haltungen lokaler Akteure in der internationalen Kooperation empirisch erforscht. Daraus ergeben sich unterschiedliche Konstellationen der Kooperation und Solidarität zwischen Arbeitern verschiedener Gesellschaften unter ungleichen wirtschaftlichen und kulturellen Rahmenbedingungen.

Ein weiterer zentraler Begriff Webers ist hier von Bedeutung: Der ‚okzidentale Rationalismus' als eine dem modernen Kapitalismus mit seiner Klassenbildung übergeordnete Kategorie. Der ‚Geist des Kapitalismus' mit seiner rationalen Lebensführung in der modernen Kultur wurde nach Weber *„geboren aus dem Geiste der christlichen Askese."*[188] Christliche Erlösungsvorstellungen implizieren die Veränderbarkeit der Welt und stehen demnach im Gegensatz zu traditionalistischen Auffassungen von einer nicht veränderbaren Welt in asiatischen Religionen und Philosophien. Bemerkenswert an Webers Auffassung eines Ge-

---

186 Eckhard Voß et. al. : Grenzüberschreitende Arbeitsmarktpolitik an der deutsch – dänischen Grenze, Forschungsbericht, Hamburg: ISA Consult, 1999, S. 223 f.

187 Jochen Peter Breuer: Aufprall der Kulturen, in: Die Mitbestimmung, 12 / 1999

188 Max Weber: Die protestantische Ethik und der Geist des Kapitalismus, in: Ders.: Gesammelte Aufsätze zur Religionssoziologie, 4. Aufl., Tübingen: J.C.B. Mohr, 1947, S. 202

gensatzes der asiatisch-buddhistischen Traditionen zum Kapitalismus ist die Unterschiedlichkeit zu den eher entgegengesetzten Meinungen gegen Ende des 20. Jahrhunderts. Siam (d.h. Thailand) ist nach Weber „*fast reines Agrarland geblieben, trotz nicht ungünstiger Vorbedingungen für gewerbliche Entwicklung.*"[189] Die westlichen Industrieländer sahen in den 90er Jahren (vorübergehend) wirtschaftliche, militärische und politische Gefahren aus Asien[190] und Arbeitsplatzkonkurrenz durch eine besonders effiziente und radikale Verwirklichung des Kapitalismus im ‚Osten'. In welche Richtung die Unterschiede auch immer gehen mögen: Es bleibt die Frage, ob die von Weber und anderen hervorgehobenen Unterschiede ‚östlicher' und ‚westlicher' Traditionen theoretisch haltbar, empirisch relevant und für die Entwicklung von Klassenbildungsprozessen und internationalen Solidaritätsbeziehungen bedeutsam sind.

2.4.3 Okzidentale Interpretation und modernes Selbstverständnis des Buddhismus

Weber sieht im spezifischen Verhältnis des Buddhismus zu Arbeit und Gewerbe einen Gegensatz zur okzidentalen Rationalisierung mit ihren kulturellen Wurzeln in klösterlichen Stätten rationaler Arbeit. Er klassifiziert den Buddhismus seiner inneren Natur nach „*als gegnerisch oder allenfalls duldend zum Gewerbe.*"[191] Weber bestreitet für den Buddhismus, der keine „*rationale Wirtschaftsethik*"[192] habe entwickeln können, die Existenz sozialpolitischer Ziele und den Anspruch einer Veränderung der sozialen Ordnung in der Welt:

> „Innerhalb der Welt aber die soziale Ordnung zu ändern hat weder der alte noch der spätere Buddhismus versucht." [193]

Der Buddhismusforscher Bechert[194] beschreibt die einschränkenden Rahmenbedingungen bei der Entstehung von Webers Auffassung einer mangelnden rationalen Wirtschaftsethik im Buddhismus. Bechert stimmt Weber zunächst darin zu,

---

189 Max Weber: Die Wirtschaftsethik der Weltreligionen Hinduismus und Buddhismus, in: MWG I / 20, Tübingen: J.C.B. Mohr, 1996, S. 417

190 Vgl. hierzu u.a. Oskar Weggel: Wie mächtig wird Asien? Der Weg ins 21. Jahrhundert, München: Beck, 1999, S. 203 ff.

191 Weber, MWG I / 20, ... a.a.O., S. 417

192 Ebd., S. 348

193 Ebd., S. 364

194 Heinz Bechert: Max Webers Darstellung der Geschichte des Buddhismus in Süd- und Südostasien, in: Wolfgang Schluchter (Hg.): Max Webers Studie über Hinduismus und Buddhismus. Interpretation und Kritik, Frankfurt a.M.: Suhrkamp, 1984

dass der ursprüngliche Buddhismus ausschließlich als Weg zur Erlösung des Individuums konzipiert war, und nicht als soziale Bewegung.[195] Dennoch ist nach Bechert auch unter diesen Voraussetzungen soziales Handeln für ein Individuum im Laienstatus sinnvoll und geboten, weil dies *„der Läuterung des nach Erlösung Strebenden"* dient, solange in uneigennütziger Weise gehandelt wird, Gutes also nicht nur deswegen getan wird, um mit gutem Karma belohnt zu werden.[196]

Bechert weist darauf hin, dass Weber wegen des begrenzten Forschungsstandes zum Zeitpunkt der Entwicklung seiner Buddhismusinterpretation auf lückenhaftes und fehlerhaftes Quellenmaterial angewiesen war, so dass seine Darstellung des Buddhismus unzureichend bleiben musste. Hinzu kommen weitere Fehler, die auf Webers *„unsorgfältiges Exzerpieren"* aus den ohnehin ungenauen Formulierungen seiner Quellen zurückzuführen sind.[197] Falsch sei auch Webers Auffassung, dass die gewaltigen vorkolonialen Bewässerungsprojekte der frühen singhalesischen *(„Ceyloneser")* Könige fiskalisch *„auf Vermehrung der Steuerzahler und Steuerkraft"*, nicht aber *„wohlfahrtspolitisch"* orientiert gewesen seien. [198] Bechert schließt aus der klassischen in Pali verfassten Mahavamsa Chronik[199] auf eine wohlsfahrtspolitische Zielsetzung dieser Großprojekte[200], die während der buddhistischen Hochkulturen auf Sri Lanka verwirklicht wurden. Von Bedeutung ist hier für Thailand, dass der ursprüngliche Buddhismus aus seiner nordindischen Entstehungsregion über Sri Lanka in das Territorium des jetzigen Thailand gelangte. In Sri Lanka und Thailand ist der Buddhismus in hinayanistischer Ausprägung heute die Religion der Bevölkerungsmehrheit. In der Buddhismusforschung seit dem frühen 20. Jahrhundert ergibt sich somit auf der Grundlage zuvor in Europa kaum zugänglicher Pali Originaltexte ein von Webers Vorstellungen sehr unterschiedliches Bild öffentlicher Wohlfahrtspolitik in den klassischen Hochkulturen des Hinayana Buddhismus. Zusammenfassend wendet Bechert sich gegen Webers zu enge und einseitige Fassung seines Begriffs ‚rationaler Arbeit', der wichtige Aspekte der Kultur buddhistischer Länder und ihrer

195 Ebd., S. 276

196 Ebd., S. 277

197 Ebd., S. 278 f.

198 Weber, MWG I / 20, ... a.a.O., S. 384

199 Die Mahavamsa wurde aus dem Pali Original von Wilhelm Geiger direkt ins Deutsche übersetzt, 1908 veröffentlicht und dann aus dem Deutschen ins Englische übersetzt. Es gab bereits zuvor Übersetzungsversuche aus Pali ins Englische von George Tournour (1837) und darauf basierend von L.C. Wijesingha (1889). Vgl. das Vorwort T.W. Rhys Davids zur Englischen Ausgabe von Geigers Übersetzung in: Wilhelm Geiger: The Mahavamsa or the Great Chronocle of Ceylon, London: Oxford University Press, 1934

200 Bechert, 1984, ... a.a.O., S. 288

Entwicklung nicht erfassen und erklären könne, weil sein Urheber *„zu eurozentristisch denkt."*[201]

Der Buddhismus in hinayanistischer Fassung zielt auf den individuellen Lösungsweg eines Lebewesens ohne expliziten Vorschlag für eine öffentliche Ordnung. Während Weber in seiner Epoche dem Buddhismus eine mangelnde rationale Wirtschaftsethik zusprach, wird in der gegenwärtigen ‚okzidentalen' Entwicklungstheorie die Frage gestellt, wie der Buddhismus die ‚Moderne' verarbeiten könne. Aus dem Verzicht des Buddhismus auf eine *„kongeniale politische Theorie"* resultiert nach Senghaas als Schwäche des Buddhismus, *„sich dem jeweiligen Machthaber anzudienen"*, bei seiner gleichzeitigen Stärke im gesellschaftspolitischen Engagement des Einzelnen.[202] Senghaas problematisiert das Verhältnis zwischen Buddhismus und Moderne, da Begierden, Neigungen, Interessen, Wille und Wünsche als Hindernisse auf dem individuellen Weg zur Erleuchtung gerade in der *„modernen Gesellschaft, also den sich im öffentlichen Raum organisierenden Parteiungen und lobbyistischen Verbänden"*[203] gelten. Zu diesen Parteiungen und Verbänden zählen, hier als Anmerkung, im Zuge der exportorientierten Industrialisierung auch Gewerkschaften. Senghaas sieht es als fraglich an, ob ein buddhistischer Lösungsweg überhaupt mit der Existenz als Staatsbürger vereinbar sei [204] und sieht bei gesellschaftskritischen Buddhisten wie Sulak Sivaraksa im modernen Thailand *„keine Vorstellungen über die Gestaltung des öffentlichen Raumes im buddhistischen Geiste."*[205] Da innerhalb moderner, verfassungsgemäß vereinbarter Strukturen eine *„sozial mobile, politisierte Welt ... ohne Konkurrenzdenken nicht vorstellbar"* sei, ergibt sich nach Senghaas für den Buddhismus aus der Moderne ein Problem.[206]

Senghaas konzentriert sich bei seiner Bewertung des Buddhismus im Kontext der modernen Gesellschaft mit lobbyistischen Verbänden auf den Aspekt des fehlenden direkten Entwurfs für eine öffentliche Ordnung. Damit erfasst er den Buddhismus nur einseitig und unvollständig und wird seinem Wesen als einer Methode der Selbstbefreiung nicht gerecht. Für diese ‚Methode' stehen die Veränderungen innerhalb des Individuums im Mittelpunkt der Erlösung des Individuums und als Ausgangspunkt gesellschaftlicher Veränderungen. Nach Sulak Sivaraksa gab es in der Welt bereits mehr als genug Programme, Organisationen, Parteien

---

201 Ebd., S. 289

202 Dieter Senghaas: Zivilisierung wider Willen. Der Konflikt der Kulturen mit sich selbst, Frankfurt a.M.: Suhrkamp, 1998, S. 107

203 Ebd., S. 104

204 Vgl.: Ebd., S. 108

205 Ebd., S. 106

206 Ebd., S. 109

und Strategien für die Linderung von Leiden und Ungerechtigkeit.[207] Gesellschaftliche Probleme entstehen nach diesem buddhistischen Verständnis nicht, oder nicht nur durch das (globale) System, sondern (auch) durch negative Faktoren innerhalb der Individuen. Gesellschaftliche Veränderung erfordert deshalb zuerst oder zumindest simultan persönliche und spirituelle Veränderung.[208] Danach muss, wer die Gesellschaft verändern will, die innere Dimension von Veränderung verstehen, als ein sich gegenseitig bedingendes Verhältnis von Religiosität und sozialer Gerechtigkeit:

> „To be truly religious is not to reject society but to work for social justice and change. Religion is at the heart of social change, and social change is the essence of religion." [209]

Sulak sieht ein nationenübergreifendes Verständnis religiöser Grundwerte (‚the flowering of universal love') behindert durch die Beziehung von Religion und Kultur. Religion habe zwar üblicherweise einen signifikanten Einfluss auf Kultur. Wird Kultur jedoch als Religion missverstanden, dann führe dies in konfessionelle Trennungen: *„The tribal elements, with their potential for chauvinism and violence begin to dominate."*[210] Sulak bleibt seinem eigenen Anspruch einer Abgrenzung von Religion und Kultur als Voraussetzung für ein besseres internationales Verständnis allerdings selbst nicht treu, wenn er beklagt, dass westliche Kultur mittlerweile in buddhistischen Gesellschaften gedeihe und er sich aufgrund von Kapitalismus und Materialismus deshalb frage, ob seine eigene Gesellschaft (d.h. die Thai Gesellschaft) noch buddhistisch sei.[211] Der im ‚Westen' anerkannte Sulak[212] sieht in seiner Kulturkritik am westlichen Materialismus ungeachtet der Geltung von Webers ‚Protestantischer Arbeitsethik' den okzidentalen Kapitalismus als einen Verursacher von Übel in der Welt.[213]

Senghaas' Einschätzung eines fehlenden Gesellschaftsentwurfs im Buddhismus entspricht Vorstellungen aus den buddhistisch abgeleiteten Theorien zur Thai Gesellschaft. So scheint es erklärbar, wenn entwicklungspolitische Helfer in Thailand oder internationale Kooperationspartner über einen empfundenen unzureichenden Einsatz lokaler Partner für sozial gerechtere Strukturen und unstete

---

207 Vgl.: Sulak Sivaraksa: Seeds of Peace. A Buddhist Vision for Renewing Society, Berkeley, Bangkok: Parallax Press, 1992, S. 60

208 Vgl.: Ebd., S. 61

209 Ebd.

210 Ebd., S. 58

211 Ebd., S. 41

212 Sulak erhielt 1995 in Stockholm den ‚Alternativen Nobelpreis'.

213 „Whether or not we accept Weber's notion of the Protestant Work Ethic, it is a sad fact of history that capitalism grew and prospered first in Christian society." In: Sulak, 1992, ... a.a.O., S. 41

Loyalitäten enttäuscht sind. Die empirische Forschung zu Kooperationsbedingungen innerhalb der Thai Gesellschaft[214] weist aber nicht auf einen fehlenden Gesellschaftsentwurf, sondern auf unterschiedliche gedankliche Herangehensweisen an gesellschaftliche Fragen. Im Thai Kontext ergibt sich eine vorrangige Orientierung am Konzept ‚guter' versus ‚schlechter' Intentionen von Gewerkschaftsführern, bei einer relativ nachgeordneten Einordnung von Gewerkschaften nach dem westlichen Kriterium ‚richtiger' versus ‚falscher' Programmatik. Wenn herkömmliches ‚westliches' Denken die Bedeutung der gesellschaftlichen Struktur für die soziale Realität des Individuums hervorhebt, dann betont der Buddhismus die innere Entwicklung des Individuums, aus der sich Anstöße für die soziale Entwicklung ergeben. Treffen diese unterschiedlichen Ausgangsbedingungen im Denken in einer internationalen gewerkschaftlichen Zusammenarbeit unvermittelt aufeinander, dann kann es zu kulturellem Unverständnis und Kooperationsproblemen kommen, wenn die internationale Seite die richtige gesellschaftliche Programmatik der Organisation betont, während für die lokale Seite die guten Handlungsintentionen der beteiligten Individuen von vorrangiger Bedeutung sind. Es wird hier die Auffassung vertreten, dass (äußere) Gesellschaftsstruktur und (innere) Handlungsintention aufeinander einwirken und sich in einem Wechselverhältnis fortentwickeln können. Wenn ein Individuum durch innere Einsicht soziale und gerechte Handlungsintentionen entwickelt, dann wirkt sich dies auf die gesellschaftliche Struktur aus, wie sich auch umgekehrt aus der so veränderten gesellschaftlichen Struktur für die Individuen neue Möglichkeiten zur inneren Entwicklung ihrer Handlungsintentionen ergeben. Es sind jedoch auch entgegengesetzte Entwicklungen denkbar. In der internationalen gewerkschaftlichen Zusammenarbeit bei unterschiedlichen kulturellen Voraussetzungen kommt es dann darauf an, ob und unter welchen Bedingungen die jeweils unterschiedlich strukturell verhafteten Akteure zur Überwindung ihrer isolierten Betrachtungsweise fähig sind und dadurch gemeinsame Lern- und Entwicklungsprozesse möglich werden.

Die Erörterung der Begegnung ‚okzidentaler' Auffassungen mit dem Buddhismus in Thailand wäre unvollständig ohne einen Einblick in das Denken eines zeitgenössischen buddhistischen Würdenträgers, der von vielen sozialkritischen Aktivisten und reformorientierten Gewerkschaftern Thailands hoch verehrt wird. Der 1997 verstorbene Mönch Ven. Buddhadasa Bhikkhu[215] beschreibt den Kerngehalt des Buddhismus als Methode der Selbstbefreiung:

---

214 Siehe Kapitel 5

215 Buddhadasa Bhikkhu: Handbook for Mankind, Bangkok: Mahachula Buddhist University Press, o.J

„'Buddhism' means 'the Teaching of the Enlightened One.' A Buddha is an enlightened individual, one who knows the truth about all things, ... , and so is capable of behaving appropriately with respect to all things. ... Buddhism is a practical method for liberating oneself from suffering by means of coming to realize, as did the Buddha himself, the true nature of things."[216]

Buddhadasa betont, dass ein individuelles Bewusstsein von Überlegenheit und Unterlegenheit im relativen Status eine Fessel ist, welche die Menschen an das Weltliche bindet. Die erstrebenswerte Überwindung solchen Denkens sei allerdings sehr schwierig:

„The eighth fetter binding a man to the world is awareness of superiority or inferiority (mana). It is the delusion of having this or that status relative to another. ... Not to think automatically of oneself as better or worse than the other fellow in this fashion is bound to be very difficult."[217]

Dieses von Buddhadasa beschriebene Ziel eines nach Erlösung strebenden Individuums deckt sich nicht mit der Auffassung einer kosmisch begründeten Über- und Unterordnung aller Gesellschaftsmitglieder, die nach Hanks und Arya[218] von den buddhistischen Individuen in der Thai Gesellschaft als natürlich und selbstverständlich angenommen wird. Das Streben nach Gleichheit ist keine Besonderheit okzidentaler Traditionen. Der Wunsch nach einer Überwindung von Über- und Unterlegenheitsempfindungen und Statusunterschieden zwischen Individuen kann sich ebenso aus einer buddhistischen Haltung ergeben.

2.5 Kultur und Klassenmentalitäten als Kooperationsbedingung

2.5.1 Relativität kultureller Unterschiede

Der empirische Teil dieser Forschung zeigt kulturelle Unterschiede in gewerkschaftlichen Handlungsbedingungen innerhalb und außerhalb der Thai Gesellschaft. Es wird im folgenden dargestellt, dass solche Unterschiede sich nicht aus einer epochenübergreifend gültigen buddhistischen Kosmologie bzw. einer sehr langfristigen kulturellen Identität und Konstanz im Verhalten ableiten. Elias' Theorie der Informalisierungsprozesse und das ‚diachronische Informalisierungsgefälle' [219] zeigen, wie die Verhältnisse und das Handeln sich im Zeitablauf

216 Ebd., S. 12 u. 15
217 Ebd., S. 144 f.
218 Vgl. Abschnitt 2.1
219 Vgl. Abschnitt 2.3.2

ändern. Gesellschaftliche Bedingungen Nordindiens bei Entstehung des Buddhismus vor über zweitausend Jahren unterscheiden sich qualitativ von denen vor einem Jahrtausend im buddhistischen Sri Lanka, denen im buddhistischen Siam unter traditionellen Bedingungen und von nochmals verschiedenen Bedingungen im ebenfalls buddhistischen Thailand der Gegenwart. Entsprechendes gilt für die verschiedenen gesellschaftlichen Bedingungen des christlichen Europa im Altertum, im Mittelalter, während der Industrialisierung und unter postindustriellen Bedingungen. Da wir aber solche qualitativen Unterschiede kultureller Identitäten im historischen Ablauf (bzw. nach Elias den historisch voneinander verschiedenen synchronischen Gefällen von Formalität und Informalität) nicht persönlich erfahren, sozial empfinden und empirisch erfassen können, tendieren wir zu einer Unterbewertung der historischen Verschiedenheiten und zu einer Überbewertung der Kontinuität kultureller Identitäten. Aus einer historischen Kontinuität religiöser Symbole, Formen und theologischer Überlegungen kann jedoch nicht auf eine entsprechende kulturelle Kontinuität von Gesellschaften geschlossen werden. Da wir aber die kulturellen Unterschiede (bzw. nach Elias Unterschiede der synchronischen Gefälle von Formalität und Informalität zu einem gewissen Zeitpunkt) zwischen Gesellschaften der Gegenwart empirisch erfahren und besser nachvollziehen können, tendieren wir dazu, solchen kontemporären Unterschieden eine relativ größere Bedeutung beizumessen. Hinzu kommt, dass bei sozialen, wirtschaftlichen, politischen oder militärischen Konflikten zwischen oder in modernen Gesellschaften deren Eliten bzw. Repräsentanten von Interessengruppen zur Stärkung der eigenen Position über ideologische Identitätsbildung die Überbetonung moderner kultureller Verschiedenheit noch verstärken. Dabei wird häufig unabhängig von den öffentlich oft nur schwer nachvollziehbaren historischen Gegebenheiten auf die Projektion einer vermeintlichen epochenübergreifenden kulturellen und religiösen Kontinuität zurückgegriffen. Entgegen den Erwartungen von Modernisierungstheorien ist deshalb in Entwicklungsländern die Bedeutung ethnischer Konflikte und kultureller Abgrenzungen nicht zurückgegangen. Eher kommt es als Folge von Modernisierungsprozessen mit der Neuverteilung gesellschaftlicher Chancen und Risiken in Entwicklungsländern (und auch in postindustriellen Gesellschaften) zu neuen ethnischen und kulturellen Abgrenzungen, die sich an einer interessenbezogenen und politisch nützlichen Projektion der eigenen Kultur und Geschichte orientieren.[220]

---

220 Ein Beispiel für solch eine relativ neue Abgrenzung in einem buddhistischen Land ist die moderne und lokal in der eigenen Geschichte nicht verwurzelte Hinwendung der muslimischen Minderheit Sri Lankas zur Orthodoxie. Durch die Orientierung an vermeintlichen kulturellen Traditionen wird eine moderne Identität geprägt. Vgl. hierzu: Christian Wagner: Die Muslime Sri Lankas. Eine Volksgruppe im Spannungsfeld des ethnischen Konflikts zwischen Singhalesen und Tamilen. Freiburg:

Für die internationale gewerkschaftliche Zusammenarbeit sind die zwischengesellschaftlichen Trennlinien in ihrer Interpretation als historisch bedingte kulturelle und religiöse Unterschiede ein Hemmnis. Die Projektion historisch gewachsener grundsätzlicher Verschiedenheit bestätigt und verstärkt die soziale Schließung zwischen Gesellschaften. So entsteht auch zwischen Arbeitnehmern unterschiedlicher Gesellschaften, selbst bei vergleichbarer ‚Verortung' im sozialen Raum, eine Abgrenzung voneinander, die das Entstehen internationaler gewerkschaftlicher Solidarität erschwert. Die Bedeutung unterschiedlicher ‚okzidentaler' und ‚buddhistischer' Identitäten in der internationalen Gewerkschaftskooperation und die Frage ihrer tatsächlichen oder angenommenen historischen Verankerung soll hier mit einem gedanklichen Experiment dargestellt werden:

Wenn eine okzidental-christliche Arbeiterin (wie z.B. die Lagerarbeiterin eines Textilversandhauses) und eine thailändisch-buddhistische Arbeiterin (wie z.B. die Textilarbeiterin eines Exportbetriebes) so zusammentreffen, dass sie sich direkt miteinander befassen müssen und dies durch Überwindung der Kommunikationsbarriere auch können, dann werden sie, gemessen am eigenen vertrauten Umfeld, bei der jeweils Anderen eine zunächst überwältigende Verschiedenheit feststellen. Dies betrifft z.B. religiöse Fragen, Status in der Familie, Verhaltenskodex in der Gesellschaft und im Betrieb, Konsumgewohnheiten oder das Freizeitverhalten. Es liegt auf der Hand, dass beide sich unterschiedlichen okzidental-christlichen und asiatisch-buddhistischen Kulturen zuordnen werden, die historisch gewachsen sind und die beiden modernen Arbeiterinnen voneinander trennen. Das Bewusstsein der Arbeiterinnen von ihrer kulturellen Verschiedenheit verfestigt sich weiter, wenn in ihren jeweiligen Gesellschaften kulturell vertraute Dritte, z.B. einheimische Politiker, Vorgesetze oder Kollegen, Familienangehörige, Freunde oder Autoritätspersonen, die Existenz grundsätzlicher historisch gewachsener Unterschiede hervorheben und betonen. Eine soziale Öffnung, die über unverbindliche Kontakte der Gewerkschaften beider Arbeiterinnen hinausgeht und zu wirklicher internationaler gewerkschaftlicher Solidarität führt, wird erschwert oder sogar unmöglich. Beide Seiten gehen davon aus, dass die jeweils andere in einer fremden kulturellen Tradition steht und man letztlich voneinander sehr verschieden ist.

Ein differenzierteres Bild entsteht, wenn das Experiment unter Vernachlässigung der realen Möglichkeiten durch ein imaginäres Zusammentreffen der mo-

---

Arnold Bergstraesser Institut, 1990. Ähnliches gilt für Siedlungsgebiete der muslimischen Minderheit im Süden Thailands, wo ‚traditionelle' Normen, z.B. in Bezug auf die Kleidung, gegen Ende des 20.Jh. verstärkt Geltung erlangen. Moderne muslimische Thailänderinnen lösen diesen innergesellschaftlichen kulturellen Gegensatz, indem sie sich z.B. bei Aufenthalten in der Hauptstadt völlig anders (d.h. ‚westlich') kleiden, als zu Hause im ‚traditionellen' Umfeld.

dernen Arbeiterinnen mit ,unterprivilegierten' Frauen früherer Epochen ihres jeweils eigenen Kulturkreises fortgesetzt wird. Die ,buddhistische' Textilarbeiterin träfe so vielleicht auf die Arbeitssklavin eines untergeordneten Beamten oder auf die Frau eines zu Fronarbeit verpflichteten Kleinbauern, während die ,okzidentale' Lagerarbeiterin auf eine leibeigene mittelalterliche Bäuerin ohne jegliche Schulbildung träfe, die über den engeren Umkreis ihres Weiler nie hat hinausblicken können. Die historischen Unterschiede im Erfahrungshintergrund und in den kulturellen Identitäten und Verhaltensweisen würden sich als eine mächtige Schranke erweisen, als eine kulturelle Barriere, die ein gegenseitiges Verständnis und eine gemeinsame Identität der Frauen aus den verschiedenen Epochen verhindert. Eine Andeutung des kulturellen Bandes zwischen den Epochen kommt vielleicht dann zum Vorschein, wenn beide in einem buddhistischen Tempel bzw. in einer christlichen Kirche über die zeitliche Distanz hinweg äußerlich gleiche Symbole wiedererkennen, wenngleich auch diese wahrscheinlich in ihrem Gehalt anders verstanden werden.

Treffen in einem weiteren Gedankenschritt alle vier Frauen aufeinander und wird dabei wiederum die sprachliche Kommunikationsbarriere überwunden, dann werden die beiden modernen Lohnarbeiterinnen weitaus mehr Gemeinsamkeiten aus ihren sozialen, kulturellen, ökonomischen, technischen, medizinischen und sonstigen modernen Erfahrungen und Bedingungen feststellen können, als im Vergleich mit ihren historischen Schwestern aus dem ,eigenen' Kulturkreis. Die modernen Arbeiterinnen teilen trotz ihrer unterschiedlichen kulturellen Zuordnung eine Vielzahl gleicher oder ähnlicher Erfahrungen. Dazu zählen z.B. die Bedingung industrieller Lohnarbeit, ihre Vertragsfreiheit als rechtsfähige Subjekte, die Alphabetisierung und Eindrücke aus global verbreiteten Medien- und Konsumerfahrungen. Beide sind mit der Elektrizität vertraut, kennen öffentliche Verkehrsmittel und sanitäre Standards, elektronische Musikwiedergabe und vieles mehr, das die modernen Bedingungen von den kulturell prägenden Gegebenheiten früherer Epochen abgrenzt. Die größeren Unterschiede in der historischen Distanz zwischen den Epochen sind aber im Gegensatz zu den relativ geringeren Unterschieden zwischen modernen Gesellschaften empirisch nicht direkt erfahrbar. Während das Trennende zwischen Gesellschaften innerhalb einer Epoche klar zu Tage tritt, durch politische Akteure verstärkt und über die Medien global vermittelt wird, hängt die Verbreitung der Vorstellung von historischer kultureller Kontinuität unabhängig von der historischen Realität letztlich nur davon ab, ob die Menschen solche Botschaften annehmen.[221] Die Vorstellung religiöser

221 Elias erkennt den Fremdenhass mittelalterlichen Phantasiedenkens zur Erklärung von Naturkatastrophen und Seuchen noch in der heutigen Gesellschaft, wenn bedrängte und beängstigte Menschen ihre Nöte mit „Phantasieerklärungen" füllen. Er

Identität als Bestimmungsfaktor historischer kultureller Beständigkeit verstärkt zwischengesellschaftliche Unterschiede und Trennlinien. Ob es unter den beiden Arbeiterinnen zu einer gemeinsamen Identitätsbildung kommt, einer sozialen Öffnung füreinander, das hängt neben den technischen Möglichkeiten vor allem von der relativen Bedeutung ihrer wahrgenommenen Gemeinsamkeiten und Interessen als Arbeiterinnen im Verhältnis zur relativen Bedeutung der zwischengesellschaftlichen Trennlinien ab.

Eine moderne zwischengesellschaftliche Differenzierung unter Berufung auf historische kulturelle Kontinuität bildet ein Hindernis der internationalen Gewerkschaftskooperation, das die Ausbildung eines kulturübergreifenden Bewusstseins der Lohnarbeiter verschiedener Kulturen und Länder erschwert. In welchem Ausmaß religiös legitimierte historische Projektionen zur Stärkung der ethnischen Identität in einer buddhistischen Gesellschaft als Waffe im ethnischen Konflikt eingesetzt werden können, zeigt das Beispiel Sri Lankas. Aus der erst im kolonialen Ceylon allgemein zugänglichen Mahavamsa Chronik[222] wurde der darin aufgezeichnete Mythos vom Kampf des buddhistischen Königs Dutugemunu gegen den aus Südindien angreifenden König Elara im zweiten vorchristlichen Jahrhundert zur Formierung einer modernen singhalesisch-buddhistischen Identität verwendet und im Konflikt mit der tamilischen Minderheit als ethnisches Kampfmittel eingesetzt.[223] Tamilische Plantagenarbeiter und ihre Gewerkschaften wurden Opfer von Konflikten, die aus solchen modernen ethnischen Abgrenzungen hervorgingen.

Wenn internationale Gewerkschaftsarbeit zwischen unterschiedlichen Kulturen gelingen soll, dann muss sie das Hindernis der Überbetonung kultureller Identitäten als modernes Phänomen erkennen, in Lernprozessen verarbeiten und durch gemeinsames Handeln überwinden. Gelingt dies nicht, dann gerät die internationale gewerkschaftliche Kooperation auch bei vergleichbaren sozialer Lagen der betroffenen Lohnarbeiter in Schwierigkeiten.

---

sieht in Bezug auf Ideologien und Konflikte von Großmächten die Verschiedenheit der Gesellschaftspraxis „weniger groß, als es die Gegensätzlichkeit der Ideale und Glaubensbekenntnisse erscheinen lässt." Elias, 1986, ... a.a.O., S. 27 f.

222 Vgl. Abschnitt 2.4.3

223 „While the details ... recorded faithfully in the Mahavamsa may easily have been forgotten, the mythic significance of Dutugemunu ... developed into one of the most important myths of the Sinhalese, ready to be used as a powerful instrument of Sinhalese nationalism in modern times." Ganath Obeyesekere: The Visissitudes of the Sinhala-Buddhist Identity through Time and Change, in: Michel Roberts (Ed.) Collective Identities, Nationalism and Protests in Modern Sri Lanka, Colombo: Marga Institute, 1979, S. 285 f.

2.5.2 *Persistenz von Klassenmentalitäten*

In der vorangegangenen Betrachtung wurde die Existenz epochenübergreifender kultureller Identitäten und Eigenschaften relativiert sowie als hinreichende Ursache moderner kultureller Abgrenzungen infrage gestellt. Dieses Herauslösen moderner kultureller Differenzierungen aus einem unauflösbaren Geflecht sehr langfristiger Wirkungszusammenhänge bis zu den historischen Wurzeln von Christentum und Buddhismus im Altertum bedeutet keine Negierung einer relativen Persistenz von Klassenmentalitäten und Persönlichkeitsstrukturen im engeren historischen Bezug von Gesellschaften über einige Generationen hinweg. Die *„These von der relativen Persistenz"* der Klassenmentalitäten basiert nach Vester[224] auf der Annahme, dass neue historische Bewegungen oft nur verwandelte alte Bewegungen sind. Vorindustrielle Klassenmilieus wurden durch die industrielle Revolution zu neuen Lernprozessen herausgefordert, aus denen die Kampf- und Alltagskultur der industriegesellschaftlichen Arbeiterbewegung hervorging. Auch in den Entwicklungsländern führen ökonomische Modernisierungsschübe über das Verhaltenspotential der Akteure als Produktivkräfte zu Veränderungen der Gesellschaft.[225] Die Akteure bewegen sich bei solchen Veränderungsprozessen nicht im *„luftleeren Raum"*, sondern in gewachsenen Kräftefeldern, in denen sie ihre Position zu verändern suchen und in spezifischen sozialen Gruppen *„um den Zugang zu den begehrten Ressourcen sozialen Wohlergehens"* ringen.[226] Dieses Kräftefeld ist Ausdruck der *„Geschichte des sozialen Feldes"*, die in jedem Moment präsent ist und sich z.B. *„im Funktionärsstab der Parteien und Gewerkschaften"* vergegenständlichen kann.[227] Bourdieu spricht von *„sozialer Vererbung"*,[228] durch die das *„kulturelle Kapital"* einer Person weitergegeben wird. Unter den gesellschaftlichen Akteuren finden sich jenseits von Bewusstsein und diskursivem Denken *„geschichtlich ausgebildete Wahrnehmungs- und Bewertungsschemata"*, ein gemeinsamer Stamm grundlegender Wahrnehmungsmuster, *„mit denen Menschen wie Dinge der verschiedenen Bereiche der Praxis klassifi-*

224 Michael Vester et. al.: Soziale Milieus im gesellschaftlichen Wandel. Zwischen Integration und Ausgrenzung, Köln: Bund Verlag, 1993b. S. 105

225 Vgl.: Michael Vester: Ökonomische Modernisierung und soziale Milieus: Innovative und entwicklungshemmende Akteure in einer Südregion, in: Ders. (Hg.): Unterentwicklung und Selbsthilfe in europäischen Regionen, Offizin Verlag: Hannover, 1993a

226 Ebd., S. 22

227 Vgl.: Bourdieu, 1985, ... a.a.O., S. 35

228 Pierre Bourdieu: Ökonomisches Kapital, kulturelles Kapital, soziales Kapital, in: Reinhard Kreckel (Hg.): Soziale Ungleichheiten, Göttingen: Verlag Otto Schwartz & Co., 1983b, S. 187

ziert und qualifiziert werden."[229] Elias erkennt Analogien zwischen politischen Systemen von Gesellschaften und den darin vorkommenden Persönlichkeitsstrukturen mit spezifischen Fremdzwängen und Selbstzwangapparaturen. Er sieht hierin einen der Gründe für die Schwierigkeiten beim Übergang von einem absolutistischen bzw. diktatorischen Regime zur Mehrparteienherrschaft und rechnet für das Einspielen veränderter Persönlichkeitsstrukturen mit einer Zeitspanne von drei bis fünf Generationen.[230]

Die Geschichte der Arbeiterbewegungen und ihrer Theorien erklärt Vester mit einem kollektiven Lernprozess. Er unterscheidet in diesem Prozess Kampfzyklen *„als Rückkopplungszyklen zwischen Theorie und Praxis.*"[231] Mängel einer Kampfstrategie werden an Misserfolgen erfahren, die eine Arbeiterintelligenz zur Ausarbeitung neuer Antworten bewegt, welche dann in einem neuen Kampfzyklus erprobt werden.[232] In diesen Kampfzyklen, die auch als Lernzyklen interpretiert werden können, entwickelt sich ein spezifisches Geschichtsbild und Klassenbewusstsein.[233] In jedem neuen Lernzyklus wird dem überlieferten Bestand an Mentalitäten, Erfahrungen und Orientierungen Neues hinzugefügt und einiges von dem ‚Ererbten' wieder aufgegeben.

Auch in der Generationenfolge einer Gesellschaft ergibt sich so neben den kontinuierlichen Veränderungen eine relative Persistenz von Mentalitäten und Eigenschaften, deren Wirkung sich umgekehrt proportional zur Länge des betrachteten Zeitraums verhält. Über kurze Zeiträume bzw. von Generation zu Generation ist die Persistenz noch relativ groß. Über längere Zeiträume nimmt sie ab, bis sie sich schließlich über eine Vielzahl von Generationen hinweg in einem Geflecht von Wechselwirkungen verliert.

In der Entwicklung des klassenspezifischen Bewusstseins industrieller Lohnarbeiter und ihrer Aktionen im Europa des 19. Jahrhunderts gingen vorindustrielle und ständische Traditionen durch ihre relative Persistenz in die Mentalität des spezifischen Bewusstseins der neu entstehenden Klasse von Lohnarbeitern ein. Elemente dieser Klassenmentalität übertrugen sich wiederum in die Konstituierung und Entwicklung der internationalen Gewerkschaftsbewegung seit dem späten 19. Jahrhundert und im Laufe des 20. Jahrhunderts. Entsprechendes gilt für die sich entwickelnde Klasse der Industriearbeiter in der exportorientierten Industrialisierung Thailands im letzten Quartal des 20. Jahrhunderts. Auch die

---

229 Bourdieu, 1983a, ... a.a.O., S. 730

230 Vgl.: Elias, 1990, ... a.a.O., S. 49 f.

231 Michael Vester: Die Entstehung des Proletariats als Lernprozess. Die Entstehung antikapitalistischer Theorie und Praxis in England 1972 – 1848, Frankfurt a.M.: Europäische Verlagsanstalt, 1970, S. 18

232 Ebd., S. 19

233 Ebd., S. 20, 25 u. 27

Lohnarbeiter dieses asiatischen Entwicklungslandes übernehmen bei allen modernen Veränderungen einen Bestand überlieferter Eigenschaften und Mentalitäten aus vorhergehenden ‚Zyklen' ihres traditionell siamesischen oder eher, im Falle der Arbeitsmigranten nach der wirtschaftlichen Öffnung Siams im 19. Jh., chinesischen Hintergrundes. Aus diesem relativen Anteil ‚ererbter' Mentalitäten erklären sich Empfindungen ‚kultureller Verschiedenheit', die beim Zusammentreffen von Klassenmentalitäten erfahren werden, weil sie historisch getrennt voneinander aus unterschiedlichen Wurzeln gewachsen sind. Diese historisch bedingten relativen Unterschiede der Klassenmentalitäten bilden eine Erschwernis oder ein Hindernis für die soziale Öffnung zwischen Arbeiterorganisationen unterschiedlicher Gesellschaften. Wenn in einer internationalen Gewerkschaftsorganisation z.B. eine europäisch gewachsene Tradition (oder alternativ in einer asiatischen Regionalorganisation eine japanische oder indische Mentalität) vorherrscht, dann kann dies zu Verständnisschwierigkeiten gegenüber Mentalitäten und Verhaltensweisen von Gewerkschaftern führen, die in der Thai Gesellschaft verwurzelt sind, wie auch umgekehrt. Der empirische Teil dieser Arbeit in Kapitel 5 verdeutlicht eine Vielzahl einseitiger und wechselseitiger Verständnisprobleme zwischen Akteuren der Thai Gewerkschaften und ihren internationalen Partnern. Diese Unterschiede in den gesellschaftlichen Mentalitäten bzw. im spezifischen Verhaltenskanon von Gesellschaften sind wegen der relativen Persistenz von Klassenmentalitäten eine Bedingung der internationalen Gewerkschaftskooperation, die sich kurzfristig betrachtet nicht aufheben lässt.

Längerfristig ist die Bedingung der von international handelnden Gewerkschaftern wahrgenommenen kulturellen Verschiedenheit jedoch nicht konstant, sondern ständigen Veränderungen unterworfen. Zu Änderungen der Mentalitäten mit Auswirkungen für die internationale Gewerkschaftskooperation kommt es sowohl durch sich wandelnde strukturelle Voraussetzungen von Gewerkschaften in Gesellschaften (z.B. durch Industrialisierungsprozesse oder Modernisierungsschübe), als auch durch das lokale und internationale Handeln gewerkschaftlicher Akteure selbst. Die <u>relative Persistenz</u> historisch gewachsener Klassenmentalitäten geht einher mit der Möglichkeit ihrer <u>relativen Veränderung</u> durch die gewerkschaftlichen Akteure in innergesellschaftlichen und internationalen Lernprozessen.[234]

Es wird hier deutlich, dass ein Aufeinandertreffen der gewerkschaftlichen Akteure einer Gesellschaft wie in Thailand mit einer internationalen Bewegung nicht notwendigerweise zu einer gemeinsam getragenen Mentalität und einem

---

234 Siehe hierzu den Versuch der Bildung eines Modells zur Erklärung von Bedingungen internationaler Kooperation auf der Basis empirisch ermittelter Ergebnisse in Abschnitt 5.3.3.

internationalen Klassenbewusstsein auf der Grundlage ähnlicher Erfahrungen in zeitgleichen oder zeitversetzten Industrialisierungsprozessen führt. Strukturell ähnliche Voraussetzungen durch Industrialisierungsprozesse eröffnen die grundsätzliche Möglichkeit zu einer sozialen Öffnung zwischen den Arbeiterorganisationen unterschiedlicher Kulturen. Ob es im Falle Thailands und der internationalen Gewerkschaftsbewegung aber tatsächlich zu einer solchen Öffnung und gewerkschaftlichen Integration kommt, hängt über die strukturellen Voraussetzungen hinaus in einer Folge von Wechselwirkungen von den Handlungsintentionen und Aktionen der international aufeinandertreffenden Subjekte ab. Aus gemeinsam wahrgenommenen sozialen Lagen, Interessen und gesellschaftlichen Wertorientierungen können sich trotz zwischengesellschaftlicher kultureller Unterschiede gemeinsame Zyklen internationalen gewerkschaftlichen Handelns und Lernens ergeben. Möglich ist aber auch der gegenteilige Fall einer relativ stärkeren Gewichtung internationaler Mentalitätsunterschiede und ihre Wahrnehmung als kulturelle Verschiedenheit, die zu wechselseitigem ‚Nicht-Verstehen' führt. Unter der letztgenannten Voraussetzung kann der Versuch einer internationalen Gewerkschaftskooperation im Sinne sozialer Öffnung in Schwierigkeiten geraten. Wollen die beteiligten lokalen und internationalen Akteure ein Scheitern verhindern und gemeinsame Lernprozesse ermöglichen, dann müssen sie sowohl ihre relativen Mentalitätsunterschiede als solche erkennen und wechselseitig akzeptieren, als auch das Gemeinsame und Verbindende ihrer innergesellschaftlichen und internationalen Positionen hervorheben. Ihre unterschiedlichen Mentalitäten und kulturellen Besonderheiten reduzieren sich dann zu farblichen Facetten in der internationalen Vermittlung gemeinsamer gewerkschaftlicher Positionen in Globalisierungs- und Modernisierungsprozessen. Da gemeinsame internationale Lernprozesse zwischen Gewerkschaftern unterschiedlicher Kulturen in Industrie- und Entwicklungsländern sich in der Praxis oftmals nicht eigenständig durch die beteiligten gewerkschaftlichen Akteure ergeben, gibt es Bemühungen zu ihrer Vermittlung durch internationale Organisationen und entwicklungspolitische Institutionen und Individuen mit unterschiedlichen Haltungen und Interessen. Daraus ergeben sich erweiterte Chancen und Möglichkeiten, aber auch neue Risiken und Probleme, die in der empirischen Forschung sichtbar wurden.

Die Entwicklung gemeinsamer Mentalitäten von Entwicklungs- und Industrieländern in einer internationalen Gewerkschaftsbewegung steht vor einer weiteren Problematik: Die Klassenmentalität der internationalen Gewerkschaftsbewegung ging historisch hervor aus der europäischen Industrialisierung des 19. Jahrhunderts und der Entwicklung der Industriegesellschaften im 20. Jahrhundert.[235] Dagegen erfolgt der Industrialisierungsprozess in Thailand ein Jahrhundert später

235 Siehe Kapitel 4

unter den Bedingungen eines exportorientierten Entwicklungslandes. Die jeweilige Bildung einer Klasse von Lohnarbeitern erfolgt somit in relativ großem zeitlichen Abstand (d.h. von mehreren Generationen) und unter jeweils voneinander verschiedenen Rahmenbedingungen. Unter den modernen Bedingungen einer globalisierten Weltwirtschaft sind die Arbeitsmärkte in Segmente gespalten. Daraus kann sich in bestimmten Industriezweigen (z.B. in der Textilindustrie oder im Schiffbau) eine Standortkonkurrenz der Lohnarbeiter in den bisherigen Industrieländern und denen der Entwicklungs- und Schwellenländer ergeben. Dies kann eine soziale Öffnung im internationalen Maßstab erschweren und die Trennlinien verstärken.

Ein weiterer Faktor sind neuere gesellschaftliche Veränderung in den bisherigen Industrieländern mit ihrer Entwicklung zu ‚postindustriellen' Gesellschaften, die zur Auflösung bisher vertrauter Klassenmentalitäten und Identitäten führen. Es ist vorstellbar, dass die internationale Gewerkschaftsbewegung im Sinne ‚relativer Persistenz' die vorherigen Klassenmentalitäten der Industrieländer noch weitgehend in sich trägt, während das gesellschaftliche Umfeld in ihren Ursprungsländern sich bereits verändert und eine relative Veränderung gesellschaftlicher Mentalitäten und Wertorientierungen herbeigeführt hat. In sich industrialisierenden Entwicklungs- und Schwellenländer können des weiteren sowohl die Ausweitung der industriellen Lohnarbeit als auch global vernetzte ‚postindustrielle' Umbrüche zu relativen Veränderungen lokaler Mentalitäten führen. Internationale Gewerkschaftskooperation mit Entwicklungs- und Schwellenländern erfolgt hier nicht unter der Voraussetzung einer sich wiederholenden, mit dem Europa des 19. Jahrhundert identischen Industrialisierung. Diese modernen Industrialisierungsprozesse sind global vermittelt und mit ökonomischen, sozialen und kulturellen Entwicklungen der ‚postindustriellen' Gesellschaften verbunden.

2.6 Klassenbildung und soziale Milieus im globalen Wandel

2.6.1 Bildung und Devolution von Klassen im sozialen Raum

2.6.1.1 Ein europäisches Modell der Klassenbildung

In seiner Untersuchung über Sozialgeschichte der Arbeiterschaft und Geschichte der Arbeiterbewegung Deutschlands[236] entwickelt Kocka ein Klassenmodell, das die ‚Uni-linearearität strukturalistisch geprägter Ansätze' überwindet, ohne die

236 Kocka, 1983, ... a.a.O.

‚analytische Kraft des Klassenbegriffs' preiszugeben. Klassenbildung ist demnach kein im Ergebnis determinierter Prozess, der auf einer gewissen Stufe als sozialgeschichtlich vollendet gelten kann. Klassenbildungsprozesse können voranschreiten, rückläufig sein und eine beträchtliche historische und regionale Variationsbreite umfassen. Kocka sieht im Zuge der Entwicklung zur Arbeiterklasse *„vier analytische Dimensionen oder Ebenen"*,[237] die sich wie folgt unterscheiden:

(1) Die Herausbildung von Arbeitsmärkten und die sich strukturierende Welt der Produktion auf der untersten Ebene schaffen die Voraussetzungen für gesellschaftliche Wandlungsprozesse, unter denen es später zu Klassenbildung kommen kann.

(2) Die Ausweitung der Lohnarbeit schafft für immer mehr Arbeiter dieselbe Klassenlage. Doch ist die Arbeiterklasse auf dieser Stufe vorerst nicht mehr als eine Möglichkeit und noch ohne Zugehörigkeitsbewusstsein und Binnenkommunikation.

(3) Eine höhere Stufe wird erreicht, wenn die Arbeiter ein gemeinsames Bewusstsein entwickeln. Damit vollziehen sie nach Marx den Schritt von der Klasse an sich zur Klasse für sich, oder, nach Weber, von der Marktklasse zur sozialen Klasse.

(4) Die Klassenbildung schreitet noch weiter voran, wenn die Beteiligten auf den Grundlagen von gemeinsamer Klassenlage und gemeinsamen Bewusstseins zu gemeinsamer Aktion und Organisation übergehen. Es handelt sich nun um die höchste Stufe der Klassenbildung im Sinne einer Teilnahme an klassenspezifischen, kollektiven Handlungen.

Der Übergang von Stufe (2) zu Stufe (3) und zu Stufe (4) ist dabei nur als Möglichkeit angelegt, die nicht notwendigerweise eintreten muss. Die betroffenen Arbeiter entscheiden in diesem Modell als Subjekte und Agenten ihrer eigenen Geschichte selbst über ihre Entwicklung zur kollektiv handelnden Arbeiterklasse. Dieser Gedanke Kockas findet Parallelen in sozialhistorischen Überlegungen[238] bei E.P. Thompson,[239] Metcalfe[240] oder Vester.[241]

Klassenbildung ist nach diesem Modell niemals abgeschlossen. Rückläufige Prozesse mit der Auflösung von Klassen sind möglich, weil immer wieder konkurrierende Strukturen, Zugehörigkeiten und Fronten die bestehende ‚Klassenlinie' überschneiden. Von Bedeutung sind erstens die nicht-klassenmäßigen Dif-

---

237 Siehe hierzu das Kapitel „Die Weberianische Verwendung eines Marx'schen Klassenbegriffs", in: Kocka, 1983, ... a.a.O., S. 23 – 30

238 Siehe die Abschnitte 2.2.2 und 2.4.1.

239 E.P. Thompson, 1987, ... a.a.O.

240 Metcalfe, 1988, ... a.a.O.

241 Vester, 1970. ... a.a.O.

ferenzierungslinien, z.B. ethnischer, konfessioneller, beruflicher, nationaler oder geschlechtsspezifischer Art. Verliert diese Art von Differenzierungslinien an Bedeutung, dann erleichtert dies die Klassenbildung. Nimmt sie dagegen zu, dann kann es zu einer Devolution von Klassen kommen. Zweitens gibt es Unterscheidungs-, Spannungs- und Konfliktlinien entlang der ‚Klassenlinie', also zwischen den Klassen, z.B. in Bezug auf Einkommenschancen, Bildungsmöglichkeiten, Heiratskreise, Sprache, Kultur, politische Orientierung etc.. Wächst die Bedeutung solcher Differenzierungslinien, dann schreitet die Klassenbildung voran, während sie sich mit ihrem Bedeutungsverlust umkehrt. Es sei ergänzend angemerkt, dass, wie der Klassenbildung selbst, auch der Veränderung dieser sich auf die Klassenbildung auswirkenden Differenzierungslinien kein struktureller Automatismus zugrunde liegt. Der Einfluss auf Differenzierungslinien kann selbst Gegenstand des Handelns gesellschaftlicher Akteure sein, die ihrerseits sozialen, wirtschaftlichen und kulturellen Einflüssen unterliegen, deren Veränderung sie durch ihr Handeln mitgestalten.

Die Frage, warum bestimmte Lohnarbeiter eine Klassenidentifikation entwickeln und hieraus eine Minderheit an Klassenbewegungen und -organisationen teilnimmt, beantwortet Kocka auf Grundlage der deutschen historischen Erfahrungen zusammenfassend wie folgt:

> „Einerseits: Je klarer und eindeutiger eine Kategorie von Unterschichtangehörigen zu Lohnarbeitern wurde, desto wahrscheinlicher war es, daß sie auch Teil der Arbeiterklasse im Sinne einer sozialen Klasse bzw. einer Klassenbewegung wurde. ... Andererseits: Lohnarbeiter entwickelten Klassen-Zusammenhang, Klassen-Bewußtsein und sogar klassenspezifische Aktionen dann umso leichter, wenn sie in besonderen, gewöhnlich ständischen, Traditionen standen, die durch den (industriellen) Kapitalismus zwar herausgefordert, aber (noch) nicht zerstört wurden."[242]

Zu „*Unebenheiten*" bei der Klassenbildung meint Kocka, dass der „sich herausschälende Konflikt zwischen Arbeit und Kapital" zwar zentral gewesen sei. Mit ihm war aber der Konflikt „*zwischen Tradition und Modernisierung, eng verknüpft, und dieser variierte von Fall zu Fall.*"[243]

2.6.1.2 Anwendung auf Industrialisierungsprozesse in Entwicklungsländern

Dieses Modell erklärt die Bildung und Devolution von Klassen, zumindest für den von Kocka untersuchten europäischen Kontext. Seine Anwendung auf Klassenbildungen im überregionalen bzw. internationalen Kontext könnte zur Erklärung der Bedingungen von Solidaritätsbeziehungen beitragen. Ob und auf welche

242 Kocka, 1983, ... a.a.O., S. 202
243 Ebd., S. 203

Weise dies möglich und sinnvoll ist, ergibt ein Vergleich der Voraussetzungen. Zu berücksichtigen sind dabei wirtschaftliche, kulturelle und soziale Unterschiede zwischen regional voneinander getrennten Gesellschaften, die zu nichtklassenmäßigen Differenzierungslinien führen und damit eine gemeinsame Klassenbildung beeinträchtigen. Die Entstehung internationalen Klassenbewusstseins kann des weiteren durch ein Verschwimmen von zwischengesellschaftlich nur noch undeutlich wahrnehmbaren klassenmäßigen Differenzierungslinien behindert werden. Als relativierende Faktoren kommen außerdem hinzu: Veränderungen in den sozialen Milieus der ‚alten' Industrieländer, die Einflüsse des Weltmarktes und seine Aufspaltung in Teilarbeitsmärkte, die strukturellen Bedingungen der Unterentwicklung und die fortschreitende Internationalisierung bzw. Globalisierung. Zusätzliche nicht-klassenmäßige Differenzierungslinien und ein Verschwimmen klassenmäßiger Differenzierungslinien deuten bei einer Anwendung des Klassenbildungsmodells im internationalen Kontext auf zusätzliche Hemmnisse in der internationalen Klassenbildung hin.

Hinsichtlich der Anwendbarkeit auf Thailand wurden die negierenden Positionen von Sangsidt und Kanchada[244] bereits erwähnt. In seiner Analyse der thailändischen Arbeiterbewegung stellt Sangsidt wegen der Unterschiede zwischen den heutigen Entwicklungsländern und der einstigen Klassenbildung in Europa die Anwendung von Kockas Modell grundsätzlich in Frage.[245] In ihrer kulturellen Analyse sieht Kanchada zwar keine völlige Verschiedenheit, hebt aber dennoch in gleicher Richtung die herausragende Bedeutung der kulturell verschiedenen Bedingungen zwischen Thailand und der ‚Ersten Welt' deutlich hervor.[246]

Beide Studien betonen die kulturellen, moralischen und weiteren gesellschaftlichen Unterschiede Thailands zu Europa. Damit entsprechen sie den schon erwähnten ‚westlichen' Erklärungen einer Entwicklung von Kapitalismus und Arbeiterklasse, die neben strukturellen und ökonomischen Faktoren den Einfluss europäischer Werte und des dort herausgebildeten ökonomischen Rationalismus betonen. Die Studien von Elias haben aber gezeigt, welche Bedeutung traditionelle Macht und Status auch für die Ausbildung einer Oberschicht in der europäischen Industrialisierung beibehalten können. Dabei entstand in Europa dennoch eine starke Arbeiterbewegung. Diese Arbeiterklasse bildete sich in der deutschen Erfahrung einerseits aus der strukturellen Voraussetzung entstehender Lohnarbeit und andererseits, wie dies auch für Thailand angenommen wird, aus der Herausforderung noch vorhandener vorindustrieller Traditionen. Positionen wie bei

---

244 Vgl. Abschnitt 2.2.1
245 Vgl.: Sangsidt, 1989, ... a.a.O., S. 4
246 Vgl.: Kanchada, 1989, ... a.a.O., S. 6

Kanchada und Sangsidt stilisieren dagegen den europäischen Klassenbildungsprozess zu sehr. In der Realität handelte es sich in Europa um einen langwierigen und schwierigen Prozess in einem Umfeld, in dem die Individualisierung in den Tauschbeziehungen zwar als Tendenz, aber kaum bis zur von Marx beschriebenen höchsten Form vorkam. Wie Kocka erläutert, waren auch in Europa traditionelle und ständische Elemente von Bedeutung und es gab neben der Klassenbildung den Konflikt zwischen Tradition und Moderne. Dieser ist auch für das heutige Thailand von Bedeutung, wo sich in den 90er Jahren weitere wirtschaftliche, politische und zivilgesellschaftliche Veränderungen ergaben. Ein Modell mit regionaler Variationsbreite möglicher Ergebnisse darf in seiner Aussagekraft für die Evolution und Devolution von Klassen in Thailand gerade eben nicht an den spezifischen Ergebnissen europäischer Klassenbildungsprozesse gemessen werden. Wie nachfolgend dargestellt, ist bei der Analysen solcher Prozesse für Thailand Bourdieus[247] erweiterter ökonomischer, kultureller und sozialer Kapitalbegriff hilfreich. Kockas Modell der Bildung und Devolution von Klassen in einem Prozess sich verändernder Differenzierungslinien behält auch unter der Berücksichtigung kultureller Einflüsse und sich daraus ergebender Differenzierungen einen Erklärungswert für Industrialisierungsprozesse in Thailand. Die kulturellen Besonderheiten einer Gesellschaft wie in Thailand führen nicht nur zu Differenzierungslinien zwischen einer lokalen Gewerkschaftsbewegung und ihren internationalen Partnern. Aus ihnen ergeben sich auch außerhalb ökonomischer Differenzierungen Klassenunterschiede innerhalb der Thai Gesellschaft, wie z.B. der empirisch festgestellten deutlichen Differenzierung zwischen der Basis und Führung einer Organisation, oder dem Statusabstand von Industriearbeiterinnen und -arbeitern gegenüber Bürokraten, Akademikern oder Übersetzern.[248]

2.6.1.3 Sozialer Raum und kulturelles Kapital bei Bourdieu

Soziales Handeln der Menschen erklärt sich aus den drei Ebenen der subjektiven Mentalität, der objektiven Sozialstruktur und der vermittelnden Milieuzusammenhänge.[249] Wird soziales Handeln als Ausdruck des Spannungsfeldes dieser drei Ebenen verstanden, dann ist eine deterministische Ableitung von Mentalität, Einstellung oder sozialem Handeln einzig aus der Lage eines Menschen in der Sozialstruktur unzulässig. Anderseits kann dann ebenso wenig das Handeln eines Menschen ausschließlich von einem individuellen Wollen abgeleitet werden, das sich unbeeinflusst von dessen sozialer Lage entfaltet. Die (ökonomische) Klas-

247 Vgl.: Bourdieu, 1983b, ... a.a.O.
248 Vgl. Kapitel 5
249 Vgl.: Vester, 1993b, ... a.a.O., S. 79

senlage ist von Bedeutung als ein Pol des Feldes gesellschaftlicher Erfahrungen. Aus ihr kann jedoch nicht zwingend geschlossen werden, *„welchem ‚lebensweltlichen Zusammenhang' ein Mensch sich zugesellt."*[250] Den anderen Pol sozialer Erfahrungen bilden die Milieus als Vermittler *„zwischen den individuellen Charakterdispositionen und den gesellschaftlichen Sachzwängen."*[251] Eine *„soziale Klasse"* definiert sich in diesem Verständnis nicht durch Merkmale wie der Struktur und dem Umfang des Kapitals oder der Stellung innerhalb der Produktionsverhältnisse, sondern vielmehr *„durch die Struktur der Beziehungen zwischen allen relevanten Merkmalen, die jeder derselben wie den Wirkungen, welche sie auf die Praxisformen ausübt, ihren spezifischen Wert verleiht."*[252] Bourdieu entwickelt aus den objektiven und subjektiven Merkmalen der sozialen Akteursgruppen einen *„relationalen Klassenbegriff."*[253] Er beschreibt das Kräftefeld des sozialen Raums *„als ein Ensemble objektiver Kräfteverhältnisse, die allen in das Feld Eintretenden gegenüber sich als Zwang auferlegen und weder auf die individuellen Intentionen der Einzelakteure noch auf deren direkte Interaktion zurückzuführen sind."*[254]

Der Bourdieusche Sozialraum beschreibt nicht nur vertikale Macht- und Chancenunterschiede, sondern auch horizontale Klassendifferenzierungen. Von Bedeutung ist dabei Bourdieus erweiterter Kapitalbegriff, gegenüber Marx' eng gefasstem ökonomischen Kapital- und Klassenverständnis. Kapital tritt nach Bourdieu in drei grundlegenden Arten als ökonomisches, kulturelles und soziales Kapital auf.[255] Mit diesem erweiterten Kapitalbegriff differenzieren Klassen sich nicht nur vertikal sondern auch horizontal nach dem Kriterium, ob der jeweilige *„vertikale Rang mehr auf ökonomischem Kapital oder mehr auf Bildungskapital beruht."*[256] Daraus ergeben sich im sozialen Raum Differenzierungen auf der *„symbolischen Ebene"*, als Wahrnehmung des *„symbolischen Kapitals"* der Distinktion unterschiedlicher Lebensstile.[257] Inkorporiertes kulturelles Kapital wird in seiner wahren Natur als Kapital leicht verkannt und statt dessen gesellschaftlich anerkannt als *„legitime Fähigkeit"* oder *„Autorität"*.[258] An Habitusunter-

---

250 Ebd., S. 71
251 Ebd., S. 74
252 Bourdieu, 1983a, ... a.a.O., 182
253 Vgl. Vester, 1993b, ... a.a.O., S. 110
254 Bourdieu, 1985, ... a.a.O., S. 10
255 Zur vollständigen Erläuterung des Bourdieuschen Kapitalbegriffs und der Transformation zwischen den verschiedenen Kapitalarten siehe: Bourdieu, 1983b, ... a.a.O.
256 Vester, 1993b., ... a.a.O., S. 110
257 Vgl.: Bourdieu, 1985, ... a.a.O., S. 21 f.
258 Vgl.: Bourdieu, 1983b, ... a.a.O., 187

schieden, die an den Besitz kulturellen Kapitals gebunden sind, differenziert sich in der gesellschaftlichen Praxis die Klassenzuordnung im sozialen Raum.

Die Darstellung der empirischen Forschung in Kapitel 5 verdeutlicht solche von Thai Gewerkschaftern empfundenen Rangunterschiede, die als legitime Fähigkeit und Autorität anderer Gesellschaftsmitglieder wahrgenommen werden und auf unterschiedlichem Besitzstand an kulturellem Kapital beruhen. Eine Thai Gewerkschafterin beschreibt in einem der Interviews die soziale Distanz zwischen ihrem eigenen gewerkschaftlichen Milieu und dem freundlich gesonnener Akademikerinnen. Solche Statusunterschiede empfand sie z.B. bei der Weltfrauenkonferenz in Beijing i.J. 1995. Thai Arbeiterinnen nahmen in ihrer Funktion als Gewerkschafterinnen als Delegierte an den Aktivitäten der nichtstaatlichen Organisationen teil. Sie wurden dabei von Thai Akademikerinnen begleitet, die ihnen offiziell als Übersetzerinnen halfen. Die Arbeiterinnen hielten sich außerhalb des offiziellen Konferenzverlaufs von den Akademikerinnen fern, die sich ihrerseits im Milieu der internationalen Frauenbewegung gut integrieren konnten. Die unterschiedliche Selbstzuordnung im sozialen Raum spiegelt das folgende Zitat wieder, das hier im Vorgriff auf die empirische Analyse wiedergegeben wird:

> „ ... the status, this will separate us from them. We have to group ourselves with the workers and they will group themselves with the academics. This was the case (in) Beijing." [259]

Auf der Grundlage des kulturellen Kapitalbegriffs ist es theoretisch als eine Bedingung der Gewerkschaftskooperation nachvollziehbar, dass sich internationale Klassenzugehörigkeiten nicht (nur) ökonomisch sondern (auch) durch einen vergleichbaren Bestand an kulturellem Kapital ergeben. Es wäre denkbar, dass Repräsentanten internationaler Gewerkschaftsorganisationen auf einer Konferenz wie in Beijing sich den begleitenden Akademikerinnen persönlich eher zugehörig fühlen, als den Arbeiterinnen, die in ihrer Funktion als Lohnarbeiterinnen nach gewerkschaftlicher Definition die eigentlichen internationalen Bündnispartner sind. Vergleichbare akademische Ausbildungswege und die Fähigkeit zur fremdsprachlichen Kommunikation, die Zugehörigkeit zu einem gesellschaftskritischen internationalen Milieu, das sich letztlich auch in Symbolen des kulturellen Geschmacks bis hin zur Mode manifestiert, vergleichbare Fähigkeiten im Erkennen von Symbolen und Bewerten von Umständen, all dies kann die Zusammengehörigkeit dokumentieren und eine Grenzlinie der sozialen Schließung gegenüber den lokalen Gewerkschafterinnen ziehen, die in einem unterschiedlichen sozialen

259 Problemzentriertes Interview mit einer Thai Gewerkschafterin am 07. 11. 1999 in Bangkok. Vgl. auch Abschnitt 5.3.1.3.

Milieu verankert sind. Im Rahmen zunehmender Globalisierung und Internationalisierung können sich zudem neuartige Milieus unter international wirkenden Akteuren herausbilden, zu denen lokale Gewerkschafterinnen und Gewerkschafter aus dem eigentlichen Arbeitermilieu der Thai Gesellschaft nur schwerlich Zugang und gleichberechtigte Akzeptanz finden.

Andererseits kann die Zuordnung zu einer Klasse auch von unterschiedlichen Stellen des sozialen Raums aus erfolgen. Eine von den Arbeitern akzeptierte Führungspersönlichkeit muss sich nicht notwendigerweise aus der gleichen sozialen Lage rekrutieren wie die Arbeiter, die sie akzeptieren und für die sie engagiert eintritt. Existent wird eine Klasse nach Bourdieu in dem Maße, wie ihre Mandatsträger ermächtigt sind und sich ermächtigt fühlen, in ihrem Namen zu sprechen. Es ist dies eine gedankliche Existenz von Klassen, *„in den Köpfen eines Gutteils derjenigen, die der Arbeiterschaft zugeordnet werden, zugleich aber auch in den Köpfen derer, die an einer vollkommen anderen Ecke des sozialen Raums angesiedelt sind.“*[260] In einem Interview der empirischen Forschung beschrieb ein Arbeiterführer seine Vorstellung von Klasse, die dieser Definitionen nahe kommt:

> „Most important of class is consciousness. Those ones who have the consciousness to work for the benefit of the workers, this means working class. Even the workers themselves, if they do not have a class consciousness, then they are not working class as defined by this.“ [261]

Übertragen auf die internationale Gewerkschaftskooperation mit Entwicklungsländern wie Thailand bedeutet dies, dass die Zugehörigkeit zu einer spezifischen sozialen Lage weder eine notwendige Bedingung noch eine hinreichende Voraussetzung ist für die gemeinsame Identität mit Arbeitern und die Solidarität für Arbeiter in der Dritten Welt. Es ist auch eine Frage der gedanklichen Zuordnung und eines sich daraus ergebenden gemeinsam entwickelten Bewusstseins, das weder vollständig losgelöst ist von den strukturellen Voraussetzungen, noch ausschließlich von diesen Voraussetzungen determiniert wird. Eine europäische Textilarbeiterin muss sich einer Textilarbeiterin in Thailand nicht notwendigerweise alleine schon deshalb klassenmäßig zuordnen, weil Ähnlichkeiten in den betrieblichen Erfahrungen und den jeweiligen Zuordnungen im sozialen Raum bestehen. Ihre wechselseitige Zuordnung und ein Lernprozess zu einem gegenseitigen Verständnis kann dadurch allerdings bedeutend erleichtert werden. Andererseits ist eine Zuordnung und Identifikation mit der Lage von Textilarbeiterin-

260 Bourdieu, 1985, ... a.a.O., S. 40

261 Problemzentriertes Interview mit einem Thai Gewerkschafter am 24. 07. 1999 in Bangkok. Vgl. auch Abschnitt 5.2.1.3.

nen in Entwicklungsländern auch ohne vergleichbare persönliche Erfahrungen und soziale Lagen denkbar und möglich, z.B. als Ausdruck einer ethischen oder politischen Auseinandersetzung mit Problemen der Dritten Welt und nicht zuletzt als Ergebnis einer relativen Persistenz übernommener sozialer Werte und Grundmuster von Gerechtigkeit. Wenn diese Zuordnung ‚in den Köpfen' über nationale Grenzen hinweg von der Partnerseite akzeptiert und beantwortet wird, dann ist sie in ihrem Gehalt einer eher strukturell ausgelösten Zuordnung in keiner Weise nachgeordnet. Die empirischen Ergebnisse machen allerdings deutlich, dass sich zwischen dem Handlungswillen zu internationaler solidarischer Praxis und ihrer Verwirklichung unter den vorgefundenen strukturellen Voraussetzungen vielfältige Schwierigkeiten und Probleme auftun, die zu sehr unterschiedlichen Abläufen und Ergebnissen internationaler gewerkschaftlicher Kooperation führen.

2.6.2 Kooperation unter postindustriellen Bedingungen

Auf eine mögliche Auflösung bisheriger industriegesellschaftlicher Klassenmentalitäten unter veränderten ‚postindustriellen' oder ‚postmodernen' Bedingungen war bereits kurz hingewiesen worden. Neue Entwicklungen in den bisherigen Industriegesellschaften verändern gesellschaftliche Mentalitäten und Wertorientierungen. Damit ändern sich zugleich die Bedingungen gewerkschaftlicher Arbeit. Eine weitere Annäherung an das Wesen solcher Veränderungen erfolgt hier zunächst mit der Interpretation ausgewählter Literaturbeiträge:

Lash / Urry [262] sehen in den neueren Entwicklungen des Kapitalismus mit seiner weltwirtschaftlichen Verbreitung und internationalen Arbeitsteilung einen Prozess zur Desorganisation. Sowohl die weberianische als auch die marxistische Auffassung einer zunehmend organisierten bzw. monopolisierten Gesellschaft im Laufe der Entwicklung werden hierdurch in Frage gestellt.[263] Mit dem Übergang zum desorganisierten Kapitalismus findet eine Auflösung korporatistischer Vereinbarungen statt, die im organisierten Kapitalismus charakteristisch waren. Die Autoren sprechen neben anderen Interessengruppen im Nationalstaat besonders den Bedeutungsrückgang von Gewerkschaften an. Ein *„breakup of corporatist arrangements"*[264] sei nicht von vorübergehender oder zyklischer Natur, sondern strukturell.[265] Das Ende des organisierten Kapitalismus und die wachsende Bedeutung postmoderner Kultur führen zu neuen Klassenlinien. In Anlehnung an

262 Scott Lash, John Urry: The End of Organized Capitalism, Cambridge: Polity Press, 1987
263 Vgl.: Ebd., S. 2 f.
264 Ebd., S. 232
265 Ebd.

Bourdieus Notation des ,Habitus' entwickelt sich nach Lash / Urry eine *„service class"*, eine Mittelklasse von Konsumenten postmoderner Kulturgüter unter der Hegemonie postmoderner Geschmacksrichtungen und Lebensstile.[266]

Beck[267] erkennt zwischen Weltwirtschaft und Individualisierung ein Verblassen *„sozialdemokratischer Milieus"*.[268] Dies geht einher mit der Herausbildung lebensweltlicher Grundlagen eines *„weltbürgerlichen Republikanismus"*,[269] mit der Freiheit des Einzelnen im Zentrum. Für die Entwicklung in der Bundesrepublik Deutschland konstatierte Beck schon Mitte der 80er Jahre Verhältnisse jenseits der Klassengesellschaft.[270] Er vertritt die These, dass sich in der deutschen Entwicklung nach dem Zweiten Weltkrieg bei anhaltender sozialer Ungleichheit auf insgesamt höherem Niveau die subkulturellen *„Klassenidentitäten und -bindungen ausgedünnt oder aufgelöst"* haben.[271] Ein gleichzeitiger Individualisierungs- und Differenzierungsprozess, in dem Mobilität und Ausbildung als Komponenten des Arbeitsmarktes eine wichtige Rolle spielen, unterläuft das Hierarchiemodell sozialer Klassen und Schichten. Für die Klassenmilieus der Arbeiterschaft bedeutet dies gegenüber einem zuvor übergreifenden *„Erfahrungs- und Kontrollband eines klassenkulturell geprägten Sozialmilieus"* [272] mit gleichsam naturwüchsigen *„Hineinwachsen in die Arbeiterbewegung"*[273] einen Kontinuitätsbruch. Die Individualisierung beruht auf einer wohlfahrtsstaatlichen Entwicklung als dem *„Kampfprodukt"*[274] einer starken Arbeiterbewegung. Mit ihren Erfolgen hat diese Arbeiterbewegung allerdings die Bedingungen bisheriger Klassenbildung überwunden und damit ihre eigenen Bedingungen so verändert, dass sie nun möglicherweise selbst in ihrem Bestand gefährdet ist.[275] Die Aufhebung bisheriger Klassen ist jedoch an bestimmte wohlfahrtsstaatliche Rahmenbedingungen gebunden. Sie kann *„mit der Gefährdung dieser Rahmenbedingungen ihrerseits aufgehoben werden."*[276] Möglich sind dann neue, nicht traditionale Klassenbildungsprozesse und Schließungstendenzen. Ungleichheiten in der Gesell-

---

266 Vgl.: Ebd., S. 292

267 Ulrich Beck: Was ist Globalisierung? Irrtümer des Globalismus – Anworten auf Globalisierung, Frankfurt a.M.: Suhrkamp, 1998

268 Ebd., S. 25 f.

269 Ebd., S. 26

270 Vgl.: Ulrich Beck: Risikogesellschaft: Auf dem Weg in eine andere Gesellschaft, Frankfurt a.M.: Suhrkamp, 1986, S. 121 – 160

271 Ebd., S. 122

272 Ebd., S. 129

273 Ebd.

274 Ebd., S. 131

275 Vgl.: Ebd., S. 131 – 133

276 Ebd., S. 134

schaft werden nicht beseitigt, sondern in eine *„Individualisierung sozialer Risiken“*[277] umdefiniert:

> „Dauerhafte Konfliktlinien entstehen mehr und mehr entlang ‚zugewiesener‘ Merkmale, die nach wie vor mit Benachteiligungen verbunden sind: Rasse, Hautfarbe, Geschlecht, ethnische Zugehörigkeit (Gastarbeiter), Alter, körperliche Behinderungen.“ [278]

Für Gewerkschaften ergibt sich aus diesem Umdefinieren von Ungleichheiten das Problem nachlassender Gemeinsamkeiten aus Lohnarbeitermerkmalen und die Chance erweiterter Interessenwahrnehmung für die Benachteiligten in der Gesellschaft. Die *„mögliche und reale Klientel“* von Gewerkschaften wird einerseits *„erheblich erweitert“* und andererseits in *„neuer Weise gefährdet.“* [279]

Brock [280] erkennt in der frühen Industrialisierungsgeschichte die Genese des Typus *„proletarischer Lebensführung“* mit dem Bewusstseinselement existentiellen Elends.[281] Dem folgt noch vor dem Ersten Weltkrieg der Typus des *„sozialdemokratischen Arbeiters“*[282] mit ersten Formen individueller Teilhabe und Ansätzen einer positiv besetzbaren Lebenssphäre.[283] Nach dem Zweiten Weltkrieg kam es von 1950 – 1980 zu einem Umbruch in Lebensführung und gesellschaftlichem Bewusstsein durchschnittlicher Arbeiter. Das klassische Arbeiterbewusstsein mit typischer ‚Wir-Perspektive‘ und Selbsteinordnung als Arbeiterklasse wird *„zugunsten individueller handlungsorientierter Bezüge“* aufgegeben.[284] Die individuelle berufliche Leistung wird an Stelle der Klassenzugehörigkeit die Grundlage gesellschaftlicher Teilhabe. Die Arbeiterschaft nähert sich so einem modernen *„Grundverarbeitungsmuster“* individueller Lebensbewältigung an, das nach Brock für andere Sozialschichten schon länger gültig war.[285]

Die Bedeutung des Raums als Hindernis sozialer Interaktion hat im Globalisierungsprozess nachgelassen. Mit der Auflösung von Ortsbindungen liegen die Grenzen sozialer Handlungszusammenhänge heute *„in vielen Bereichen jenseits der politischen Grenzen des Nationalstaates.“*[286] Mit sinkenden Raumüber-

---

277 Ebd., S. 158
278 Ebd., S. 159
279 Ebd., S. 155
280 Ditmar Brock: Der schwierige Weg in die Moderne: Umwälzungen in der Lebensführung der deutschen Arbeiter zwischen 1850 und 1980, Frankfurt a.M., New York: Campus Verlag, 1991
281 Vgl.: Ebd., S. 259
282 Ebd., S. 261
283 Vgl.: Ebd., S. 262 f.
284 Ebd., S. 264 f.
285 Ebd., S. 265 f.
286 Michael Zürn: Regieren jenseits des Nationalstaates: Globalisierung und Denationalisierung als Chance, Frankfurt a.M.: Suhrkamp, 1998, S. 20

windungskosten bilden sich „*potentiell globale Handlungszusammenhänge.*"[287] Zürn erkennt im Prozess der Globalisierung, den er als ‚Denationalisierung' präzisiert, eine Krise nationalstaatlicher Regelungen. Da es nach seiner Auffassung aber keinen Weg zurück in eine Welt ohne Denationalisierung gibt,[288] müssen „*Formen guten Regierens jenseits des Nationalstaates*"[289] gefunden werden. Dies bedeutet nicht das Ende des Nationalstaates, sondern die Notwendigkeit komplexen Weltregierens, in dem der Nationalstaat „*eine neue Rolle*" zugewiesen bekommt.[290] Für Gewerkschaften ginge dann im Verlaufe der Denationalisierung der von Lash / Urry und Beck angenommene Bedeutungsverlust einher mit einem Bedeutungsverlust ihres nationalstaatlichen Gegenübers. Ein Ausweg könnte die Teilnahme der Gewerkschaften als zivilgesellschaftlicher Akteur an einem ‚Projekt komplexen Weltregierens' sein. Dies setzt globale Schwerpunktsetzungen und verstärkte internationale Anstrengungen nationaler Gewerkschaftsbewegungen voraus. In der gegenwärtigen Praxis von Gewerkschaften der bisherigen Industrieländer ist jedoch, abgesehen von Fällen regionaler Kooperation, eher ein Rückzug aus der internationalen Kooperation die wahrscheinliche kurzfristige Reaktion aus Kostenerwägungen und Sparzwängen.[291]

Neben ‚Globalisierung' (bzw. ‚Denationalisierung') und ‚Postmoderne' ist ‚Zivilgesellschaft' ein weiterer zentraler Begriff zur Erfassung neuerer gesellschaftlicher Entwicklungen. Mit dem Konzept der Zivilgesellschaft verbinden sich im internationalen Nord-Süd-Kontext häufig Vorstellungen verschiedenster Gruppen und Initiativen, die auf politische, soziale, ökologische und militärische Risiken eines nunmehr weltweit integrierten Kapitalismus reagieren.[292] Nach solchen Vorstellungen spielen transnationale Netzwerke von Nichtregierungsorganisationen eine wachsende Rolle in einer zunehmend medial vermittelten Politik. Wenn Globalisierung oder Denationalisierung den Bezugsrahmen des Nationalstaates als dem wesentlichen Handlungsfeld von Politik einschränken, dann stellt sich die Frage neuer Formen der Repräsentation in einer sich neu herausbildenden Weltgesellschaft. Dabei sind jenseits bisheriger Ideologien Anstöße durch

287 Ebd.
288 Vgl.: Ebd., S. 11
289 Ebd., S. 1
290 Ebd.
291 Vgl.: Stefan Chrobot: Gewerkschaftliche Solidarität und die Industrialisierung der Entwicklungsländer, in: Harun Gümrükçü (Hrsg.): ITES Jahrbuch Globalisierung: Grenzen und Perspektiven, Hamburg: ITES, 1999, S. 192 f.
292 Vgl.: Karin Fischer: Die andere Globalisierung: Möglichkeiten und Grenzen einer transnationalen Zivilgesellschaft, in: Christof Parnreiter, Andreas Novy, Karin Fischer (Hrsg.): Globalisierung und Peripherie. Umstrukturierungen in Lateinamerika, Afrika und Asien, Wien: Brandes & Apsel, 1999, S. 113

neue globale Allianzen vorstellbar. Ein Beispiel wären Bündnisse zwischen den *„Konsumenten in den Zentren"* und den Arbeitern transnationaler Zweigbetriebe *„in den armen Ländern."*[293] Beiträge wie der oben zitierte von Fischer sehen in den alten, am Nationalstaat orientierten zivilgesellschaftlichen Formationen, zu denen sie die Gewerkschaften zählen, immer weniger die Fähigkeit zur Lösung gesellschaftlicher Problemlagen.[294] Auf die dahinter stehende Frage, ob ein Bedeutungsverlust gewerkschaftlicher Arbeit im nationalstaatlichen Rahmen der bisherigen Industrieländer durch die Globalisierung tatsächlich in solchem Ausmaß stattfindet, wird hier später in Kapitel 4 relativierend eingegangen. Auf internationaler Ebene laufen die Gewerkschaften jedoch in Gefahr, dass ihnen neue Akteure wie die Nicht-Regierungsorganisationen *„den Rang"* ablaufen.[295]

Aus dem global vermittelten Einfluss von Individualisierungstendenzen aus ‚hochentwickelten' bzw. ‚postindustriellen' Gesellschaften auf ein exportorientiertes Entwicklungsland wie Thailand ergibt sich, dass die Arbeiter und Gewerkschaften des sich später industrialisierenden Landes nicht undifferenziert einer früheren Stufe der Gewerkschaftsentwicklung im Sinne sich zeitversetzt wiederholender Industrialisierung zugeordnet werden können. Elemente ‚postindustrieller' Bedingungen wirken sich in der globalisierten Wirtschaft auf den Industrialisierungsprozess solcher Gesellschaften und deren soziale Entwicklung einschließlich gewerkschaftlicher Handlungsbedingungen aus. In der internationalen Kooperation von Gewerkschaften unterschiedlicher Länder kommen sie durch das direkte Zusammentreffen ohnehin zur Geltung. Die international ausgelöste Industrialisierung von Entwicklungs- und Schwellenländern zieht eine globale Vermittlung kultureller und sozialer Erfahrungen nach sich. Dies schließt den Kontakt mit Individualisierungstendenzen ein und berührt die nationalen Handlungsbedingungen sozialer Bewegungen. Für die Gewerkschaftsentwicklung in Ländern wie Thailand ergibt sich aus der Industrialisierung einerseits eine Ausweitung der Lohnarbeit, womit für immer mehr Arbeiter ‚dieselbe Klassenlage'[296] entsteht. Dieser Aspekt der exportorientierten Entwicklung erhöht die Wahrscheinlichkeit voranschreitender Klassenbildungsprozesse und der Stärkung einer organisierten Klassenbewegung. Internationalisierungs- und Globalisierungsprozesse vermitteln andererseits globale ‚postmoderne' Individualisierungstendenzen, die sich aus der Auflösung traditioneller Klassenmilieus jetzt ‚postindustrieller' Gesellschaften ergeben, die Industrialisierungsprozesse bereits früher durchliefen. Solche Tendenzen erlangen durch globale Vermittlung auch

293 Vgl.: Dieter Kramer: Kulturelle Vielfalt als Ressource. Die Bedeutung von Kultur in der Globalisierungsdebatte, in: E+Z 10/1998, S. 258 ff.

294 Vgl.: Fischer, 1999, ... a.a.O., S. 120

295 Vgl.: Ebd.

296 Vgl. Abschnitt 2.6.1.1

in Entwicklungs- und Schwellenländern gesellschaftliche Bedeutung, die sich in der Gegenwart im Industrialisierungsprozess befinden. Dies ist ein wesentlicher Unterschied zwischen gegenwärtigen Industrialisierungsprozessen und den Bedingungen im Europa des 19. Jahrhunderts.

Unter den modernen Voraussetzungen kann eine international vermittelte Industrialisierung in Thailand einerseits zur Überwindung des traditionellen bzw. vorindustriellen Individualismus beitragen. Damit begünstigt sie die Entwicklung von Klassenmilieus und einer Arbeiterbewegung. Ein exportorientierter Industrialisierungsprozess kann andererseits mit der parallelen Vermittlung eines global Bedeutung erlangenden ‚postmodernen' bzw. ‚postindustriellen' Individualismus die Entstehung solidarischer Klassenmilieus und einer Abeiterbewegung behindern. Für die Akteure der internationalen Gewerkschaftskooperation ergibt sich aus dem Doppelcharakter international vermittelter Industrialisierungsprozesse auf die soziale Milieubildung ein strategischer Entscheidungsbedarf. Die Möglichkeiten liegen mit Abstufungen zwischen zwei Polen. Zum einen kann versucht werden, die aus bisherigen Arbeitermilieus der Industrieländer hervorgegangene gewerkschaftliche Klassenidentität im Rahmen einer relativer Persistenz von Klassenmentalitäten zu bewahren. Internationale Kooperation mit Entwicklungs- und Schwellenländer wäre dann vor allem ein Streben nach Bündnissen und integrativen Klassenbildungsprozessen mit den Lohnarbeitern dieser Länder, in der Erwartung gleichgerichteter sozialer Mentalitäten und Klassenidentitäten als Grundlage gemeinsamen internationalen Handelns. Diese Strategie kann stabilisierend auf industriegesellschaftlich fundierte kollektive Identitäten innerhalb einer internationalen Gewerkschaftsbewegung wirken. Das Risiko besteht im Verzicht auf den Anschluss an neuere (‚postmoderne') zivilgesellschaftliche Bewegungen und Akteure (z.B. die Umwelt-, Frauen- oder Menschenrechtsbewegung), die sich ausgehend von ‚postindustriellen' Gesellschaften nun auch auf internationaler Ebene herausbilden. Die Alternative bestände im Einlassen auf den angenommenen Wertewandel und die sozialen Milieuveränderungen in den bisherigen Industrieländern. Entsprechend wären auf internationaler Ebene ‚tradierte' Vorstellungen zu überwinden, die aus den bisherigen, nun aber als veraltet betrachteten Arbeitermilieus herrühren. Diese Strategie kann neue Bündnisse mit ‚postmodernen' Partnern ähnlicher sozialer Wertorientierungen ermöglichen, wie z.B. mit kritischen Intellektuellen, neuen zivilgesellschaftlichen Bewegungen oder ‚labour NGOs' in Entwicklungs- und Schwellenländern. Das Problem liegt hier im möglichen Mangel an sozialer Identifikationsmöglichkeit der eigentlichen Arbeiter dieser Länder mit solch einer internationalen Bewegung. Es kann sein, dass die sozialen Unterschichtmilieus der Arbeiter sich von den Milieus der alternativen Eliten und neuen sozialen Bewegungen in Ländern wie Thailand unterscheiden, dass sie also mit Bourdieu letztlich unterschiedlichen Klassen angehören, die sich sozial und kulturell zuordnen und damit gegeneinander abgrenzen. Die Arbeiter aus den neuen Industrien dieser Länder würden zu einer ‚Zielgruppe' degradiert. Sie wären für sich genommen nicht mehr konstituierender Teil einer internationalen Gewerkschaftsbewegung.

Es gibt für Thailand Beispiele wechselnder Haltungen internationaler Gewerkschaftsorganisationen in ihrer strategischen Orientierung zwischen ‚postmodernen' und ‚industriegesellschaftlichen' Milieus. Im Falle eines Internationalen Berufssekretariats konzentrierte man sich zunächst auf das ‚klassische' Arbeitermilieu. Als sich in gemeinsamen Bildungsprojekten auf internationaler Seite der Eindruck verfestigte, dass die wirklichen Arbeiter an der Basis wegen des hohen innergewerkschaftlichen Machtgefälles zwischen lokaler Basis und Führung nicht erreicht werden können, wechselte die Strategie zur Zusammenarbeit mit ‚neuen' sozialen Bewegungen und Nicht-Regierungsorganisationen, die sich mit internationaler Unterstützung nun für die eigentliche Zielgruppe der Arbeiter einsetzen sollten. Daraus ergaben sich wiederum andere Schwierigkeiten, die auf unterschiedliche Milieuzugehörigkeiten der Arbeiter als ‚Zielgruppe' und der Repräsentanten dieser ‚neuen' Bewegungen mit voneinander abweichenden strategischen Haltungen zurückzuführen sind. Das Zusammentreffen lokaler und globaler sozialer Veränderungen stellt die internationale Gewerkschaftsarbeit hier vor eine neue Herausforderung in der Kooperation mit Entwicklungsländern.

2.7 Zusammenfassung und Zwischenergebnis

Zu Abschnitt 2.1 (Traditionelle Gesellschaft und Sozialordnung Thailands)

Gruppen bilden sich in der sozialen Hierarchie Thailands traditionell durch Ressourcenzuteilung Höhergestellter an Individuen, die um einen Klientenstatus bemüht sind. Die Gruppenstabilität wächst mit den Ressourcen, die im Falle von Gewerkschaften u.a. durch internationale Kooperation zugänglich werden. Ranghohe steigen durch Verteilung zusätzlicher Ressourcen an Klienten weiter auf, während Klienten durch Wechsel zu einem Patron mit größeren Ressourcen aufsteigen können. Verhältnisse der Über- und Unterordnung hängen vom Nutzen für die Beteiligten ab und sind aufkündbar. Oberflächlich harmonische soziale Beziehungen sind im traditionellen Kontext meist instabil und internationale Kooperationspartner empfinden eine Unbeständigkeit mit fremder Moral und anderen Werten.

In der Thai Gesellschaft gibt es eine Tendenz zu vertikal straffer und horizontal loser Strukturierung, in der die Kommunikation von den Ranghöheren ausgeht. Dies erschwert die Voraussetzungen für Basisorganisationen und Gewerkschaften, da es horizontale Solidarität beeinträchtigt und die Bildung von Klassenbewusstsein behindert wird. Vereinfachte Annahmen von einer traditionellen Ordnung mit ‚vertikaler Struktur' beeinflussen internationale Vorstellungen von der Unterschiedlichkeit der Thai Gesellschaft.

‚Patron – client' Beziehungen basieren auf gesellschaftlichen Hierarchiestufen mit familiär abgeleiteten Beziehungen wechselseitigen Gebens und Nehmens. Gruppen sind intern und im Außenverhältnis hierarchisch gegliederte ‚patron – client' Beziehungen, in denen der Patron der Gruppe zugleich Klient einer höheren Gruppe sein kann. Dies überlagerte sich schon unter traditionellen Bedingungen mit einem Gegensatz von herrschender und beherrschter Klasse. Modernisierung und Außenwirtschaft transformierten formelle in informelle ‚patron – client' Beziehungen, bei Fortdauer des Klassengegensatzes in der modernen Thai Gesellschaft. In der jüngeren Industrialisierung setzt sich die Informalisierung der ‚patron – client' Beziehungen fort, bei Bedeutungsgewinn des Kapitals gegenüber der Bürokratie.

Traditionell abgeleitete Statusunterschiede führen im modernen Kontext zu spezifischem Verhalten Tiefergestellter, mit der *krengtschai*-Haltung als Furcht vor Handlungen, die Höhergestellten missfallen. Der traditionelle Thai Individualismus kann bei internationalen Partnern den Eindruck unverständlicher Hinnahme von Ungerechtigkeit in der Thai Gesellschaft hinterlassen. Wirtschaftliche Expansion untergräbt, bei weiterbestehenden ‚patron – client' Beziehungen, traditionelle Seniorität mit sozialer Verantwortlichkeit der Ranghöheren.

Zu Abschnitt 2.2. (Interpretationen zu Kultur, Sozialgeschichte und Geschichtsbild Thailands)

Traditionen, buddhistische Werte und kulturelle Normen beeinflussen die Entwicklung der Thai Arbeiterbewegung und verstärken ihre Verschiedenheit von Klassenbildungsprozessen in anderen Gesellschaften. Die kulturellen, moralischen und gesellschaftlichen Unterschiede zu Europa werden andererseits häufig überbetont. Kultureller Einfluss müsste, vor dem Hintergrund der Migration, in der frühen Arbeiterbewegung zudem chinesisch gewesen sein. Die empirische Bedeutung des Umfangs und der Art kultureller Einflüsse bleibt in der bisherigen Forschung insgesamt offen. Es gibt des weiteren keinen absoluten Maßstab zur Beurteilung einer Klassenbildung. Ihre jeweilige Form erklärt sich aus einem historischen Wechselverhältnis von Struktur und Handeln, dessen Verständnis die Überwindung strukturalistischer und individualistische Erklärungsansätze erfordert.

Moderne Interpretationen traditioneller Bedingungen projizieren ein falsches Bild der historischen Realität, das die Gegenwart beeinflusst. Dem Geschichtsbild symbiotischer Verbundenheit unter traditionellen Bedingungen widerspricht die historischen Realität der Arbeiterbewegung. Die Annahme vertikaler symbiotischer Verbundenheit hindert die Thai Arbeiterbewegung an der Ausbildung einer selbstbewussten Identität und Projektion ihrer Geschichte. Internationale Kooperationspartner gewinnen durch moderne Projektionen traditioneller Bedingungen ein exotisches Bild Thailands, mit grundverschiedenen kulturellen und gesellschaftlichen Voraussetzungen, unter denen lokale Gewerkschaften agieren.

Zu Abschnitt 2.3 (Schichtung, Status und Informalisierung)

Vorindustrielle Statuselemente bleiben im Industrialisierungsprozess von Bedeutung. Eine ausschließlich ökonomische Klassenanalyse erfasst gesellschaftliche Über- und Unterordnungsverhältnisse nur unzureichend. Auch in Thailand folgt wirtschaftlichem Erfolg von Individuen nicht notwendigerweise ein entsprechender sozialer Aufstieg. Der Eintritt in statushöhere Schichten erfordert finanziellen und gesellschaftlichen Aufwand. Gegenüber Europa mit seiner starken Arbeiterbewegung ist die Klassenbildung unter Lohnarbeitern in der zeitversetzten Industrialisierung Thailands deutlich schwächer.

Lohnarbeiter und Gewerkschafter unterschiedlicher Gesellschaften stehen trotz ähnlich erscheinender Funktionen in einem sehr verschiedenen Verhaltenskanon. In einer Epoche zunehmender Internationalisierung häufen sich Interaktionen von Personen und sozialen Aggregaten mit unterschiedlichem Verhaltenskanon. Das Einspielen von Persönlichkeitsstrukturen auf Veränderungen erfordert Zeit und kann mehrere Generationen dauern. Internationalisierung und Entbettungsprozesse heben soziale Beziehungen aus ortsgebundener Interaktion. Daraus ergeben sich Veränderungen im Verhaltenskanon. Ein Aufeinandertreffen unterschiedlicher Spannen von Formalität und Informalität und verschiedenem Verhaltenskanon bleibt dabei eine internationale Kooperationsbedingung von Gewerkschaften.

Zu Abschnitt 2.4 (Klassen, okzidentales Verständnis und Buddhismus)

Marx' Klassenverständnis unterstützt eine nationenübergreifende Identität von Lohnarbeitern. Seine Schwäche besteht in der Eindimensionalität des ökonomischen Gesellschaftsbildes, das Besonderheiten der Thai Arbeiterklasse ignoriert. Simplifizierte ‚marxistische' Erklärungen, die es auch für Thailand gibt, fassen die gesellschaftliche und kulturelle Formation ‚Klasse' nicht als soziale Beziehung und sind unbrauchbar.

Über die Wahrnehmung kultureller Unterschiede zwischen Gesellschaften hinaus ergibt sich aus Bourdieus Annahme einer Mehrdimensionalität objektiv feststellbarer Differenzen im sozialen Raum für Thailand die Möglichkeit zur Beschreibung kultureller Gegensätze innerhalb der Gesellschaft. Die Thai Arbeiterklasse verändert darin das sie umgebende kulturelle Wertesystem durch ihr Handeln und wird zugleich durch dieses Wertesystem beeinflusst. Dieser Prozess ist verbunden mit Wechselwirkungen aus der internationalen Interaktion.

Europäische Aufklärung und Klassenbildung sind verbunden mit dem Gedanken eines europäischen Menschenbildes von Freiheit, Gleichheit und Solidarität. Aus der Idee spezifisch europäischer Werte ergibt sich die Frage ihrer Verschiedenheit von asiatischen Traditionen und Werten. Soziale Klassen beinhalten eine Grenzziehung; Solidarität erfordert im Weberschen Sinne soziale Schließung. Die Ausweitung von Solidarität über nationale Grenzen und kulturelle Barrieren erfordert dagegen soziale Öffnung. Für die internationale Kooperation von Gewerkschaften ist dies eine der schwierigsten strategischen Entscheidungen. Unter Nutzenerwägungen ist Solidarität über eine soziale Schließung hinaus unwahrscheinlich, es sei denn als rationale Strategie zur Abwendung eigener Nachteile.

Webers Gedanke der okzidentalen Rationalisierung unterstreicht die Abgrenzung östlicher von westlichen Traditionen. Seine Religionssoziologie sieht, zu eurozentristisch, im Buddhismus einen Verzicht auf sozialpolitische Ziele und Veränderung der Welt. Auch die häufig für Thailand aus dem Buddhismus abgeleitete Vorstellung einer hierarchischen Gesellschaft mit vertikaler Struktur ist nicht unauflöslich Teil buddhistischen Denkens. Als Methode der Selbstbefreiung kann der Buddhismus die Fessel eines individuellen Bewusstseins von Über- und Unterlegenheit im relativen Status überwinden. Bei Missverstehen von Kultur als Religion wird der Buddhismus dagegen nur unvollständig erfasst.

Eine gedankliche Grenzziehung ergibt sich, wenn okzidentales Denken die Bedeutung gesellschaftlicher Strukturen und richtiger Programmatik für die soziale Realität des Individuums hervorhebt, während für buddhistisches Denken die innere Entwicklung des Individuums und gute Handlungsabsichten vorrangig für die soziale Entwicklung sind. Dieser Gegensatz hebt sich auf in der Wechselwirkung von äußerer Gesellschaftsstruktur und innerer Handlungsintention. Innere Einsicht kann zu sozialer Handlungsintention führen und die äußere soziale Struktur so verändern, dass den Individuen innere Einsichten und soziale Handlungsintentionen erleichtert werden. Mit der Überwindung okzidental – buddhistischer Grenzziehung verbessert sich das Verständnis zwischen internationalen zivilgesellschaftlichen Akteuren.

Zu Abschnitt 2.5 (Kultur und Klassenmentalitäten als Kooperationsbedingung)

Unterschiede im Verhaltenskanon und der kulturellen Identität zwischen den Epochen einer Gesellschaft sind nicht unmittelbar erfahrbar. Daraus folgt eine relative Unterbewertung historischer Verschiedenheit und eine Überbewertung historischer Kontinuität. Kulturelle Verschiedenheit zwischen Gesellschaften der Gegenwart kann direkt erfahren und unter Verweis auf vermeintliche kulturelle Kontinuität zur kulturellen Identitätsbildung innerhalb einer Gesellschaft verstärkt werden. Daraus folgt eine relative Überbewertung zwischengesellschaftlicher kultureller Verschiedenheit. Moderne kulturelle und religiöse Differenzierungen behindern die internationale Gewerkschaftskooperation und erschweren ein länder- und kulturübergreifendes Bewusstein von Lohnarbeitern durch soziale Öffnung. Internationale Gewerkschaftskooperation zwischen unterschiedlichen Kulturen erfordert die Fähigkeit und Bereitschaft ihrer Akteure, kulturelle Abgrenzungen als moderne Projektion zu erkennen und gemeinsam zu überwinden.

Moderne zwischengesellschaftliche Unterschiede in Klassenmentalitäten erklären sich vorrangig aus einer relativen Persistenz unterschiedlicher Mentalitäten und Persönlichkeitsstrukturen im engeren historischen Bezug von Gesellschaften und nur untergeordnet aus einer langfristigen Kontinuität von Werten aus christlichen und buddhistischen Ursprüngen. Die Geschichte des sozialen Feldes ist präsent in gewachsenen Kräftefeldern, in denen Akteure sich mit historisch gebildeten Wahrnehmungs- und Bewertungsschemata bewegen und in denen kulturelles Kapital durch soziale Vererbung weitergegeben wird. In Lernzyklen fügt eine nationale wie auch die internationale Arbeiterbewegung ihrem überlieferten Bestand an Mentalitäten und Orientierungen Neues hinzu und gibt einiges von dem ‚Ererbten' auf. Kurzfristig ist die Persistenz der Mentalitäten relativ groß. Längerfristig nimmt die Persistenz der Mentalitäten ab, bis zur Unkenntlichkeit nach vielen Generationen.

Historisch gewachsene Mentalitätsunterschiede bilden kurzfristig ein wenig veränderliches Hindernis der sozialen Öffnung zwischen Arbeiterorganisationen verschiedener Gesellschaften. Längerfristig verändern sich kulturelle Trennlinien und Mentalitätsunterschiede. Die relative Persistenz historisch gewachsener Mentalitätsunterschiede geht einher mit der relativen Möglichkeit ihrer Veränderung durch gewerkschaftliche Akteure. Internationale Interaktion kann wahrgenommene Unterschiede verstärken oder überwinden. Die Mentalität der internationalen Gewerkschaftsbewegung entstammt der Industrialisierung Europas im 19. und 20. Jh., während die Mentalität der Thai Arbeiterbewegung sich historisch später unter den Bedingungen eines exportorientierten Entwicklungslandes bildet. Daraus ergeben sich Mentalitätsunterschiede als mögliches Kooperationshemmnis. Unterschiede können sich zudem aus der relativen Persistenz einer industriegesellschaftlichen Identität der internationalen Gewerkschaftsbewegung ergeben, wenn auf die Klassenbildung in Thailand globale, postindustrielle Mentalitäten und Wertorientierungen einwirken. Die internationale Kooperation trifft in Thailand auf keine sich wiederholenden, mit der früheren europäischen Klassenbildung identischen Bedingungen.

Zu Abschnitt 2.6 (Klassenbildung und soziale Milieus im globalen Wandel)

Klassenbildungsprozesse sind in Form und Ergebnis nicht determiniert. Sie können voranschreiten und rückläufig sein. Die Arbeiter entscheiden als historische Agenten über ihre eigene Entwicklung zur kollektiv handelnden Arbeiterklasse. Ein Bedeutungsverlust nicht-klassenmäßiger (z.B. ethnischer, konfessioneller) Differenzierungslinien erleichtert dabei die Klassenbildung, während ein Bedeutungsgewinn sie erschwert. Differenzierungslinien entlang der Klassenlinie (z.B. Einkommen, Bildung) erleichtern die Klassenbildung, mit ihrer Auflösung geht sie zurück. Die Veränderung nicht-klassenmäßiger und klassenmäßiger Differenzierungslinien ist zugleich selbst Gegenstand des Handelns gesellschaftlicher Akteure.

Die kulturelle und wirtschaftliche Verschiedenheit des sich industrialisierenden Entwicklungslandes Thailand von den bisherigen Industrieländern führt zu nicht-klassenmäßigen Differenzierungslinien, die eine internationale Klassenbildung mit gemeinsamen Klassenbewusstsein beeinträchtigen. Die Auffassung völliger Verschiedenheit europäischer Klassenbildung von Thailand verkennt allerdings die Bedingungen in Europa. In beiden Fällen entwickelte sich Arbeiterprotest auch durch die Verletzung vorindustrieller Normen und Wertvorstellungen.

In der internationalen Kooperation von Gewerkschaften und NROs sind Klassendifferenzierungen durch unterschiedliche soziale Verortung ihrer Akteure möglich, die sich aus Habitusunterschieden durch symbolisches und kulturelles Kapital ergeben. Sie können eine soziale Trennlinie zwischen dem Thai Arbeitermilieu einerseits, sowie internationalen und weiteren nationalen Akteuren andererseits ziehen.

Vergleichbare soziale Lagen sind weder hinreichende noch notwendige Voraussetzung für internationale Solidarität. Sie erleichtern allerdings das Zustandekommen von Solidarität. Internationale Solidarität mit den Arbeitern der ,Dritten Welt' kann daneben auch ethischer, politischer oder sozialer Selbstzuordnung entspringen. Eine Selbstzuordnung mit dem Willen zu internationaler Solidarität trifft in der komplexen Realität auf vielfältige Probleme, was zu sehr unterschiedlichen Verläufen und Ergebnissen von Kooperation führen kann.

Im Übergang zum postindustriellen Kapitalismus ergeben sich neue, postmoderne Klassenlinien. Die Selbsteinordnung als Arbeiterbewegung mit ,Wir-Perspektive' weicht zugunsten individueller Handlungsbezüge in der Lebensbewältigung. Denationalisierung und Globalisierung führen in eine Krise nationalstaatlicher Regelungen, in der gewerkschaftlicher und nationalstaatlicher Bedeutungsrückgang Hand und Hand gehen. Nationale Gewerkschaften tendieren unter defensiven Bedingungen zum Rückzug aus der internationalen Kooperation, so dass mit wachsender Bedeutung transnationaler NRO Netzwerke ein relativer gewerkschaftlicher Bedeutungsverlust auf internationaler Ebene denkbar ist.

Die international vermittelte Industrialisierung führt einerseits zur Ausweitung derselben Klassenlage in einem Land. Globale Individualisierungstendenzen vermitteln andererseits postmoderne Milieus zu Lasten traditioneller Klassensolidarität. Daraus ergibt sich eine strategische Alternative zwischen traditionellen industriellen Klassenmilieus und postmodernen sozialen Bewegungen als lokalen Partnern der internationalen Kooperation. Die ‚traditionelle Strategie' beinhaltet die Chance des direkteren Bezugs zu Arbeitermilieus in Entwicklungsländern und das Risiko der Isolation von postmodernen Entwicklungen. Die ‚postmoderne Strategie' beinhaltet die Chance des Anschlusses an postmoderne Entwicklungen und das Risiko der Degradierung von Arbeitermilieus zur Zielgruppe.

3 Die Entwicklung der Arbeiterbewegung in Thailand

3.1 Zyklen von Expansion und Repression

Die historische Analyse dieses Kapitels hatte sich dem Problem zu stellen, dass eine empirisch fundierte und umfassende Darstellung der Thai Arbeiterbewegungsgeschichte nicht zur Verfügung stand. Solch eine Untersuchung gibt es bisher nicht. Ein weiteres Problem für die Interpretation der Arbeitergeschichte ergab sich aus der Beobachtung, dass die Arbeiterbewegung in Thailand bisher kaum eine eigene Projektion ihrer Geschichte entwickelt hat und eigentlich erst in jüngster Zeit[1] ein deutliches Bemühen um historische Fragen festzustellen ist. Die Vorstellung von der eigenen Geschichte ist in gesellschaftspolitischen Bewegungen wie den Gewerkschaften jedoch *„in Rückkopplungszyklen zwischen Theorie und Praxis"* [2] eine wesentliche Voraussetzung für kollektive Lernprozesse dieser Bewegung, die wiederum ihr Handeln beeinflussen, das dann die Entwicklung der eigenen Geschichte mitgestaltet. Diese Bedingung in Thailand überraschte insofern, als für nationale Arbeiterbewegungen samt wissenschaftlichem Umfeld das Bild der eigenen Geschichte im historischen Prozess solcher Gesellschaften erfahrungsgemäß von Bedeutung ist, was bei Anlässen wie Gewerkschaftstagen, Jubiläen oder Festveranstaltungen, öffentlich sichtbar wird.[3]

In der Analyse dieses Kapitels wird die Geschichte der Thai Arbeiterbewegung vor allem unter dem Blickwinkel ihrer Bedeutung als Bedingung der internationalen Gewerkschaftskooperation betrachtet. Wegen Forschungslücken in der Thai Sozialgeschichte musste dabei auf eine Auswertung vieler älterer, häufig noch unveröffentlichter Quellen oder noch unerschlossenen Materials weitgehend verzichtet werden. Verwendet wurde vor allem bereits veröffentlichtes Material, das in mehreren größeren Untersuchungen zu den wichtigsten Einzelfragen vorliegt. Dies wurde im zweiten Arbeitsschritt zu einem historischen Gesamtbild verbunden. Wo möglich und sinnvoll, erfolgte in einigen bedeutsamen internationalen Fragenstellungen eine Ergänzung durch Interviewrecherchen mit zeitgeschichtlich informierten Persönlichkeiten. Für die jüngste Entwicklung nach

1 Wie mit der Gründung des Thai Labour Museum i.J. 1993.
2 Vester, 1970, ... a.a.O., S. 18. Vgl. auch Abschnitt 2.5.2.
3 Ein Indiz dafür ist die umfangreiche gewerkschaftliche und wissenschaftliche Literatur zur Geschichte der Arbeiterbewegung und ihrer Organisationen.

dem Staatsstreich von 1991 konnten außerdem in Einzelfällen bisher unveröffentlichte Dokumente und Korrespondenz nationaler sowie internationaler Gewerkschaftsorganisationen ausgewertet werden.

Bei dieser Vorgehensweise entstand als Gesamtergebnis der Analyse ein sehr deutliches Bild der Thai Arbeiterbewegungsgeschichte als Prozess zyklischer Auf- und Abwärtsbewegungen. Eine längerfristige Entwicklung hin zu höherem gemeinsamen Bewusstsein mit jeweils spezifischen kollektiven Handlungen im Verständnis eines Klassenbildungsprozesses [4] ist darin nur schwerlich zu erkennen. Jeder deutlichen Aufwärtsbewegung folgte unmittelbar eine deutliche, durch den Staat bzw. das Militär ausgelöste Abwärtsbewegung. Die Intensität der Repression unterband nachhaltige Lernzyklen im Sinne von Rückkopplungszyklen innerhalb einer sozialen Bewegung. Dies erklärt die Schwierigkeiten der Thai Gewerkschaftsbewegung mit der Projektion eines eigenen, kollektiv wahrgenommenen Geschichtsbildes. Die gesamte Geschichte der Thai Arbeiterbewegung ist seit ca. 100 Jahren eine Geschichte von Repressions- und Expansionszyklen. Kurze Expansionsphasen der Arbeiterbewegung gehen meist abrupt in Repressionsphasen über, in denen die Arbeiter und ihre Organisationen mehr oder weniger auf den Ausgangspunkt ihrer kollektiven Bemühungen zurückgeworfen werden. Sechs solcher Zyklen wurden identifiziert.[5] Der erste Zyklus umfasst die Repression seit der Zuwanderung chinesischer Lohnarbeiter gegen Ende des 19. Jh. bis zur ersten Expansion im Zuge der Überwindung der absoluten Monarchie in den 30er Jahren des 20. Jh.. Es folgt erneute Repression, die im liberalen Klima der unmittelbaren Nachkriegszeit in eine Expansion der Gewerkschaftsbewegung übergeht. Die zweite Expansion endete 1947, wie auch nachfolgende, mit einem Staatsstreich. Es schließen sich Zyklen einer dritten, vierten und fünften Expansionsphase an. Diese enden wie bereits 1947 die zweite Expansionsphase jeweils mit einem Staatsstreich in den Jahren 1957, 1976 und 1991. Das Ergebnis der sechsten Expansion Mitte der 90er Jahre ist nach der Stagnation und dem wirtschaftlichen Einbruch der Asienkrise im Jahre 1997 noch offen.

Die Einschnitte durch zyklisch wiederkehrende Repressionsphasen waren so heftig, dass eine historische Kontinuität im Bewusstsein der Gewerkschaftsbewegung zerstört und die Entwicklung immer wieder unterbrochen wurde. Nicht einmal das Drama der staatlichen Hinrichtung eines Gewerkschaftsführers i.J. 1959 in einer repressiven Phase drang bisher deutlich in das Geschichtsbild der modernen Thai Arbeiterbewegung ein. Die Repression des Staates verhinderte einen längerfristigen Aufwärtstrend der Arbeiterbewegung im Industrialisierungsprozess. Der Preis für diesen ‚Erfolg' des Staates lag im Verzicht auf mo-

4 Vgl.: Kocka, 1983, ... a.a.O., sowie Abschnitt 2.5.1.1.

5 Siehe die umseitige Übersicht sowie die Chronologie im Anhang.

Repressions- und Expansionsphasen der Thai Arbeiterbewegung (Übersicht)

Jahr	Repressionsphasen	Expansionphasen
	1. Repressionsphase:	
1898	Secret Society Act	
1910	Deportationen	
		1. Expansionsphase:
1923		Gruppe *khana kammakon*
1932		Sturz der absoluten Monarchie
1933		Bowaradet Revolte scheitert
	2. Repressionsphase:	
1934	Verhaftungen u. Verbote	
1938	Ethnische Politik	
1941	Bündnis mit Japan	
		2. Expansionsphase:
1945		Bündnis- und Politikwechsel
1946		Liberales Klima für Gewerkschaften
	3. Repressionsphase:	
1947	Staatsstreich	
1952	Antikommunismusgesetze	
		3. Expansionsphase:
1955		Populistischer Politikwechsel
1957		Arbeitsgesetzgebung
	4. Repressionsphase:	
1957	Staatsstreich	
1959	Hinrichtung Suppachai	
		4. Expansionsphase:
1973		Sturz der Diktatur
1975		Arbeitsgesetzgebung
	5. Repressionsphase:	
1976	Staatsstreich	
		5. Expansionsphase:
1981		Aufhebung Streikverbot
1990		Social Security Act
	6. Repressionsphase:	
1991	Staatsstreich / ‚Verschwinden' Thanong	
	Gewerkschaftsverbote	
1992	Militär schießt auf Demonstranten	
		6. Expansionsphase:
1993		Gründung Arbeitsministerium
1993 ff.		Arbeitsgesetze u. Reformansätze
	(Stagnation)	
1995 f.	Arbeits- und Sozialreformen stagnieren	
1997	Asienkrise schwächt Gewerkschaften	

derne industrielle Beziehungen und die gesellschaftliche Integration der Lohnarbeiter. Die internationale Gewerkschaftsbewegung trifft in Thailand auf einen sowohl durch zyklische Repression geschwächten als auch im eigenen Handeln limitierten lokalen Partner.

3.2 Erster Zyklus (bis 1933)

3.2.1 Die traditionelle Gesellschaft

Die traditionelle Thai-Gesellschaft[6] bis zu den Reformen unter König Chulalongkorn gegen Ende des 19. Jh. basierte wirtschaftlich auf einem hierarchischen System der Verteilung und Kontrolle über den Produktionsfaktor Arbeitskraft nach gesellschaftlichem Rang. Land war unter den geographischen Bedingungen unzugänglicher Urwälder und geringer Verkehrsinfrastruktur im traditionellen Kontext für sich genommen wertlos, da es im Überfluss vorhanden war und nur in Verbindung mit unmittelbar verfügbarer Arbeit wirtschaftliche Bedeutung erlangte. Die Besiedlung erfolgte vor allem entlang der natürlichen Wasserwege. Nicht bewirtschaftetes Land fiel rasch an die Natur zurück und wurde dann als eigentumslos betrachtet. Auf der anderen Seite führte die hohe Sterblichkeit durch Seuchen,[7] Tropenkrankheiten und mangelnde medizinische Infrastruktur zu einer sehr niedrigen Bevölkerungsdichte bei verstreuter Besiedlung,[8] so dass es stets an Arbeitskräften mangelte. Folglich wurden Kriege in diesen traditionellen südostasiatischen Gesellschaften eher um die Erbeutung von Menschen geführt, mit deren Arbeit man Land zugänglich machen und verwerten konnte, und weniger um die Eroberung von Land wie in Europa.

---

6 Vgl. zur nachfolgenden Darstellung der traditionellen Sozialstruktur u.a.: Akin, 1975, ... a.a.O.; Mabry, 1979, ... a.a.o.; 1957; Pasuk Pongpaichit, Chris Baker: Thailand Economy and Politics, New York: Oxford University Press, 1995, S. 7 – 28; G. William Skinner: Chinese Society in Thailand: An Analytical History, Ithaca, New York: Cornell University Press, 1957, S. 1 – 143; sowie Barend J. Terwiel: Formal structure and informal rules: an historical perspective on hierarchy, bondage and patron-client relationship, in: Han ten Brummelhuis, Jeremy H. Kemp: Strategies and Structures in Thai Society, Antropologisch-Sociologisch Centrum, Amsterdam: 1984

7 Zu den jährlichen Pockenepidemien noch im 19. Jh. vgl. die Tagebucheintragung des Arztes Dr. Bradley a.d.J. 1838: „A very large majority of the inhabitants are very thickly pitted shewing that they were once sick of the small pox." In: Barend J. Terwiel: Acceptance and Rejection: The first Inoculation and Vaccination Campaigns in Thailand, unveröffentlicht, o.J.

8 Vgl. Pasuk / Baker, 1995, ... a.a.O., S. 4 – 7

Das Recht zur Nutzung verfügbarer Arbeit wurde vom König in linearer Rangordnung verteilt. Die gesamte Bevölkerung war nach dem *sakdina* System hierarchisch eingeteilt. Vom König an der Spitze der Gesellschaft empfing jeder *nai*, als ein Mitglied der aristokratische Elite, individuell bemessene Rechte und Pflichten. Die Zuteilung der Rechte erfolgte nach einer quantitativen Skala, die in *sakdina* Einheiten gemessen wurde. Damit erhielt jeder *nai* einen quantifizierten Anspruch an Verfügungsgewalt über die Ressource Arbeitskraft. Das *sakdina* System bestimmte zugleich den Rang eines jeden Mitglieds der Gesellschaft: *„A high sakdina rank indicated the nai's right to command large numbers of people to maintain his status and to carry out his official role."* [9] Die Ansprüche von König und Aristokratie aus dem *sakdina* System wurden den *phrai*, den ‚Gemeinen' der Unterschicht, als unentgeltliche Arbeitsleistung (‚corvée labour') abverlangt. Zunächst konnte einem *phrai* bis zur Hälfte seiner möglichen Jahresarbeitszeit unentgeltlich abgefordert werden. Seit der Regentschaft von König Taksin gegen Ende des 18. Jh. reduzierte sich die Pflicht der *phrai* zur unentgeltlichen Arbeitsleistung in öffentlichen Projekten auf vier Monate. Im Laufe des 19. Jh. reduzierte sich der zeitliche Umfang immer weiter, als sich nach und nach Kopfsteuern durchsetzten. ‚Corvée labour' war die wirtschaftliche Grundlage der traditionellen Sozialstruktur:

> „Public works of all kinds – temples, canals, fortifications – were built by „corvée labour", while the army was manned by conscripts and slaves. Patrons were responsible, when requested, for supplying a certain number of their clients in a corvée capacity to specified government departments."[10]

Die Rangebene der *phrai* war unterteilt in *phrai som* und *phrai luang*. Ein *phrai som* stand in der Abhängigkeit eines *nai*, d.h. eines Mitglieds der Oberschicht. Ein *phrai luang* war dagegen direkt dem König bzw. seinen Beauftragten verpflichtet. Für die betroffenen *phrai* hatte dies jeweils spezifische Vor- und Nachteile. Im Falle eines *phrai luang* war dies z.B. der Vorteil größerer räumlicher Distanz des Königs und der Nachteil des größeren Risikos einer Verwendung zu Kriegsdiensten durch den König.

Unter den ‚Gemeinen' bzw. *phrai* stand die Rangstufe der ‚versklavten' *that*. Die *that* gliederten sich wiederum in mehrere Kategorien. Die ranghöchste Gruppe der ‚pro-forma' *that* lebte weiterhin als *phrai*, war aber als Schuldner in eigener Entscheidung oder als abhängige Frau oder Kind eines *phrai* an einen Gläubiger verpfändet worden. Darunter kamen solche *that*, die noch die Möglichkeit hatten, sich in den *phrai* Status zurückkaufen. Noch tiefer standen *that*, die diese

9 Pasuk / Baker, 1995, ... a.a.O., S. 11
10 Skinner, 1957, ... a.a.O., S. 96

Möglichkeit nicht mehr hatten. Hier handelte es sich z.B. um *chaloey*, die in Kriegen verschleppt oder gefangen genommen worden waren. [11]

Situation und Status eines *that* war wohl als Ganzes nicht mit dem System der Sklaverei in Europa vergleichbar.[12] Mabry sieht darin im traditionellen Kontext eher ein Verfahren der Schuldbegleichung, bei dem sich ein Sklave selbst von der Abhängigkeit eines Herrn in die eines anderen transferieren konnte, „*by using a loan from a second master to repay the debt to the original*".[13] Dagegen betonen Pasuk / Baker weniger die Produktionsfunktion solcher Sklaven, als vielmehr ihre Bedeutung „*to add to the prestige and comfort of the nobles.*" [14]

An der Spitze der säkularen Hierarchie stand der König. Er verfügte mit seiner überragenden gesellschaftlichen Stellung theoretisch über eine unendliche Menge von *sakdina* Einheiten. Der König und die aristokratische Elite befassten sich mit Kriegführung, Handel und der Kontrolle, Aufsicht und Verantwortung über *phrai* und *that*. Die Festlegung der Rangordnung mit *sakdina* Einheiten idealisiert die Rolle des Königs an der Spitze der gesellschaftlichen Hierarchie als einen allmächtigen Verteiler der knappen Ressource Arbeitskraft. Die Mitglieder der Gesellschaft verfügten über begrenzte *sakdina* Einheiten, deren Quantität entsprechend dem gesellschaftlichen Rang abnahm. Akin stellt eine Tabelle auf,[15] nach der Prinzen bzw. direkte Abkömmlinge des Königs zwischen 100.000 und 11.000 *sakdina* zustehen, anderen Angehörigen der Oberschicht zwischen 11.000 und ca. 800, einem *phrai* zwischen maximal 800 und 5, sowie einem *that* die niedrigste Quantität von 5 *sakdina*. Neben dieser säkularen Hierarchie stand der buddhistischen Klerus mit einer eigenen Rangordnung.

In der Realität des *sakdina* Systems konnten die vom König formal vergebenen Kontrollrechte nur bedingt durchgesetzt werden.[16] Königshaus, Adel und Oberschicht rangen um die Aufteilung der nutzbaren Arbeitskraft der *phrai*. Auf der anderen Seite versuchten die *phrai*, ihrer Inanspruchnahme und Kontrolle von oben so weit als möglich zu entkommen. Sie entflohen in unzugängliche Gebiete und betrieben dort Subsistenzwirtschaft. Manche fanden Aufnahme unter anderen *nai* in entfernten Regionen. Im Gegenzug führte die Obrigkeit eine Registrierungspflicht ein und nahm Zwangstätowierungen am Handgelenk vor, mit

11 „Other thaad who had no civil rights and who were ‚irredeemable', or ‚absolute' slaves included the chaloey, or war captives. Chaloey had little legal protection ... They could neither buy themselves free, nor change masters by letting another person put up their price." Terwiel, 1984, ... a.a.O., S. 29

12 So Pasuk / Baker, 1995, ... a.a.O., S. 8 f.

13 Mabry, 1979, ...a.a.O.,S.26

14 Pasuk / Baker, 1995, ... a.a.O., S. 9

15 Vgl.: Akin, 1975, ...a.a.O., S. 124

16 Vgl.: Pasuk / Baker, 1995, ... a.a.O., S. 11

dem Ziel einer Identifizierung und zuverlässigen Zuordnung von *phrai*. Ausweichstrategien der *phrai* waren der absichtliche Abstieg in den *that* Status oder die Simulation von geistiger Behinderung, was bei Anerkennung eine Freistellung von der Fron bedeutete. Man konnte Arbeitsverpflichtungen auch durch Ordination zum buddhistischen Mönch entkommen. Die Obrigkeit regierte hierauf mit Kommissionen zur Überprüfung des klerikalen Wissens einfacher Mönche in der Absicht einer Rückversetzung in den säkularen Status. Dadurch entfernten sich aber einige volksnahe Klöster und Einsiedeleien aus der klerikalen Hierarchie, was wiederum die staatliche Autorität untergrub.

Die Abforderung von ‚corvée labour' wurde in der 2. Hälfte des 19. Jh. schwieriger und weniger rentabel. Zugleich wuchs mit der wachsenden Zahl öffentlicher Projekte beim Ausbau der Infrastruktur und mit zunehmender Weltmarktanbindung der Bedarf an Arbeitskräften. Über Kanalbauvorhaben zur Erschließung von Land, das nun durch diese Verkehrsanbindung und die Weltmarktintegration an Bedeutung gewann, kam es zu wirtschaftlichen Machtkämpfen zwischen dem Königshaus und der Aristokratie. Das alte System der ‚corvée labour' wurde den Anforderungen der veränderten Rahmenbedingungen nicht mehr gerecht. Schließlich entschied sich das Königshaus zur Änderung seiner fiskalischen Prioritäten und setzte an Stelle von ‚corvée labour' vorrangig auf Exportsteuern aus landwirtschaftlichen Erzeugnissen ‚freier' Bauern. In den neuen Exportbetrieben und Infrastrukturprojekten war Lohnarbeit und damit die Entwicklung eines Arbeitsmarktes rentabler als das alte System der Aushebung von ‚corvée labour'. Die Anwerbung von Lohnarbeitern aus dem dicht bevölkerten, armen und politisch schwachen China entsprach dieser neuen wirtschaftspolitischen Strategie.

3.2.2 Arbeitsmigration unter der absoluten Monarchie

Im Jahre 1855 vereinbarten das Königreich Siam und eine britische Verhandlungsmission unter Leitung von Sir James Bowring einen Handelsvertrag, der als ‚Bowring Treaty' bekannt wurde. Ähnliche Handelsverträge wurden kurz darauf mit weiteren bedeutenden europäischen Mächten und den Vereinigten Staaten geschlossen.[17] Damit intensivierte das Königreich seine wirtschaftliche Integration in den Weltmarkt, ohne seine Souveränität preiszugeben.

Unter den neuen Bedingungen waren freie Reisbauern dem Königshaus nützlicher als *phrai* und *that*, deren Kontrolle immer größere Schwierigkeiten bereitete. Das alte System löste sich auf. Es wurde vom König von oben reformiert

17 Vgl.: Pasuk / Baker, 1995, … a.a.O., S. 98 f.

und nicht durch Forderungen des Volkes von unten. 1868 kam es zu ersten Einschränkungen im Sklavenhandel. 1897 wurde der Verkauf in die Sklaverei verboten, ab 1899 ‚corvée labour' durch die Zahlung einer Kopfsteuer ablösbar und 1905 unter König Chulalongkorn das gesamte System der Sklaverei abgeschafft.[18] Die vom König ‚befreite' und mittlerweile als Ergebnis medizinischer und hygienischer Reformen wachsende lokale Bevölkerung wandte sich als Kleinbauern dem Reisanbau zu. Dabei wurden weite Gebiete Thailands erstmals besiedelt und urbar gemacht. Oft erfolgte dies mit ungesicherten Grundtiteln, was später beim Vordringen von Agroindustrien im Industrialisierungsprozess im letzten Drittel des 20. Jh. dazu führte, dass viele dieser Kleinbauern ihr Land wieder verloren. Das Königshaus konnte mit den Reformen zunächst seine Macht festigen. Es drängte die Konkurrenz des Adels zurück und gewann zugleich an Popularität unter der Landbevölkerung. Mit dem System der Reisexportsteuern schuf es sich ein Einnahmesystem im weiterhin absolutistischen Thailand. In der kolonial strukturierten internationalen Arbeitsteilung fand das Land seinen Platz als Rohstofflieferant. Siam exportierte vor allem Reis, Zinn, Edelhölzer und Kautschuk und importierte Fertigwaren aus den damaligen Industrieländern. Auch nach dem Beginn staatlicher Industrialisierungsbemühungen in den 30er Jahren blieb diese Struktur der außenwirtschaftlichen Einbindung im Grunde bis in die 50er Jahre erhalten.[19]

Eine Auswirkung zunehmender Außenwirtschaftsverflechtung war die Nachfrage nach Lohnarbeitern im Exportsektor und den damit verbundenen Industrien. In Reismühlen, Häfen, Bauindustrie, Transportwesen und weiteren Wirtschaftssektoren wurden Arbeitskräfte benötigt. Wegen traditioneller Bindungen und ihrer landwirtschaftlichen Orientierung stand die lokale Bevölkerung dem neuen Arbeitsmarkt in den ersten Jahrzehnten kaum zur Verfügung. Den Ausgleich schuf die Migration chinesischer Arbeitskräfte. Die traditionellen Bindungen der lokalen Bevölkerung waren jedoch nicht der einzige maßgebliche Grund für den erforderlichen Einsatz ausländischer Arbeitskräfte. Die Arbeitsbedingungen in den Verkehrsinfrastrukturprojekten und Industrien, wie im Zinnbergbau, waren gegen Ende des 19. Jh. äußerst schlecht und mit sehr hohen Todesraten verbunden. Einheimische ließen sich unter solchen Bedingungen nicht als Minenarbeiter anwerben, ebenso wenig wie solche Chinesen, denen die Verhältnisse im Lande bereits vertraut waren.[20] Zeitgenössische Berichte nennen To-

18 Vgl. u.a.: Mabry, 1979, ... a.a.O., S. 16

19 Vgl.: Andrew Brown, Stephen Frenkel: Union Unevenness and Insecurity in Thailand, in: Stephen Frenkel (Ed.): Organized Labour in the Asia-Pacific Region, New York: 1993

20 Vgl.: H. Warington Smyth: Five Years in Siam: From 1891 to 1896, Vol. 1, London: John Murray, 1898, S. 301. Smyth war damals als Ausländer mit dem Amt des

desraten unter den chinesischen Neuankömmlingen von z.T. mehr als 60 Prozent.[21] In die gleiche Richtung weisen damalige britische Konsularberichte. Sie enthalten Angaben über sehr hohe Todesraten unter chinesischen Arbeitern beim Aufbau des Eisenbahnnetzes in Siam, die vor allem auf Tropen- und Darmkrankheiten zurückgeführt werden.[22] Viele neuangekommene chinesische Arbeiter versuchten sogar in einer für sie völlig fremden Umgebung der Bedrohung durch die extremen Arbeitsbedingungen durch eine Flucht ins Ungewisse zu entgehen.[23] Der Staat förderte unter den gegebenen Bedingungen die Migration von Arbeitern aus China. Die Zuwanderer wurden von der traditionellen ‚corvée labour' Verpflichtung der lokalen Unterschicht freigestellt und mit niedrigeren Kopfsteuern belastet.[24] Linienverbindungen mit neuen Dampfschiffen reduzierten die Anreisekosten. Die Anwerbung chinesischer Migranten war rentabler geworden als der Einsatz lokaler Arbeit.[25] Die durchschnittliche Nettozuwanderung (d.h. Ankommende abzüglich Abreisende) aus China nach Siam betrug zwischen 1893 und 1917 etwa 15.000 Personen jährlich. Für den gesamten Zeitraum von 1882 bis 1917 wird die addierte Nettozuwanderung aus China auf mehr als 451.000 Personen geschätzt.[26]

Das Angebot an Arbeitskräften blieb in den Jahrzehnten der Expansion des Weltmarktes vor dem Ersten Weltkrieg trotz der Zuwanderung aus China knapp. Manchmal konnten die chinesischen Lohnarbeiter Löhne oberhalb des Existenzminimums aushandeln oder durchsetzen.[27] Kollektives Handeln in organisierter Form wurde jedoch vom Staat unterdrückt.[28] Dort wo die Löhne hoch waren, profitierte der Staat indirekt durch ein eigens entwickeltes System fiskalischer Abgaben auf Lotterien, Glücksspiel und den regen Alkohol- und Opiumhandel.

Direktors des ‚Department of Mines' in Siam betraut. Auch er kam zu der Schlussfolgerung, dass der Import ausländischer Arbeitskräfte für den Betrieb der Minen unumgänglich sei: „imported labour ... has ... to be relied unpon".

21 "The death-rate among the coolies, who are generally Hainanese imported direct is large in all mining districts, ...(and) in many cases, exceeded 60 per cent." Smyth, 1898, ... a.a.O., S. 301

22 Vgl.: Skinner, 1957, ... a.a.O., 114 f.

23 "... as new drafts go up country the effect produced by the stories they hear is such that bolts and bars cannot keep them. ... it is a serious matter to lose 70 per cent. by desertion before arriving at the mines, and 60 per cent. of the remainder in the next rainy season." Smyth, 1898, ... a.a.O., S. 301

24 "The Chinese are the most lightly taxed in the kingdom", in: James McCarthy: Surveying and Exploring in Siam, London: John Murray, 1900, S. 3

25 Vgl.: Pasuk / Baker, 1995, ... a.a.O., S. 174

26 Skinner, 1957, ... a.a.O., S. 74

27 Siehe die Hinweise auf die damaligen Bedingungen u.a. bei Skinner, 1957, ... a.a.O., S. 116 f.

28 Siehe folgender Abschnitt

Von diesen Unterhaltungsangeboten zur Motivation der überwiegend männlichen chinesischen Zuwanderer war die lokale Bevölkerung ausgeschlossen.

Nach Auflösung der traditionellen Arbeitspflichten drang mit fortschreitender Modernisierung seit Beginn des 20. Jh. die wachsende lokale Bevölkerung nach und nach auf den Arbeitsmarkt vor. Die Steuerprivilegien für ausländische Arbeitsmigranten wurden 1910 abgeschafft.[29] Dennoch blieb der Arbeitsmarkt weiterhin stark chinesisch geprägt.[30] Dieses ethnische Charakteristikum verlor sich substantiell erst nach der Mitte des 20. Jh. mit der Assimilation der chinesischen Zuwanderer und durch eine starke Zuwanderung der lokalen ländlichen Bevölkerung als Lohnarbeiter in urbane Zentren. Viele solcher ländlichen Zuwanderer stammen historisch nicht aus einer Thai Tradition (sondern z.B. Isaan, Muslim oder Khmer) und befinden sich ebenfalls in einem Assimilationsprozess.

Obwohl Siam 1919 Gründungsmitglied der Internationalen Arbeitsorganisation (IAO) wurde, fehlen in der frühen Epoche des Arbeitsmarktes unter der absoluten Monarchie bis 1932, soweit bisher bekannt, jegliche Ansätze von Arbeitsrecht und Sozialpolitik.[31] Die staatliche Politik konzentrierte sich zum einen auf die Bereitstellung eines ausreichenden Arbeitskräfteangebotes durch die Förderung der Migration von Arbeitern aus China. Zum anderen wurden diese ersten Lohnarbeiter in Ihrer Marktmacht eingeschränkt und diszipliniert durch Kontrollen, Organisationsverbote, Strafen und Abschiebungen von Anführern.[32]

Unter den Bedingungen der Weltmarkteinbindung und der Rolle Siams als Lieferant von Rohstoffen und Agrargütern entstand unter der absoluten Monarchie bis 1932 erstmals eine Klasse von Lohnarbeitern. Sie konstituierte sich überwiegend aus chinesischen Zuwanderern. Diese neue Klasse war in der vorwiegend noch ländlich geprägten Gesamtbevölkerung eine deutliche Minderheit und sie war rechtlos und sozial ungesichert. Aber sie war bereits von wirtschaftlicher Bedeutung in den politisch einflussreichen urbanen Zentren, beim Rohstoffexport und beim Bau der Infrastruktur Die Volkszählung i.J. 1904 ergab alleine für Bangkok ca. 198.000 chinesische Einwohner.[33] Mit den chinesischen Zuwanderern bildete sich ein neues Element im wirtschaftlichen und politischen Geschehen von potentiell wachsender gesellschaftlicher Bedeutung.

---

29 Vgl.: Mabry, 1979, ... a.a.O., S. 38

30 Vgl.: Ebd.

31 Vgl.: Kevin Hewison / Andrew Brown: Labour and Unions in an Industrialising Thailand: A Brief History. Asia Research Centre Mordoch University, Western Australia: Working Paper No. 22/1993

32 Z.B. auf der Grundlage des ‚Secret Society Act'; vgl. hierzu: Brown, 1990, ... a.a.O., S. 57

33 Vgl.: Skinner, 1957, ... a.a.O., S. 74

3.2.3 *Ansätze der Arbeiterbewegung*

Soweit bisher bekannt, konnten sich in Siam unter dem Absolutismus keine Gewerkschaften formieren. Hinweise in der Literatur, nach denen sich als erste Organisation mit gewerkschaftlichem Charakter bereits 1897 in Bangkok eine ‚Tramway Workers Association' gebildet habe, beruhen auf nachweislich fehlerhaften Recherchen.[34] Wenngleich es keine Gewerkschaften gab, blieben die ankommenden chinesischen Arbeiter dennoch nicht unorganisiert. Ihr soziales Leben war umfassend eingegliedert in *angyi* Organisationen, die von siamesischer Seite und nichtchinesischen Ausländern meist als ‚secret societies' klassifiziert wurden. Für die chinesischen Migranten kombinierte eine *angyi* die Funktionen von Clanverbindung, Arbeitsvermittlung, Schutzorganisation, Wohlfahrtsverband und politischem Club.[35] Zeitgenössische Berichten gehen davon aus, dass alle Chinesen in Siam einer ‚secret society' angehörten.[36]

Die chinesischen *angyi* waren keine Gewerkschaften. Aber sie konnten im Konfliktfall für Arbeiter hilfreich sein und deren Verhandlungsposition stärken. Die Einbindung von Arbeitern in *angyi* Organisationen ermöglichte kollektives Handeln,[37] wenn der Grad der Selbstbestimmung wahrscheinlich auch nur gering war. Aus der Epoche der Migration gibt es mehrfache Hinweise auf Streikaktionen chinesischer Arbeiter, wobei über die konkreten Umstände bisher noch wenig bekannt ist.[38] Am Ende des 19. Jh. häufen sich solche Berichte von Aufständen, Bandenkriegen, öffentlicher Unruhe oder betrieblichen Auseinandersetzungen. Das britische Konsulat verfasste im Anschluss an einen Konflikt i.J. 1889, bei dem es zu etwa 900 Verhaftungen gekommen sein soll, folgenden Bericht:

---

34 So u.a.von Mabry, 1979, ... a.a.O., S. 38. Mabry wird in diesem Punkt oft zitiert und beruft sich selbst auf Virginia Thompson: Labour Problems in Southeast Asia, New Haven, London: Yale University Press, 1947. Dies ist jedoch unkorrekt und beruht möglicherweise auf einem Lesefehler. Thompson hatte bereits 1947, wenn auch etwas verklausuliert, das Jahr 1932 als Gründungsdatum der genannten Organisation angegeben. Vgl.: Thompson, 1947, ... a.a.O., S. 239. Vgl. zu Mabry auch die berechtigte Kritik von Brown, 1990, ... a.a.O., S. 4., der gleichfalls die Hypothese vertritt, dass die Gründung (bzw. Registrierung) der genannten Organisation 1932 erfolgte, eine Annahme, die hier mitgetragen wird. Eine vertiefte sozialgeschichtliche Forschung steht für Thailand allerdings insgesamt noch aus. Bemühungen auf diesem Gebiet erfuhren erst initiiert durch die Gründung des Thai Labour Museum i.J. 1993 eine deutliche Belebung.

35 Vgl.: Pasuk / Baker, 1995, … a.a.O., S. 175

36 Vgl.: McCarty, 1900, … a.a.O., S. 3

37 Vgl.: Mabry, 1979, … a.a.O., S. 38

38 Vgl.: Brown, 1990, … a.a.O., S. 57

„The action of the Siamese government on this occasion has certainly given the coolie class a lesson which they will not forget; but, at the same time, one might expect that precautionary measures would have been taken against the recurrence of such outbreaks in the future.“[39]

Der Tenor dieser Berichterstattung verdeutlicht den Oberschichtkodex und die Klassensolidarität an der Spitze der damaligen ‚guten Gesellschaft' in Bangkok mit deutlicher Abgrenzung zur ‚coolie class'. Dies steht im Gegensatz zur Vorstellung reziproker Beziehungen in symbiotischer Verbundenheit, die in der populären englischsprachigen Geschichtsschreibung zu Thailand das moderne Bild von dessen sozialer Vergangenheit mitprägen. Es ist anzunehmen, dass zumindest für Arbeiter die Bedingungen gesellschaftlichen Handelns in der historischen Realität weit stärker konfliktär waren,[40] als es diesen gängigen Vorstellungen von vertikaler symbiotischer Verbundenheit entspricht.[41]

In der Tat wurde nach weiteren Unruhen i.J. 1897 ein ‚Secret Societies Act' erlassen. Aus diesem Gesetz ergab sich für alle *angyi* eine Registrierpflicht, Polizeiüberwachung und die Drohung schwerer Strafen bei Organisation und Betrieb ungesetzlicher ‚societies'. Zugleich baute die Bangkoker Polizei mit britischer Unterstützung eine Sondereinheit für chinesische Angelegenheiten auf.[42] Die chinesischen Organisationen tendierten dazu, sich der Registrierung und den daraus resultierenden Kontrollen zu entziehen. Sie gingen in den Untergrund und wurden dadurch zu wirklich geheimen Organisationen. Eine Weiterentwicklung von *angyi* zu Gewerkschaften war unter den Bedingungen der Illegalität versperrt.

Der ‚Secret Societies Act' war faktisch zugleich ein Verbot gewerkschaftlicher Betätigung und Organisation. Ansammlungen von mehr als fünf Personen waren illegal wenn sie den Eindruck erweckten, *„to be a source of trouble to the people"*.[43] Dies bot im Streitfall eine leichte Handhabe gegen chinesische Arbei-

---

39 Siam Consular Report, Great Britain, Foreign Office, zit. aus: Skinner, 1957, ... a.a.O., S. 144

40 McCarthy geht auf die Unterdrückung des chinesischen Aufstands i.J. 1889 wie folgt ein: „Secret Societies, ... , are a standing manance in Bangkok. In 1889 they started riots which were not suppressed until the military appeared on the scene." In: McCarthy, 1900, ... a.a.O., S. 3

41 Diese Position vertikaler Verbundenheit wird z.B. vertreten von Wright, 1991, ... a.a.O.. Siehe Chapter 1: Thai Social Order and the Role of Elites, S. 17 – 32. Nach Wright gebiert diese gesellschaftliche Symbiose eine „fundamental cohesive force that binds Thai Society together“ (S. 20) „For centuries this arrangement survived without history recording any major dissatisfaction on the part of either patron or clients.“ (S. 26)

42 Vgl.: Skinner, 1957, ... a.a.O., S. 145. Brown, 1990, ... a.a.O., nennt für dieses Gesetz das Jahr 1898.

43 Auszug lt. Übersetzung in: Brown, 1990, ... a.a.O., S. 57

ter, denen dadurch empfindliche Haftstrafen drohten. Die Deportation war eine weitere staatliche Sanktionsmöglichkeit gegen aufrührerische chinesische Arbeiter. Die Betroffenen wurden vor der Deportation am linken Handgelenk tätowiert, um durch die Möglichkeit einer Identifikation ihre Rückkehr nach Siam auszuschließen. Auf diese Weise wurden die Führer des Streiks i.J. 1910 und, wie anzunehmen ist, viele weitere spontane Arbeiterführer nach anderen Auseinandersetzungen deportiert.[44] Unter den großen Modernisierern König Rama IV (1851 – 1868) und König Rama V (1868 – 1919), wie auch noch danach in der Epoche des Absolutismus, verhinderten staatliche Sanktionen gegen die chinesischen Migranten die Bildung gewerkschaftlicher Organisationen. Für eine entstehende Klasse von Lohnarbeiter herrschte faktisch ein Organisationsverbot, dessen Einhaltung polizeilich streng überwacht wurde. Viele der spontanen Arbeiterführer wurden nach Streiks oder Konflikten deportiert und gingen dadurch dem Aufbau einer Arbeiterbewegung verloren. Unter den restriktiven Bedingungen gelang es den Lohnarbeitern nicht, sich zu einer eigenständigen und unabhängigen Bewegung zu formieren.

Der Schritt zum Aufbau einer beständigen Struktur der Wahrnehmung von Arbeiterinteressen gelang erst, als in der Spätphase des Absolutismus streikende Arbeiter und oppositionelle Intellektuelle zueinander fanden. Dies kann als Ausgangspunkt einer Arbeiterbewegung in Siam verstanden werden.[45] Am 31.12.1922 traten die Straßenbahnarbeiter in Bangkok in Streik. Ursache waren Bonuskürzungen und Änderungen der Betriebsordnung durch die Siam Electric Company (SEC) gewesen. Die SEC war ein ‚joint venture' mit ausländischer Kapital- und Managementbeteiligung und hatte von der Bangkok Tramway Company (BTC) die Konzession zum Betrieb einer Straßenbahn in Bangkok erworben. Im Unterschied zu früheren Streiks nahmen die Arbeiter diesmal externen Kontakt auf zu einer Gruppe kritischer Journalisten. Dabei kam es vielleicht erstmals zu einem Muster sozialer Interaktion, das von da an immer wieder Bedeutung erlangte in der Geschichte der Thai Gewerkschaftsbewegung und ihrer internationalen Kooperation. Unter den gegebenen repressiven Bedingungen schien den streikenden Arbeitern eine Vertretung ihrer Interessen durch Außenseiter vorteilhafter und weniger riskant, als eine eigenständige Interessenwahrnehmung. Kanchada sieht deshalb im ‚tramway strike' ein erstes wesentliches Beispiel von Patronage zwischen Arbeitern und Intellektuellen.[46]

---

44 Ebd.

45 Siehe zu dieser Hypothese und zum historischen Verlauf des Streiks 1922/23 der Straßenbahnarbeiter in Bangkok: Brown, 1990, ... a.a.O., S. 30 – 46

46 „According to the available information, the tramwaymen were among the first few labour groups who looked for patronage from some journalists during the course of their strike in 1922/23." Kanchada, 1989, ... a.a.O., S. 87

Kritische Journalisten hatten sich kurz vor dem Streik unter der Leitung von Thawat Ritthidet in einer oppositionellen Gruppe mit der Bezeichnung *khana kammakon* (,Labour Group') zusammengefunden. Ab Januar 1923 publizierte die Gruppe die Zeitschrift *kammakon* (,Arbeiter') und berichtete darin ausführlich über den Streik der Straßenbahnarbeiter. *Kammakon* entwickelte sich zum Presseorgan der Arbeiterbewegung. Der Streik der Straßenbahnarbeiter scheiterte zwar im März 1923, aber das Bündnis der noch nicht formell gewerkschaftlich organisierten Arbeiter mit der Gruppe *khana kammakon* blieb bestehen.[47] Dies wurde zur Grundlage für die erste Expansionsphase der Thai Arbeiterbewegung mit dem Intellektuellen Thawat Rittidet als ihrem ersten anerkannten Arbeiterführer im noch absolutistischen Siam.

Mitglieder von *khana kammakon* wussten durch ihre journalistische Tätigkeit und berufliche Aufenthalte in Europa von Gewerkschaften und Arbeiterbewegungen anderer Ländern.[48] Über Einzelheiten solcher Kontakte ist bisher nur wenig bekannt. Im Rahmen dieser Forschung wurde Damri Ruengsudham interviewt,[49] ein Gewerkschaftsführer der Jahre 1945 / 1946 und späterer kommunistischer Untergrundführer, der in den Nachkriegsjahren einige *khana kammakon* Führer noch persönlich kannte und von ihnen über frühe internationale Kontakte gehört hatte. Danach unterhielt *khana kammakon* keine formalen Kontakte zu Arbeiterorganisationen in anderen Ländern. Allerdings seien ,westliche' gewerkschaftliche Ideen durch persönliche Auslandserfahrungen von Gründungsmitgliedern der Gruppe auf zweifache Weise nach Siam gekommen. Zum einen sei dies über den Intellektuellen Vas Suntornjamorn erfolgt.[50] Damri berichtet dann ausführlicher über Soon Kitjamnong, einen Arbeiterführer, der seit den 20er Jahren sehr bekannt gewesen sei. Soon habe selbst in der Holzindustrie und in Waffenfabriken gearbeitet und als Freiwilliger am Ersten Weltkrieg teilgenommen. Die Erfahrungen in Europa und Gespräche mit den Seeleuten auf den Schiffspassagen (vor allem mit einem gewerkschaftlich engagierten chinesischen Schiffskoch) hätten Soon stark beeinflusst: *„When he came back to Thailand after World War One he tried to set up a union.“* [51] Auf solchen und wahrschein-

---

47 Vgl.: Brown, 1990, ...a.a.O.

48 Vgl.: Kanchada, 1989, ... a.a.O., S. 89

49 Interview mit Damri Ruengsudham am 07.11.1999 in Bangkok

50 Damri kannte Vas noch persönlich und verbrachte mit ihm zwischen 1949 und 1951 länger Zeit im chinesischen Exil. Vas war 1932 Berater der ersten gewerkschaftlichen Dachorganisation.

51 Interview mit Damri Ruengsudham am 07.11.1999 in Bangkok; Übersetzung aus dem Thai Original. Nach Recherchen von Sakdina Chatrakul na Ayudhaya vom Thai Labour Museum war Soon Kitjamnong (1898 – 1965) ein ausgebildeter Ingenieur, der von 1916 – 1917 als französischer Kriegsfreiwilliger am ersten Weltkrieg teilnahm und anschließend noch einige Monate in Frankreich verbrachte. Er trat der

lich weiteren ähnlich verschlungenen Wegen wurden Elemente europäischen gewerkschaftlichen Gedankengutes von den frühen Ansätzen der Thai Arbeiterbewegung aufgenommen. Eine weitere mögliche internationale Quelle ‚linker' Ideologie waren Ansätze kommunistischer Organisation unter Arbeitern chinesischer Herkunft. Nach Recherchen gab es mit der Gruppe ‚Young Siam Communist Group' *(kama communist sayam nhum)* unter thai-chinesischen Arbeitern bereits vor 1932 solche Aktivitäten. [52]

Durch publizistische Arbeit in den Zeitschriften *kammakon* und *paakaathaj* verbreitete die Gruppe *khana kammakon* ihre gewerkschaftlichen und politischen Anliegen. Damit erhöhte sie die öffentliche Wahrnehmung von Arbeits- und Sozialfragen in Siam.[53] Das Prinzip der Solidarität wurde sprachlich fassbar für die Arbeiter durch den Thai-Begriff *sammakkhitham* als Ausdruck gegenseitiger Hilfe. Der Streik von Arbeitern *(yut ngaan),* als Reaktion auf Pflichtverletzungen eines Arbeitgebers in Gestalt von Ausbeutung und Unterdrückung, erhielt eine moralische Rechtfertigung auf buddhistischer Grundlage.[54] Die Hypothese, dass Streik und Gewerkschaftswesen keine Wurzeln in der Thai Kultur hätten,[55] darf nicht zum Schluss führen, dass die Arbeiterbewegung eine Schöpfung von *khana kammakon* sei. Wie gezeigt wurde, gab es sehr wohl Proteste und Widerstand einer Arbeiterschaft, die sich anfangs fast ausschließlich aus chinesischen Einwanderern konstituierte. Daraus konnte sich wegen der restriktive Rahmenbedingungen aber eigenständig keine organisierte Arbeiterbewegung als eine höhere Stufe der Klassenbildung[56] entwickeln. Die Arbeiter mussten sich zur Wahrnehmung ihrer Interessen auf eine strukturelle Verbindung mit Externen einlassen, deren Handeln wiederum auf die entstehende Arbeiterbewegung einwirkte, sie aber nicht kreiert hat. Es ist dies keine Beziehung zwischen Schöpfer und Geschöpf, sondern zumindest anfänglich eher ein Zweckbündnis, eine politische Tauschbeziehung im Handeln sozial ungleicher Partner, aus der sich schließlich eine neue Struktur entwickelt. Ähnliche Wechselwirkungen ergeben sich später in der internationalen Zusammenarbeit. Internationale Institutionen können dabei

---

Gruppe Khana Kammakon von Thawat demnach allerdings erst 1931 bei. Dem entspricht ebenfalls die Darstellung von Sangsidh Piriyarangsan in: prawat karntosu khong kammakon thai (History of the struggle of Thai labour), Bangkok: 1986, S. 169 – 177

52 Nach Auskunft von Sakdina Chatrakul na Ayudhaya vom Thai Labour Museum gibt es im Nationalarchiv Thailands vielfache Evidenz für solche frühen kommunistischen Aktivitäten.

53 Kanchada, 1989, ... a.a.O., S. 88

54 Ebd.

55 „... strike and trade unionism had no root in Thai culture", Kanchada, 1989, ... a.a.O., S. 90

56 Vgl. Abschnitt 2.6.1.1

keine Gewerkschaftsbewegung in Ländern wie Thailand erschaffen. Selbst wenn sie dieser Illusion im Einzelfall unterliegen sollten, treten sie in Wirklichkeit in einen Prozess der Interaktion, in dem u.a. Mittler auftreten können und dessen Strukturen und Wechselwirkungen im empirischen Teil dieser Arbeit erforscht werden.

Mit dem Sturz der absoluten Monarchie im Jahre 1932 beschleunige sich die erste Expansionsphase der Thai Arbeiterbewegung. Unzufriedenheit, die sich unter dem Absolutismus aufgestaute hatte, mündete unmittelbar nach dem Umsturz vom 24. Juni 1932 in eine Streikwelle in Straßenbahn, Eisenbahnen, Reismühlen und Bauwirtschaft. Die neue Regierung reagierte zunächst positiv auf Petitionen der Arbeiter und griff vermittelnd in Arbeitskonflikte ein.[57] Im September 1932 gründete sich unter Führung von Thawat Ritthidet die ,Thai Tramwaymen's Assiciation' (TTA).[58] Die TTA hatte zwar noch nicht formell den Status einer Gewerkschaft. Dennoch ist sie die erste registrierte und vom Staat anerkannte Arbeiterorganisation, was durch die Anwesenheit des Innenministers auf der Gründungsveranstaltung im Oktober 1932 unterstrichen wurde.[59] Im Gegenzug unterstützte die TTA die neue politische Elite der People's Party unter intellektueller Führung Pridi Bhanomyongs beim Kampf gegen die alten aristokratischen Interessengruppen. Am 11. Oktober 1933 putschte die alte Elite unter der Führung des früheren Kriegsministers Prinz Bowaradet in einem Versuch zur Rückeroberung ihrer Macht. Die Regierung konnte die ,Bowaradet Revolte' nach einwöchigem harten Kampf niederschlagen. Sie wurde in diesem Machtkampf von den Arbeitern und deren Organisationen unterstützt.[60] An dieser Stelle erreichte der erste Expansionszyklus der Arbeiterbewegung seinen Höhepunkt. Neben der TTA und anderen Arbeiterorganisationen hatte sich unter Thawats Füh-

57 Vgl.: Pasuk / Baker, 1995, ... a.a.O., S. 181

58 Vgl.: Brown, 1990, ... a.a.O., S. 88 f.

59 Vgl.: Thompson, 1947, ... a.a.O., S. 240

60 Pasuk / Baker sprechen von 3000 Arbeitern, die sich unter Führung von Thawat an diesem Machtkampf beteiligten. Vgl.: Pasuk / Baker, 1995, ... a.a.O., S. 181. Auch hier bestehen jedoch noch Unsicherheiten in der Frage der nicht näher genannten Primärquellen, deren Klärung zusätzliche historische Forschung erfordert. In der Ausstellung des Thai Labour Museum in Bangkok werden ,Constitution Protector' Medaillen gezeigt, die Teilnehmern an der Niederschlagung der Bowaradet Revolte verliehen wurden. Um die angenommene Verbindung dieser Medaillen zu Arbeitern aus Thawats Gruppierung zu überprüfen, recherchierte Sakdina Chatrakul na Ayudhaya im März 2000 im Nationalarchiv Thailands und berichtete dem Verfasser folgendes Ergebnis: „I found documents in the National Archive of Thailand about the ceremony of handing over the Constitution Protector Medal which took place on June 24, 1935. From those documents I found that most were tramway workers of Khun Thawat Rittidet, who had been in close contact with the Revolutionary Party of 1932."

rung ein erster gewerkschaftlicher Dachverband mit der Bezeichnung *samakom anukul krammakorn* gebildet, der jedoch nur kurzzeitig bestehen konnte. Schon bald nach den Ereignissen vom Oktober 1933 mündete eine erneut antigewerkschaftliche Regierungspolitik in die zweite Repressionsphase der Arbeiterbewegung.

3.3 Zweiter und dritter Zyklus

3.3.1 Staat, Arbeit und Sozialentwicklung

Nach Abschaffung der absoluten Monarchie i.J. 1932 entwickelte die anfänglich ‚links' orientierte Regierung staatliche Industrialisierungspläne. Es wird von erstmaligen Absichten für eine Arbeitsgesetzgebung berichtet,[61] die aber nicht verwirklicht wurden. Zur Regelung von Konflikten im langsam Bedeutung erlangenden industriellen Sektor wurde 1939 ein ‚Factories Act' verabschiedet, der jedoch niemals Anwendung fand.[62] Nach Konsolidierung der politischen Macht unter den Bedingungen der konstitutionellen Monarchie gewann die ethnische Frage in der Arbeitsmarktpolitik immer mehr an Bedeutung. Die wachsende ethnische Thai Bevölkerung konkurrierte nun stärker mit den chinesischen Zuwanderern auf den mittlerweile nur noch begrenzt aufnahmefähigen urbanen und industriellen Arbeitsmärkten. Nach Streiks und Arbeitskonflikten chinesischer Arbeiter wurde 1939 ein ‚Thai Workers Act' verabschiedet. Das neue Gesetz legte durch ethnische Quoten in mehreren bedeutenden Beschäftigungsbereichen die Mindestbeschäftigung von Thai Staatsangehörigen fest.[63] Diese Regelung bewirkte zum einen die Integration ‚ethnischer' Thai in den Arbeitsmarkt und zum anderen ein Bemühen der chinesischen Arbeiter um Assimilation und Annahme der Thai Staatsangehörigkeit. Thailand gelang später nach dem 2. Weltkrieg eine im Vergleich zu anderen südostasiatischen Nationen bemerkenswert hohe Assimilation seiner chinesischen Bevölkerung.[64] Die Arbeiter und Angestellten chinesischer Herkunft können im modernen Thailand kulturell nicht mehr eindeutig von den ehemals ethnischen Thai abgegrenzt werden.[65] Thai Arbeiter chinesischer Herkunft sprechen heute Thai, tragen Thai Namen, besuchen Thai Schulen und bekennen sich zumeist zum Buddhismus.

---

61 Vgl.: Hewison / Brown, 1993, .. a.a.O., S. 7 ff.

62 Vgl.: Ebd., S. 12

63 Vgl.: Mabry, 1979, ... a.a.O., S. 41

64 Der Wechsel von der Ausgrenzung zur Integration erfolgte 1955 als offizielle Regierungspolitik. Vgl.: Skinner, 1957, ... a.a.O., S. 377 f.

65 Vgl. u.a.: Mabry, 1979, ... a.a.O., S. 1 f.

Nach den Verwicklungen und Notlagen der Kriegsjahre herrschten im Thailand der unmittelbaren Nachkriegszeit relativ offene und liberale politische Bedingungen. Diese kurze Ära wurde bereits 1947 durch einen Militärputsch wieder beendet. Die Zeit hatte nicht ausgereicht für eine richtungsweisende Arbeits- und Sozialpolitik. Als Mitte der 50er Jahre die Problematik der Unterentwicklung deutlich wurde, kam es auch zu einer Neuorientierung in der Wirtschaftspolitik. Der Schwerpunkt richtete sich nun stärker auf die Rolle der privaten Investitionstätigkeit im industriellen Sektor. Zunächst war dies begleitet von einer formalen Demokratisierung. Interessenkonflikte innerhalb der Elite lösten in dieser Situation eine populistische Haltung führender Politiker aus. Die Arbeiterschaft gewann dadurch vorübergehend große Aufmerksamkeit. Sie war von Bedeutung als mögliche Massenbasis von Politikern, führenden Bürokraten und Militärführern zur Stärkung der eigenen Position. Eine außenpolitische Annäherung an die Blockfreienbewegung[66] und eine sich daraus ergebende Neubewertung Chinas als künftiger Großmacht und strategischem Partner entzog dem innenpolitischen Antikommunismus die ideologische Grundlage.

Unter diesen Bedingungen kam es z.B. zur Einführung des 1. Mai als Tag der Arbeit und öffentlichem Feiertag. Am 1. Januar 1957 trat eine relativ umfassende Arbeitsgesetzgebung in Kraft, in der die Gewerkschaften und ihre Tätigkeit erstmals in der Geschichte des Landes rechtlich voll anerkannt wurden. Es wurde ein ‚Tripartite Labour Relations Committee' geschaffen, in dem Staat, Arbeitgeber und Gewerkschaften vertreten waren.[67] Die Voraussetzungen für die Entwicklung eines funktionsfähigen Systems der industriellen Beziehungen schienen unter den Bedingungen eines populistischen Korporatismus der Regierung günstig wie nie zuvor in Thailand.

3.3.2 Gewerkschaftsentwicklung im zweiten Zyklus (bis 1947)

Etablierung einer neuen Elite

Eine Gruppe junger Revolutionäre putschte am 24. Juni 1932. Sie bezwang den Absolutismus und ersetzte ihn durch eine konstitutionelle Monarchie. [68] Die neue

---

66 Phibuls Berater Pra-Ong Jao Wan Waitayakorn nahm 1955 an der Blockfreienkonferenz in Bandung teil und empfahl nach Rückkehr eine außenpolitische Neuorientierung, die eine Annäherung an China einschloss.

67 Vgl.: Pasuk / Baker, 1995, ... a.a.O., S. 185

68 In ihrer ersten Deklaration vom 24. Juni 1932 stellt die People's Party die Abschaffung der absoluten Monarchie fest: „ ... we citizens, government officials, and military officers, who are well aware of the crimes and misdemeanors of the government

politische Elite hatte in Europa Auslandserfahrung gesammelt und war dabei auch mit sozialistischem Gedankengut in Berührung gekommen. Pläne zur Industrialisierung durch den Staat gingen anfangs Hand in Hand mit Aufgeschlossenheit für die Arbeiterbewegung.[69] Dies führte zum nochmaligen Konflikt mit der weiterhin einflussreichen alten Elite,[70] der eskalierte und zum Ausschluss der immer noch beteiligten aristokratischen Kräfte aus der Regierung führte. Danach kam es am 11. Oktober 1933 zur ‚Bowaradet Revolte', die mit Unterstützung von Arbeitern und ihren Organisationen niedergeschlagen wurde. Unter den neuen Voraussetzungen sah der König in seinem Verbleib in Siam keine Perspektive mehr. Prajadhiphok Rama VII verließ Siam zu Beginn des Jahres 1934 und ging ins Exil nach England. Er dankte 1935 ab und kehrte bis zu seinem Tod i.J. 1941 nicht mehr in seine Heimat zurück.[71]

Nachfolger wurde sein zehnjähriger Neffe Ananda Mahidol, der zu dieser Zeit in der Schweiz lebte. Ananda Mahidol Rama VIII ist ein Enkel von Rama V und einer dessen Frauen. Der Vater Mahidol wurde Arzt und lebte lange im Ausland. In dieser Zeit wurde sein Sohn Ananda in Deutschland geboren. Mahidols Frau, die Mutter der Könige Rama VIII und Rama IX, war eine ‚bürgerliche' Krankenschwester. Sie wurde im Nachkriegsthailand hoch verehrt und lebte bis 1995. Der jetzige König Rama IX ist Nachfolger seines älteren Bruders Rama VIII, der 1946 unter ungeklärten Umständen ums Leben kam. Die Krönung Rama VIII erfolgte 1935 ohne größeres Aufsehen in Lausanne durch drei Gesandte der Thai Regierung.[72] Der neue König reiste erst im November 1938 zu einem zweimonatigen Besuch in seine Heimat und ging, noch ein Kind, anschließend zurück nach Europa, um seine Ausbildung fortzusetzen. Trotz hoher protokollarischer Ehren während des Besuchs war die politische Bedeutung der Monarchie

---

have united and created the People's Party and have already taken control of the absolutist monarch's government. The People's Party feels that the only way to prevent future abuse of government power is through the creation of a parliament. ... Concerning the King of the country, the People's Party has no intention to rob him his throne. Hence, we have invited him to remain King, but this time he shall be under the law of the constitution. ... The People's Party has already informed the King about his new position." In: Sulak Sivaraksa: Powers that be: Pridi Banomyong through the rise and fall of Thai Democracy. Bangkok: Committees in the Project for National Celebrations on the Occasion of the Centenial Anniversary of Pridi Banomyong, 1999, S. 73 f.

69 Pasuk / Baker, 1995, ... a.a.O., S. 181

70 Es wird berichtet, der König selbst habe die Wirtschaftspläne der regierenden People's Party und ihres Führers Pridi Bhanomyong als kommunistisch kritisiert. Vgl.: Pasuk / Baker, 1995, ... a.a.O., S. 181

71 Vgl.: Wright, 1991, ... a.a.O., S. 79 f.

72 Vgl.: Ebd., S. 82 ff.

in dieser Epoche gering. Sie sank weiter in den nachfolgenden Jahren der autokratischen Regierung unter Pibul Songkhram.[73] Erst in den 50er Jahren kam es zu einem Wiederaufstieg der Monarchie, der sich unter dem gegenwärtigen König Rama IX bis ans Ende des 20. Jh. kontinuierlich fortsetzte.

Erneute Repression von Arbeiterorganisationen

Bis zur Konsolidierung ihrer Macht setzte die neue politische Führung auf ein Bündnis mit den Arbeiterorganisationen und Thawats Gruppe *khana kammakon*. Als dieses Ziel schließlich erreicht, die Aristokratie geschwächt und der König außer Landes war, veränderten sich die Prioritäten der neuen Regierung von den Arbeitern weg und hin zur Geschäftswelt.[74] Bei einem Streik in Reismühlen i.J. 1934 wollten Thawat und die TTA nochmals ihre guten Beziehungen zur Regierung für eine Petition im Interesse der Arbeiter einsetzten. Dabei kam es zum Bruch. Die Regierung unterdrückte den Streik und es kam zu antichinesischen Aktionen. Es wird erneut von Deportationen chinesischer Arbeiter berichtet.[75] Thawat wurde angeklagt, Arbeiter verhaftet und die TTA aufgelöst.[76] Die staatliche Aufgeschlossenheit für Anliegen der Arbeiter während der Phase revolutionärer Umwälzungen ab 1932 ging so 1934 zu Ende. Die gerade erst aufkeimenden Institutionen der Arbeiterbewegung wurden erneut staatlich unterdrückt und durch ethnische Polarisierung eingedämmt. Diese restriktiven Rahmenbedingungen für Arbeiterorganisationen verbesserten sich substantiell erst wieder Mitte der 40er Jahre. Nach Beginn des Zweiten Weltkriegs stand Thailand, das die Bezeichnung ‚Siam' i.J. 1939 abgelegt hatte, vor dem Dilemma der Bündnisfrage. Regierungschef Phibun Songkhram entschied sich für Japan, das in der Region mächtiger als die Alliierten war und eine konkrete militärische Bedrohung für Thailand darstellte. Am 21. Dezember 1941 schloss Phibun einen Bündnisvertrag mit Japan und am 25. Januar 1942 erklärte Thailand den Alliierten den Krieg.[77] Thailand wurde von seinem Bündnispartner Japan faktisch besetzt. Militärstrategische Infrastrukturprojekte, wie die Eisenbahnlinie an die burmesische Grenze,[78] wurden nicht nur durch alliierte Kriegesgefangene, sondern auch durch zwangsrekrutierte Zivilarbeiter vorangetrieben. Die Handlungsbedingungen der Arbeiterbewegung erreichten einen Tiefstand.

---

73 Vgl.: Ebd., S. 91 ff.
74 Vgl.: Pasuk / Baker, 1995, … a.a.O., S. 182
75 Mabry, 1979, ... a.a.O., S. 40
76 Vgl.: Hewison / Brown, 1993, … a.a.O., S. 10
77 Vgl.: Wright, 1991, ... a.a.O., S. 125
78 Popularisiert in dem Film ‚Die Brücke am Kwai', der in Sri Lanka gedreht wurde.

Alternativ zur Bündnispolitik der Regierung unter ‚Feldmarschall' Phibul gründete dessen einstiger politischer Weggefährte Pridi im Untergrund die antijapanische *seri thai* Widerstandsbewegung. Pridi und *seri thai* kooperierten dabei mit Intellektuellen, illegalen kommunistischen Zellen im chinesischen Milieu und betrieblichen Basisgruppen von Arbeitern.[79] Als sich die militärische Lage in der Region immer mehr zum Nachteil Japans verschob, wurde Feldmarschall Phibul Songkhram am 20. Juli 1944 als Regierungschef abgesetzt.[80] Unter dem neuen Regierungschef Khung Aphaiwong erlangte Pridi wieder politischen Einfluss. Zugleich agierte er weiterhin mit *seri thai* im Untergrund. Bis Kriegsende war es Thailand mit einiger Mühe und Geschick gelungen, nicht mehr als Verbündeter Japans zu gelten, sondern ab 1945 auf der Seite der Siegermächte zu stehen, zu der u.a. die kommunistisch regierte Sowjetunion zählte.

Bereits vor Kriegsende bildeten sich in dieser veränderten innenpolitischen Konstellation in Bangkok mit den ‚Labour Welfare Associations' (*samakhom songhro kammakorn*) wieder Arbeiterorganisationen.[81] Die antikommunistische Gesetzgebung wurde 1946 in einem Klima politisch linker Orientierung in Bangkok aufgehoben. Pridi Banomyong war selbst kurzzeitig Regierungschef. Unter den neuen Bedingungen entwickelte sich in der unmittelbaren Nachkriegszeit unter Führung des pro-kommunistisch orientierten Arbeiterführer Damri Ruangsuthan aus den ‚Labour Welfare Associations' der neue Dachverband ‚Central Labour Union' (CLU).[82] Im Jahr 1946 kam es zu Streiks bei der Reisverladung nach China.[83] Dabei ging es nicht um ökonomische Forderungen der ‚rice coolies' sondern, möglicherweise erstmals in Thailand, um ein internationales politisches Anliegen der Arbeiter. Mit den Streiks im April und Juni sollte bewirkt werden, dass Reisexporte nach China in die dortigen Hungergebiete gehen und nicht die Truppen der chinesischen Zentralregierung unter Tschang Kai Tschek

79 Vgl.: Pasuk / Baker, 1995, ... a.a.O., S. 182

80 Vgl.: Wright, 1991, ... a.a.O., S. 320 f.

81 Vgl.: Pasuk / Baker, 1995, ... a.a.O., S. 182

82 Als weitere Bezeichnungen i.R. dieser Entwicklung finden sich in der Literatur: 'Association of United Workers of Thailand'; 'Central Union of Thailand'; 'Saha Asheewah Kamakorn Hang Thai', 'Samakhom Sahachiwa Kamakorn Prathet Thai' 'General Trades Union Association GTUA' bzw. ‚Saha Achiwa Kamakon'. Im folgenden wird jedoch vereinfachend ausschließlich die Bezeichnung CLU verwendet. Vgl. zur damaligen Entwicklung: Hewison / Brown, 1993, ... a.a.O.; Kanchada, 1989, ... a.a.O.; Mabry, 1979, ... a.a.O., S. 43 ff., Pasuk / Baker, 1995, ... a.a.O.; Thompson, 1947, ... a.a.O.

83 Vgl.: Tompson, 1947, ... a.a.O., S. 247. (Diese Ereignisse waren Damri im o.g. Interview noch deutlich in Erinnerung.)

im Bürgerkrieg stärken. V. Thompson zitiert in diesem Zusammenhang Zeitungsberichte über die Verhaftung von *„two other Siamese"* wegen Anstiftung der *„rice-loading coolies"* als Indiz für eine wachsende nichtchinesische Beteiligung an solchen politischen Aktionen.[84] Die CLU konnte sich 1947 als Arbeiterorganisation staatlich registrieren lassen. [85] Der Dachverband organisierte im gleichen Jahr eine eindrucksvolle gewerkschaftliche Maikundgebung in Bangkok.[86] Der zweite Expansionszyklus der Thai Arbeiterbewegung hatte seinen Höhepunkt erreicht.

In diesem günstigen Umfeld wurden im ‚Expansionsjahr' 1947 Thai Gewerkschaften erstmals Mitglied eines internationalen gewerkschaftlichen Dachverbandes. Damri[87] berichtet über dieses Ereignis ausführlich in klarer zeitlicher Abfolge. Danach hatte ein durchreisender chinesischer Gewerkschaftsführer[88] einigen Arbeiterführern in der CLU von der Existenz des Weltgewerkschaftsbundes (WGB) berichtet. Der stellvertretende CLU Vorsitzende mit sino-thai Hintergrund beantragte daraufhin ohne Konsultation der anderen Vorstandsmitglieder die WGB Mitgliedschaft, die vom WGB gegen Ende des Jahres 1947 angenommen und, trotz des isolierten Vorgehens bei der Beantragung, vom gesamten CLU Vorstand akzeptiert wurde. Damri berichtet über die Öffentlichkeitsarbeit zu diesem Ereignis:

> „We made a press release / conference by end of 1947 in the Majestic Hotel and there were press reports about this. I wrote a press release myself, that it is a big step forward for the Thai trade union movement to be a member of an international organisation, that we are not more isolated. " [89]

---

84 Thompson, 1947, ... a.a.O., S. 247; wenn dies so gewesen ist, dann wären solche Verhaftungen allerdings zugleich ein Hinweis auf restriktive Eingriffe des Staatsapparates bei diesen politischen Streikaktionen. Damri erinnerte sich im genannten Interview nicht an solche Vorkommnisse im Sinne gewollter staatlicher Beeinträchtigung.

85 Ebd, S. 262

86 Hewison / Brown, 1993, ... a.a.O., S. 12, und Pasuk / Baker, 1995, ... a.a.O., S. 182, nennen eine Schätzung von ca. 70.000 Teilnehmern an dieser Veranstaltung

87 Interview mit Damri Ruengsudham am 07. 11. 1999

88 Chuxyefan (nach der von Damri angegebenen Schreibweise des Namens)

89 Interview mit Damri Ruengsudham. Entsprechende Presseberichte bzw. unterstützende Dokumente liegen zum Zeitpunkt des Abschlusses dieses Manuskripts noch nicht vor und die Recherche muss späterer Forschung überlassen bleiben. In der Literatur wurde bisher ohne verlässliche Quellengabe das Jahr 1949 für den Beitritt zum WGB angegeben. Vgl. u.a.: Skinner, 1957, ... a.a.O., S. 232; Hewison / Brown, 1993, ... a.a.O., S. 14. Dies muss auf der Grundlage von Damris Angaben und vorbehaltlich seiner Bestätigung durch zeitgeschichtliche Dokumente korrigiert werden.

Ende 1947 hatte sich das gewerkschaftsfreundliche innenpolitische Klima der unmittelbaren Nachkriegsphase aber bereits wieder gegen die CLU gewendet. Am 8. November 1947 setzte das Militär mit einem Putsch die zivile Regierung unter Premierminister Thamrong Nawasawat ab und leitete hiermit zugleich die dritte Repressionsphase gegen die Thai Arbeiterbewegung ein.

Die einzige bisher festgestellte internationale Kooperation zwischen CLU und WGB von wirklicher Bedeutung fällt zeitlich bereits in die dritte Repressionsphase. [90] Der WGB lud die CLU 1949 zu einer internationalen Konferenz nach Peking ein. Fünf Delegierte der CLU reisten Ende 1949 nach China. Die Gruppe verbrachte wegen der innenpolitischen Situation in Thailand über ein Jahr in China und kehrte erst zu Beginn des Jahres 1951 verdeckt wieder zurück. Wegen zunehmender Repression stellte die CLU dann ihre offenen Aktivitäten ein. Soweit bisher bekannt, gab es danach keine weitere Kooperation mehr mit dem WGB.

3.3.3 Gewerkschaftsentwicklung im dritten Zyklus (bis 1957)

Nach dem Putsch vom November 1947 wurde Pridi Banomyong, der eine Schlüsselpersönlichkeit für die demokratische Nachkriegsentwicklung war, ohne Grundlage eine Verwicklung in den Tod des kurz zuvor verstorbenen König Rama VIII und ein Mordkomplott gegen den noch in der Schweiz lebenden neuen König Rama IX. unterstellt.[91] König Ananda Mahidol Rama VIII war am 9. Juni 1946 auf ungeklärte Weise ums Leben gekommen. Zunächst war aus dem Hof zu hören gewesen, der König habe sich bei einem Unfall erschossen. Später wurden aber Personen des Hofpersonals verhaftet und 1954 hingerichtet. [92] Der Tod Rama VIII. ist bis in die Gegenwart Gegenstand vieler Vermutungen und Gerüchte.

---

90 Die nachfolgende Darstellung basiert auf dem Interview mit Damri Ruengsudham am 07. 11. 1999. Als der WGB die Einladung aussprach, war Damri inhaftiert. Nach seiner Haftentlassung reiste er außerhalb der CLU Delegegation auf Einladung der Kommunistischen Partei ebenfalls nach China. Er verbrachte die Zeit im Exil gemeinsam mit den CLU Delegierten und kehrte gemeinsam mit diesen illegal nach Thailand zurück. Von den fünf CLU Delegierten blieb nur Vas Suntornjamorn wegen seines fortgeschrittenen Alters in China zurück. Hinweise auf die Thai Teilnahme an der WGB Konferenz in Peking finden sich auch in der Literatur. Vgl. u.a.: Skinner, 1957, ... a.a.O., S 323

91 Vgl.: Wright, 1991, ...a.a.O., S. 164 f. und S. 180 f.

92 „.. three of the king's attendants were arrested and charged with complicity in his death. For six years they were kept in solitary confinement and in chains, while a trial of sorts dragged on. During this time they were acquitted, retried and finally found guilty. They were executed in 1954." Wright, 1991, ... a.a.O., S. 165

Pridi musste nach den gegen ihn fabrizierten Beschuldigungen wegen seiner gefährdeten Sicherheit aus Thailand flüchten. Im Februar 1949 misslang ihm der Versuch einer Absetzung der neuen Machthaber mit einem Gegenputsch. Danach blieb ihm die Rückkehr nach Thailand aus dem Exil für immer verwehrt.[93]

Im April 1948 erlangte Pibhul Songkhram, Pridis einstiger Revolutionsgefährte aus dem Jahre 1932, wieder das Amt des Regierungschefs. Er unterstützt kurz darauf die Gründung eines mit der CLU konkurrierenden und unter seinem Einfluss stehenden gewerkschaftlichen Dachverbandes. Die neugegründete ‚Thai Labour Union' (TLU) [94] war von eher Thai nationalistischer Orientierung. Zum 1. Mai 1948 soll ihr die Mobilisierung von etwa 30.000 Arbeitern gelungen sein. Die TLU konnte anerkannte Gewerkschaftsführer wie den Eisenbahner Prakop Tolaklam für sich gewinnen und nahm trotz der Nähe zur Regierung auch an militanten Streikaktionen teil.[95] Im Jahre 1950 wurde die TLU nach Literaturangaben Mitglied des 1949 gegründeten Internationalen Bundes Freier Gewerkschaften (IBFG)[96] Damit war die Spaltung der internationalen Gewerkschaftsbewegung in die gegnerischen Blöcke WGB und IBFG nach dem Muster Ost-West-Konfrontation im Klima des Kalten Krieges für Thailand vollzogen, wenngleich sich die WGB Mitgliedschaft der CLU wegen der repressiven politischen Rahmenbedingungen nach 1951 faktisch auflöste.

Durch politische Eingriffe des Militärs sank 1951 das politische Gewicht von Regierungschef Phibul. Am 29. November 1951 wurde die gewählte Hälfte des Parlaments aufgelöst, wenngleich Phibul dennoch Premierminister bleiben konnte. [97] Danach verhärtete sich das innenpolitische Klima zunehmend und die CLU geriet immer mehr unter Druck.[98] Im Jahre 1952 wurde eine antikommunistische Gesetzgebung verabschiedet und es gab nochmals antichinesische, ethnische Übergriffe.[99] Indexlisten verbotener Bücher wurden erstellt. Es kam zu Verhaftungen von Regimekritikern, Journalisten und Arbeiterführern.[100] Konkurrenzdruck aus dem ‚bürokratisch-autoritären' Lager kam nun auch für die TLU. Polizeigeneral Phao Sriyanon gründete 1954 eine ‚Free Workmen's Association of Thailand' (FWAT).[101] FWAT war antikommunistisch ausgerichtet und entwi-

93 Ebd, S. 180 u. 321

94 Es werden in der Literatur u.a. auch die Bezeichnungen ‚Sammakhom Kammakorn Haeng Prathet Thai', und ‚Thai National Trade Union Confederation' (TNTUC) genannt. Im Folgenden wird vereinfachend stets die Bezeichnung TLU verwendet

95 Hewison / Brown, 1993, … a.a.O., S 14

96 So Mabry, 1979, ... a.a.O., S. 44 und Wehmhörner, 1983, ... a.a.O., S. 482

97 Vgl.: Wright, 1991, … a.a.O., S. 321

98 Vgl.: Hewison / Brown, 1993, … a.a.O., S. 14

99 Vgl.: Skinner, 1957, … a.a.O., S. 334 f.

100 Vgl.: Pasuk / Baker, 1995, … a.a.o., S. 184

101 Auch unter der Bezeichnung ‚Free Labour Association of Thailand' (FLAT)

ckelte unter seinen Initiatoren Einfluss unter Arbeitern in Wirtschaftssektoren, die vom Militär kontrolliert waren.[102]

Ab 1955 verbesserten sich die Bedingungen für Gewerkschaftsarbeit in einer Phase populistischer Regierungspolitik, mit der Phibul die Unterstützung der Bevölkerung gewinnen und seine Gegner in Militär und Politik zurückdrängen wollte. Phibul gründete 1956 eine Labour Party, die enge Verbindungen zur TLU unterhielt.[103] Durch eine neue Gesetzgebung wurden nicht nur Arbeiterorganisationen, sondern erstmals Gewerkschaften im eigentlichen Sinne rechtlich anerkannt. Auch frühere CLU Aktivisten konnten wieder tätig werden und bildeten ein Netzwerk von ‚16 Labour Units'.[104] Dieser Höhepunkt der dritten gewerkschaftlichen Expansion unter den politischen Rahmenbedingungen eines populistischen Korporatismus wurde 1957 durch einen ersten Staatsstreich unterbrochen und am 20. Oktober 1958 mit einem zweiten Staatsstreich und der Machtübernahme durch Feldmarschalll Sarit Thanarat vollständig zunichte gemacht. Die vierte Phase der Repression, das ‚Dark Age' der Thai Arbeiterbewegung, hatte damit begonnen.

3.4 Vierter und fünfter Zyklus

3.4.1 Importsubstituierung, Exportorientierung und Sozialentwicklung

Nach der Beendigung der kurzen Phase populistischer Regierungspolitik durch das Militär i.J. 1957 und dem zweiten Staatsstreich vom 20. Oktober 1958 eskalierte die Repression gegen Gewerkschaften. Die zu Beginn des Jahres 1957 in Kraft getretene Arbeitsgesetzgebung wurde komplett wieder aufgehoben.[105] In der nachfolgenden langen Epoche autokratischer Herrschaft setzten im Umfeld einer staatlichen Importsubstitutionspolitik privatwirtschaftliche Industrialisierungsprozesse ein. Die Entwicklung arbeitsrechtlicher Regelungen, industrieller Beziehungen und eines der Industrialisierung im privaten Wirtschaftssektor angemessenen Arbeitsrechts wurde von den autokratischen Machthabern dieser Epoche vollständig ignoriert.

Eine bereits vor dem Putsch von 1957 eingeleitete wirtschaftspolitische Neuorientierung, weg von staatsgetragener Industrialisierung und hin zu privatwirtschaftlicher Entwicklung, wurde unter der Herrschaft und Beteiligung der Mili-

102 Pasuk / Baker, 1995, ... a.a.O., S. 185
103 Vgl.: Mabry, 1979, a.a.O., S. 47
104 Pasuk / Baker, 1995, ... a.a.O., S. 185
105 ‘Revolutionary Party's Order No. 19' v. 31. 10. 1958; vgl.: Wehmhörner, 1983, ... a.a.O., S. 483

tärführer sowie der bürokratischen Elite fortgesetzt und ausgebaut.[106] Unter Mitwirkung internationaler entwicklungspolitischer Berater erhielt Thailand eine formale Entwicklungsplanung. Das ‚National Economic Development Board' (NEDB) wurde geschaffen, ebenso weitere, von da an bedeutsame Entwicklungsagenturen, wie das ‚Board of Investment'. Im einem ersten und im zweiten nationalen Entwicklungsplan (1961 – 1966 bzw. 1967 – 1971) lag die strategische Priorität in der industriellen Entwicklung auf einer Politik der Importsubstitution (ISI).[107] Der Verzicht staatlicher Politik auf die Förderung kollektiver industrieller Beziehungen zwischen Kapital und Arbeit und das Fehlen legalisierter Konfliktregelungsmechanismen führte Anfang der 70er Jahre zu spontanen und ungeregelten betrieblichen Konflikten. Das Regime sah sich 1972 gezwungen, mit einem Dekret[108] erstmals seit ihrer Aufhebung i. J. 1958 wieder arbeitsrechtliche Regelungen zu schaffen, wodurch sich das absolute Organisationsverbot für Arbeitnehmer in Industriebetrieben etwas lockerte.[109]

Ende der 60er Jahre stieß das industrielle Wachstum an Grenzen des nationalen Marktes, die mit einer ISI Politik alleine nicht überwunden werden konnten. Um weiteres Wachstum zu gewährleisten, wurde eine Politik der Industrialisierung durch Exportorientierung (EOI) ergänzend zur ISI eingeleitet. Die Erfolgschancen der neuen EOI Strategie beruhten auf einem wettbewerbsfähigen Angebot preisgünstiger Arbeitskräfte im untersten Segment des internationalen Arbeitsmarktes. Die neue Politik führte zu einer Ausweitung des industriellen Sektors mit Exportbetrieben, die auf der Basis niedriger Löhne auf dem Weltmarkt konkurrierten. Diese Industrialisierung durch Exportorientierung setzte sich unter den wechselnden politischen Rahmenbedingungen einer demokratischen Phase seit 1973, erneuten diktatorischen Bedingungen seit 1976 und nochmaligem Demokratisierungsprozess, bis in die Mitte der 80er Jahre fort.

Ausgelöst durch die wirtschaftliche Entwicklung unter der exportorientierten Industrialisierungs und der folgenden Boomjahre, bis zum Einbruch der Asienkrise i.J. 1997, migrierten Arbeitskräfte aus den ländlichen Regionen Thailands in die neuen industriellen Ballungszentren mit Schwerpunkt im Großraum Bangkok. Es sind u.a. die Nachkommen einstiger phrai und that, die seit Beginn des 20. Jh. durch die individuellen Freiheiten der Reformen unter König Chulalongkorn (Rama V) in einer mächtigen und langen Migrationsbewegung weite Teile des Königreichs landwirtschaftlich erschlossen und besiedelt hatten. Diese Wanderungsbewegung kehrte als Folge der neuen wirtschaftlichen Entwicklung jetzt

106 Vgl.: Chris Dixon: The Thai Economy. Uneven Development and Internationalisation, London, New York: Routledge, 1999, S. 77

107 Vgl.: Ebd., S. 79

108 ‚Revolutionary Party's Order No. 103'

109 Vgl. Abschnitt 3.4.2

ihre Richtung um, zurück zu ihren Ausgangspunkten. Die exportorientierte Industrialisierung erhöhte die Nachfrage nach ungelernten Arbeitern. Vor allem die jungen Menschen strömten als Lohnarbeiter der ersten Generation aus den Dörfern in die Ballungszentren der Städte, mit dem Großraum Bangkok an erster Stelle.

> „Over one generation, the smallholder peasantry had ceased to be the dominant feature of the paddy tracts. It was rapidly and relentlessly being replaced by a society of commercial farmers and wage labourers. The marginalized members of this new society had begun to seek a new frontier in the city." [110]

Die exportorientierte Industrialisierung führte in Thailand zu einer deutlichen Verschiebung des Verhältnisses zwischen gewerblicher Lohnarbeit und landwirtschaftlichen Tätigkeiten zu Lasten der Landwirtschaft.[111] Der relative Anteil des gewerblichen Sektors an der Gesamtzahl der Beschäftigten erhöhte sich dabei von 13,9 % (1985) auf 20,6 % (1994), während er im gleichen Zeitraum in der Landwirtschaft von 65,4 % (1985) auf 57,4 % (1994) zurückging.[112] In Anlehnung an das Klassenbildungsmodell von Kocka[113] ist dieser Prozess die zweite Stufe der Klassenbildung, in der die Ausweitung der Lohnarbeit für immer mehr Arbeiter dieselbe Klassenlage schafft. Die Entwicklung zu den höheren Stufen der Klassenbildung eines gemeinsamen Bewusstseins der Arbeiter und gemeinsamer Aktionen geht jedoch nicht mit einem strukturellen Automatismus einher. Wirtschaftliche Entwicklung und Industrialisierung führen nicht unvermeidlich zu einem entsprechenden Aufwärtstrend gewerkschaftlicher oder politischer Organisationen einer Arbeiterbewegung. Solch eine Entwicklung zu ‚höheren' Stufen der Klassenbildung ist möglich. Sie muss aber nicht mit unumgänglicher Notwendigkeit erfolgen. Im Falle Thailands ging diese ‚Höherentwicklung' kaum über vergleichsweise bescheidene gewerkschaftliche Ansätze hinaus. Als hemmender Faktor wirkt dabei in den regelmäßigen Repressionszyklen das staatliche Handeln. Die Gesamtheit der Gewerkschaften wusste der sich wiederholenden Repression andererseits auch nur verhältnismäßig wenig entgegenzusetzen. In einer Wechselwirkung erleichterte dies wiederum dem Staat die Unterdrückung der Arbeiterbewegung, was auf der anderen Seite die gewerkschaftlichen Hemmnisse nochmals verstärkte. Der Staat sah unter den Bedingungen Thailands zur Aufrechterhaltung seiner Kontrolle über die Arbeiter meist nicht einmal einen Bedarf

---

110 Pasuk / Baker, 1995, ... a.a.O., S. 43

111 Für einen Vergleich dieser Verschiebung zur Industrialisierung Deutschlands ein Jahrhundert früher siehe den Abschnitt Industrialisierung und Klassenbildung in Kapitel 4.

112 Vgl.: Chrobot, 1997, ... a.a.O., S. 193 f.

113 Vgl. Abschnitt 2.6.1.1

für staatlich kontrollierte Gewerkschaften, wie dies z.B. im Rahmen eines bürokratisch-autoritären Korporatismus im Entwicklungsprozess ostasiatischer Staaten vorkam.[114] Auch der Beitrag von Brown / Frenkel[115] hebt den gewerkschaftshemmenden Faktor eines repressiven Staates hervor. Dagegen wird das geläufige Argument einer Verhinderung von Klassenbildungsprozessen als Folge von Rückkehrmöglichkeiten der Arbeiter in ihre ländlichen Herkunftsgebiete[116] in einer Studie von Limqueco et. al. als relativ unbedeutend für Thailand gewertet.[117]

Die arbeits- und sozialrechtliche Entwicklung Thailands folgte ebenfalls dem Zyklus der Expansions- und Repressionsphasen. Das Arbeitsgesetz von 1957 wurde in der kurz darauf einsetzenden repressiven Phase wieder aufgehoben. Die expansive gewerkschaftliche Phase Mitte der 70er Jahre ging einher mit neuerlichem arbeitrechtlichen Fortschritt im ‚Labour Relations Act' von 1975. Mit dem Einsetzen einer repressiven Phase wird dieses Gesetz bereits 1976 wieder außer Kraft gesetzt. In Folge des Booms mit hohen Wachstumsraten ab Mitte der 80er Jahre wurde mit der steigenden Nachfrage nach Arbeitskräften deren repressive Kontrolle als Ersatz für industrielle Beziehungen immer schwieriger. Die o.g. Gewerkschaftsstudie von Limqueco et. al. sieht mit dem Regierungsantritt des populistischen Premierministers Chatchai Choonhavan i.J. 1988 einen Niedergang der alten *„alliances based on feudal-military interests"* und ihren Ersatz durch *„more dynamic business sectors with important wings of the intelligentsia and the technocracy."*[118] Diese neue Elite von *„more sophisticated capitalists"* sei ebenso wie die Gewerkschaften nicht auf *„patron-client or ‚class-mate' con-*

114 Zum bürokratisch-autoritären und populär-autoritären Korporatismus im Industrialisierungsprozess ostasiatischer Gesellschaften am Beispiel von Singapur vgl.: Deyo, 1981, ... a.a.O.

115 "In sum, Thai workers and their organisations have faced a continual battle for recognition and legitimacy in which opportunities have ebbed and flowed." Andrew Brown, Stephen Frenkel: Union Unevenness and Insecurity in Thailand, in: Stephen Frenkel (Ed.): Organized Labour in the Asia Pacific Region, New York: 1993, S. 87

116 Bzw. umgekehrt ausgedrückt einer rascheren Überwindung ländlicher Traditionsbindungen, wenn das Verlassen des Elternhauses, wie in der west- und mitteleuropäischen „Hufenverfassung" mit ihrem traditionellen Erbrecht zugunsten des ältesten Sohnes „meist ein endgültiger Schritt" war. Vgl.: Michael Mitterauer: Frühformen der Lohnarbeit in europäischen Agrargesellschaften, in: Olaf Bockhorn, Ingeborg Grau, Walter Schicho (Hg.): Wie aus Bauern Arbeiter wurden. Wiederkehrende Prozesse des gesellschaftlichen Wandels im Norden und im Süden einer Welt, Frankfurt a.M.: Brandes und Apsel, 1998, S. 17

117 "Even ... where ... the highest percentage came from rural backgrounds, there was no strong trend to see urban work as temporary..." Peter Limqueco, Burce McFarlane, Jan Odhnoff: Labour and Industry in ASEAN, Manila: Journal of Contemporary Publishers, 1989, S. 107

118 Ebd., S. 32

nections" aufgebaut und von daher flexibler gegenüber Arbeitnehmerorganisationen.[119] Insgesamt würden sich damit nach langer gewerkschaftlicher Stagnation neue Perspektiven ergeben.[120] Die Erwartung einer Modernisierung der industriellen Beziehungen und damit zugleich größeren Akzeptanz von Arbeitnehmerorganisationen im Gleichschritt mit der wirtschaftlichen Entwicklung erfüllte sich jedoch nicht. Die Gewerkschaften bleiben auch im Umfeld eines längeren deutlichen wirtschaftlichen Wachstums bis zum Beginn der Asienkrise i.J. 1997 schwach und zumeist in der Defensive.

Der gewerkschaftliche Spielraum weitete sich im wirtschaftlichen Boom gegen Ende der 80er Jahre in einem fünften Expansionszyklus wieder aus. Anfänge einer Sozialversicherung wurden 1990 mit dem ‚Social Security Act' geschaffen. Das neue Gesetz bot Arbeitnehmern einen bescheidenen Einstieg in eine Krankenversicherung und sah die spätere Ausweitung der Sozialversicherung auf weitere Risiken vor. Nur ein Jahr später begann mit dem Staatsstreich vom Februar 1991 bereits die sechste repressive Phase. Essentielle gewerkschaftliche Rechte wurden 1991 durch Militärgesetzgebung aufgehoben.

3.4.2 Gewerkschaftsentwicklung im vierten Zyklus (bis 1976)

Nach dem Staatsstreich vom Oktober 1957 und der Machtübernahme von Feldmarschall Sarit Thanarat i.J. 1958 begann eine Epoche, die heute rückblickend als ‚Dark Age' der Gewerkschaften in Thailand bezeichnet wird.[121] Das ‚Dark Age' überdauerte als vierte Repressionsphase die Diktatur von Feldmarschall Sarit. Nach dessen Tod i.J. 1963 umfasste sie noch den überwiegenden Teil der Regierungszeit seines ebenfalls autokratischen Nachfolgers Thanom Kittikachorn.[122] Wesentliche Veränderungen des gesellschaftlichen Kräfteverhältnisses mit neuen Chancen für die Entwicklung von Gewerkschaften ergaben sich erst 15 Jahre später wieder im Vorfeld eines demokratischen Umsturzes i.J. 1973, der eine vierte Expansionsphase der Arbeiterbewegung ermöglichte.

Gewerkschaftliche Betätigung wurde unmittelbar nach der Machtübernahme von Sarit mit einem Militärdekret verboten, das zugleich die Arbeitsgesetzge-

---

119 Ebd., S. 33

120 "The election of the Choonhavan government in 1988, after a long period of relative stagnation and quiescence by unions, opened up new prospects." Limqueco et. al., 1989, ... a.a.O., S. 32

121 Siehe den Abschnitt „From the Dark Age to the Golden Age", in: Thai Labour Museum, Catalogue, Edison Press, Bangkok 1994, S. 27

122 Vgl.: Wehmhörner, 1983, ... a.a.O.

bung abgeschaffte.[123] Organisatorische Strukturen der Arbeiterbewegung, die sich nach dem Zweiten Weltkrieg in der zweiten und dritten Expansionsphase trotz zwischenzeitlicher Einbrüche herausgebildet hatten, wurden in der vierte Repressionsphase vollständig zerstört. Widerstand im Untergrund war lebensgefährlich. Viele Gewerkschaftsführer wurden festgenommen und blieben oft langjährig inhaftiert.[124] Der Eisenbahner und TLU Gewerkschafter Prakob Toolaklam verbrachte unter der Repression z.B. 8 Jahre und 11 Monate im Gefängnis.[125] Die verfolgten Gewerkschafter gehörten meist entweder dem Umkreis der TLU mit politischer Nähe zu Phibul Songkhram und seiner ‚Labour Party' an, oder aber den ‚16 labour units', einer neu gegründeten Dachorganisation in der Tradition der CLU der Nachkriegszeit. Die ‚16 labour units' gehörten anders als ihre Vorläuferorganisation CLU nicht mehr dem WGB an.[126]

Das tragischste Schicksal erlitt Suppachai Srisati, ein politisch unabhängiger Gewerkschaftsführer und Generalsekretär der ‚16 labour units'. Suppachai wurde am 30. Juni 1959 verhaftet und bereits wenige Tage darauf am 6. Juli 1959 vom Sarit Regime hingerichtet.[127] Er gehörte entgegen Vorwürfen des Regimes keiner kommunistischen Gruppierung an.[128] Suppachai unterhielt nach Auskunft eines damaligen kommunistischen Untergrundführers unabhängig von der IBFG Mitgliedschaft des konkurrierenden Verbandes TLU und seiner Verankerung in den ‚16 labour units' eigene internationale Kontakte zum IBFG.[129] Trotz der Schwere seines tragischen und selbst für damalige Bedingungen außergewöhnlichen Schicksals wird der Fall Suppachai in der bisher veröffentlichten wissenschaftlichen Literatur und Forschung zur Entwicklung der Arbeiterbewegung Thailands

---

123 Revolutionary Party's Order No. 19 v. 31.10.1958; vgl.: Wehmhörner, 1983, ... a.a.O.

124 Eine Aufzählung verhafteter Gewerkschafter findet sich in der Broschüre "prawat karntosu khong kammakon thai" (History of the struggle of Thai labour), S. 47, die von der Communist Party of Thailand nach 1976 im Untergrund veröffentlicht wurde.

125 Vgl.: Thai Labour Museum, 1994, ... a.a.O. S. 27

126 Interview mit Damri Ruengsudham am 07. 11. 1999

127 Vgl.: Tongbai Tongpao in seinem Artikel „look phuchai kiattiyos Suppachai Srisati yau com ray rag" in der Zeitschrift ‚Thai Financial' (Bangkok) v. 23./24.12.1995. Der Autor ist in Thailand ein anerkannter Menschenrechtsanwalt, der 1958 ebenfalls verhaftet worden war.

128 So Damri, der damals zur Führung der kommunistischen Untergrundbewegung gehörte, im o.g. Interview. Für Suppachais Unabhängigkeit spricht auch, dass die Kommunistische Partei Thailands ihn in ihrer Untergrundliteratur nicht als einen ihrer Helden aufführt, wie z.B. die ebenfalls hingerichteten Klong Jandawong, Tongpan Sutthimas oder Roam Wongpan. (Auskunft von Sakdina Chatrakul na Ayudhaya vom Thai Labour Museum nach Recherchen im Nationalarchiv Thailands.)

129 Interview mit Damri Ruengsudham am 07. 11. 1999

erstaunlicherweise nur am Rande erwähnt. Meist wird dabei noch nicht einmal sein Name genannt.[130]

Nach noch vorläufigen Recherchen reagierte der IBFG auf die Repression des Militärregimes in Thailand seit 1958 wiederholt mit internationalen Protesten.[131] Die betroffenen bzw. inhaftierten Gewerkschafter konnten diese Zeichen internationaler Solidarität aber wegen ihrer isolierten Situation möglicherweise kaum wahrnehmen. Die im Einzelnen noch unerforschte internationale Reaktion ist, wie der Fall Suppachai selbst, bisher noch nicht in das Selbstverständnis der Thai Arbeiterbewegung und die Projektion ihrer eigenen Geschichte eingedrungen. Damit unterscheidet sich der Fall Suppachai deutlich vom Fall des militärkritischen Gewerkschaftsführers Thanong Po-arn in den 90er Jahren.[132] Nach Thanongs unaufgeklärtem Verschwinden während der Militärherrschaft i.J. 1991 reagierte der IBFG ebenfalls mit internationalen Protesten. Der neuere Fall Thanong hat aber im Unterschied zum früheren Fall Suppachai einen festen Platz im Geschichtsbild und Selbstverständnis der Thai Arbeiterbewegung.[133] Unter den Bedingungen der intensiven wirtschaftlichen Globalisierung und Internationalisierung zu Beginn der 90er Jahre konnte ein Militärregime der Bevölkerung zwar immer noch die demokratischen Rechte vorenthalten. Es war aber für solch ein Regime weitaus schwieriger geworden, die Bevölkerung wirksam von weltweitem Dialog, dem Austausch von Informationen und internationalem Einfluss zu isolieren, sowie Proteste aus dem Ausland vollständig zu ignorieren. Der Preis für ein diktatorisches Regime unter den Bedingungen einer offenen, exportorientierten und expandierenden Volkswirtschaft wäre die Abkopplung von der globalen Wirtschaftsentwicklung samt politischer Isolierung zum Nachteil der eige-

---

130 Kanchada erwähnt zumindest Suppachais Namen. Vgl.: Kanchada, 1989, ... a.a.O., S. 216 f.. Andere Autoren gehen nur allgemein auf die damalige Repression ein. Vgl.: Sangsidt, 1989, ... a.a.O., S. 23 f.; Brown, 1990, ... a.a.O., S. 219; Pasuk / Baker, 1995, ... a.a.O. S. 190

131 In der kommunistischen Untergrundbroschüre „prawat karntosu khong kammakon thai“ (History of the struggle of Thai labour) finden sich Hinweise auf damalige IBFG und AFL-CIO Proteste bei der IAO. Anfragen des Verfassers beim IBFG in Brüssel ergaben, dass dort niemand mehr zum Fall Suppachai und den damaligen Vorgängen in Thailand Auskunft geben kann. IBFG Dokumente aus dieser Epoche lagern zudem nicht mehr beim IBFG, sondern im Archiv für Sozialgeschichte in Amsterdam. Die Auswertung des dortigen Archivmaterials war bis zur Fertigstellung des Manuskripts aus technischen Gründen nicht mehr möglich und bleibt späterer Forschung vorbehalten.

132 Vgl. Abschnitt 3.5.1

133 So war es z.B. in den Interviews der empirischen Forschung den interviewten Gewerkschaftern immer wieder ein deutliches Anliegen, über das ‚Verschwinden' von Thanong zu sprechen. Siehe hierzu Kapitel 5.

nen Eliten gewesen.[134] Danach ergibt sich unter den Bedingungen wirtschaftlicher Globalisierung und Internationalisierung eine Chance für den Erfolg internationaler gewerkschaftlicher Solidarität in Menschenrechtsfragen. In der vierten Repressionsphase Ende der 50er Jahre war das Regime in Thailand weniger als in den 90er Jahren zu internationaler Rücksichtnahme gezwungen. Das frühere Regime war zudem eher in der Lage, unterdrückte Gewerkschafter effektiv von den Entwicklungen außerhalb Thailands zu isolieren, als dies unter den globalen Rahmenbedingungen späterer Repressionszyklen der Fall war.

Im Jahre 1972 kam es in der Spätphase der Diktatur unter Thanom zu einer Lockerung des absoluten Organisationsverbots. Betriebliche Arbeitnehmervereinigungen wurden auf der Grundlage des Militärdekrets ‚Revolutionary Party's Order No. 103' wieder erlaubt. Die Gründe für die Lockerung mögen das wachsende industrielle Konfliktpotential in einer Phase wirtschaftlicher Umstrukturierung und zunehmende internationale Kritik auf den Foren der Internationalen Arbeitsorganisation gewesen sein. Allerdings ließen sich bis Oktober 1973 nur 14 solcher Vereinigungen tatsächlich registrieren.[135] Die Ansätze zur Neuentwicklung von Gewerkschaften waren in dieser Endfase des ‚Dark Age' bereits Teil einer umfassenderen sozialen Bewegung geworden, die am 14. Oktober 1973 zum Sturz der Militärherrschaft führte und eine Rückkehr zur Demokratie ermöglichte.

Der Oktoberaufstand des Jahres 1973 fand unter maßgeblichem Einfluss der Studentenbewegung statt. Danach kam es im wieder freieren innenpolitischen Umfeld zu einer Welle betrieblicher Streiks. Dabei formierten sich neue Arbeiterorganisationen.[136] Die Thai Gewerkschaftsbewegung trat in ihre vierte Expansionsphase. Schon bald bildete sich mit dem ‚Labour Coordination Centre of Thailand' (LCCT) eine neue gewerkschaftliche Dachorganisation. Die Studentenbewegung hatte an der Gründung des LCCT im Rahmen einer weiter gefassten, antiimperialistischen und antikapitalistischen Strategie mitgewirkt und auf die militante Orientierung dieser Organisation Einfluss genommen:

> „For the student activists, the formation of the LCCT was a key part of the strategy to ally student, worker and peasant. LCCT became a platform for protesting against the military, against the US military presence, and against corruption and exploitation." [137]

134 Wie es z.B. die Bedingungen unter dem Militärregime im politisch isolierten und von Boykotten betroffenen Nachbarland Burma mit sich bringen.

135 Vgl.: Wehmhörner, 1983, ... a.a.O., S. 483

136 Vgl.: Hewison / Brown, ... a.a.O., S. 18

137 Pasuk / Baker, 1995, ... a.a.O., S. 194

In der damaligen weltpolitischen Situation um das Jahr 1974 verbreitete sich nach Sangsidh auch in Arbeiterkreisen die Vorstellung eines Zusammenhangs ihrer konkreten Probleme mit der Imperialismusfrage. Danach trugen einheimische Kapitalisten als Agenten eines japanischen und amerikanischen Imperialismus zur Ausbeutung der einheimischen Arbeiter bei.[138] Sungsidh weist auf den Einfluss der Studentenbewegung auf die politische Orientierung der Arbeiterbewegung hin.[139] Damals waren die USA im benachbarten Indochina noch in den Vietnamkrieg involviert. Der ‚Antiimperialismus' war in oppositionellen und studentischen Kreisen eine verbreitete politische Haltung mit Ausstrahlung auf die aufkeimende Arbeiterbewegung. Nicht alle Gewerkschafter waren jedoch mit einer externen politischen Einflussnahme durch Studenten oder gesellschaftskritische Akademiker einverstanden. Der Gewerkschaftsführer Phaisan Thawatchainan wandte sich öffentlich gegen den Einfluss Dritter.[140] Viele Gewerkschafter scheuten zudem wegen noch nicht vergessener repressiver Erfahrungen mit dem Militär das Risiko einer radikalpolitischen Gewerkschaftsstrategie. Vor allem die Repräsentanten der Beschäftigten in den Staatsbetrieben befürchteten, dass ein Bruch mit der Zivilregierung eine politische Krise auslösen könnte, die zu einer Rückkehr der Militärherrschaft führt. Dadurch hätten die Arbeiterorganisationen, die formell erst mit dem ‚Labour Relations Act' von 1975 als Gewerkschaften legalisiert wurden, am Ende die gerade erst errungene Möglichkeit zur Wahrnehmung der wirtschaftlichen und sozialen Interessen ihrer Mitglieder wieder verloren.[141] Als Ausdruck dieser unterschiedlichen Auffassungen wurde die ‚Federation of Labour Unions of Thailand' (FLUT) als zweiter gewerkschaftlicher Dachverband gegründet. FLUT nahm internationale Kontakte zum IBFG auf. Diese Verbindung mündete im Jahre 1979 in die formelle IBFG Mitgliedschaft [142] dieses am 1. Mai 1976 in ‚Labour Congress of Thailand' (LCT) umbenannten Dachverbandes.[143] Als dritter Dachverband aus dieser Epoche wird das ‚National Council of Thai Labour' (NCTL) mit einer konservativen Ausrichtung

---

138 Vgl.: Sungsidh, 1989, ... a.a.O., S. 186: „The workers saw that the ruling elites allied with the imperialists – Japan and the United States. ... the capitalists acted as agent of imperialism and exploited labor...".

139 Ebd.

140 „we don't want any intervention with the third hand"; Phaisan Thawatchainan in einem Interview mit 'Siam Rat' v. 17. August 1974, zit. aus Sangsidh, 1989, ... a.a.O., S. 183

141 Vgl.: Sangsidh, 1989, ... a.a.O.,S. 182. Sangsith bezeichnet diese Orientierung der Organisationen in den Staatsbetrieben als „industrial relations strategy".

142 Vgl.: Wehmhörner, 1983, ... a.a.O., S. 487 u. 496.

143 Vg. Sansidh, 1989, ... a.a.O., S. 221

genannt.[144] Nach Literaturangaben unterhielt NCTL internationale Kontakte zu BATU, der asiatischen Regionalorganisation des WVA.[145]

Wegen seiner radikalen Haltung verlor das LCCT an gewerkschaftlichem Einfluss,[146] während die Bedeutung von FLUT als Ergebnis einer realitätsbezogenen gewerkschaftlichen Orientierung wuchs. Dabei repräsentierte innerhalb des Dachverbandes FLUT Präsident Phaisan Thawatchainan eine eher pragmatische Orientierung, während sein Stellvertreter Arom Phongpangan für die gesellschaftskritischeren und militanteren Strömungen stand. Beiden Gewerkschaftsführern war die drohende Gefahr einer neuerlichen Machtergreifung durch das Militär bewusst. Aus diesem Grund vertraten sie gemeinsam die Auffassung einer notwendigen Distanz ihrer Organisation zu radikalen, wie auch konservativen politischen Kräften.[147] Ein großer internationaler Erfolg für FLUT war nach vorhergehenden Meinungsverschiedenheiten mit der Regierung die Anerkennung und Benennung als offizieller Vertreter der Thai Arbeiterschaft in Gremien des Internationalen Arbeitsamtes in Genf: „this was the first time that the workers' national organisation found a formal plattform for speaking in the international level."[148] Die gewerkschaftliche Führungsebene von FLUT rekrutierte sich nach Sangsidh ebenso wie die von ihr vertretenen Arbeiter aus ärmeren Arbeiterhaushalten oder Bauernfamilien.[149] Sie war für gewerkschaftliche Führungsaufgaben trotz ihrer Benachteiligung im Bildungssystem relativ gut ausgebildet, da sie über einen verbesserten Zugang zu internationalem Wissen und gewerkschaftlichen Erfahrungen anderer Nationen verfügte. Während der vierten Expansionsphase waren internationale gewerkschaftliche Kontakte und neue Formen der Zusammenarbeit entstanden. Es gab nicht mehr nur wie in vorherigen Expansionszyklen eher zaghafte Kontakte zu internationalen Dachverbänden, sondern zusätzlich Verbindungen auf Branchenebene zu den Internationalen Berufssekretariaten.

Ein wesentlicher und qualitativ neuer Faktor war die Existenz lokaler Projektbüros der deutschen Friedrich-Ebert-Stiftung (FES) und des amerikanischen ‚American Asian Free Labour Institute' (AAFLI), die von da an intensiv mit den Thai Gewerkschaften kooperierten. Die FES repräsentierte in ihrer internationalen Gewerkschaftskooperation zugleich den Deutschen Gewerkschaftsbund (DGB). AAFLI vertrat den US amerikanischen Gewerkschaftsdachverband ‚American Federation of Labour – Congress of Industrial Organisations' (AFL-CIO). Zwischen den beiden ausländischen Institutionen der internationalen Ge-

144 Ebd., 219
145 Vgl.: Wehmhörner, 1983, ... a.a.O., S. 488
146 Vgl.: Sangsidh, 1989, ... a.a.O., S. 214
147 Vgl.: Ebd. S. 229
148 Ebd., S. 224
149 Vgl.: Ebd., S. 226

werkschaftskooperation mit Büros in Bangkok gab es trotz eines gemeinsamen Anspruchs der Hilfestellung für die lokale Gewerkschaftsbewegung auch voneinander abweichende Arbeitsweisen und gesellschaftspolitische Ziele in Bezug auf Entwicklungsländer.[150] Die lokalen Gewerkschaftsführer erhielten über die Brückenfunktionen dieser Büros, unabhängig von solchen Differenzen, eine wesentlich verbesserte Verbindung zur internationalen Gewerkschaftsbewegung und die Möglichkeit zu qualifizierter, internationalen Standards entsprechender Ausbildung einer größeren Zahl ihrer Funktionsträger.[151]

3.4.3 Gewerkschaftsentwicklung im fünften Zyklus (bis 1991)

Die Befürchtungen der FLUT/LCT Gewerkschaftsführer Phaisan und Arom vor einer neuerlichen Machtergreifung durch das Militär erwiesen sich als berechtigt. Am 6. Oktober 1976 kam es zu einem gewalttätigen Militärputsch, in dessen Verlauf es auch Tote gab. Der Staatstreich brachte ein hartes und gewerkschaftsfeindliches Militärregime unter Thanin Kraivixien an die Macht. Mit der Rückkehr zur Diktatur begann die fünfte Repressionsphase der Gewerkschaftsbewegung. Nach Sangsidh wurde von der LCT Führerschaft allerdings nur Arom Phongpangan festgenommen, der ohne Gerichtsverfahren zwei Jahre inhaftiert blieb.[152] Viele der radikalen Aktivisten aus dem Umfeld der Studentenbewegung gingen in den Dschungel und schlossen sich dort dem kommunistischen Untergrundkampf an. Die organisatorische Grundlage der Arbeiterbewegung war in der fünften Repressionsphase ein weiteres mal vom Staat zerstört worden.

Dennoch blieben informelle Verbindungen bestehen, die den späteren gewerkschaftlichen Wiederaufbau und die Expansionsphase während des Wirtschaftswachstums der 80er Jahre erleichterten. Erstmals festere und breitere internationale Kontakte von und zur Thai Gewerkschaftsbewegung wirkten dabei unterstützend. Diese Kontakte trugen trotz der Schwere des repressiven Einbruchs zu einem relativen Erhalt von Strukturen der Arbeiterbewegung bei. Die extreme Unterdrückung der Arbeiterbewegung ließ bald wieder nach, als nach einem zweiten Militärputsch i.J. 1977 eine weniger rigide Militärregierung unter

---

150 Der DBG gehörte ohne Unterbrechung dem IBGF an. Dagegen hatte AFL-CIO, u.a. vor dem Hintergrund seiner Abgrenzung zu ‚linken' Gewerkschaften in Entwicklungsländern, den IBFG 1969 verlassen. AFL-CIO schloss sich dem IBFG erst 11 Jahre später wieder an. Vgl.: Hanna Sabine Leich, Wolfgang Kruse: Internationalismus und nationale Interessenvertretung: Zur Geschichte der internationalen Gewerkschaftsbewegung, Köln: Bund Verlag, 1991, S. 121

151 Vgl.: Sangsidh, 1989, ... a.a.O., S. 226

152 Vgl.: Ebd., S. 227

Führung von Kriangsak Chomanand an die Macht kam.[153] Nach Wahlen im Jahre 1979 konnte wieder eine Zivilregierung gebildet werden. Der LCT hatte unter den veränderten Bedingungen die Möglichkeit der offiziellen Registrierung als gewerkschaftlicher Dachverband und trat nun formell dem IBFG bei. Die Aufhebung des Streikverbots i.J. 1981[154] war ein weiterer Schritt zur Verbesserung gewerkschaftlicher Arbeitsbedingungen. Eine Normalität gewerkschaftlicher Handlungsvoraussetzungen im Sinne von Rechtssicherheit war damit noch nicht gewährleistet. Auch unter der zivilen Administration hatten Gewerkschaften und organisierte Arbeiter keinen wirksamen Schutz gegen ungesetzliche Unterdrückung und vielfältige Formen der Benachteiligung in der betrieblichen Praxis. Brown / Frenkel fassen die Probleme der gewerkschaftlichen Organisationsarbeit in den 80er Jahren wie folgt zusammen:

> "Without effective legal protection or union contracts, employees are liable to reprisals if they join and become active in unions. Such practices include blacklisting, sacking and physical abuse."[155]

Dies sind Bedingungen, unter denen auch im Deutschland der Industrialisierung während des 19. Jh. eine längerfristige Solidaritätsperspektive gefehlt hätte und stabile gewerkschaftliche Strukturen mit hohem Organisationsgrad nur schwerlich zustande gekommen wären.[156] Hinzu kamen beträchtliche Schwierigkeiten wegen externer militärischer Einflussnahme. Eine Fraktion des Militär erlangte i.J. 1982 mit Wahlmanipulationen vorübergehend personelle Kontrolle über den LCT. Der nicht wiedergewählte LCT Präsident Phaisan verließ daraufhin mit einem Teil der Gewerkschaften den LCT. Als Folge dieser Abspaltung wurde der Thai Trade Union Congress (TTUC) gegründet.[157] Der IBFG nahm den TTUC als zweite thailändische Mitgliedsorganisation neben dem LCT auf. Die Trennung in zwei IBFG Mitgliedsverbände blieb von da an stets ein strukturelles Hemmnis der Thai Arbeiterbewegung, das trotz intensiver und langjähriger internationaler Bemühungen um einen Zusammenschluss von LCT und TTUC niemals wirklich überwunden werden konnte.

Ohnehin trug das dichter werdende Netzwerk internationaler gewerkschaftlicher Verbindungen, wie z.B. die nun häufigeren Mitgliedschaften in Internatio-

---

153 Vgl.: Hewison / Brown, 1993, ... a.a.O., S. 18

154 Ebd.

155 Brown / Frenkel, 1993, ... a.a.O., S. 91

156 Siehe hierzu den Vergleich unterschiedlicher Typen und Bedingungen der frühen deutschen Arbeiterbewegung, dargestellt in: Werner Eisner: Solidarität und deutsche Misere. Erfahrungsmomente der frühen sozialen Bewegung bis 1848, Frankfurt a.M.: Materialis Verlag, 1982, S. 446f.

157 Vgl.: Wehmhörner, 1983, ... a.a.O., S. 487 f.

nalen Berufssekretariaten in den 80er Jahren, nicht zu einer substantiellen und dauerhaften Stärkung der Gewerkschaftsbewegung bei. Zwar bildete sich dadurch die Organisationsebene der ‚Federations' als Zusammenschluss von Betriebsgewerkschaften einzelner Branchen und als lokale Parallelstruktur zu den gleichfalls branchenorientierten Internationalen Berufssekretariaten. In der internationalen Zusammenarbeit wurden neben Erfolgen jedoch auch die Probleme und Schwierigkeiten immer deutlicher. Hoffnungen auf eine rasche und nachhaltige Stärkung lokaler Gewerkschaftsstrukturen durch internationale Hilfe erfüllten sich nicht. Sowohl die lokalen Gewerkschafter als auch ihre internationalen Partner waren oftmals nicht imstande, in einen mehr als nur oberflächlichen gemeinsamen Dialog einzutreten. Es kam immer wieder zu Schwierigkeiten, deren Ursachen man sich auf beiden Seiten nicht wirklich erklären konnte und die häufig als unüberwindliche Barrieren erschienen. Auf der Grundlage von Recherchen[158] zu Bedingungen der internationalen Gewerkschaftskooperation in Thailand i.R. dieser Studie werden nachfolgend Beispiele dargestellt, die über den fünften Zyklus hinaus auch im sechsten Zyklus von Bedeutung blieben. Die Vielfalt genannter Probleme der internationalen Gewerkschaftskooperation können diese Beispiele allerdings nur begrenzt erfassen. Hier gibt die parallel durchgeführte qualitative Forschung auf der Basis problemzentrierter Interviews einen tieferen Aufschluss, wovon Kapitel 5 handelt.

Ein erstes Fallbeispiel handelt von Problemen der Zusammenarbeit zwischen Thai Metallgewerkschaften und dem Internationalen Metallgewerkschaftsbund (IMB).[159] Im Februar 1986 gründeten mehrere Metallgewerkschaften die ‚Thai Metal Workers Federation' (TMF). Die TMF gehört jedoch nicht dem IMB an, dem in Thailand mehrere andere Gewerkschaften, u.a. im Automobilbereich, angeschlossen sind. Die Distanz zwischen TMF zum IMB geht auf ein Problem i.J. 1986 zurück, das durch die internationale Kooperation ausgelöst wurde. Noch vor Gründung der TMF finanzierte der IMB mit japanischer Unterstützung und vermittelt durch einen lokalen Koordinator ein Gebäude für Metallgewerkschaften. Die thailändische Kontaktperson war zugleich für die Maßnahmen des IMB Kooperationsprogramms mit Thailand zuständig. Nach Gründung der TMF kam es zwischen diesem Koordinator und einem Gewerkschaftsführer der neuen

158 „Fünf Interview-Recherchen zu Bedingungen der Internationalen Gewerkschaftskooperation und von Gewerkschaftsarbeit in Thailand", durchgeführt in Bangkok / Thailand im November u. Dezember 1998 und im November 1999 (Stefan Chrobot, unveröffentlicht).

159 Die folgende Darstellung basiert auf einem Interview mit der Metallgewerkschafterin Wanpen Premkeow am 31. November 1998, sowie auf Informationen aus einem Gespräch mit dem IMB Regionalvertreter für Südostasien Arunsalam P. im Juli 1999

‚Federation' zu Auseinandersetzungen über finanzielle und gewerkschaftliche Fragen der internationalen Zusammenarbeit im Rahmen des IMB Programms. Der TMF Führer kam wenig später unter nie aufgeklärten Umständen ums Leben. Die TMF zog sich von da an aus der Zusammenarbeit mit dem IMB und seinem lokalen Verbindungsbüro zurück. Der bisherige Koordinator blieb weiterhin für die überwiegend japanisch finanzierten Projektaktivitäten des IMB in Thailand zuständig. Eine Klärung war wegen eines undurchschaubar erscheinenden Geflechts von Ereignissen, Verbindungen und Interessenlagen lange Zeit unmöglich. Selbst bei gelegentlichen Treffen von TMF Gewerkschaftern mit europäischen Repräsentanten des IMB im Rahmen anderer Programme gelang eine gemeinsame internationale Aufklärung und Lösung des alten Problems nicht. Zudem erschien es der internationalen Seite lange Zeit unausweichlich, organisatorische Formalitäten einzuhalten und auf die Zuständigkeit des japanischen Regionalbüros für alle Thailand betreffenden Fragen zu verweisen. Zu einem Neuanfang der Beziehungen kam es 1999 in Anbetracht der Vorgeschichte auf eine erstaunlich einfache Weise. Der IMB hatte in Malaysia ein neues südostasiatisches Regionalbüro eingerichtet, das nun für die Projektkooperation mit Thailand zuständig war. Der neue Repräsentant durchbrach das bisherige Kontaktmonopol lokaler Koordinatoren, indem er sich für die IMB Projektaktivitäten (z. B. Bildungsveranstaltungen) zur vorübergehenden Vernachlässigung der formalen IMB Mitgliedschaftsstrukturen und bisher ernannten Koordinatoren entschloss. Er entwickelte ein Programm, an dem auch nicht dem IMB angeschlossene Metallgewerkschaften, einschließlich der TMF, gleichberechtigt teilnahmen und betreute alle Projektaktivitäten eine zeitlang persönlich.

Ein weiteres Beispiel behandelt die Kooperation von Transportgewerkschaften mit der Internationalen Transportarbeiterförderation (ITF) und basiert auf dem Bericht eines lokal und international anerkannten Gewerkschaftsführers aus dem Eisenbahnbereich.[160] Erste Kontakte lokaler Transportgewerkschaften zur ITF gehen danach auf die Zeit um das Jahr 1982 zurück. Sie wurden wahrscheinlich durch die Friedrich-Ebert-Stiftung vermittelt. Nachdem erste Gewerkschaften der ITF beigetreten waren (‚Aerothai' i.J. 1982 und eine Eisenbahngewerkschaft i.J. 1984), setzte ITF zur Stärkung seiner Zusammenarbeit in Thailand Projektkoordinatoren aus dem Kreis dieser beigetretenen Gewerkschaften ein. Die Koordinatoren erhielten ein Honorar und sollten mit finanzieller Unterstützung von ITF Bildungsprogramme und andere gemeinsame Aktivitäten der Thai Transportgewerkschaften organisieren und verwalten. Dabei kam es zu dem Problem, dass alle internationalen Kontakte, einschließlich des Wissens um die finanziellen Einzelheiten der ITF Unterstützung, vom jeweils amtierenden Koor-

---

160 Interview mit Somsak Kosaisuk am 28. November 1998

dinator weitgehend monopolisiert und kontrolliert wurden. Einer dieser Koordinatoren, er war bis zu seiner Abwahl i.J. 1989 zugleich Vorsitzender der Eisenbahnergewerkschaft, führte zwischen 1987 und 1989 in eigener Entscheidung nicht einmal Mitgliedsbeiträge an die ITF ab, so dass die Eisenbahnergewerkschaft vorübergehend ihre internationale Mitgliedschaft verlor. Nach dem Führungswechsel in der Gewerkschaft gestaltete sich die Wiederaufnahme der Kontakte zur ITF zunächst schwierig: *„There was also the language problem. Only with the help of FES, the contact to ITF could be rearranged.“*[161] Auch aus dem Blickwinkel der ITF war der Neubeginn einer Zusammenarbeit schwierig.[162] Wegen schlechter Erfahrungen in der Vergangenheit war man inzwischen vorsichtig. Zudem mussten z.T. komplizierte administrative und finanzielle Fragen aus der Tätigkeit der früheren Koordinatoren und Projektabwicklungen geklärt werden. Die Grundstimmung der Zusammenarbeit hob sich, als der neue Führer der Eisenbahnergewerkschaft wegen seiner auch international populären Rolle in der Demokratiebewegung i.J. 1992 eine anerkannte Persönlichkeit wurde, wonach neues Vertrauen aufkam. Dennoch war es später nicht einfach, die Koordinatorenproblematik der Vergangenheit aufzuarbeiten und gemeinsam zu einem besseren Konzept der internationalen Zusammenarbeit zu finden. Somsak Kosaisuk fasst einige seiner am Ende doch noch positiven Erfahrungen aus der internationalen Zusammenarbeit wie folgt zusammen:

> "In recent years we have introduced much more checking and controls. There was a situation when ITF offered us once more a coordinator. We tried to avoid the coordinator concept and we local affiliates decided to prefer just an annual plan of activities. Many International Trade Secretariats tried to appoint coordinators in Thailand. But it lead mostly to problematic results. We are now five affiliates and we formed a coordination committee. Letters from ITF will be given to all affiliates to avoid monopolising." [163]

Weitere Beispiele zeigen die mögliche Vielfalt von Schwierigkeiten bei der Umsetzung gut gemeinter internationaler Hilfe für eine lokale Gewerkschaftsbewegung. Die tieferen Ursachen solcher Schwierigkeiten bleibt den Akteuren jedoch häufig verborgen, das Verbindende und Trennende zwischen den Kulturen in der internationalen gewerkschaftlichen Zusammenarbeit ist den Beteiligten nicht wirklich nachvollziehbar.

Ein letztes, hier nur am Rande dargestelltes Beispiel ist die finanzielle Unterstützung der norwegischen Gewerkschaften für ein gemeinsames Gebäude der beiden IBFG Mitgliedsverbände LCT und TTUC, die auf die Jahre 1987 und

---

161 Ebd.

162 Mehrere Gespräche mit den ITF Sekretären Mo Hoda und Shigeru Wada zwischen 1991 und 1996

163 Interview mit Somsak Kosaisuk, am 28. November 1998

1988 zurückgeht.[164] In der asiatischen Regionalorganisation des IBFG,[165] die an der Umsetzung dieses Projektes mitwirkte, erhoffte man sich aus der räumlichen Nähe eine Annäherung von LCT und TTUC und einen späteren Zusammenschusses. Der IBFG unterstützte dies mit ergänzenden Maßnahmen, wie z. B. gemeinsamen Bildungsprogrammen. Die gewerkschaftliche Annäherung von LCT und TTUC kam trotz jahrelanger räumlicher Nähe innerhalb eines Gewerkschaftshauses nie zustande. Enttäuschender als diese nicht erfüllte Hoffnung war für die internationalen Partner, als sich 1999 bei einer neu beantragten finanziellen Hilfe zur Reparatur des Gebäudes herausstellte, dass die Eigentumsverhältnisse des Gewerkschaftshauses problematisch und die Rechte der Gewerkschaftsverbände völlig ungeklärt waren.[166]

Die Bedeutung dieser exemplarischen Problemlagen aus den 80er Jahren und der Zeit danach soll nicht überbetont werden. Es wird aber deutlich, dass der Verlauf einer internationalen Kooperation mit hohen Risiken behaftet sein kann. Wenn Probleme wie die dargestellten nicht in gemeinsame Lernprozesse münden, die eine verbesserte Kooperation herbei führen, dann gerät die internationale Gewerkschaftskooperation in eine Krise und kann Scheitern.

Der wirtschaftliche Boom ermöglichte der Arbeiterbewegung gegen Ende der 80er Jahre eine fünfte Expansionsphase. Vor allem die gut organisierten Gewerkschaften in den staatlichen Betrieben erzielten Erfolge. Dieser Aufwärtstrend ging bereits 1991 durch einen Staatstreich wieder zuende. Danach wurden die Gewerkschaftsrechte in Thailand ein weiteres Mal vom Militär drastisch eingeschränkt.

3.5 Sechster Zyklus (seit 1991)

3.5.1 Militärregime und Demokratiebewegung

Unmittelbar nach dem Militärputsch vom 23. Februar 1991 gab es zunächst kaum Missfallen oder Proteste der Gewerkschaftsbewegung. Manche Gewerkschaftsführer bekundeten sogar Sympathie für die militärischen Machthaber des ‚National Peace Keeping Council' (NPKC) und überbrachten Glückwünsche. Das NPKC setzte als Ersatz für das aufgelöste Parlament eine ‚National Assembly' ein und ernannte in dieses Gremium auch vier Gewerkschaftsvertreter.[167] Die Po-

164 Interview mit Pratuang Seangsan am 2. Dezember 1998

165 ICFTU/APRO

166 Anonymes Interview im November 1999

167 Diese vier ernannten ‚Abgeordneten' waren Ekachai Ekhankamol, Aat Sriat und Wichai Thosuwanschinda von den Gewerkschaften der Staatsbetriebe, sowie Panich

sition des Premierministers wurde mit dem international bekannten Geschäftsmann Anand Panyarachun besetzt. Mit der Ausübung dieses Amtes durch einen angesehenen Zivilisten unter der Oberherrschaft des Militärs wurden wirtschaftliche Nachteile als mögliche Folge internationaler Reaktionen auf den Putsch weitgehend vermieden. Auch die Deutsch-Thailändische Handelskammer in Bangkok unterstützte die neu eingesetzte Regierung mit der Entsendung einer Wirtschaftsdelegation an wichtige Außenhandelsplätze wie Hamburg, um die Normalität der Lage nach dem Putsch zu unterstreichen.

Zwei Tage nach dem Putsch bestellte Armeechef Suchinda Kraprayoon die Vorsitzenden aller gewerkschaftlichen Organisationen in die Konferenzhalle der ‚National Security Command'. Suchinda erklärte, dass er die Leiden der Arbeiter nachfühlen könne und forderte die versammelten Gewerkschaftsführer auf, ihre Problemlagen, Meinungen und Vorschläge dem NPKC mitzuteilen. Dafür erhielt er Beifall und Zustimmung. Viele Gewerkschaftsführer kamen so zu der Meinung, dass sie von der NPKC Herrschaft nichts zu befürchten hätten.[168] Die asiatische Regionalorganisation ICFTU/APRO des IBFG setzte sich unmittelbar nach dem Putsch mit ihren Mitgliedsverbänden LCT und TTUC in Verbindung, um deren Meinung über die neue Lage einzuholen. Wegen der Kommunikationsbarrieren erfolgte dies wie immer über einen ‚Liaison Officer', der nach dem Treffen im ‚National Security Command' die Position der IBFG Mitgliedsverbände abfragte. Die so gewonnen Eindrücke wurden an ICFTU/APRO in Singapur weitergeleitet und dort am 26. Februar zu einem Bericht zusammengefasst:

> „According to (our Liaison Officer) the consensus among LCT and TTUC leaders is that the trade unions should not do anything now by way of protesting against the military coup, nor should the ICFTU/APRO issue any statement in this respect. They do not anticipate any problem with the military rulers, ... As a matter of fact, the trade unionists feel more reassured of solutions to the labour problem from the military rulers, whereas during former PM Chatchai's regime (someone) made it often difficult for the trade unionists..." [169]

Als das NPKC das Oppositionspotential der Gewerkschaftsbewegung neutralisiert hatte, schränkte es am 28. Februar entgegen General Suchindas vorherigen Beteuerungen per Dekret[170] den gewerkschaftlichen Handlungsspielraum ein. Die entscheidende Schwächung der Gewerkschaftsbewegung mit nachhaltiger Auswirkung erfolgte am 18. April mit dem Inkrafttreten des ‚State Enter-

---

Charoenphao, Vorsitzender der IBFG Mitgliedsorganisation TTUC. Vgl.: Somsak, 1993, ... a.a.O., S. 84

168 Vgl.: Ebd.

169 ICFTU/APRO Report v. 26. 02. 1991

170 NPKC Announcement No. 54 v. 28. 02. 1991

prise Staff Relations Act' (SESRA) nach dessen Verabschiedung durch die ‚National Assembly' . Dieses Gesetz beinhaltete ein gewerkschaftliches Organisationsverbot für alle Staatsbetriebe. Die Gewerkschaften dieses Bereichs waren seit den 70er Jahren die eigentliche Machtbasis der Thai Gewerkschaftsbewegung gewesen. Als Folge des SESRA reduzierte sich die Gesamtzahl sämtlicher Gewerkschaftsmitglieder von zuvor über 330.000 auf etwa die Hälfte. Die Beschäftigten der Staatsbetriebe durften nur noch Vereinigungen bilden, die keine gewerkschaftlichen Befugnisse hatten. Eine organisatorische Verbindung solcher Vereinigungen mit den Gewerkschaften des privaten Wirtschaftssektors und deren Branchen- und Dachverbänden war untersagt. Die bisher stärksten nationalen Dachverbände LCT und TTUC verloren durch den SESRA den mitgliederstärksten Teil ihrer angeschlossenen Verbände und viele der qualifiziertesten Funktionsträger. Thanong Po-arn, Präsident des größten gewerkschaftlichen Dachverbandes LCT, entwickelte nach diesen Erfahrungen eine zunehmend kritische Haltung gegen das Militär und forderte in Zeitungsinterviews die Beseitigung des NPKC Regimes.[171] Die Regierung strich ihn daraufhin als Arbeitnehmervertreter von der Thai Delegation zur bevorstehenden Vollversammlung der IAO in Genf. Der IBFG reagierte darauf mit einer Protestnote an Premierminister Anand.[172] Thanong hatte die Absicht, trotz seines Ausschlusses von der offiziellen Delegation nach Genf zu reisen. Er konnte dies nicht mehr verwirklichen, da er am 19. Juni 1991 auf mysteriöse Weise ‚verschwand', nachdem er an diesem Tag sein Haus verlassen hatte.[173]

Als der kritische Flügel der Gewerkschaftsbewegung das Schicksal des LCT Präsidenten aufklären wollte, wurden die Rechtsvorschriften des SESRA gegen ihn eingesetzt. Am 4. August 1991 traf sich im Konferenzraum der ‚Paper and Printing Federation' eine Gruppe von Gewerkschaftern aus Privatwirtschaft und Staatsbetrieben, um über den Fall Thanong zu beraten. Der Innenminister erfuhr von diesem Treffen und drohte den Teilnehmern öffentlich mit der Absetzung von ihren Wahlfunktionen wegen Teilnahme an einer illegalen Versammlung.[174] Eine wirklich bedeutsame und breite Bewegung zur Aufklärung des Verschwindens von Thanong entwickelte sich aber auch aus innergewerkschaftlichen Gründen nicht. Es gab zum Teil Gleichgültigkeit und die Ansicht, der IBFG sei vorrangig für Thanong zuständig.[175] Im LCT waren manche anfangs nicht sicher, ob es sich beim Verschwinden Thanongs wirklich um einen Akt des Regimes geh-

---

171 Vgl.: Somsak, 1993, ... a.a.O., S. 87
172 Telex des IBFG an Premierminister Anand v. 28. 05. 1991
173 Vgl.: Somsak, ... a.a.O., 87
174 Vgl.: Ebd., S. 88.
175 Vgl. die Ergebnisse der empirischen Forschung in Kapitel 5

andelt hatte.[176] Vor dem Hintergrund solcher Erfahrungen kritisiert Somsak rückblickend die Gewerkschaftsbewegung:

> „In my opinion, the Thai labour movement should feel ashamed of itself for the overall indifference it showed toward Thanong's disappearance. Given the fact that Thanong was one unionist who opposed the dictatorship of the NPKC and had always struggled for the rights, freedom and welfare of workers, it is absolutely incredible that his disappearance was met with such muted response from the labour movement. ... The pride of the labour movement can be restored by helping to solve this mystery, particularly while the case is still of current interest both domestically and internationally." [177]

Der Fall Thanong blieb bisher unaufgeklärt, ging aber im Gegensatz zum Fall des 1959 hingerichteten Gewerkschafters Suppachai[178] identitätsstiftend in das Geschichtsbild der Thai Arbeiterbewegung ein. Das anhaltende internationale Interesse des IBFG und weiterer Organisationen und die regelmäßige Teilnahme internationaler Gäste bei Veranstaltungen an den Jahrestagen von Thanongs Verschwinden unterstützten diesen Prozess.

Nachdem eine IBFG Delegation Thailand besucht hatte, übermittelte der IBFG mit Schreiben vom 26. März an den Premierminister der Thai Regierung seine Besorgnis wegen erlassener Beschränkungen der Gewerkschaftsrechte und des drohenden Gewerkschaftsverbotes in den Staatsbetrieben.[179] In ihrer Antwort vom 1. Mai (!) informierte die Thai Regierung den IBFG, das fragliche Gesetz habe die Nationalversammlung durchlaufen, verbunden mit dem Hinweis auf die Gerechtigkeit und Fairness der darin enthaltenen Rechtsnormen. Im übrigen bleibe es den neuen ‚associations' in den Staatsbetrieben unbelassen, internationale Verbindungen zu Organisationen *„such as your distinguished ICFTU and APRO"*[180] zu unterhalten. Danach besuchte eine IBFG Delegation ein weiteres Mal Thailand und traf bei dieser Gelegenheit den stellvertretenden Premierminister Meechai Rupuchan in der Absicht *„to restoring trade union rights and normalizing industrial relations."*[181] Da dies nicht möglich war, reichte der Generalsekretär des IBFG am 14. Mai 1991 im Namen seiner eigenen Organisation und

---

176 Das Regime vereitelte gewerkschaftliche Proteste gegen das Verschwinden Thanongs neben Drohungen auch mit der Verbreitung des Gerüchts, Thanong sei noch am Leben und halte sich freiwillig an einem geheimen Ort auf. Solche Gerüchte wurden durch Verbindungspersonen und Spitzel des Militärs in den Gewerkschaften verbreitet, einschließlich Thanongs eigener Organisation.

177 Somsak, 1993, ... a.a.O., S. 88f.

178 Der Fall Suppachai wird erst nach 40 Jahren wieder stärker beachtet. Im Thai Labour Museum wurde i.J. 2000 einer der Räume nach Suppachai benannt.

179 Vgl.: IBFG Pressemitteilung v. 28. 03. 1991

180 Schreiben des Office of the Prime Minister an den IBFG v. 1. Mai 1991

181 ICFTU/APRO Press Release, o.J.

der Berufssekretariate PSI, PTTI, ITF und FIET beim Generaldirektor des Internationalen Arbeitsamtes in Genf eine Beschwerde über die fundamentale Verletzung von Gewerkschaftsrechten in Thailand ein,[182] verbunden mit der Aufforderung zur Weiterleitung an das ‚ILO Committee on Freedom of Association.' Die Stimmung zwischen der internationalen Gewerkschaftsbewegung und der Regierung Thailands verschlechterte sich weiter, als LCT Präsident Thanong von der Thai Delegation für die IAO Vollversammlung ausgeschlossen wurde. Der IBFG forderte die Thai Regierung am 28. Mai in einem Telex auf, den Ausschluss Thanongs rückgängig zu machen.[183] Nach dem unaufgeklärten Verschwinden Thanongs am 19. Juni war ein Tiefpunkt erreicht.

Die dann folgende Entwicklung in den beiden IBFG Mitgliedsverbände unter den Rahmenbedingungen des NPKC Regimes machte eine wirksame internationale Kooperation für die Widerherstellung gewerkschaftlicher Rechte in Thailand jedoch schwierig.[184] Auf Veranlassung des Militärs beschloss die ‚National Assembly' am 7. Dezember 1991 eine neue Verfassung. Danach erhielt das NPKC die Berechtigung zur Ernennung aller 270 Senatoren. Der Senat war als zweite gesetzgebende Kammer vorgesehen. Nach der neuen Verfassung war es möglich, ohne Abgeordnetenmandat Premierminister zu werden. Der demokratische Flügel der Gewerkschaftsbewegung beteiligte sich vor dieser Entscheidung am aufkommenden öffentlichen Protest gegen die neue Verfassung.[185] Die umstrittene Verfassung wurde dennoch mit Zustimmung aller vier ‚gewerkschaftlichen' Abgeordneten verabschiedet, einschließlich des Vorsitzenden des IBFG Mitgliedsverbandes TTUC.[186] Im anderen IBFG Mitgliedsverband LCT ließ sich, anders

---

182 Wegen Aufhebung der Gewerkschaftsrechte für die Beschäftigten der Staatsbetriebe im Widerspruch zu den ILO Konventionen 87 und 98. Vgl.: IBFG Schreiben an den Generaldirektor des Internationalen Arbeitsamtes v. 14. 05. 1991

183 Telex des IBFG an Premierminister Anand v. 28. 05. 1991

184 Die Entwicklung der politischen Krise und des demokratischen Maiaufstandes kann im Folgenden nur in Umrissen dargestellt werden. Einen Überblick über die Gesamtentwicklung von 1991 bis 1992 gibt Teil 2 der Chronologie im Anhang, die im wesentlichen auf Recherchen und Aufzeichnungen des Verfassers aus den Jahren 1991 – 1993 basiert. Eine umfassendere Darstellung der damaligen Ereignisse unter Berücksichtigung der Arbeiterbewegung aus der Sicht eines Führers der Demokratiebewegung findet sich in Somsak, 1993, ... a.a.O.. Zur Thematik der Mai-Ereignisse siehe auch: William A. Callahan: Imagining Democracy: Reading „The Events of May" in Thailand, Singapore: Institute of Southeast Asian Studies, 1998

185 Vgl.: Somsak, 1993, ... a.a.O., S. 90

186 262 Abgeordnete stimmten für die neue Verfassung, bei 7 Gegenstimmen und 4 Enthaltungen. Weitere 15 Abgeordnete blieben der Abstimmung fern.

als Thanong, dessen Nachfolger Manat[187] ebenfalls auf eine Kooperation mit dem Militärregime ein. Als das NPKC im März 1992 die Senatoren einsetzte, wurden auch LCT Präsident Manat und TTUC Präsident Panit neben zwei weiteren kooperationsbereiten Personen aus dem Gewerkschaftsspektrum ernannt. Andere Gewerkschaftsführer entwickelten zu dieser Zeit eine zunehmend kritische Haltung gegen das Militär und die von ihm abhängige Regierung. Es ist bemerkenswert, dass vier Jahre später im März 1996, selbst unter demokratischen Bedingungen, bei der Neubesetzung des Senats durch den Premierminister keine Gewerkschafter berücksichtigt wurden, die 1992 an der Demokratiebewegung teilgenommen hatten. Die einzigen Senatoren aus der Gewerkschaftsbewegung in der Mandatsperiode von 1996 – 2000 waren der Präsident des ‚National Congress of Thai Labour' vom extrem ‚rechten' Flügel und, ein weiteres Mal, der gewerkschaftlich umstrittene Präsident des TTUC.[188]

Die internationale Gewerkschaftskooperation stand unter solchen Voraussetzungen in Thailand vor einem Dilemma. Sie wollte einerseits im Interesse der Arbeiterbewegung Thailands zur Wiederherstellung demokratischer Bedingungen beitragen. Andererseits war sie innerhalb des Partnerspektrums mit Gewerkschaftsführern konfrontiert, die selbst Teil des Problems waren und sich lokal vom Militär oder der Bürokratie kooptieren ließen. Wie die empirische Analyse in Kapitel 5 zeigt, können bestimmte Formen der internationalen Zusammenarbeit die Position solcher ‚negativ' orientierten lokalen Gewerkschaftsführer stabilisieren und das Machtgefälle zwischen ihnen und der gewerkschaftlichen Basis noch vergrößern. Wenn diesem Typus von Gewerkschaftsführern z.B. internationale Konferenzteilnahmen finanziert werden, dann ändert dies kaum ihre aus internationaler Sicht problematische lokale Haltung. Die internationalen Kontakte ermöglichen ihnen aber Zugang zu ‚sozialem Kapital', mit dem sie ihre lokale Machtposition stabilisieren können. Die internationalen Kooperationspartner stehen dabei vor dem Problem, dass sie bestehende Strukturen und Zuständigkeiten innerhalb ihrer lokalen Mitgliedsorganisationen aus formalen Gründen nur schwer dauerhaft vernachlässigen können oder wollen. Ein zugrunde liegendes Problem ist hier das wechselseitigen ‚Nicht-Verstehen' von dem, was in einer internationalen Kooperation mit ihren Auswirkungen wirklich vor sich geht, und in den Schwierigkeiten der Entwicklung gemeinsamer Lernprozesse innerhalb einer Zusammenarbeit.

---

187 Manat blieb nur bis 1992 Präsident des LCT. Sein Nachfolger Suvith Hathong amtierte von 1992 bis 1998 als LCT Vorsitzender und erinnerte bei geeigneten Anlässen regelmäßig an das ungeklärte Schicksal seines Vorvorgängers Thanong.

188 Vgl.: Chrobot, 1996, ... a.a.O., S. 31. Nach einer späteren Verfassungsänderung wurden Mitglieder des Senats i.J. 2000 erstmals gewählt und nicht mehr ernannt.

Im Januar 1992 bildete die Mehrzahl der nach neuem Recht gegründeten Arbeitnehmervereinigungen in den Staatsbetrieben eine ‚State Enterprise Relations Confederation' (SERC) als informellen Dachverband. Als sich einige Zeit später die Demokratiebewegung formierte, entsandte diese SERC eines ihrer Vorstandsmitglieder in die ‚Confederation for Democracy.' Der Vorsitzende des Eisenbahnerverbandes Somsak Kosaisuk gehörte in dieser Funktion zum engsten Führungskreis der Demokratiebewegung und trug gemeinsam mit anderen Gewerkschafterinnen und Gewerkschaftern entscheidend zu Logistik und Organisation des demokratischen Aufstandes vom Mai 1992 bei.

Die Auseinandersetzung zwischen Militär und Demokratiebewegung verschärfte sich, als am 7. April der bisherige Armeechef Suchinda Kraprayoon nach beeinflussten Parlamentswahlen Premierminister ohne Abgeordnetenmandat wurde. Die Spaltung der Gewerkschaftsbewegung in eine pro-militärische Gruppierung und Anhänger der Demokratiebewegung wurde am 1. Mai 1992 öffentlich sichtbar. Der LCT und regierungskonforme Gewerkschaften trugen eine offizielle, von der Regierung finanzierte und geförderte Maiveranstaltung auf dem traditionellen *sanam luang* Gelände aus. Die SERC und unabhängige Gewerkschaften, vor allem aus dem Kreis der Branchenverbände (‚Federations'), organisierten trotz Entlassungsdrohungen der Regierung vor dem Parlamentsgelände eine unhabhängige Maikundgebung.[189] In den folgenden Wochen entwickelte sich im Großraum Bangkok eine mächtige Protestbewegung, die den Rücktritt von Premierminister Suchinda und die Wiederherstellung der Demokratie forderte.[190] Der demokratische Flügel der Gewerkschaftsbewegung war neben anderen Segmenten der Zivilgesellschaft Teil dieser breiten Volksbewegung, an deren Erfolg einfache Arbeiter und die Bewohner der Slums in Bangkok einen wesentlichen Anteil hatten.[191] Das Militär schoss in der Endphase des Protestes auf die Demonstranten und tötete dabei 43 Zivilisten.[192] Auch unter der Anwendung militärischer Gewaltmittel gelang es der Regierung nicht, die Proteste einzudämmen. Der König griff ein und Premierminister Suchinda trat am 24. Mai 1992 zu-

189 Vgl.: Somsak, 1993, ... a.a.O., S. 97 f.

190 Vgl.: Offener Brief der Demokratiebewegung an General Suchinda Kraprayoon vom 04. 05. 1992, unterzeichnet von acht ihrer führenden Repräsentanten, unter ihnen Somsak Kosaisuk für die State Enterprise Relations Confederation.

191 Callahan hat unterschiedliche Berichte über den sozialen Hintergrund der Demonstranten ausgewertet, die u.a. auf der Indentifikation Getöteter und Verwundeter basieren. Danach wurde die Bedeutung der "middle class" in der Presse überbetont und die der Arbeiter weitgehend ignoriert: „In 1992 the slum-dwellers and factory workers were an important part of the demonstrations that was largely ignored by the newspapers." Etwa 42 % der Verletzten wurden nach den zitierten Quellen als „labourers" klassifiziert. Vgl.: Callahan, 1998, ... a.a.O., S. 72 f.

192 Vgl.: Chrobot, 1996, ... a.a.O., S. 28

rück. Im September 1992 wurde nach Neuwahlen eine demokratische Regierung gebildet. Belangt wurden die Auftraggeber und Verantwortlichen der Todesschüsse auf die Demonstranten der Mai-Bewegung nicht. Unmittelbar vor seinem Rücktritt hatte Regierungschef Suchinda im Mai mit einem königlichen Dekret noch eine Amnestie erwirken können, wodurch sich juristisch die Verantwortung für den ‚blutigen Mai' erledigte. Die Geltung dieser Amnestie wurde vom demokratisch gewählten Parlament am 7. Oktober 1992 zunächst vorübergehend aufgehoben, dann aber am 9. November 1992 von einem ‚Constitutional Council' bestätigt.

Erst im April d.J. 2000 wurde der ‚State Enterprise Staff Relations Act' von 1991 mit seinem Gewerkschaftsverbot für die Staatsbetriebe rechtskräftig revidiert.[193] Die neue demokratische Regierung von 1992 und nachfolgende Regierungskoalitionen erklärten zwar ihre grundsätzliche politische Absicht zu einer Aufhebung des Gewerkschaftsverbotes durch eine Revision des Gesetzes von 1991. Dies scheiterte aber immer wieder an Koalitionsumbildungen, Parlamentsauflösungen oder der Zustimmung des Senats. Auch internationaler Druck konnte hier keine Veränderungen herbeiführen. Der amerikanische Gewerkschaftsverband AFL-CIO reichte wegen der Verletzung von Arbeitnehmerrechten durch den SESRA im Juni 1995 eine Petition[194] beim ‚Office of the United States Trade Representative' ein, um mit wirtschaftlichen Sanktionen[195] gegen die Aufrechterhaltung des Gewerkschaftsverbots vorzugehen. Dies führte bis Ende der 90er Jahre zu wiederholten Anfragen der US Regierung in Thailand,[196] ohne dass es in dem komplexen Entscheidungsverfahren jemals zur Einleitung von Handelssanktionen kam. Solche internationalen Initiativen wurden von Vertretern der Beschäftigten der Staatsbetriebe meist willkommen geheißen:

193 Die Auswirkungen dieser Gesetzesänderung waren beim Abschluss der Arbeiten am Manuskript im Herbst 2000 noch nicht eindeutig absehbar. Es gibt z.T. Widersprüche mit dem Labour Relations Act, der den organisatorischen Anschluss an nationale Dachverbände des privaten Wirtschaftssektors weiterhin untersagt.

194 AFL-CIO Petition to the Office of the United States Trade Representative v. Juni 1995

195 Durch Absenkung von Handelspräferenzen i.R. des ‚Generalized System of Preferences' (GSP) als Teil der US Handelspolitik gegenüber Entwicklungsländern.

196 Interview mit Philip Robertson am 03. 12. 1998 in Bangkok. Nach Auskunft von AFL-CIO wurde auch nach der rechtskräftigen Revision des SESRA vom April 2000 das GSP Untersuchungsverfahren der US Regierung gegen Thailand wegen der weiterhin bestehenden Einschränkungen nach dem Labour Relations Act bisher nicht fallengelassen

„(Such initiatives are) very good in terms of creating pressure for the government. … it is only the West organisation that can put pressure on the Thai government. And you can see the impact." [197]

Solche Formen internationalen Drucks gaben andererseits innerhalb Thailands den Gegnern von Gewerkschaften die Gelegenheit, partikularistische Interessen und Privilegien von Beschäftigten der Staatsbetriebe hervorzuheben und mit dem Hinweis auf nationale Interessen die öffentliche Meinung gegen Gewerkschaften aufzubringen. Ein Beispiel ist ein Leitartikel der international beachteten ‚Bangkok Post' über die amerikanische Initiative zur Einleitung von Handelssanktionen:

„(The AFL-CIO) has renewed its call yet again for the US Trade Representative to suspend the Generalised System of Preferences benefits granted to Thailand as a punishment for our failure to amend the labour law so that the state enterprise workers can form unions. … Perhaps, the American labour organisation is overlooking the history of some of the state enterprise unions whose cause it champions before they were banned by the NPKC. Maybe then it would understand the reluctance of the Thai government and parliament to rush through the labour law." [198]

Hier wird eine internationale gewerkschaftliche Kampagne von lokalen Gegnern der Gewerkschaftsbewegung genutzt, um die öffentliche Meinung gegen diejenigen aufzubringen, denen diese Kampgange helfen soll. Die lokale Arbeiterbewegung muss die Vor- und Nachteile solcher Formen internationaler Unterstützung durch einen mächtigen Partner gegen die eigene Regierung abwägen. Wenn ihre gewerkschaftlichen Anliegen von anderen lokalen sozialen Bewegungen nachvollzogen und solidarisch unterstützt werden, dann können Sanktionsdrohungen in ausweglosen Situationen hilfreich sein. Schwieriger ist es, wenn Gewerkschaften unter den sozialen Bewegungen ihres Landes eine isolierte Minderheit mit partikularen Interessen sind. Im schlechtesten Fall handelt es sich um eine ‚patron-client' Beziehung, in der eine lokale Gruppierung isoliert von anderen lokalen sozialen Bewegungen ihres Landes die eigenen Interessen von einem international agierenden ‚Patron' vertreten lässt. Da dieser Patron jedoch ebenfalls Eigeninteressen vertritt, die je nach Lage wechseln können,[199] wird er das

197 Interview mit einem Arbeitnehmervertreter der Staatsbetriebe im Juli 1999

198 „AFL-CIO largely misses the point." Leitartikel der ‚Bangkok Post' vom 21. 07. 1999

199 Z.B. wechselnde Bedingungen mit unterschiedlichen Interessenlagen der US Regierung gegenüber Thailand in Fragen der ‚Intellectual Property Rights', des Handels oder des politischen Verhältnisses zu Südostasien. Als Thailands Premierminister Chuan Leekpai i.J. 1997 im Weißen Haus auf den US Präsidenten traf, sprach Bill

Anliegen seines Klienten zu verschiedenen Zeitpunkten unterschiedlich stark vertreten. Die internationale Gewerkschaftskooperation bewegt sich in der Frage von Sanktionen unter Bedingungen wie in Thailands auf einem schmalen Grad zwischen den positiven und negativen Auswirkungen auf eine lokale Gewerkschaftsbewegung.

Ein langer Fortbestand antigewerkschaftlicher Gesetze nach dem Sturz des NPKC und seiner Regierung war 1992 nicht erwartet worden. Der demokratische Flügel der Gewerkschaftsbewegung hatte mit seiner Beteiligung an der Volksbewegung vom Mai 1992 maßgeblich zur Wiederherstellung der Demokratie in Thailand beigetragen und die neue Regierung zeigte sich den Gewerkschaften unter diesem Eindruck zunächst aufgeschlossen.

3.5.2 Expansion und Stagnation

Die Wiederherstellung der Demokratie leitete eine sechste Expansionsphase der Gewerkschaftsbewegung ein, mit vorübergehendem Bedeutungszuwachs ihres reformorientierten Flügels. Kennzeichnend für die Aufbruchstimmung dieser Phase ab 1993 waren öffentlichkeitswirksame Kampagnen, die sich meist aus Folgeproblemen des Industrialisierungsprozesses bei weiterhin hohem Wirtschaftswachstum ergaben. Abgrenzungen zwischen gewerkschaftlicher Arbeit und Aktivitäten von Nicht-Regierungsorganisationen (NROs) waren dabei oftmals fließend. Entsprechend entwickelte sich auch in der internationalen Kooperation ein breites Spektrum an Kontakten, Aktivitäten und Projektmaßnahmen, das zusätzlich zu internationalen Gewerkschaftsorganisationen auch international agierende NROs einschloss.

Große Öffentlichkeitswirkung erzielte im März und April d.J. 1993 eine gewerkschaftsübergreifende Kampagne zur Ausweitung des bezahlten Mutterschaftsurlaubs für Arbeiterinnen im privaten Wirtschaftssektor von 30 auf 90 Werktage, die vor allem ein Netzwerk von Gewerkschafterinnen[200] koordinierte. Auf dem Höhepunkt dieser Kampagne mit Demonstrationen vor dem Amtssitz des Premierministers und großem Presseecho erließ der Innenminister eine Rechtsverordnung,[201] die den Urlaubsanspruch arbeitender Mütter nach der Geburt eines Kindes von 30 auf 45 Tage ausweitete. Die Regierung versprach außerdem eine Änderung des ‚Social Security Act' von 1990, um den Rechtsan-

---

Clinton trotz der AFL-CIO Petition die Verletzung gewerkschaftlicher Grundrechte in Thailand entgegen gewerkschaftlichen Erwartungen nicht an.

200 'grum buranakhan sotri raengnaan' ('Women Workers Unity Group')

201 Auf Grundlage des 'Revolutionary Announcement No. 103' von 1972.

spruch um weitere 45 Tage auf insgesamt 90 Tage auszuweiten. Die Aktionen wurden mit Unterbrechungen fortgesetzt, bis nach mehreren Verzögerungen im Gesetzgebungsprozess die versprochene Änderung des ‚Social Security Act' schließlich Anfang 1995 in Kraft trat. Diese erfolgreiche Kampagne von Gewerkschaften in Zusammenarbeit mit NROs[202] wurde von der internationalen Gewerkschaftsbewegung unterstützt und begleitet.

Ebenfalls landesweite Beachtung und internationale Unterstützung fand eine monatelange gewerkschaftliche Kampagne, die sich im Mai 1993 nach der Ankündigung von Massenentlassungen eines größeren Textilunternehmens[203] entwickelte. Betroffen war die Weberei mit der gewerkschaftlichen Basisorganisation jener Gewerkschafterinnen, die sich in der Kampagne zur Ausweitung des Mutterschaftsurlaubes hervorgetan und nationale Bekanntheit erlangt hatten und deren Bedeutung in der nationalen Gewerkschaftsbewegung wuchs. Nach dem Arbeitsrecht hätten diese Gewerkschafterinnen mit der Entlassung sämtliche gewerkschaftlichen Positionen einschließlich außerbetrieblicher Funktionen in Dach- oder Branchenverbänden verloren. Nach der Kündigungsdrohung kam es zu einer breiten nationalen und internationalen Solidarisierung mit den Textilarbeiterinnen, deren Vorsitzende Arunee Srito wenige Wochen zuvor noch eine Auszeichnung vom Premierminister für ihr soziales Engagement erhalten hatte. Nach Streiks und Demonstrationen vor dem Parlamentsgelände befahl der zuständige Innenminister auf Grundlage einer Ermächtigung [204] den Konfliktparteien die vorläufige ‚Wiederherstellung des ursprünglichen Zustandes'. Die Textilarbeiterinnen konnten dadurch ihre gewerkschaftlichen Funktionen behalten. Nach weiteren betrieblichen, arbeits- und zivilrechtlichen Auseinandersetzungen unter starker internationaler Beachtung lenkte der Arbeitgeber am Ende ein. Hintergrund dieser Auseinandersetzung i.J. 1993 war neben betriebswirtschaftlichen Gesichtspunkten die gängige Praxis, erstarkende betriebliche Gewerkschaftsstrukturen durch Massenkündigungen bei anschließenden Neueinstellungen zu zerstören. Mit der unabhängigen Haltung des Staates in der Phase nach Wiederherstellung der Demokratie und wegen der hohen internationalen Öffentlichkeit und Aufmerksamkeit scheiterte diese Arbeitgeberstrategie. Die reformorientierte Gewerkschaftsbewegung ging gestärkt aus dem Konflikt hervor.

Ein weiteres bedeutsames Ereignis i.J. 1993, das große internationale Aufmerksamkeit auf sich zog, war der Brandunfall in der Kader Spielwarenfabrik am 10. Mai 1993. Die Opfer waren überwiegend Arbeiterinnen: 171 Frauen und 17 Männer fanden den Tod; Hunderte wurden verletzt. In dem Exportbetrieb hatte

---

202 Z.B. die NRO 'Friends of Women'

203 Thai Durable Textile Ltd.

204 Art. 35 Labour Relations Act

es bereits zuvor Brandunfälle mit Todesfolge gegeben. Die Missstände waren den Behörden sei längerer Zeit bekannt gewesen. Die mehrstöckige Fabrik war ohne stützende Betonteile aus einer Metallstruktur errichtet, die bei einer Erhitzung durch Feuer absehbar in kürzester Zeit zusammenbrach. Dieser Unfall zog unter Beteiligung der internationalen Gewerkschaftsbewegung massive Proteste wegen der katastrophalen Arbeitsschutzmissstände im Lande nach sich. Der Unfall in Thailand beschäftigte den 15. IBFG Weltkongress, der nach diesem Ereignis die Bedeutung eines gemeinsam mit den IBS entwickelten *„Rahmenwerks für die effektive Koordinierung der internationalen Aktionen“*[205] zu transnationalen Gesellschaften unterstrich. Die Regierung versprach nach anhaltender öffentlicher Kritik eine grundlegende Reform des Arbeitsschutzsystems und gab dabei dem deutschen Modell der Berufsgenossenschaften unter gewerkschaftlicher Beteiligung Priorität. Spitzenbeamte der Verwaltung entwickelten nach der Gründung eines Arbeitsministeriums am 23. September 1993 in gemeinsamen Kommissionen mit reformorientierten Gewerkschaften und Zustimmung der Arbeitgeber in Anlehnung an das deutsche Arbeitssystem Reformmodelle und Gesetzesentwürfe. Diese Reformabsichten wurden nach dem späteren Abrücken der Regierung von den gemeinsam entwickelten Modellen und einer wieder größeren Distanz zu den Gewerkschaften in der zweiten Hälfte der 90er Jahre nicht mehr verwirklicht.

Die Beziehung zwischen den sich mehrmals abwechselnden Regierungskoalitionen und der Gewerkschaftsbewegung kühlte ab Mitte der 90er Jahre ab. Der 1993 eingeleitete Prozess einer parlamentarisch legitimierten Kodifizierung des Arbeits- und Sozialrechts wurde ohne deutliche Reformschritte in den jeweiligen Gesetzesänderungen ausgeführt.[206] Die neuerliche Distanz der Regierung und die Schwächung der Gewerkschaften durch die 1997 einsetzende Asienkrise führten die Arbeiterbewegung am Ende des 20. Jahrhunderts in einen Zustand der Stagnation. Obwohl ihr Reformflügel in der ersten Phase des demokratischen Neubeginns in mehreren großen Kampagnen seine Fähigkeit zur Mobilisierung von Arbeitern mit großer Öffentlichkeitswirkung bewiesen hatte, entwickelte sich daraus keine nachhaltige strukturelle Stärkung der Gewerkschaften mit wachsenden Mitgliederzahlen. Die gesamte Gewerkschaftsbewegung umfasste Mitte der 90er Jahre im Privatsektor wenig mehr als 200.000 Mitglieder, mit einem Organisationsgrad von ca. 3%.[207] In den Staatsbetrieben lag der Organisationsgrad in den Vereinigungen, die wegen des Gewerkschaftsverbotes anstatt von Gewerk-

---

205 IBFG: Aus der Asche: Ein Spielzeugfabrikbrand in Thailand, Brüssel: o.J., S. 7

206 Ein Beispiel ist der ‚Labour Protection Act' von 1998, der Regelungen von 1972 ersetzt, ohne die von Vorgängerregierungen noch beabsichtigte Grundsatzreform des Arbeitsschutzes umzusetzen.

207 Vgl.: Chrobot, 1996, ... a.a.O., S. 9

schaften gebildet worden waren, 1996 mit ca. 152.000 Mitgliedern bei 52%.[208] Trotz des starken Wachstums und der Industrialisierung bis 1997 kam die Arbeiterbewegung im privaten Wirtschaftssektor organisatorisch kaum voran. Die ohnehin schwachen Strukturen im Privatsektor mit etwa 900 meist betrieblichen Einzelgewerkschaften zergliederten sich 1996 in acht konkurrierende Dachverbände,[209] mit der Tendenz weiterer Spaltungen.

Die Thai Arbeiterbewegung konnte ihre andauernde Schwäche selbst mit zunehmenden internationalen Kontakten und Kooperationsaktivitäten insgesamt nicht überwinden. Seit dem Aufkommen erster Arbeiterorganisationen in den 20er Jahren gelang den Thai Gewerkschaften in sechs Expansionsphasen zwar immer wieder ein vorübergehender gesellschaftspolitischer Bedeutungszuwachs. Der Staat war in einem ‚late developer country' über das ‚radikale' Potential einer Arbeiterbewegung aber gewarnt und konnte ihr mit Techniken zuvorkommen, die er von der ‚Außenwelt' gelernt hatte.[210] Der Arbeiterbewegung lernte nicht in gleichem Maße von der ‚Außenwelt'. Unter spezifischen Schwierigkeiten und Barrieren, die sich mit den begrenzten Möglichkeiten der internationalen Gewerkschaftskooperation bisher nur bedingt überwinden ließen, gerieten die Gewerkschaften gegenüber dem Staat, und den Unternehmen in einen relativen Rückstand. Nach Pasuk / Baker wendete der Staat, einhergehend mit dem Machtzuwachs des Militärs ab Ende der 40er Jahre, drei repressive Strategien an: Widerstand gegen eine Arbeitsgesetzgebung und deren Anwendung; Spaltung der Arbeiterbewegung; Ausschluss vom politischen Geschehen.[211]

Der renommierte thailändische Arbeits- und Sozialexperte Nikom Chandravithun[212] sieht die Akzeptanzprobleme der Arbeiterbewegung nicht nur beim Staat, sondern auch in anderen gesellschaftlichen Bereichen. Danach blicken weite Teile der Gesellschaft noch genauso auf die Arbeiter herab, wie früher auf die chinesischen Arbeitsmigranten aus der Epoche unter König Rama V. Er sieht für die zurückliegenden vier Dekaden die Elite, Mittelklasse, Spitzen der Bürokratie und Akademiker in Gegnerschaft zur Gewerkschaftsentwicklung.[213] Nikom erwartete über Jahrzehnte eine Änderung dieser Situation immer dann, wenn Arbeiter wie im Oktober 1973, im Mai 1992 oder in der Verfassungsreform am Ende der 90er Jahre, aktiv an gesellschaftlichen Veränderungsprozessen mitgewirkt hatten. Rückblickend sieht er solche Hoffnungen enttäuscht und den geringen ge-

---

208 Ebd.

209 Ebd., S. 12 f.

210 So Pasuk / Baker, 1995, ... a.a.O., S. 205

211 Vgl.: Ebd.

212 "The role of labour unions in Thailand." Interview der Tageszeitung ‚The Nation' (Bangkok) mit Professor Nikom Chandravithun vom 14. 07. 1999.

213 Ebd.

sellschaftlichen Status von Arbeitern in Thailand weiterhin unverändert: „*Young business people still look on these workers as the older generation did.*“[214]

3.6 Zusammenfassung und Zwischenergebnis

Die Thai Arbeiterbewegung durchlief seit der Bildung eines Arbeitsmarktes und der Weltmarktanbindung Siams sechs Expansions- und Repressionszyklen. Diese Zyklen führten zu keiner nachhaltigen Aufwärtsentwicklung der Arbeiterbewegung im Sinne fortschreitender Klassenbildung. (Zur Gesamtentwicklung siehe die Übersicht aller Zyklen in Abschnitt 3.1 und die Chronologie im Anhang.)

Das traditionelle *sakdina* System regelte die Nutzung der knappen Ressource Arbeit nach gesellschaftlichem Rang. Unbewirtschaftetes Land gab es im Überfluss. Die Unterschichten arbeiteten einen Teil ihrer Zeit unbezahlt für König und Oberschicht (‚corvée labour'). Vertikale Beziehungen waren weniger symbiotisch, als es ein herrschendes Vergangenheitsbild projiziert. Flucht- und Ausweichstrategien ‚unten' stand Zwang und Kontrolle von ‚oben' gegenüber. Die agrarisch orientierte Bevölkerung war durch traditionelle Arbeitspflichten gebunden. Lohnarbeiter wurden deshalb seit dem 19.Jh. aus China angeworben. Staatliche Sanktionen und Verbote verhindern in der 1. Repressionsphase eine gewerkschaftliche Organisation der chinesischen Lohnarbeiter, die den harten Arbeitsbedingungen weniger als Einheimische ausweichen können.

Eine entstehende Arbeiterklasse überwiegend chinesischer Einwanderer legt im ausklingenden Absolutismus bis 1932 mit Intellektuellen erste organisatorische Ansätze einer Arbeiterbewegung. Politisches Gedankengut gelangt aus Europareisen der Intellektuellen und über kommunistische Verbindungen chinesischstämmiger Arbeiter in das Königreich. Nach dem Fall des Absolutismus i.J. 1932 kommt es in der 1. Expansion vorübergehend zu staatlicher Akzeptanz der Arbeiterbewegung. In der anschließenden 2. Repressionsphase bis in die frühen 40er Jahren grenzt nationalistische Politik chinesischstämmige Arbeiter ethnisch aus und ‚Lokale' dringen stärker auf den Arbeitsmarkt. Die ethnische Frage verliert in der Arbeiterbewegung seit den 50er Jahren mit einem starken Assimilationsprozess an Bedeutung.

Thailands Bündniswechsel zu den Alliierten gegen Ende des Zweiten Weltkriegs geht einher mit einer 2. Expansionsphase der Arbeiterbewegung. Im offenen politischen Klima der Nachkriegszeit kommt es bei Reisverladungen zu internationalistisch motivierten Streiks. In dieser Epoche entsteht mit dem Beitritt zum WGB die erste internationale Mitgliedschaft der Thai Gewerkschaften. Die

214 Ebd.

innenpolitische Repression in einer 3. Repressionsphase der späten 40er und frühen 50er Jahre zerstört im Klima des Kalten Krieges den gewerkschaftlichen Aufschwung der Nachkriegsjahre.

Die Handlungsbedingungen für Gewerkschaften verbessern sich in einer 3. Expansionsphase Mitte der 50er Jahre. Das Entwicklungsland Thailand nähert sich außenpolitisch der Blockfreienbewegung und China an. Ein regierungsnaher Dachverband ist Mitglied im IBFG. Eine sehr harte 4. Repressionsphase führt nach 1957 zur völligen Zerstörung der Arbeiterbewegung. Nach zahlreichen Verhaftungen eskaliert dies 1959 mit der Hinrichtung eines Gewerkschaftsführers. Thailand bleibt während der 4. Repression, die erst 1973 mit einem demokratischen Umsturz endet, am ‚Westen' orientiert. Internationale gewerkschaftliche Reaktionen auf die 4. Repression können wenig bewirken. Das Regime ignoriert unter den wirtschaftlichen Voraussetzungen der Importsubstituierung und der politischen Ost-West Konfrontation internationale Einflussnahme. Die Nachteile für lokale Eliten sind gegenüber späteren Bedingungen gering.

In einer 4. Expansionsphase Mitte der 70er Jahre erweitern sich die Kontakte der Gewerkschaftsbewegung zu internationalen Gewerkschaftsorganisationen und Institutionen wie der IAO. Eine neue Brückenfunktion ergibt sich aus der ständigen Einrichtung gewerkschaftsnaher Büros internationaler Institutionen in Thailand. Erweiterte internationale Kontakte zu und Bildungsangebote von internationalen Institutionen geben Gewerkschaftsführern seit den 70er Jahren die Möglichkeit eines hohen Wissens- und Ausbildungsstandes und zu kontinuierlichem internationalen Informationsaustausch. In einer 5. Repressionsphase gehen radikale Aktivisten 1976 in die Illegalität im Dschungel. Die extreme Repression lässt aber wenig später nach. Informelle gewerkschaftliche Verbindungen mit ihren internationalen Beziehungen können sich wieder stabilisieren. Der nationale Dachverband LCT tritt 1979 dem IBFG bei.

Die 5. Expansion in den 80er Jahren zeigt, dass auch eine intensivierte internationale gewerkschaftliche Kooperation keine dauerhafte und substantielle Stärkung der lokalen Gewerkschaftsbewegung herbeiführt. Die Kooperationsverläufe sind, auch mit Vermittlern und abgesehen von Einzelerfolgen, meist schwierig, für die Beteiligten oft unverständlich und in den Ergebnissen ambivalent. Lokale bürokratische und militärische Einflussnahme zieht interne Konflikte nach sich, die sich auch auf die internationale Kooperation auswirken.

In der 6. Repressionsphase zu Beginn der 90er Jahre reagiert die internationale Gewerkschaftsbewegung mit Interventionen bei der Thai Regierung und der IAO. Bedingungen der Globalisierung nach Beendigung des Ost-West-Konflikts in den 90er Jahren konfrontieren antigewerkschaftliche Repression mit einem gestiegenen Risiko negativer Folgen durch internationale politische und wirtschaftliche Isolation. Dies ist für lokale Eliten nachteiliger als noch in früheren Repressionsphasen. Daraus ergibt sich für die internationale gewerkschaftliche Solidarität mit Lohnarbeitern in Entwicklungsländern eine Chance. Unter Globalisierungsbedingungen bei außenorientierter Wirtschaft ist es schwieriger geworden, die eigene Bevölkerung von weltweitem Dialog, internationalen Informationen und externem gewerkschaftlichen Einfluss zu isolieren.

Eine Komplikation in der Solidarität ist die ambivalente Haltung eines Teils der lokalen Gewerkschaftsführer. Diese partizipieren einerseits an der internationalen Gewerkschaftskooperation und lassen sich andererseits im Tausch gegen persönliche Vorteile von den lokalen Autoritäten vereinnahmen. Pro-demokratische Gewerkschafter werden demgegenüber gesellschaftlich und politisch benachteiligt, weshalb sie oft über geringere internationale Kontakte verfügen. Die internationale Kooperation steht dabei vor dem Dilemma, dass sie häufig auf jene Repräsentanten lokaler Gewerkschaften als Kooperationspartner trifft, die selbst Teil des Problems sind, das mit internationaler Kooperation überwunden werden soll. In der Demokratiebewegung vom Mai 1992 zeigt sich ein Gegensatz zwischen der militärisch-bürokratischen und der pro-demokratischen Linie in den Gewerkschaften. Die gesellschaftliche Benachteiligung pro-demokratischer Gewerkschafter setzt sich trotz ihrer Beteiligung an der Demokratiebewegung auch nach Wiederherstellung demokratischer Bedingungen im Laufe der 90er Jahre fort.

Die Aufrechterhaltung des Gewerkschaftsverbots in Staatsbetrieben nach Wiederherstellung der Demokratie führt in den USA zu Überlegungen über Handelssanktionen gegen Thailand. Dies öffnet Raum für lokale Kritik gegen die Gewerkschaften, setzt die Thai Regierung aber unter Handlungsdruck. Die Wirkung internationaler Handelssanktionen ist unterschiedlich. Vertreten die Gewerkschaften aus der Sicht anderer lokaler sozialer Bewegungen eher Partikularinteressen, dann kann dies zu ihrer Isolation und zu internationalen paternalistischen Konstellationen führen. Internationale Sanktionsdrohungen unterstützen andererseits das Einlenken des Staates.

In der 6. Expansion unter demokratischen Bedingungen seit 1992 gelingt prodemokratisch orientierten Gewerkschaftern, unterstützt durch internationale Öffentlichkeit und Kooperation, vorübergehend die Durchsetzung sozialen Fortschritts. Unter den internationalen gewerkschaftlichen Kooperationskonstellationen ist die Regierung eher zum sozialen Dialog bereit. Auch die 6. Expansionsphase mündet nicht in eine dauerhafte gewerkschaftliche Aufwärtsbewegung. Mit nachlassender staatlicher Akzeptanz und der Asienkrise kam es zur Stagnation. Für internationale Partner ist die Thai Gewerkschaftsbewegung mit ihren Besonderheiten immer noch schwer verständlich. Die Wirkung internationaler Anstöße für die Gewerkschaftsentwicklung bleibt begrenzt.

Staat und Eliten sind in einem ‚late developer country' über das gesellschaftliche Reformpotential einer Arbeiterbewegung vorgewarnt. Sie können ihr mit repressiven Techniken entgegentreten, die sie von der ‚Außenwelt' gelernt haben. Die Arbeiterbewegung kann nicht in gleichem Maße von der ‚Außenwelt' lernen. Neben staatlicher Repression erschwert der langfristig unverändert niedrige Status von Arbeitern und Gewerkschaften in der Thai Gesellschaft eine nachhaltige Aufwärtsbewegung der Arbeiterbewegung. Dieses Statusproblem beeinträchtigt auch unter den neueren zivilgesellschaftlichen Entwicklungen eine selbstbewusste Identität von Arbeitern als Akteuren im Prozess ihrer Klassenbildung.

4 Internationale Arbeiterbewegung und Globalisierung

4.1 Die Entwicklung der internationalen Gewerkschaftsbewegung

4.1.1 Erfahrungen aus der Gründerzeit

Die grenzüberschreitende Migration von Streikbrechern und Arbeitern, die als ‚Lohndrücker' empfunden wurden, stellte die Gewerkschaftsbewegungen der industriell fortgeschrittenen Industrieländer Europas in den 60er Jahren des 19.Jh vor eine neue Herausforderung, auf die sie mit der Belebung ihrer internationalen Kooperation reagierten. Für die ökonomisch bzw. ‚trade-unionistisch' orientierten englischen Gewerkschaften war die Verhinderung der Migration von Streikbrechern durch international koordiniertes Vorgehen eine Strategie zur Stärkung der eigenen Verhandlungsposition in nationalen Lohnkonflikten.[1] In diese Epoche erwachenden gewerkschaftlichen Interesses an internationaler Zusammenarbeit fällt auch die Gründung der ‚Internationalen Arbeiter Assoziation' (IAA) i.J. 1868. Die IAA mit Sitz in London war unter maßgeblicher Mitwirkung von Karl Marx die erste bedeutende internationale Organisation der Arbeiterbewegung. Die ‚I. Internationale' und der frühe gewerkschaftliche Internationalismus zerbrachen jedoch bereits ein Jahrzehnt später. Die IAA spaltete sich in eine marxistische und eine anarchistische Richtung und verlor an Bedeutung. Zudem veränderten sich die Rahmenbedingungen gewerkschaftlichen Handelns. Bei einigen bis dahin wesentlichen Akteuren verschoben gewerkschaftliche Erfolge bisherige Prioritäten wie die Ächtung des Imports von Streikbrechern durch die britischen Gewerkschaften. Der nationale Rahmen trat dadurch wieder stärker in den Vordergrund und internationale Fragen verloren in der gewerkschaftlichen Interessenvertretung an relativer Bedeutung.[2] Des weiteren nahm in anderen Regionen die politische Repression wieder zu. Im industriell aufstrebenden Deutschen Reich wurde mit dem ‚Sozialistengesetz' von 1878 die Arbeiterbewegung politisch in die Illegalität zurückgedrängt. Unter diesen Bedingungen hatte das Ringen um politische Freiheiten und Handlungsspielräume im nationalen Rahmen zunächst Vorrang gegenüber den Fragen internationaler gewerkschaftlicher Interessenwahrnehmung. Der Internationalismus kam zum Stillstand und „*wurde*

---

1 Vgl.: Leich / Kruse, 1991, ... a.a.O., S. 26 f.

2 Vgl.: Ebd., S. 29

durch einen Prozess der nationalen Integration abgelöst, der die Grundlagen für internationale Zusammenarbeit vorerst zerstörte.“[3]

1889 schlossen sich Strömungen der aus unterschiedlichen politischen, wirtschaftlichen und sozialen Bedingungen[4] hervorgegangenen nationalen Arbeiterbewegungen wieder in einer ‚II. Internationale' zusammen, in der die politische Arbeiterbewegung gegenüber den ökonomisch orientierten britischen Einflüssen und dem gewerkschaftlichen Syndikalismus im Süden und Westen Europas dominierte. Darin spiegelte sich das mittlerweile gestiegene Gewicht und die Bedeutung parteipolitisch orientierter mitteleuropäischer und skandinavischer Organisationen, und hierbei besonders aus dem Deutschen Reich. Die gewerkschaftlichen Dachorganisationen erhielten in der ‚II. Internationale' zunächst noch keinen eigenständigen internationalen Handlungsrahmen. Erst i.J. 1903 kam es zur Gründung eines ‚Internationalen Sekretariats der Landeszentralen' nationaler Gewerkschaften mit eng begrenzten Aufgaben unter Leitung des deutschen Gewerkschaftsführers Carl Legien.[5] Trotz der eingeschränkten Bedingungen gab es durchaus Beispiele internationaler gewerkschaftlicher Solidarität, wie i.J. 1909 während des schwedischen Arbeitskampfes. Die europäischen Gewerkschaftsbewegungen sammelten damals etwa 2,5 Mio. Mark Unterstützungsgelder für die Streikbewegung in Schweden.[6] Eine institutionell eigenständige Gewerkschaftsinternationale der nationalen Verbände entstand jedoch erst i.J. 1913 mit dem Internationalen Gewerkschaftsbund (IGB). Dabei wurde eine weitgehende politische Zurückhaltung mit Hinweis auf die Zuständigkeit der ‚Sozialistischen Internationale' auch unter den Vorzeichen des Ersten Weltkriegs nicht aufgegeben.

Die internationalen Bemühungen von Einzelgewerkschaften reichen zurück in die 60er Jahre des 19. Jahrhunderts. Seit Gründung der ‚II. Internationale' i.J. 1889 bildete sich bis an die Wende des 20. Jahrhunderts eine Struktur Internationaler Berufssekretariate (IBS), in denen sich nationale Branchen- und Fachgewerkschaften international zusammenschlossen. Im Jahre 1913 bestanden auf einem ersten Höhepunkt dieser Entwicklung *„32 Internationale Berufssekretariate mit zusammen 4,5 Millionen Mitgliedern aus nahezu allen europäischen Ländern.“*[7] Berufssekretariate wurden oft im Anschluss an die Kongresse der ‚II. Internationale' gegründet. Einige der damals gegründeten Organisationen bestehen in durchgehender Tradition bis in die Gegenwart. Die damaligen Bedin-

3 Ebd., S. 29

4 Zu den unterschiedlichen Entstehungsbedingungen vgl. u.a.: Dick Geary: Arbeiterprotest und Arbeiterbewegung in Europa 1848 – 1939, München: C. H. Beck, 1983

5 Vgl.: Leich / Kruse, 1991, ... a.a.O., S. 33

6 Vgl.: Ebd., S. 34

7 Ebd., S. 45

gungen sollen beispielhaft an den Internationalen Berufssekretariaten der Metallarbeiter und Holzarbeiter dargestellt werden.

Die Gründung des Internationalen Metallarbeiter-Bundes (IMB) mit Sitz in Genf erfolgte auf einem internationalen Metallarbeiterkongress, der vom 4.-11. August 1893 im Anschluss an den Internationalen Sozialistenkongress in Zürich tagte. Laut Verbandsgeschichte kam es bei der vorgesehenen Übersetzung in die Konferenzsprachen Deutsch, Englisch und Französisch, die in der Einladung angekündigt worden war, zu großen Schwierigkeiten. Der Kongress musste sich zunächst vertagen, „*da die aushilfsweise herangezogenen Dolmetscher ihrer Aufgabe nicht gewachsen*" waren und „*konnte auch am nächsten Tag nicht eher beginnen, bis endlich einer der Delegierten des Sozialistenkongresses*" einsprang.[8] Wichtigstes Ergebnis des Gründungskongresses war die Einrichtung eines internationalen Auskunftsbüros, was ein Aufruf an die „*Metallarbeiter aller Länder*" verkündet:

> „Der internationale Metallarbeiter-Kongreß in Zürich hat durch Einführung eines internationalen Auskunftsbureau den ersten bedeutenden Schritt gethan, um eine Verbrüderung der Metallarbeiter aller Länder anzubahnen." [9]

Dieses Eingangs vorbehaltlos internationalistische Selbstverständnis der Verbrüderung von Metallarbeitern aller Länder wird an anderer Stelle ‚okzitental' relativiert mit der abschließend formulierten „*Hoffnung, dass dieser Aufruf bei allen Metallarbeitern der Kulturländer*[10] *einen freudigen Widerhall finde*".[11] Der IMB ist heute das mitgliederstärkste Internationale Berufssekretariat mit etwa 22 Mio. organisierten Metallarbeitern in 186 Mitgliedsorganisationen aus weltweit insgesamt 95 Ländern,[12] darunter Gewerkschaften aus Thailand in einem wechselhaften Verlauf der Kooperation.

Das zweite Beispiel eines Internationalen Berufssekretariats mit organisatorischen Anfängen im 19. Jahrhundert und modernen Mitgliederstrukturen in vielen Entwicklungsländern ist der Internationale Bund der Bau- und Holzarbeiter (IBBH), ebenfalls mit Sitz in Genf. Eine Vorläuferorganisation des IBBH ist die Internationale Union der Holzarbeiter (IUH). Die IUH wurde i.J. 1881 nach der Einladung des belgischen Holzarbeiterverbandes zu einer internationalen Konferenz von 25 Delegierten aus 10 Ländern gegründet. Die Verbandsgeschichte beschreibt den Gründungsvorgang und sein vorläufiges Ergebnis:

---

8 Fritz Opel: 75 Jahre Eiserne Internationale 1893 – 1968, Genf: Internationaler Metallarbeiter-Bund, 1968, S. 21

9 Aufruf an die Metallarbeiter aller Länder, in: Opel, 1968, ... a.a.O., 75 S. 18 f.

10 Unterstreichung des Verfassers

11 Opel, 1968, ... a.a.O., S. 19

12 Stand im September 1999 lt. Auskunft Internationale Abteilung der IG Metall

„Es wurde beschlossen, einen ‚internationalen Informationsdienst über Streiks, Tarifverhandlungen und Arbeitsbedingungen' einzurichten. Danach geschah jedoch nichts mehr bis 1893, als erneut ein Kongress in Zürich (...) zusammentrat." [13]

Der Verband kümmerte bis um die Jahrhundertwende dahin. Zu einer Belebung kam es in den Jahren vor dem Ersten Weltkrieg mit verbindlichen Mitgliedsbeiträgen, einer Aktivierung der Sekretariatsarbeit, steigenden Mitgliederzahlen und gelegentlicher IUH Streikunterstützung. In den Jahren 1908 – 1914 wurden nach Angaben der IBBH insgesamt 30.000 Mark Streikunterstützung gewährt.[14]

Die Beispiele zeigen, dass die ersten internationalen Gewerkschaftsorganisationen in den Gründerjahren vor dem Ersten Weltkrieg noch schwache Institutionen waren und oft wenig mehr als die gemeinsame Debatte und internationalen Informationsaustausch leisten konnten. Dennoch bildeten diese ersten Verbände, mehr noch als die Bemühungen der nationalen Zentralorganisationen mit ihrem sehr bescheidenen Eigenanspruch, den Auftakt einer unabhängigen internationalen gewerkschaftlichen Arbeiterbewegung, die auch im Verhältnis zur sozialistischen Bewegung Eigenständigkeit erlangte. Die Berufssekretariate waren häufig mit der Frage internationaler Unterstützung im Streikfall konfrontiert. Die Handlungsbedingungen internationaler Gewerkschaftskooperation waren insgesamt schwierig: Sehr knappe finanzielle und personelle Ressourcen, Kommunikations- und Sprachprobleme, staatliche Repression, geringe Aussicht auf die Durchsetzung unmittelbarer gewerkschaftlicher Ziele, keine externe Unterstützung wie in der heutigen entwicklungspolitischen Zusammenarbeit mit Gewerkschaften in Entwicklungsländern (abgesehen von den gelegentlichen Hilfen der selbst bedrängten Sozialistischen Internationale). Unter den damaligen Voraussetzungen war der Wille zur Verwirklichung internationaler gewerkschaftlicher Zusammenarbeit Ausdruck eines wachsenden gewerkschaftlichen und politischen Klassenbewusstseins, das den nationalen Rahmen überschritt.

In der Praxis konnte sich die beginnende internationale Gewerkschaftskooperation auf eine Befürwortung von Aktionen gegen Streikbrecherorganisationen noch verhältnismäßig leicht einigen.[15] Komplizierter war die Frage, ob und ggf. wie im Falle nationaler Arbeitskämpfe Unterstützungszahlungen durch einen internationalen Streikfonds des jeweiligen IBS geleistet werden sollten. Die finanzschwächeren Gewerkschaften der romanischen Länder befürworteten überwie-

---

13 Knut Johansson, Jan-Erik Norling : Wir bauen die Zukunft: 100 Jahre internationale Zusammenarbeit – eine Chronik, Stockholm: Internationaler Bund der Bau und Holzarbeiter, o.J., S. 49

14 Vgl.: Ebd., S. 50 f.

15 Vgl.: Leich / Kruse, 1991, ... a.a.O., S. 48

gend die systematische Einrichtung von Streikfonds. Dagegen *„plädierten die deutschen Verbände – ähnlich wie die englischen – für einzelne, freiwillige Sammlungen."* [16] Die unterschiedlichen Haltungen erklären sich aus verschiedenen Interessenlagen.

Finanziell schwächere Gewerkschaften interessieren sich für die Unterstützung aus einem möglichst starken internationalen Streikfonds. Dagegen sind die stärkeren Gewerkschaften weniger an der Einzahlung in einen solchen Fonds interessiert. Für sie brächte dies bei eigenen nationalen Arbeitskämpfen wegen der relativen Schwäche der anderen Beteiligten in der Solidargemeinschaft kaum entscheidende Vorteile. Einer längerfristigen Kalkulation entspräche die nachhaltige Stärkung schwächerer Gewerkschaftsbewegungen durch einen internationalen Streikfonds. Die Existenz eines Fonds könnte die Verhandlungspositionen verbessern und solche Gewerkschaften nach und nach zu gestärkten Partnern der internationalen Solidarität entwickeln helfen. Durch ihre langfristig gestärkten internationalen Bündnispartner hätten die anfänglichen Nettoeinzahler am Ende selbst einen Vorteil. Die Möglichkeit des Zugriffs auf einen internationalen Fonds kann jedoch ebenso gegenteilig wirken. Sie könnte dazu führen, das auch außerhalb von Sondersituationen (wie z.B. politischer Repression) die eigene Stärke, Verantwortlichkeit und Selbständigkeit nicht mehr Maßstab nationalen gewerkschaftlichen Handelns ist. Schwächen und internationale Abhängigkeiten würden verstetigt. Als weitere Möglichkeit wäre denkbar, dass weder durch internationale Unterstützung noch durch nationale Eigenverantwortlichkeit eine Aussicht auf nachhaltige Stärkung einer nationalen Mitgliedsgewerkschaft besteht. Die solidarische Unterstützung schwächerer Gewerkschaftsbewegungen erfolgt dann losgelöst von den unmittelbaren ökonomischen Eigeninteressen. Sie entspringt anderen Quellen, wie gemeinsamen Identitäten, dem Klassenbewusstsein, oder den politischen, sozialen, humanitären oder religiösen Wertorientierungen. Denkbar sind weitere Gründe, wie z.B. ein Interesse an individuellem oder kollektivem Ansehens- und Statusgewinn.

Wendet man solche Überlegungen auf das moderne Verhältnis zwischen Gewerkschaften aus Entwicklungs- und Industrieländern und ihre internationale Zusammenarbeit an, dann gibt es neben Unterschieden auch Vergleichbares. Die stärkeren Gewerkschaften der Industrieländern könnten sich zu einer längerfristigen Unterstützung schwächerer Gewerkschaften aus Entwicklungsländern deshalb entschließen, weil es ihren langfristigen Eigeninteressen entspricht. Sie könnten erwarten, dass sich mit der Anhebung von Sozialstandards in Entwicklungsländern der Konkurrenzdruck auf die eigenen Löhne reduziert, oder dass sie gestärkte gewerkschaftliche Bündnispartner für gemeinsame Verhandlungspositi-

16 Ebd.

onen gegenüber international agierenden Unternehmen gewinnen. Sind die Erfolgsaussichten gering, dann könnte eine internationale Organisation die Zusammenarbeit reduzieren, z.B. durch Verringerung der finanziellen Leistungen an ein Internationales Berufssekretariat, oder sogar ganz einstellen. Die Zusammenarbeit kann andererseits auch unter pessimistischen Annahmen losgelöst von den ökonomischen Eigeninteressen fortgesetzt werden. Dies ist denkbar auf der Grundlage gesellschaftlicher Wertentscheidungen zur weltweiten Durchsetzung elementarer Menschenrechte in Arbeits- und Sozialfragen, die sich aus gemeinsamen internationalen Lernprozessen ergeben.

Es gibt in der modernen internationalen Zusammenarbeit die Möglichkeit der Unterstützung durch Dritte, wie z.B. entwicklungspolitische Institutionen, gesellschaftspolitische Bewegungen, Nicht-Regierungsorganisationen, oder politische Stiftungen, die als zusätzliche Partner in einer Zusammenarbeit auftreten. Das Beispiel des ersten Metallarbeiterkongresses in Zürich zeigt, dass schon in den Anfängen externe Unterstützung, hier von der internationalen sozialistischen Bewegung,[17] trotz ihres bescheidenen Umfangs von erheblicher Bedeutung war. Es ist kein grundsätzlicher Unterschied, wenn unter modernen Bedingungen mit entwicklungspolitischen Mitteln z.B. Übersetzungsarbeiten und Informationsdienste finanziert werden, oder durch vorgeschaltete Fachseminare Gewerkschaftsvertretern aus Entwicklungsländern die Teilnahme an internationalen Gewerkschaftskongressen möglich wird.

4.1.2. Politische Spaltung und Nazi-Terror

Die frühe internationale Gewerkschaftsbewegung stellte sich am Ende dem Weg der Nationalstaaten in den Ersten Weltkrieg nicht wirkungsvoll entgegen. Die nationale Vereinnahmung von Gewerkschaften in den Ländern der Kriegsparteien nach Kriegsbeginn glich entsprechenden Entwicklungen in sozialistischen Parteien.[18] Die Erfahrungen aus den Schrecken des Krieges führten nach dem Ende des Ersten Weltkriegs jedoch zu einer stärkeren Politisierung der Gewerkschaftsarbeit. Durch die Spaltung der politischen Arbeiterbewegung in konkurrierende Parteien entwickelten sich auch auf internationaler Ebene konkurrie-

17 Z.B. durch Hilfe beim Übersetzen oder die Ermöglichung des Zusammentreffens im Umfeld von Kongressen der Sozialistischen Internationale.

18 Vgl. für Deutschland: Wolfgang Hirsch-Weber: Gewerkschaften in der Politik. Von der Massenstreikdebatte zum Kampf um das Mitbestimmungsrecht, Köln u. Opladen: Westdeutscher Verlag, 1959, S. 15-20

rende Strukturen politischer Richtungsgewerkschaften.[19] Parallel zur Spaltung in eine sozialistische und eine kommunistische Weltbewegung formierte sich als Kontrahent zum sozialistisch orientierten IGB eine kommunistische ,Rote Gewerkschaftsinternationale' (RGI). Daneben gab es als weitere Konkurrenzorganisationen den ,Internationalen Bund der Christlichen Gewerkschaften' (IBCG), die anarcho-syndikalistische ,Internationale Arbeiter Assoziation' (IAA) sowie eine liberal orientierte Internationale neutraler Gewerkschaften. Besonders die Auseinandersetzungen zwischen ,Amsterdam' (IGB) und ,Moskau' (RGI) prägten die internationale gewerkschaftliche Konkurrenzsituation der 20er Jahre. Erst nach dem Sieg des Nazismus in Deutschland endete dieser Konkurrenzkampf in einer gemeinsamen Niederlage, wobei auch in dieser Situation die Unterschiede noch zu groß für eine Einigung der beiden Hauptströmungen waren. Die RGI als Hauptkonkurrent zum IGB löste sich schließlich 1937 auf.

Mit der Ernennung Hitlers zum Reichskanzler am 30. Januar 1933 zeichnete sich die totale Machergreifung der Nazi-Bewegung in Deutschland ab. Daraus ergab sich für die deutschen Gewerkschaften eine existentielle Bedrohung, auf die sie trotz grundsätzlicher Ablehnung des Nazismus widersprüchlich reagierten. So hatte kurz nach Hitlers Ernennung noch ein führender Vertreter des ADGB auf einem Treffen der ,Eisernen Front'[20] erklärt, dass die organisierte Arbeiterschaft vor dem neuen Reichskanzler nicht *„ins Mauseloch kriechen"* sondern den Kampf aufnehmen werde *„in der festen Zuversicht, ihn erfolgreich zu bestehen."*[21] Die ,Eiserne Front' wurde dennoch am 7. März 1933 verboten, ohne dass die Führungen von ADGB und SPD den Mitgliedern an der Basis ein Zeichen zum Widerstand gegeben hätten.[22] Danach noch bemühten sich verschiedene Gewerkschaftsrichtungen, einschließlich des ADGB, um eine Kontaktaufnahme mit der NSDAP, um die Existenz der eigenen Organisation über die Machtergreifung Hitlers hinaus notfalls unter Aufgabe bisheriger grundsätzlicher Positionen zu ermöglichen.[23] Der ADGB begrüßte als Teil seiner Überlebens- und Anpassungsstrategie am 15. April 1933 die Erklärung des 1. Mai *„zum deutschen Volksfeiertag"* durch Hitlers Regierung, an welchem *„nach der amtlichen An-*

---

19 Vgl. hierzu das Kapitel: „Politisierung der Gewerkschaftsbewegung zwischen den Weltkriegen" in: Leich / Kruse, 1991, ... a.a.O., S. 58 – 90

20 Zusammenschluss des sozialdemokratischen Reichsbanners mit Gewerkschaften und Arbeitersportverbänden in den 30er Jahren.

21 So der 2. Vorsitzende des ADGB Peter Graßmann, zit. aus: Hans Limmer: Die deutsche Gewerkschaftsbewegung, 3. Aufl., München: Günter Olzog Verlag, 1970, S. 65

22 Vgl. hierzu u.a. die damals oppositionelle Haltung und den kritischen Rückblick von Willy Brandt auf SPD und ADGB im Abschnitt „Das traurige Ende" seiner Erinnerungen. Willy Brandt: Links und Frei: mein Weg 1939 – 1950, Hamburg: Hoffmann und Campe, 1982, S. 60 – 66

23 Vgl.: Limmer, 1970, ... a.a.O., S. 66

kündigung der deutsche Arbeiter im Mittelpunkt der Feier stehen" soll.[24] Höhepunkt dieser Unterordnungsstrategie, mit der die Führung der deutschen Gewerkschaften mit den Worten Willy Brandts „*gute Mine zum schlechten Spiel machte*", [25] war der Aufruf des ADGB vom 19. April 1933 an die Arbeiterschaft, „*sich allerorts an der von der Regierung veranlaßten Feier festlich zu beteiligen.*" [26] Der IGB brach wenige Tage nach dem ADGB Maiaufruf vom 19. April seine Beziehungen zum ADGB ab.[27] Viele Gewerkschafter folgten dem ADGB Aufruf nicht und beteiligten sich statt dessen am 1. Mai 1933 an letzten unabhängigen Demonstrationen. Wie sich zeigte, scheiterte die Strategie der ADGB Spitze eines Überlebens durch Anpassung völlig. SS und SA stürmten am 2. Mai im Auftrag Hitlers die Gewerkschaftshäuser. Viele Funktionäre wurden verhaftet und die deutsche Gewerkschaftsbewegung mit anhaltendem Terror, Folter und Mord zerschlagen.

Der IGB reagierte auf die Lage nach der Machtübernahme Hitlers mit humanitärer Unterstützung für Opfer und Flüchtlinge aus dem Kreis der Gewerkschaften. Aktiver gewerkschaftlicher Widerstand gegen das Nazi-Regime entwickelte sich dagegen eher auf betrieblicher Ebene oder aus illegal fortbestehenden Verbindungen der im übrigen, nach schwacher Gegenwehr, gleichgeschalteten deutschen Gewerkschaften. Internationale Unterstützung leistete hierbei vor allem die Internationale Transportarbeiterföderation (ITF) mit ihren Organisationsbereichen der Eisenbahner und Seeleute. Der Aufbau dieser gefahrvollen Widerstandsarbeit wurde durch die ITF unabhängig vom IGB und der Auslandsvertretung der deutschen Gewerkschaften in Gang gesetzt und koordiniert. Trotz der allgegenwärtigen und tödlichen Bedrohung durch den Nazi-Terror überdauerte der gewerkschaftliche Widerstand die Kriegsniederlage des Naziregimes. Er mündete als Identität vermittelndes Element in die Neugründung der deutschen Gewerkschaften nach dem Neubeginn im Jahre 1945.[28]

Vergleicht man die gewerkschaftliche Auseinandersetzung mit dem Nazismus mit heutigen Herausforderungen internationaler Gewerkschaftsarbeit im Falle staatlicher Repression, dann wird deutlich: Uneindeutiges Taktieren und Koope-

---

24 Aufruf des ADGB Bundesvorstandes vom 15. April 1933, abgedruckt in: Michael Schneider: Kleine Geschichte der Gewerkschaften. Ihre Entwicklung in Deutschland von den Anfängen bis heute, Bonn: Dietz, 1989, S. 448

25 Brandt, 1982, ... a.a.O., S. 63

26 Beschluss des ADGB Bundesausschusses vom 19. April 1933, abgedruckt in: Schneider, 1989, ... a.a.O., S. 448

27 Vgl.: Hirsch-Weber, 1959, ... a.a.O., S. 39

28 Zum gewerkschaftlichen Widerstand gegen das Nazi Regime und den illegalen Widerstandsaktivitäten der ITF in dieser Zeit vgl.: Helmut Esters, Hans Pelger: Gewerkschafter im Widerstand, Schriftenreihe des Forschungsinstituts der Friedrich-Ebert-Stiftung, Hannover: Verlag für Literatur und Zeitgeschehen, 1967,

rationsversuche von Gewerkschaften mit repressiven Machthabern können vor dem Hintergrund der deutschen Erfahrungen nicht als spezifisch für die Dritte Welt klassifiziert werden. Bei Hitlers Machtübernahme wurde im bürokratischen Eigeninteresse der zentralen gewerkschaftlichen Dachverbände die Rettung der Organisation *„für sie oberstes Gebot.“* [29] Vergleicht man das taktische Verhalten von zentralen deutschen Gewerkschaftsführungen bei Hitlers Machtergreifung mit den taktischen Überlegungen in Teilen der thailändischen Gewerkschaftsspitzen nach dem Militärputsch 1991, dann wird neben allen Unterschieden dennoch erkennbar, dass in beiden Situationen eine existentielle Akzeptanz durch die neuen diktatorischen Machthaber angestrebt wurde, was sich in Beschwichtigung und Unterordnung äußerte. In beiden Fällen erfüllten sich die Hoffnungen nicht. Die Gewerkschaften wurden entweder zerstört oder wesentlicher Rechte beraubt. In Thailand waren es ebenso wie in Deutschland vor allem die Vertreter von Branchengewerkschaften, die sich am Widerstand gegen das Regime beteiligten. Dabei kam jedes Mal den Organisationen der Eisenbahner eine herausragende Bedeutung zu, die damals wie heute Mitglied der ITF sind.[30] Wegen der zeitweise ambivalenten und unklaren Haltung der gewerkschaftlichen Dachverbände in Thailand nach dem Putsch von 1991 sah der IBFG seine Möglichkeiten, außer in internationalen Protesten, vor allem in humanitären Hilfen für die Familie eines nach dem Militärputsch verschwundenen Gewerkschaftsführers.

Vor Schlussfolgerungen aus dem Vergleich dieser Ähnlichkeiten in den Bedingungen und Ergebnissen müssen auch Unterschiede einbezogen und gewichtet werden. Das Ausmaß des sich anbahnenden Terrors war in Deutschland größer als in Thailand und der Widerstand weitaus gefahrvoller. Die gesellschaftlichen, politischen und wirtschaftlichen Bedingungen unterscheiden sich, z.B. in Hinblick auf die wesentlich größere weltwirtschaftliche Integration und Abhängigkeit Thailands. Und es gibt zudem einen diametral verschiedenen Verlauf in der weiteren Entwicklung nach der diktatorischen Machtübernahme. In Thailand war eine Demokratiebewegung unter Beteiligung von Gewerkschaften nach etwas mehr als einem Jahr erfolgreich. Sie konnte das Militärregime durch Straßenproteste stürzen. Damit war der Fortgang einer zivilgesellschaftlichen Entwicklung grundsätzlich möglich. In Deutschland wurde die Diktatur dagegen erst mit der Kriegsniederlage durch die Siegermächte beseitigt. Die Gewerkschaften waren nach

29 Hirsch-Weber, 1959, ... a.a.O. S. 38

30 Vgl.: Somsak Kosaisuk: Labour against Dictatorship, Bangkok: Friedrich-Ebert-Stiftung 1993. Bei der thailändischen Demokratiebewegung unter gewerkschaftlicher Beteiligung kam der ITF allerdings keine praktische Bedeutung im Lande selbst zu. Die ITF unterstützt jedoch die in der Illegalität unterdrückte burmesische Gewerkschaftsbewegung, deren Führer immer wieder gezwungen sind sich unter schwierigen Bedingungen im benachbarten Thailand aufzuhalten.

zwölfjährigem Terror zerstört. Die internationale Gewerkschaftskooperation konnte in den Zeiten des Terrors wenig mehr tun, als die Weltöffentlichkeit aufzuklären, humanitäre Hilfen für die Betroffenen zu organisieren und punktuell die äußerst gefahrvolle Widerstandsarbeit in der Illegalität zu unterstützen.

4.1.3 Neuere Entwicklungen

Vor dem Ende des 2. Weltkriegs wurde noch im Geiste der Anti-Hitler-Koalition auf der Tagung einer vorbereitenden Kommission vom 4. – 7. Dezember 1944 und einer Weltgewerkschaftskonferenz vom 6. – 17. Februar 1945 in London[31] die Neugründung einer vereinten Weltgewerkschaftsbewegung beschlossen.[32] Nach Kriegsende in Europa erfolgte in Paris auf einer Weltgewerkschaftskonferenz mit anschließendem Weltgewerkschaftskongress im September und Oktober 1945 [33] die Gründung des Weltgewerkschaftsbundes (WGB). Der größte amerikanische Dachverband American Federation of Labor (AFL) blieb mit seiner antikommunistischen Haltung dem WGB von Beginn an fern. Auch christliche Zentralverbände entschlossen sich, statt eines Beitritts zum WGB, zur Neubelebung ihrer internationalen Zusammenarbeit unter einem eigenen Dachverband. [34]

Zentralisierungsbestrebungen des WGB führten kurz nach dessen Gründung zu Konflikten. Dies betraf besonders das Verhältnis des WGB zu den Internationalen Berufssekretariaten (IBS). Die IBS hatten sich trotz historischer Nähe zur sozialistischen Bewegung stets, auch gegenüber dem IGB, als autonome Organisationen verstanden. Nun wehrten sie sich gegen den Versuch einer Degradierung zu ‚automatischen' Berufsabteilungen des WGB.[35] Im Jahre 1948 brachen die

---

31 Vgl.: Zwanzig Jahre Weltgewerkschaftsbund: Dokumente aus der Tätigkeit des Weltgewerkschaftsbundes, Bd. I, Berlin: Verlag Tribüne, 1965, S. 13-46

32 Im „Manifest der Weltgewerkschaftskonferenz an alle Völker" geht es noch darum, „einen vollständigen und kompromißlosen Sieg über die faschistischen Mächte, die versucht haben, die Freiheit und die Demokratie zu vernichten, zu erringen; einen beständigen und dauerhaften Frieden herbeizuführen, auf wirtschaftlichem Gebiet die internationale Zusammenarbeit zu fördern, mit deren Hilfe es möglich sein wird, die Schätze der Erde zum Wohle aller Völker zu nutzen, dadurch, daß allen Arbeit gegeben und der Lebensstandard und die soziale Sicherheit der Männer und Frauen aller Nationen auf einen höheren Stand gebracht wird." Vgl.: Zwanzig Jahre Weltgewerkschaftsbund, 1965, ... a.a.O., S. 17 ff.

33 Vgl.: Ebd., S. 47 ff.

34 Vgl.: Leich / Kruse, 1991, ... a.a.O., S. 99 ff.

35 Vgl. hierzu u.a. die Allgemeinen Satzungen der Berufsabteilungen des WGB v. 1947: „Jede dem WGB direkt oder durch ihre Landeszentrale angeschlossene Industrieorganisation gehört automatisch der für ihre Industrie zuständigen Berufsabteilung an." Abgedruckt in: Leich / Kruse, 1991, ... a.a.O., S. 199. Zur Ablehnung von

IBS ihre Beziehungen zum WGB ab.[36] Der eskalierende Ost-West-Gegensatz des beginnenden Kalten Krieges und Auseinandersetzungen um den Marshall-Plan verdrängten den Gedanken einer einheitlichen Weltgewerkschaftsbewegung. Über die ideologischen Gegensätze hinaus wurde von westlicher Seite kommunistisches Machtstreben, Dominanz über den WGB und seine sowjetische Instrumentalisierung befürchtet. Es gibt zudem die Meinung, dass in diesem Antagonismus auch westliche Gewerkschaften abhängig von den politischen Interessen der Regierungen ihres Lagers waren und ebenfalls zur Eskalation beitrugen.[37] Die Spaltung des WGB in antagonistische Lager führte schließlich zur Abspaltung. Große westliche Dachverbände verließen die Organisation. Im Dezember 1949 wurde mit einem Aufruf an die *„Arbeiter aller Länder, Rassen und Glaubensbekenntnisse"* [38] der Internationale Bund Freier Gewerkschaften (IBFG) als ausdrücklich gegen Kommunismus und Totalitarismus gerichteter neuer Dachverband gegründet.

Der WGB geriet unter den verbliebenen Macht- und Mehrheitsverhältnissen unter den Einfluss staatlich kontrollierter osteuropäischer Gewerkschaften und wurde, mit Sitz in Prag, in der Tradition der RGI zu einem weitgehend kommunistisch orientierten Richtungsverband. Die internationale Gewerkschaftsbewegung war nun ähnlich wie einst zwischen den beiden Weltkriegen in mehrere politisch und weltanschaulich orientierte und miteinander konkurrierende Tendenzverbände gespalten. Der IBFG definierte sich im westlichen Gewerkschaftsverständnis von Freiheit und in Gegnerschaft zum Kommunismus und stand bei abgeschwächter Orientierung am Sozialismus letztlich in den Traditionen des IGB. Der Weltverband der Arbeit (WVA) repräsentierte, wie seine Vorgänger-

---

20 Berufssekretariaten gegen die Eingliederung in den WGB vgl. die Stellungnahme des IMB Sekretärs Konrad Ilg v. 1947, abgedruckt in Leich / Kruse, 1991, ... a.a.O., S. 202 f., sowie das Kapitel „Um die Selbständigkeit" in: Opel, 1968, ... a.a.O., S. 116 – 120

36 Vgl.: Leich / Kruse, 1991, ... a.a.O., S. 102

37 Vgl. die Kritik von Leich / Kruse: „So unterstützten die Gewerkschaften der europäischen Kolonialmächte England, Frankreich und Holland die Kolonialpolitik ihrer nationalen Regierungen und verhinderten jedes ernsthafte Engagement des WGB zugunsten der Unabhängigkeitsbewegungen", in: Leich / Kruse, 1991, ... a.a.O., S. 102

38 Manifest des IBFG von 1949. Dort heißt es u.a.: „Vereinigt euch mit uns, um eine Welt zu vollenden, in welcher das Volk frei ist von der Tyrannei, der kommunistischen, faschistischen, falangistischen und jeder anderen Form des totalitären Wesens, sowie auch frei von der Beherrschung und Ausbeutung durch die zusammengeballte wirtschaftliche Macht in den Händen der Kartelle und Monopole! Wir weisen die falsche Theorie zurück, daß die Arbeiter ihre politische und geistige Freiheit opfern müssen, um wirtschaftliche Sicherheit und soziale Gerechtigkeit zu erlangen." Abgedruckt in: Leich / Kruse, 1991, ... a.a.O., S. 204 f.

organisation IBCG, weltanschaulich den christlich orientierten Flügel. Daneben agierte als bedeutsame internationale Branchenstruktur das Netzwerk der IBS. Obwohl sie stets dem IBFG nahe standen, bewahrten die IBS ihre gewerkschaftspolitische und organisatorische Unabhängigkeit.[39] Sie ließen sich weniger als der IBFG von Gegensätzen des Ost-West-Konfliktes leiten. Manche IBS akzeptierten gelegentlich sogar die Mitgliedschaft von Gewerkschaften, deren nationale Dachverbände dem WGB angehörten.

Diese Struktur der Weltgewerkschaftsbewegung bestand im wesentlichen bis ans Ende der staatssozialistischen Patronage als Folge des kommunistischen Zusammenbruchs in Osteuropa. Unmittelbar darauf erlebte der WGB einen deutlichen Niedergang. Auch die früheren ideologischen Gegensätze verloren seither an Bedeutung. Für Gewerkschaften in Entwicklungsländern ergibt sich daraus der Vorteil, dass sie sich heute nicht mehr für ein ideologisches Lager entscheiden müssen, aber auch der Nachteil, dass sie nicht mehr wie früher von den konkurrierenden Lagern des ‚Nordens' mit Kooperationsangeboten umworben werden. Zu Beginn des Jahres 2000 ist der IBFG mit ca. 122,7 Mio. organisierten Arbeitnehmern in 216 Dachverbänden aus 145 Ländern die wichtigste internationale Dachorganisation.[40]

Unter den IBS kam es in den 90er Jahren, vor allem finanziell bedingt, zu einer Serie von Zusammenschlüssen. Geringere Mitgliederzahlen in den wichtigeren Gewerkschaften der wirtschaftlich stärkeren Länder führten im Falle einiger IBS zu deutlich sinkenden Beitragszahlungen. Diese Neustrukturierungen orientierten sich zum Teil an entsprechenden Entwicklungen innerhalb der deutschen Einzelgewerkschaften. Der Vereinigung der deutschen IG Chemie Papier Keramik mit der IG Bergbau und Energie entsprach auf internationaler Ebene der Zusammenschluss des Internationalen Chemiegewerkschaftsverbandes und des Internationalen Bergarbeiterverbandes zur ‚Internationale der Chemie-, Energie-, Bergbau- und Fabrikarbeiter-Verbände' (ICEM). Anders dagegen beim Anschluss der deutschen Gewerkschaft Textil Bekleidung an die IG Metall: Hier besteht neben dem ‚Internationalen Metallgewerkschaftsbund' (IMB) weiterhin die eigenständige ‚Internationale Textil-, Bekleidungs- und Lederarbeiter-Vereinigung' (ITBLAV), der nun die IG Metall angehört. Wieder anders verlief es bei der Auflösung des Internationalen Verbandes der Plantagen und Landarbeiter, der überwiegend in die ‚Internationale Union der Lebensmittel-, Landwirtschafts-, Hotel-, Restaurant-, Café- und Genußmittelarbeiter – Gewerkschaften' (IUL)

39 Zur Struktur und Arbeit der 15 IBS, die Anfang der 90er Jahre existierten, siehe: Heinz Bendt: Eine Welt – Eine Stimme – Solidarität. Die Arbeit der Internationalen Berufssekretariate, Bonn: Friedrich-Ebert-Stiftung, 1995

40 Stand v. 02.04.2000 lt. Auskunft IBFG Brüssel. Verlässliche Mitgliederzahlen des weiterhin existierenden WGB und des WVA konnten nicht ermittelt werden.

eingegliedert wurde, während seine deutsche Mitgliedsorganisation, die Gewerkschaft Gartenbau Land- und Forstwirtschaft, in der IG Bauen – Agrar- Umwelt aufging. Ein bisher letzter großer Zusammenschluss erfolgte zum Januar 2000 mit der Vereinigung des ‚Internationalen Bundes der Privatangestellten' (FIET), der ‚Internationalen Grafischen Föderation' (IGF), ‚Media and Entertainment Internationale' (MEI) und der bereits aus Zusammenschlüssen der 90er Jahre hervorgegangenen ‚Communications International' (CI) zum neuen Großverband ‚Union Network International' (UNI). Nach den Zusammenschlüssen der 90er Jahre existieren zu Beginn des Jahres 2000 noch die folgenden zehn Internationalen Berufssekretariate:

- Bildungsinternationale (BI)
- Internationaler Bund der Bau- und Holzarbeiter (IBBH)
- Internationale Föderation von Chemie-, Energie-, Bergbau- und Fabrikarbeiterverbänden (ICEM)
- Internationale Journalisten Föderation (IJF)
- Internationale der Öffentlichen Dienste (IÖD)
- Internationale Textil-, Bekleidungs- und Lederarbeiter-Vereinigung (ITBLAV)
- Internationale Transportarbeiterföderation (ITF)
- Internationale Union der Lebensmittel-, Landwirtschafts-, Hotel-, Restaurant-, Café- und Genussmittelarbeiter-Gewerkschaften (IUL)
- Union Network International (UNI)
- Internationaler Metallgewerkschaftsbund (IMB)

Unter den neuen Herausforderungen des Globalisierungsprozesses ist die internationale Gewerkschaftskooperation trotz ihrer Schwächen und Unzulänglichkeiten nicht wirkungslos. Ein Arbeitsfeld von wachsender Bedeutung sind z.B. Verhaltenskodices (‚codes of conduct') für multinationale Unternehmen. Dabei üben die relativ stärkeren Gewerkschaften aus den Herkunftsländern gemeinsam mit ihrem IBS Einfluss aus auf die Geschäftspolitik des Unternehmens in Ländern mit schwächeren oder nicht existierenden Gewerkschaften. Das angestrebte Verhalten wird z.B. in Bezug auf soziale Mindeststandards und die Akzeptanz von Gewerkschaften fixiert und dann in einem öffentlich zugänglichen Kodex niedergelegt. Dabei kann der mögliche Zuwachs an öffentlichem Ansehen für Unternehmen auch ein Anreiz sein. Häufig lassen sich Unternehmen jedoch nur auf die ‚niedrigere' Ebene einer Selbstverpflichtung ein. Bei stärkerem Einfluss der Gewerkschaften kann es aber auch gelingen, die ‚höhere' Ebene einer vertraglichen Verpflichtung durchzusetzen, die mit dem IBS oder seiner nationalen Mitgliedsgewerkschaft vereinbart wird. Mit dieser Strategie können unter günstigen Umständen bei Direktinvestitionen multinationaler Unternehmen auch Gewerkschafts- und Arbeitnehmerrechte in Entwicklungs- und Schwellenländern transferiert werden, wobei sich die Umsetzung und Kontrolle oft in der Praxis als schwierig erweist.

Daneben gibt es ein breites Spektrum weiterer Strategien, Instrumente und Aktionsformen. Diese umfassen u.a. Bildungsprogramme, internationale Netzwerkbildung und Kampagnen, externe Unterstützung für gewerkschaftliche Einigungsprozesse, Erstellung wissenschaftlicher Gutachten für Gewerkschaften, Verbindung von Handelspräferenzen und Sozialstandards, kulturelle Zusammenarbeit, Unterstützung beim Aufbau sozialer Sicherungssysteme, Debatten über Warenboykott (z.B. bei Menschenrechtsverletzungen), international koordinierte Streikaktionen (z.B. in Häfen), Kampagnen für Konsumentenbewusstsein und soziale Gütesiegel, spezielle Förderprogramme für Frauen in der Gewerkschaftsbewegung, und vieles mehr. Es gibt dabei Erfolge und, wie in der entwicklungspolitischen Zusammenarbeit, auch viele Misserfolge. Neuere Erfahrungen wurden auf angrenzenden Feldern internationalen sozialen Handelns gesammelt, wie bei Kampagnen zur Abschaffung von Kinderarbeit in den Entwicklungsländern in einer für die betroffenen Kinderarbeiter sozial verträglichen Weise. Hier treten in Zusammenarbeit, Ergänzung und manchmal Konkurrenz zur internationalen Gewerkschaftsbewegung international tätige Menschenrechtsorganisationen und Nicht-Regierungsorganisationen (NRO) zunehmend als Akteure auf.

Der IBFG und das Netzwerk der Berufssekretariate kooperieren seit etwa zwei Jahrzehnten mit wechselhaften Erfahrungen in verschiedenen Projekten mit den Thai Gewerkschaften. Mitgliedsorganisationen aus Thailand finden sich außer im IBFG auch in nahezu allen Berufssekretariaten. Daneben kommt eine größere Zahl weiterer Thai Gewerkschaften, die bisher noch keine formelle IBS Mitgliedschaft eingegangen ist, oder deren Mitgliedschaft ruht bzw. erloschen ist, über Arbeitskreise und Koordinierungsgruppen mit internationalen Gewerkschaftsorganisationen und deren Kooperationsangeboten in Berührung.

Die oben beschriebenen Zusammenschlüsse internationaler Gewerkschaftsorganisationen verändern für Thai Gewerkschaften bislang gewohnte Strukturen der Kooperation mit gewachsenen Kontakten und Beziehungsnetzen. So gehörten im Falle des neugegründeten Berufssekretariats UNI die Gewerkschaften im privatwirtschaftlich organisierten Bankensektor bisher FIET an. Dagegen waren die Arbeitnehmerorganisationen des noch staatseigenen Telekommunikationssektors bisher CI bzw. deren Vorgängerorganisation ‚Internationale des Personals der Post-, Telegrafen- und Telefonbetriebe' (IPTT) angeschlossen. Obwohl beide Organisationsfelder in ihrer bisherigen lokalen Gewerkschaftsarbeit und internationalen Kooperation nur wenig Kontakt hatten, gehören sie nun dem selben Berufssekretariat an. In der Vergangenheit führten internationale Kooperationsangebote (z.B. Seminarfinanzierungen oder Konferenzeinladungen) zur Bildung lokaler Parallelstrukturen in branchenbezogenen ‚Federations' oder Arbeitsgemeinschaften, deren gemeinsamer Organisationsbereich häufig einem IBS zugeordnet ist. Werden solche externen Kooperationsangebote nach einer Umstrukturierung auf internationaler Ebene aufrechterhalten, dann sind im Rahmen internationaler Geber-Nehmer-Beziehungen lokale Veränderungen als Folge wahrscheinlich, da die betroffenen Gewerkschaften Thailands ihre Außenkontakte darauf einstellen müssen.

In häufig gehörten Urteilen internationaler Gewerkschaftssekretäre mit Kooperationspraxis in Thailand ist eine Ernüchterung über die bisher erzielten Erfolge und die Aussichten künftiger Zusammenarbeit zu spüren.[41] Abgesehen von einzelnen Erfolgen blieb die Thai Gewerkschaftsbewegung trotz langfristiger internationaler Unterstützung und unter den Rahmenbedingungen eines bis 1997 andauernden wirtschaftlichen Booms schwach, zersplittert und einem Verständnis Außenstehender weitgehend verschlossen. Partner der internationalen Kooperation beider Seiten können die Ursachen und Bestimmungsgründe wechselseitiger Verständnisbarrieren und Probleme in der Kooperation selten wirklich nachvollziehen. Bei wechselseitigem Nicht-Verstehen und vielfältigen Kommunikationsbarrieren führt die Zusammenarbeit internationaler Gewerkschaftsorganisationen mit ihren lokalen Partnern in Thailand nicht zu einer nachhaltigen und deutlichen gemeinsamen Weiterentwicklung in internationalen Lernprozessen. Eine empirische Erfassung solcher Schwierigkeiten in der sozialen Wirklichkeit von Akteuren der internationalen Kooperation und die Analyse der zugrundeliegenden Bedingungen erfolgt in Kapitel 5.

4.2 Globalisierung und die Industrialisierung der Entwicklungsländer

4.2.1 Gewerkschaftsarbeit und Unterentwicklung

Eine umfassende Behandlung der Problematik der Unterentwicklung würde den inhaltlichen Rahmen der bearbeiteten Thematik übersteigen und kann hier nicht erfolgen. Es ist aber festzuhalten, dass es keine eindeutige oder zumindest verbindliche Definition von dem gibt, was die ‚Dritte Welt' ausmacht und was ein Entwicklungsland ist. Wenn man z.B. das Kriterium des Pro-Kopf-Einkommens anwendet, gelangt man zu einer Auswahl von Ländern und Regionen, die sich ökonomisch, politisch, kulturell und historisch erheblich voneinander unterscheiden. Auch bei Verwendung anderer Definitionen gelangt man nicht zu einem eindeutigen Ergebnis. Eine weltweit verbindliche Definition von Entwicklungs-

41 Eindrücke des Verfassers aus Gesprächen mit Repräsentanten internationaler Gewerkschaftsorganisationen in den Jahren 1991 bis 1999.

ländern existiert nicht. Durchgesetzt haben sich in der Praxis vor allem die Kriterien der Vereinten Nationen, des Entwicklungshilfeausschusses DAC der OECD und die der Weltbank.[42] Dabei kommt dem Pro-Kopf-Einkommen üblicherweise eine zentrale Bedeutung zu. Durch andere Kriterien (z.B. mangelnde Grundversorgung, zu wenig Bildungsmöglichkeiten, usw.) wird dies jeweils unterschiedlich gewichtet. Die OECD hat zur Erfassung ihrer Entwicklungshilfe eine ‚DAC List of Aid Recipients' beschlossen, die in ihrem Teil 1 die ‚Entwicklungsländer und Gebiete' erfaßt. Die Vereinten Nationen definieren innerhalb der Entwicklungsländer noch die Gruppe der am wenigsten entwickelten Länder (‚least developed countries' bzw. LDC), die in der Zusammenarbeit besonders günstige Konditionen erhalten. Für Schwellenländer ist die Definition noch unverbindlicher. Eine gängige Beschreibung dieser Länder ist ein hohes Wachstum bei überdurchschnittlichem Kapitalimport und Export von Industriegütern und Fertigwaren.

Von Bedeutung ist hier vor allem die Abgrenzung zu ‚entwickelten' Industrieländern mit existierender Gewerkschaftsbewegung. Diese sind historisch aus der industriellen Revolution des 19. und frühen 20. Jahrhunderts hervorgegangen. Daneben gibt es Sonderfälle wie z.B. Japan, das als Nachzügler diesen Prozess mit einigen Variationen später nachgeholt hat. In diesen heute ‚entwickelten' Ländern weitete sich als Folge der Industrialisierung der Anteil gewerblicher Lohnarbeit erheblich aus. Sozialer Problemdruck und gesellschaftliche Benachteiligung der Arbeiter lösten kollektive Gegenwehr aus. Mit der Bildung einer Arbeiterklasse entstand Klassenbewusstsein und es wurden Gewerkschaften gegründet. So entstanden in den meisten europäischen Ländern nationale Arbeiterbewegungen. In dieser Epoche der industriellen Revolution und des Imperialismus gerieten viele der heutigen Entwicklungsländer in ihrer Rolle als Rohstofflieferanten politisch und ökonomisch (manchmal wie Thailand auch nur ökonomisch) in das koloniale System der internationalen Arbeitsteilung. Auch nach Beendigung der politischen Kolonialherrschaft gegen Mitte des 20. Jahrhunderts änderte sich für die meisten Entwicklungsländer im Hinblick auf ihren Platz in der internationalen Arbeitsteilung anfangs nur wenig. Lohnarbeit entstand unter solchen Bedingungen zunächst vor allem in der kolonialen Agrarwirtschaft und nur in geringem Umfang in der Industrie und im Dienstleistungsbereich. Die Plantagenarbeiter kamen z.B. im britischen Kolonialreich oft aus sehr weit entfernten Regionen.[43] Außerökonomische Abhängigkeiten behielten für sie auch

42 Vgl.: Journalistenhandbuch Entwicklungspolitik 1998, Bundesministerium für wirtschaftliche Zusammenarbeit und Entwicklung (BMZ), Berlin: 1998

43 Aus dem heutigen indischen Bundesstaat Tamil Nadu emigrierten z.B. vor allem in Notzeiten landlose Arme u.a. in die südindischen Teeplantagen, in das Hochland von Sri Lanka, nach Malaya, Singapur, Mauritius, Fiji oder Südafrika. Auch kasten-

bei formal gegebener Vertragsfreiheit noch lange ihren bestimmenden Einfluss. Dagegen trat in den Industrieländern der Gegensatz von Lohnarbeit und Kapital in der sozialen Auseinandersetzung deutlich hervor.

Mit der Überwindung des Kolonialismus bemühten sich viele der unabhängig gewordenen Staaten um eine nachholende industrielle Entwicklung. Aufeinanderfolgend begannen Entwicklungsstrategien typischerweise mit staatlicher Industrialisierung (50er Jahre), gefolgt von industrieller Entwicklung durch Importsubstituierung (bis zu den 70er Jahren) und schließlich exportorientierter Industrialisierung (bis zur Gegenwart). Als neuer Faktor kam in den 60er Jahren die Entwicklungspolitik der Industrieländer hinzu. Sie gewann auch vor dem Hintergrund des eskalierenden Ost-West-Konflikts an Bedeutung. Seit dessen Überwindung ist sie, entgegen zuvor geäußerten Hoffnungen, wieder rückläufig[44]. Die Mehrzahl der Entwicklungsländer konnte das Problem der Unterentwicklung weder durch Industrialisierungsstrategien, noch durch die Entwicklungspolitik der Industrieländer lösen. Es gab aber industriell erfolgreiche Ausnahmen. Vor allem in Ostasien verbuchten einige Länder, zu denen Thailand zählt, mit der Strategie der exportorientierten Industrialisierung beachtliche wirtschaftliche Erfolge. Den neuen Wachstumsländern schien es entgegen den Prognosen von Entwicklungspessimisten[45] zu gelingen, die traditionelle Rolle von Entwicklungsländern als Lieferant von Rohstoffen und Produkten aus gering qualifizierter Arbeit zu überwinden. Dabei spielte die staatlich unterstützte Strategie der exportorientierten Industrialisierung in den oft autoritär von einer bürokratischen Elite regierten Staaten eine wichtige Rolle. Bis zum heftigen wirtschaftlichen Einbruch als Folge der Asienkrise im Jahre 1997 galten diese Wachstumsländer als erfolgreiche Beispiele einer nachholenden Wirtschaftsentwicklung durch Industrialisierung bei hoher Weltmarktintegration. Zumindest bis zur Asienkrise waren sie für die bis-

---

höhere Personen nahmen als Vermittler oder als Aufpasser (‚Kangany') im Plantagenbetrieb an solchen Wanderungsbewegungen teil und bildeten oft nach einiger Zeit die Führungsebene von Plantagenarbeitergewerkschaften.

44 Die Nord-Süd-Kommission und ihr Vorsitzender Willy Brandt hatten sich zu Beginn der 80er Jahre aus der Beendigung der Ost-West-Konfrontation noch eine ‚Friedensdividende' für die Dritte Welt versprochen. Tatsächlich gingen die entwicklungspolitischen Leistungen (ODA) der OECD Länder Mitte der 90er Jahre von 59,2 Mrd. US$ im Jahre 1994 auf nur noch 48,3 Mrd. US$ im Jahre 1997 zurück. Die deutschen ODA Leistungen erreichten 1991 mit 11,4 Mrd. DM ihren bisherig höchsten Stand und reduzierten sich bis 1998 auf 9,8 Mrd. DM. Gemessen am BSP wurde der bisher höchste Stand i.d.J. 1982/83 mit jeweils 0,48% erreicht. Der Anteil der deutschen ODA Nettoauszahlungen reduzierte sich dann bis 1998 auf nur noch 0,26%, dem bisher niedrigsten Stand seit 1960.

45 So die Dependenztheorie für die 70er Jahre und die Theorie der neuen internationalen Arbeitsteilung für die 80er Jahre.

herigen Industrieländer mit ihren Erfolgen bei geringen Sozialstandards eine wirtschaftliche und soziale Herausforderung.

Die Arbeits- und Sozialpolitik dieser Entwicklungs- und Schwellenländer im Industrialisierungsprozess steht häufig unter dem Primat der ökonomischen ‚Effizienzorientierung'.[46] Dabei räumt eine bürokratische Elite den Interessen der Unternehmer Priorität ein, während die gesellschaftliche Emanzipation und politische Partizipation der neu entstehenden Arbeitnehmerschicht nachgeordnet bleibt. Die Entstehung unabhängiger Gewerkschaften außerhalb des Einflusses von Staat und Unternehmen wird oft behindert. In vielen Entwicklungs- und Schwellenländern kommt es zu massiven Verstößen gegen Arbeitnehmer- und Gewerkschaftsrechte und zu Menschenrechtsverletzungen.[47] Abweichungen von ‚westlichen' Vorstellungen im Stellenwert von Arbeitnehmerrechten wurden vor allem in Südostasien von Repräsentanten der politischen Elite häufig mit den unterschiedlichen kulturellen Identitäten und Wertesystemen begründet.[48] Die Auffassung, dass vor allem kulturelle Prägungen und weniger die wirtschaftlichen Strukturen solche Unterschiede begründen, gibt es in der Kultur- und Zivilisationsdebatte allerdings auch auf ‚westlicher' Seite.[49] Außerdem wird argumentiert, mit der Forderung nach höheren Sozialstandards in Entwicklungs- und Schwellenländern würden die ‚westlichen' Industrieländer, sowie die dortigen Gewerkschaften und deren internationale Verbände, vor allem zum eigenen Vorteil etablierte Standort- und Arbeitsplatzinteressen absichern wollen.[50] Hier wird auf ‚westlicher' Seite von kritischen Organisationen der Entwicklungs- und Menschenrechtsarbeit mit oft ähnlichem Ergebnis argumentiert, wenn auch mit anderer Absicht.[51]

---

46 Vgl.: Harry Katz, S. Kurvilla, Lowell Turner: Trade Unions and Collective Bargaining, World Bank: Policy Research Papers, 1993

47 Vgl.: ICFTU: Annual Survey of Violations of Trade Union Rights, Brussels: 1998

48 So wehrten z.B. die Arbeitsminister der ASEAN Staaten in den 90er Jahren auf ihren regelmäßigen Konsultationen ‚westliche' Forderungen nach höheren Sozialstandards und erweiterten Arbeitnehmerrechten unter Bezugnahme auf ‚Asian Values' ab. Als Auswirkung der Asienkrise erhielten solche Argumentationen allerdings einen Rückschlag; vgl. hierzu: „Are Asian Values Finished" und „Asian Values, Asian Valuations", in: Far Eastern Economic Review v. 22.2.1998 bzw. 26.2.1998.

49 Vgl. Kapitel 2

50 Z.B. medienwirksam vom malaysischen Premierminister Mohamad Mahathir und seiner Regierung während der WTO Konferenz vom 9.-13. Dezember 1996 in Singapur. Vgl.: „Labour standards still the thorny issue" u. „Ministers close to deals on labour standards" in: The Straits Times v. 12.12. u. 13.12.1996, Singapore

51 So z.B. die Menschenrechtsorganistion FIAN. Vgl. zur Debatte: DBG Bildungswerk e.V. (12/1995): Mit Sozialklauseln den Welthandel regeln, Düsseldorf: 1995

Die Bildung gewerkschaftlicher Strukturen erwies sich für die meisten Entwicklungsländer von Beginn an als schwieriger Prozess mit häufig wiederkehrenden Rückschlägen. Meist blieb der Gewerkschaftsarbeit nur ein sehr schmaler Pfad zwischen den Risiken eines staatlichen Paternalismus und Kooption bei hoher Anpassung, oder aber der Unterdrückung durch den Staat wegen einer oppositionellen Haltung.[52] Beim Kampf gegen den Kolonialismus (bzw. in Siam gegen den Absolutismus) war es häufig zu Bündnissen zwischen einer frühen Gewerkschaftsbewegung und der jeweiligen nationalen Elite eines Entwicklungslandes gekommen. Nach der Unabhängigkeit und in der Industrialisierungspolitik verlor der antikoloniale Patriotismus dann seine vermittelnde und verbindende Bedeutung. Die Gewerkschaften repräsentierten zudem oft nur eine Minderheit und die Klasseninteressen der Arbeiter waren noch von untergeordneter Bedeutung. Manche Gewerkschaften ließen sich im Umfeld traditionell paternalistischer Gesellschaftsstrukturen zur Durchsetzung ihrer Interessen auf politische Patronage ein. Dabei entstanden starke Abhängigkeiten von Politikern und wirtschaftlich einflussreichen Persönlichkeiten.[53] Es handelt sich vor dem Hintergrund unterschiedlicher Interessen oftmals um politische Tauschbeziehungen zwischen Arbeitern und Politikern. Der Politiker tauscht bei diesem Handel ein: Zugang zu Bevölkerungsschichten; Massenunterstützung bei Veranstaltungen und Wahlkampagnen; Einfluss auf Wirtschaftszweige; eine stärkere Position in der Partei; Hilfstruppen für verschiedene Aufgaben des politischen Tagesgeschäfts. Demgegenüber erhoffen sich die Arbeiter: Statusgewinn und Sicherheit durch politische Patronage; politische Unterstützung bei der Durchsetzung ihrer Forderungen; Teilhabe an Macht und Einfluss des Politikers; Gewogenheit staatlicher Stellen.[54] Bei Unzufriedenheit oder Veränderungen politischer Konstellationen zwischen den Eliten war eine Aufkündigung dieser Beziehung durch die Arbeiter innerhalb einer bestehenden Organisation schwierig. Es kam deshalb häufig zu Abspaltungen und Neugründungen von Gewerkschaften, die zu einer Zersplitterung der Bewegung beitrugen, so wie sie heute für viele Entwicklungs-

52 Vgl. hierzu als Einführung zur Entstehung von Gewerkschaften in Entwicklungsländern das Kapitel „Industrial Relations in Developing Countries“, in: Ron Bean: Comparative Industrial Relations. An introduction to cross-national perspectives, London: 1994

53 Vgl.: Robert N. Kearney: „The desire of workers to place themselves under the protection of a powerful guardian may be related to the patron-client relations of traditional society and the distrust and insecurity prevalent in the culture.“ In: Ders.: Trade Unions and Politics in Ceylon, Berkeley: University of California Press, 1971, S. 81

54 Vgl.: Stefan Chrobot: Gewerkschaften in Sri Lanka: Strukturen und Bündnispolitik unter der UNP-Regierung, in: Verfassung und Recht in Übersee 21. JG, II/1988, Baden-Baden: 1988, S. 145

länder typisch ist. Viele Gewerkschaften bemühten sich jedoch auch um die Bewahrung ihrer Unabhängigkeit. Einige versuchten dies durch unpolitische Neutralität zu erreichen. Durch den Verzicht auf Opposition gegenüber der politischen Elite erhofften sie sich unter Wahrung ihrer Unabhängigkeit rechtliche Absicherungen und Handlungsspielräume. Andere entwickelten auch unter schwierigen politischen Rahmenbedingungen eine gesellschaftskritische Haltung. Sie stützten sich dabei auf ihre betriebliche Verankerung und, oft ergänzend, auf Bündnisse mit anderen gesellschaftskritischen Kräften.

Insgesamt war und ist die Gewerkschaftsbewegung der meisten Entwicklungsländer unter den Bedingungen von Unterentwicklung, traditioneller Abhängigkeit und Weltmarktkonkurrenz schwach geblieben. Der Organisationsgrad erreicht oft nur wenige Prozentpunkte.[55] Nicht selten sind dort, wo Gewerkschaften landesweit über stärkere Strukturen verfügen, auch politische Patronage und traditionelle Abhängigkeiten von Bedeutung. Dennoch gibt es in vielen Entwicklungsländern auch starke und unabhängige Gewerkschaften, die mit anderen sozialen Bewegungen ihrer Gesellschaften kooperieren und in die internationale Gewerkschaftsbewegung integriert sind. Viele dieser Organisationen spielen eine wichtige Rolle in der demokratischen und sozialen Entwicklung ihrer Länder und als Partner der internationalen Solidarität. Viele Regierungen von Entwicklungs- und Schwellenländern schenken entstehenden Gewerkschaftsbewegungen und ihrer Orientierung angesichts der geringen Mitgliederzahlen eine relativ große Aufmerksamkeit durch Überwachung, Einflussnahmen oder Repression. Dies unterstreicht das gesellschaftspolitische Potential von Gewerkschaften in diesen Ländern.

4.2.2 Industrialisierung und Klassenbildung

Eine unmittelbare Auswirkung der exportorientierten Industrialisierung in Entwicklungsländern ist die Ausweitung der gewerblichen Lohnarbeit zu Lasten der Landwirtschaft. Dies ist eine strukturelle Grundlage für die Bildung von Gewerkschaften. Die Dimension des gegenwärtig stattfindenden Strukturwandels wird deutlich bei einem Vergleich zwischen dem heutigen Thailand und Deutschland zur Zeit seiner Industrialisierung im 19. Jahrhundert. In Thailand wuchs die Zahl der gewerblichen Arbeiter und Angestellten in den Jahren 1985 bis 1994 von 3,2 Mio. auf 6,8 Mio.. Das ist eine absolute Steigerung um 113%, in nur neun Jahren.

---

55 In Thailand liegt der gewerkschaftliche Organisationsgrad im Privatsektor auch nach dem langjährigen industriellen Boom in den 90er Jahren nur bei ca. drei Prozent. (Berechnet nach Daten des Ministry of Labour and Social Welfare.)

Der relative Anteil dieser Beschäftigtengruppe an der Gesamtzahl der Beschäftigen erhöhte sich dabei von 13,9% (1985) auf 20,6% (1994), während er im gleichen Zeitraum in der Landwirtschaft von 65,4% (1985) auf 57,4% (1994) zurückging.[56] Im Deutschland des 19. Jahrhunderts erstreckte sich eine ungefähr gleiche relative Ausweitung der Beschäftigten im gewerblichen Sektor über einen mehr als doppelt so langen Zeitraum als in Thailand. Der Anteil der gewerblich Beschäftigten stieg dort in der zweiten Hälfte des Jahrhunderts von 24% im Jahre 1850 über 30% (1875) auf 38% im Jahre 1900. In der Landwirtschaft ging er im gleichen Zeitraum von 55% (1850) über 49% (1875) auf 38% (1900) zurück.[57] Demnach wandelt sich die Beschäftigtenstruktur in Thailand unter den modernen Bedingungen einer exportorientierten Industrialisierung mehr als doppelt so schnell, als ein Jahrhundert zuvor während der industriellen Revolution in Deutschland. Dabei ist bemerkenswert, dass sich Deutschland als wirtschaftlicher Spätentwickler in der zweiten Hälfte des letzten Jahrhunderts im Vergleich zu anderen europäischen Ländern relativ schnell industrialisierte. Die Intensität dieses Strukturwandels in Entwicklungsländern wie Thailand, mit der Ausweitung gewerblicher Lohnarbeit und gleicher Klassenlage für immer mehr Menschen, führte jedoch nicht zu einer dementsprechenden Klassenbildung und Gewerkschaftsentwicklung.

Die europäische Arbeiterbewegung war hervorgegangen aus dem Widerstand der Arbeiter gegen die schlechten Bedingungen und die soziale Not während der Industrialisierung im 19. Jahrhundert. Wie zuvor dargestellt, schuf sie sich bereits vor mehr als einem Jahrhundert erste Ansätze der internationalen Gewerkschaftsbewegung, als einer über den nationalen Rahmen hinausgehenden Reaktion auf die wirtschaftliche Expansion des Kapitalismus im wachsenden Weltmarkt bis zum Ersten Weltkrieg. Die Expansion des Weltmarktes durchlief dann mehrere Phasen. Der Prozess der Globalisierung in den 80er und 90er Jahren des 20. Jahrhunderts ist dabei die jüngste Entwicklung. Als Folge von Veränderungen in der internationalen Arbeitsteilung kommt es nun zu strukturellem Wandel in einem Teil der Entwicklungsländer. Sie industrialisieren sich auf der Grundlage von Kapitalimport und exportieren verstärkt Industriegüter und Fertigwaren in die bisherigen Industrieländer. Einige Entwicklungsländer sind dabei erfolgreich und werden Schwellenländer. Wie einst in Europa ist die Gewerkschaftsentwicklung dieser Entwicklungsländer eine Reaktion der Arbeiter auf die sozialen Herausforderungen der Industrialisierung. Dieser Prozess erfolgt jetzt aber im Kontext der Globalisierung. Eine erste Generation von Arbeiterinnen und

---

56 Zu den Daten für Thailand vgl.: Chrobot, 1997, ... a.a.O., S. 193 f.

57 Die Angaben für Deutschland nach Friedrich-Wilhelm Henning: Die Industrialisierung in Deutschland 1800-1914, 9. Auflage, Paderborn: UTB, 1995, S. 20

Arbeitern trifft dabei auf ähnlich schwere physische, psychische und soziale Belastungen, wie die entstehende Arbeiterklasse im Europa des 19. Jahrhunderts. Die Phänomene gleichen einander: ausbeuterische Kinderarbeit; große Unfall- und Gesundheitsgefahren am Arbeitsplatz; lange Arbeitszeiten; fehlende soziale Sicherung; rechtliche Benachteiligung; die Unterdrückung von gewerkschaftlicher Arbeit durch Arbeitgeber und einen autokratischen Staat; nicht zuletzt die wachsende Kluft zwischen dem niedrigen Lebensstandard der Arbeiter und dem explodierenden Reichtum der neuen wirtschaftlichen Elite. So wie heute, führten damals die ersten gemeinsamen Aktionen von Arbeitern nur selten zu dauerhaften Verbesserungen und es gab häufig Rückschläge. Gemeinsames Handeln und die Solidarität füreinander entwickelten sich erst langsam in einem schwierigen Lernprozess zwischen den Beteiligten.[58] Wie in den heutigen Entwicklungsländern, blieben die gewerkschaftlichen Strukturen über lange Zeit schwach und instabil. Es gab Spaltungen und unterschiedlich wirkende externe Einflüsse, sowohl oppositioneller als auch etablierter Kräfte. Erst nach einem langen und komplizierten Prozess der Klassenbildung, den die Arbeiter selbst als Handelnde vollzogen haben, stellten sich Erfolge ein, und die Organisationen gewannen an Stabilität.

Bei der modernen Industrialisierung in den heutigen Entwicklungsländern gibt es neben den Parallelen zur industriellen Revolution des 19. Jahrhunderts auch wesentliche Unterschiede. Erstens findet die Industrialisierung heute statt als von außen induzierte, abhängige Entwicklung, während sie damals weit stärker aus einer kontinuierlichen Wirtschafts- und Sozialentwicklung der eigenen Gesellschaft hervortrat. Zweites unterscheidet sich der soziokulturelle Hintergrund. Drittens kommen die ökonomischen und kulturellen Einflüsse der Globalisierung zur Geltung. Beschleunigte Zu- und Abflüsse des Kapitals in den offeneren Volkswirtschaften lassen den Arbeitern zwischen der Gründung und Schließung von Betrieben oft nicht die Zeit zum Aufbau einer gewerkschaftlichen Organisation. Viertens gibt es den Faktor einer bereits bestehenden internationalen Gewerkschaftsbewegung und Handlungen von Gewerkschaften in den ‚alten' Industrieländern in Bezug auf Entwicklungsländer. Diese Faktoren heben die Wirkung eines isoliert betrachteten Industrialisierungsprozesses nicht auf, aber sie relativieren ihn. Sowohl die Parallelen als auch die Unterschiede müssen berücksichtigt werden um zu erklären, wie Arbeiterinnen und Arbeiter in der Dritten Welt ihren Widerstand formieren, ob und in welchem Umfang sich dabei Gewerkschaften bilden und welche Organisations- und Aktionsformen diese kennzeichnen.

Deshalb ist trotz bestehender Ähnlichkeiten zwischen den zeitversetzenden Industrialisierungsprozessen die Annahme einer nachholenden Modernisierung

---

58 Vgl.: Kocka, 1983, ... a.a.O., S.165 ff.

und Konvergenz der industriellen Beziehungen und Gewerkschaftsentwicklungen kausal aus einem fortschreitenden Wirtschaftsprozess keine ausreichende Erklärung für die Entstehung und Funktion von Arbeiterorganisationen in den Entwicklungsländern. Modernisierungstheorien gehen im Kern davon aus, dass einem bestimmten Stand der Industrialisierung eine spezifische Stufe der Gewerkschaftsentwicklung entspricht,[59] und dass bei voranschreitender Industrialisierung auch gewisse gewerkschaftliche Weiterentwicklungen wahrscheinlich werden. So entspricht einer beginnenden Industrialisierung eine eher politische Gewerkschaftsorientierung. Die zunächst schwachen Arbeiterorganisationen kämpfen in dieser Phase noch um ihre Existenz und gesellschaftspolitische Anerkennung. Mit fortschreitender Industrialisierung gewinnen die Gewerkschaften an Stärke. Mit wachsender gesellschaftlicher Akzeptanz wird die Strategie der politischen Interessenvertretung aufgegeben und durch die Konzentration auf ökonomische Interessen der Mitglieder ersetzt. Es gibt schließlich die relativierende Beobachtung, dass bei weiterer Entwicklung eine Deindustrialisierung einsetzt. Die zuvor entstandene Arbeiterklasse und ihre Organisationen erleben nun einen Bedeutungsverlust.[60] Teile der Produktion werden in ‚weniger' entwickelte Länder transferiert. Es kommt in diesen Sektoren zu Arbeitslosigkeit und die Erfolgsaussichten ökonomisch orientierter Tarifpolitik schwinden. Der wichtigste Sektor für weiteres Wachstum sind nun die Dienstleistungen. Mit den modernen Entwicklungen in der Kommunikationstechnologie wird das Angebot an Dienstleistungen in hohem Maße mobil. Es löst sich zunehmend aus nationaler und regionaler Anbindung. Demnach geht die Bedeutung von Gewerkschaften in den höchstentwickelten Ländern unter den Bedingungen der Deindustrialisierung wieder zurück. In der Praxis kam es in den 90er Jahren tatsächlich zu einem Rückgang gewerkschaftlicher Mitgliederzahlen in mehreren wirtschaftlich führenden Ländern.[61] Dies ist jedoch noch kein hinreichender Nachweis eines längerfristigen Trends. Es könnte sich ebenso um eine zyklische Schwankung handeln, in der die Gewerkschaften durch die Folgen der Globalisierung nur vorübergehend zurückgedrängt werden und dann in einer Gegenreaktion auf der Grundlage weiterentwickelter Strategien wieder an Bedeutung gewinnen. Andererseits zeigt sich auch in den exportorientierten Schwellenländern keine einheitlich Tendenz. In einigen Ländern gewinnt eine unabhängige Gewerkschaftsbewe-

59 Vgl.: Stephen Frenkel: Theoretical Frameworks and Empirical Contexts of Trade Unionism, in: Ders.: Organized Labour in the Asia Pacific Region, New York: 1993, S. 5 ff.

60 Vgl.: Lash / Urry, 1987, … a.a.O.

61 In Deutschland reduzierte sich z.B. Mitte der 90er Jahre (also bereits in deutlichem zeitlichen Abstand nach der deutsch-deutschen Vereinigung) die Mitgliedschaft in den DGB Gewerkschaften von 9,77 Mio. i.J. 1994 auf nur noch 8,31 Mio. i.J. 1998

gung an Bedeutung (wie z.B. in Korea), während sie in anderen auf der Stelle tritt bzw. an relativer Bedeutung verliert (wie z.B. in Thailand oder Malaysia).[62]

Strukturalistisch an der ökonomischen Entwicklung orientierte marxistische Ansätze können im Grunde ebenfalls den Modernisierungstheorien zugeordnet werden. Hier ist die fortschreitende Industrialisierung im Rahmen der kapitalistischen Entwicklung die Voraussetzung, auf der die Arbeiterbewegung entsteht, an Bedeutung gewinnt und die Gesellschaft verändert. Im Leninismus wird davon ausgegangen, dass die Arbeiterklasse aus sich heraus nur ein begrenzt ökonomisch – gewerkschaftliches (‚trade – unionistisches') Bewusstsein erlangen kann. Danach bedarf es externer Anstöße durch Intellektuelle aus dem Bildungsbürgertum, um in der Arbeiterklasse die höhere Stufe eines revolutionären Bewusstseins zu entwickeln und den Kapitalismus zu überwinden. [63] Eine im Ergebnis ähnliche Denkrichtung kann sich heute unter politisch kritischen und zugleich traditionell statushohen Intellektuellen mancher Gesellschaften der Dritten Welt finden, wenn dabei meist auch kein offener Bezug zum Leninismus hergestellt wird. Unterschiedliche Varianten von Modernisierungs- und Konvergenztheorien tendieren zur Vernachlässigung eines besonderen Problems der Unterentwicklung neben dem Interessengegensatz von Arbeit und Kapital. Dies schränkt ihren Erklärungswert in Bezug auf gewerkschaftliche Entwicklungen in der Dritten Welt ein.

Im Gegensatz dazu betonen dependenztheoretische Ansätze nicht den Klassengegensatz von Lohnarbeit und Kapital, sondern die Ausbeutung des peripheren Südens, den Ländern der Dritten Welt, durch einen industrialisierten Norden. Die Industriearbeiter der ‚entwickelten' Länder gehören danach zur Gruppe der Privilegierten des weltwirtschaftlichen Systems. Auf dieser Basis entwickelten die Kritiker einer vom ‚Norden' geprägten internationalen Gewerkschaftsbewegung den Vorwurf des ‚labour imperialism'.[64] Danach geht es den von staatlichem Korporatismus vereinnahmten Gewerkschaftsstrukturen der alten

62 Vgl.: Rajah Rasiah, Chua Tian Chang: Strength of Trade Unions in South East Asia, in: Rajah Rasiah, Norbert von Hofmann (Ed.): Workers on the Brink. Unions, Exclusions and Crisis in Southeast Asia, Singapore: Friedrich-Ebert-Stiftung, 1998, S. 16

63 Siehe hierzu W.I. Lenin in ‚Was tun?' (1902): „Die Geschichte aller Länder zeugt davon, dass die Arbeiterklasse ausschließlich aus eigener Kraft nur ein trade-unionistisches Bewußtsein hervorzubringen vermag (...). Die Lehre des Sozialismus ist hingegen (...) von den gebildeten Vertretern der besitzenden Klassen, der Intelligenz, ausgearbeitet worden." In: W.I. Lenin: Ausgewählte Werke, Bd. 1, Frankfurt a.M.: VMB, 1973, S. 365

64 Vgl.: Peter Waterman: One, Two, Three, Many new Internationalisms: On a new Third World Internationalism and it's Relationship to those of the West and the East, The Hague: Institute of Social Studies, 1990

Industrieländer bei ihrer Zusammenarbeit mit Gewerkschaften in Entwicklungsländern vorrangig um die Sicherung etablierter Eigeninteressen. Interessengegensätze zwischen dem Norden und dem Süden gehen auch in alternative Konzepte gewerkschaftlicher Arbeit ein, die z.B. als ‚new labour solidarity', ‚social movement trade unionism' oder ‚new international labour studies' diskutiert und z. T. wieder verworfen wurden.[65] Als Ende der 70er Jahre die exportorientierte Industrialisierung der Entwicklungsländer stärker erkennbar wurde, beurteilte die Theorie der neuen internationalen Arbeitsteilung[66] die strukturellen Voraussetzungen für erfolgreiche Gewerkschaftsarbeit in den neu entstehenden Exportzonen der Entwicklungsländer pessimistisch. Auch frühe kritische Analysen[67] des wirtschaftlichen Übergangs zu Schwellenländern kamen zu der Einschätzung, dass eine restriktive staatliche Politik die Entstehung einer wirkungsvollen Arbeiterbewegung verhindere. In den 80er Jahren wurden die extrem pessimistischen Annahmen zu den Auswirkungen der internationalen Arbeitsteilung in Bezug auf die Gewerkschaftsarbeit in Entwicklungsländern relativiert.[68] In den 90er Jahren verlor die Debatte der Klassenbildung durch Industrialisierung in Entwicklungsländern an Aktualität gegenüber den Bedingungen neuer sozialer Bewegungen in Frauenfragen, zu Umweltproblemen, Menschenrechten oder der städtischen und ländlichen Armut. Das Interesse konzentrierte sich dadurch stärker auf die Arbeit der Nichtregierungsorganisationen (NRO), die auch in Arbeits- und Sozialfragen der Entwicklungsländer tätig wurden. Dabei gewann das Konzept klassenübergreifender sozialer Bündnisse in der Gesellschaft gegenüber dem ‚traditionellen' Klassengegensatz von Arbeit und Kapital stärker an Bedeutung. Dies führte in der Praxis zu neuen Formen der Zusammenarbeit zwischen Gewerkschaften und den NRO[69], aber auch zu Konkurrenzsituationen,[70] in der Repräsentation von Arbeitern aus Entwicklungsländern unter den neuen Bedingungen.

---

65 Vgl.: Ronaldo Munk: The New Internationale Labour Studies: An Introduction, London: 1988, sowie: Peter Waterman: The newest international labour studies: Fit for the new world order?, The Hague: Institute of Social Studies, 1996

66 Folker Fröbel, Jürgen Heinrichs, Otto Kreye: Die neue internationale Arbeitsteilung, Reinbek bei Hamburg: Rowohlt, 1977

67 Frederic C.Deyo, Dependent Development and Industrial Order: An Asian Case Study, New York: 1981

68 Vgl. hierzu die Position der 'Changing International Division of Labour' in: Roger Southall: Trade Unions and New Industrialisation of the Third World, London: 1988

69 Z.B. die ‚Clean Clothes Campaign', in der sich Gewerkschaften und NRO gemeinsam für ein soziales Konsumentenbewusstsein und ein soziales Gütesiegel auf dem Textilienmarkt einsetzen. Vgl. u.a.: DGB Bildungswerk e.V., Mit Sozialklauseln den Welthandel regieren? Düsseldorf: 1995, S. 30

70 Vgl.: Friedrich-Ebert-Stiftung,1998, ... a.a.O., S. 6

Das weiterhin bestehende Problem der Unterentwicklung bestätigt eine ungelösten Nord-Süd-Frage, die quer zum Gegensatz von Arbeit und Kapital existiert. Es gibt im Rahmen der Industrialisierung aber auch sich wiederholende und vergleichbare Erfahrungen von Industriearbeiterinnen und Industriearbeitern auf der Basis eines Interessengegensatzes von Arbeit und Kapital. Beide Gegensätze sind bedeutsam für die spezifischen Formen der Klassenbildung in Entwicklungsländern und die Solidaritätsbeziehungen mit den Industrieländern.

4.2.3 Globalisierung und Sozialentwicklung

Die Globalisierung als Prozess zunehmender weltweiter wirtschaftlicher, politischer und kultureller Verflechtung verändert die Rahmenbedingungen internationaler Gewerkschaftsarbeit. Gewerkschaften und ihre internationalen Verbände befürchten, dass eine neue weltwirtschaftliche Dynamik mit zunehmend negativen Auswirkungen auf die soziale Entwicklung verbunden ist, und dass das Kräfteverhältnis von Arbeit und Kapital sich zum Nachteil der Arbeitnehmer verschiebt.[71] Repräsentanten internationaler Gewerkschaftsorganisationen sehen darin eine Bedrohung der Arbeiterbewegung und internationaler gewerkschaftlicher Solidarität.[72]

Der Handlungsspielraum des Staates als klassischer Bezugsrahmen des wirtschafts- und sozialpolitischen Handelns in den Industrieländern hat sich unter den neuen weltwirtschaftlichen Bedingungen verengt. Angestiegen sind dagegen Bedeutung und Einflussmöglichkeiten multinationaler Unternehmen in der Weltwirtschaft. Viele dieser globalen Akteure sind einer demokratischen und sozialen Einflussnahme durch gewerkschaftliche Gegenmacht bisher kaum zugänglich. Multinationale Unternehmen lösen sich im Globalisierungsprozess aus den nationalen Bindungen ihrer Ursprungsländer und der darin geltenden sozialen Über-

71 Vgl. z.B. den Kongressbericht der International Federation of Commercial, Clerical, Professional and Technical Employees FIET: A Social Dimension to Globalisation, Genf: 1995

72 "Globalisation, flexibility and mobility ... herald a revolution, which if unchecked, threaten to sideline labour, impoverish millions and wipe-out established trade unionism as we know it. ... In the course of this process there is now some indication of a weakening of international solidarity. This is compounded by growing regionalisation in trade unionism and a tendency in some quarters to continental isolationism. All of this at a time when international solidarity is more needed than ever before" Neil Kearney, Generalsekretär der ITBLAV, in: International Solidarity under Intensified Competition: New Challenges, Policies and Trends within the International Trade Union Movement, in: Friedrich-Ebert-Stiftung: Seminar Report on FES / ITS Workshop 'Partnership in Trade Union Development', Bonn: 1998, S. 3

einkünfte im Tarifwesen, in der Sozialpolitik und im Arbeitsrecht. Dabei ist das Drohpotential der Verlagerung bzw. Auslagerung von Fertigung und Dienstleistungen in Entwicklungs- und Schwellenländer mit geringeren Sozialstandards und nur wenig entwickeltem Gewerkschaftswesen eine Option unternehmerischen Handelns geworden. Unternehmen der hochentwickelten Industrieländer können diese Möglichkeit zur Schwächung von Tarifforderungen der Arbeitnehmer und ihrer Gewerkschaften nutzen, wenn auch fraglich ist, ob Löhnen und Sozialstandards bei unternehmerischen Entscheidungen über Produktionsverlagerungen tatsächlich eine herausragende Bedeutung zukommt. So konnte z.B. eine Studie im Auftrag des Bundesministeriums für Wirtschaft nicht bestätigen, dass die Löhne *„Deutschland zu einem unattraktiven Investitionsstandort gemacht"* haben.[73] Auch andere Studien kommen im Hinblick auf die Globalisierung zu der Einschätzung, dass der Einfluss des internationalen Handels und der Direktinvestitionen auf die Beschäftigung eher gering ist.[74] Demnach hätten die Lohnkosten für Unternehmen die Eigenschaft sozial variabler Kosten, die *„andere strukturelle, sektorale, konjunkturelle und währungspolitische Konkurrenzschwächen (...) als Lückenbüßer oder Residualgröße durch Absenkung kompensieren sollen."*[75] Zur Disposition stehen vor allem der Konsens der sozialen Marktwirtschaft und seine Ablösung durch das auf dem Weltmarkt gegenwärtig erfolgreichere ‚angelsächsische Deregulierungsmodell'.[76] Es kommt zu einer Flexibilisierung von Arbeitsbedingungen im weltweiten Maßstab, häufig mit dem Ergebnis von Verschlechterungen der Arbeits- und Umweltbedingungen in Produktion und Dienstleistungssektor für viele Beschäftigte. Als Folge einer gewandelten Unternehmenskultur ergibt sich zunehmend eine eindimensionale Zielorientierung großer Kapitalgesellschaften am Gewinn bzw. ‚shareholder value'.

Die Globalisierung verringert die Möglichkeiten nationalstaatlicher Politik. Dies schränkt im Falle internationaler Finanzkrisen den ohnehin enger gewordenen Spielraum nationaler Sozialpolitik zusätzlich ein. Viele dynamischere Entwicklungsländer, darunter die ASEAN Länder mit Thailand, fielen nach der Asienkrise 1997 gegenüber der vorhergehenden Wachstumsphase wieder zurück. Für Arbeitnehmer und Gewerkschaften dieser Länder bleibt sozialer Fortschritt

---

73 Vgl. Ifo-Institut: Sind die Löhne und Steuern zu hoch? Ifo-Schnelldienst Nr. 20, 1996, S. 15

74 Zur OECD Studie ‚Globalisation of Industry, Overview and Sector Reports' vgl.: Jürgen Hoffmann: Gewerkschaften in der „Globalisierungsfalle"?, PROKLA Heft 106, 1997, S. 82

75 Jürgen Hoffmann, Rainer Hoffmann: Globalisierung – Risiken und Chancen für gewerkschaftliche Politik in Europa, 1997, S. 161 in: R.Simons, K.Westermann: Standortdebatte und Globalisierung in der Wirtschaft, Marburg: 1997, S. 161

76 Vgl.: Hoffmann, 1997, ... a.a.O., S. 78 ff.

höchst ungewiss. Die neuen globalen Risiken und Belastungen für die Bevölkerung von Entwicklungsländern und die Machtlosigkeit der Arbeitnehmer und ihrer Interessenvertreter wurden z.B. in der Finanzkrise von 1995 erkennbar. Das internationale Krisenmanagement berücksichtigte vorrangig die Interessen der Kapitalgeber.[77] Die Asienkrise ab 1997[78] verdeutlichte, dass die internationale Krisenbewältigung bei der Lösung sozialer Fragen überfordert war. Weite Teile der Bevölkerung, die als Ergebnis der exportorientierten Industrialisierung zuvor in den Entwicklungsprozess integriert wurden, sanken wirtschaftlich und sozial erneut ab. Betroffen sind z.B. die Industriearbeiterinnen und –arbeiter unter den Massenentlassungen der Jahre 1997 und 1998 in den ASEAN Ländern.[79] Die betroffenen Arbeiter sind sozial kaum geschützt und im Falle fehlender Familienunterstützung unmittelbaren existentiellen Risiken ausgesetzt.[80]

Bei abnehmender sozialer Regulierungsfähigkeit der Nationalstaaten kommt globalen, multinationalen und regionalen Institutionen eine wachsende Bedeutung zu. Regionale Abkommen und Foren der Wirtschaftsräume befassen sich, wenn man von der angestrebten Sozialunion in der Europäischen Gemeinschaft absieht, bisher nachrangig mit sozialen Aspekten der Globalisierung. Im Mittelpunkt stehen eher Themen wie die Stärkung des Handels, der Abbau von Zöllen, das Wachstum oder die Direktinvestitionen. Die Arbeitnehmer sind von einer effektiven Wahrnehmung ihrer sozialen Interessen in solchen Gremien weitgehend ausgeschlossen. Nur in der seit 1919 bestehenden Internationalen Arbeitsorganisation (IAO) mit Sitz in Genf sind in den Entscheidungsgremien Regierungen, Arbeitgeber und Gewerkschaften gleichberechtigt mit je einem Drittel der Stimmen vertreten. Die Leistungen der IAO in der Entwicklung von Arbeits- und Sozialstandards sind ein anerkannter und wertvoller Bestandteil der internationalen Sozialordnung. Die IAO kann jedoch Verletzungen von Arbeits- und Sozialstandards durch Mitgliedsstaaten nur missbilligend feststellen. Sie hat dabei keine durchgreifenden Sanktionsmöglichkeiten.[81] Anders als in der IAO haben die Arbeitnehmer bei den internationalen und multinationalen Finanzinstitutionen keinen direkten Einfluss. Allenfalls werden ihre Gewerkschaften gemeinsam mit an-

77 Vgl: Hans-Peter Martin, Harald Schumann: Die Globalisierungsfalle, Reinbek bei Hamburg: Rowohlt, 1996, S. 63 ff.

78 Vgl.: Jomo K.S. (Ed.): Tigers in Trouble: Financial Governance, Liberalisation and Crisis in East Asia, London: Zed Books, 1998

79 Vgl.: Rasiah / v. Hofmann, 1998, ... a.a.O.

80 Vgl.: Anette Jensen: Thailand und Vietnam nach der Finanzkrise, in: Die Mitbestimmung, 12 / 1999, S. 21. ff.

81 Zu Begrenzungen und der Notwendigkeit einer Erweiterung aus Sicht der IAO vgl.: Internationales Arbeitsamt: Die normensetzende Tätigkeit der IAO im Zeichen der Globalisierung, Genf: 1997

deren nichtstaatlichen Organisationen als Ratgeber konsultiert. Die sozialen Belange der Arbeiterinnen und Arbeiter in Entwicklungs- und Schwellenländern bleiben dabei insgesamt nachgeordnet.

Internationales gewerkschaftliches Handeln mit dem Ziel einer sozial gerechten und nachhaltigen Entwicklung für Arbeiter in der Dritten Welt ist von der neuen weltwirtschaftlichen Situation herausgefordert. Soziale Fragen sind zunehmend globale Themen. Die Bedingungen nationaler und internationaler Gewerkschaftsarbeit werden schwieriger.

4.2.4 Solidarität unter Weltmarktbedingungen

Exportorientierte Entwicklungs- und Schwellenländer wie Thailand bieten im internationalen Wettbewerb mit den ‚klassischen' Industrieländern den multinationalen Akteuren ihre niedrigeren Sozialstandards und flexibleren Arbeitsbedingungen an. Sie erhoffen sich daraus Standortvorteile gegenüber Industrieländern. Der wirtschaftliche Boom bis zum Einbruch der Asienkrise schien den Erfolg dieser Strategie für multinationale Unternehmen und die betreffenden Wachstumsländer zu bestätigen. Aus Sicht der Arbeitnehmer in den Industrieländern können sich die Unternehmen bei zunehmender Liberalisierung und Flexibilität die attraktivsten Standorte auswählen, während die Beschäftigten der verschiedenen Länder und Weltregionen zunehmend in Konkurrenz miteinander geraten. Die ‚neuen' Industriearbeiter sind in den Entwicklungs- und Schwellenländern häufig in Wirtschaftszweigen eingesetzt, die auf dem Weltmarkt im Wettbewerb mit den ‚alten' Industrieländern stehen. Die Gewerkschaften in den hochentwickelten Industrieländern sind hierdurch zweifach gefordert. Sie müssen einerseits die sozialen und wirtschaftlichen Interessen ihrer Mitglieder unter den segmentierten globalen Wettbewerbsbedingungen vertreten.[82] Andererseits stehen sie vor der Frage nach ihrem Verhältnis zu der entstehenden Arbeiterklasse in den Entwicklungs- und Schwellenländern mit unterschiedlichen wirtschaftlichen und kulturellen Bedingungen.

Die Arbeiterinnen und Arbeiter in vielen Entwicklungs- und Schwellenländern sind wegen mehrfacher Benachteiligungen in einer Position struktureller Schwäche. Internationale gewerkschaftliche Solidarität und Zusammenarbeit würde sie bei der Durchsetzung elementarer Arbeiterrechte und sozialer Interessen unterstützen. Dies gilt in Thailand z.B. für Industriearbeiterinnen, deren Ar-

---

82 Vgl. den Abschnitt „Trade Unions and the Segmentation of the Global Workforce", in: Southall, 1988, ... a.a.O., S. 20 ff.

beit erheblich zum hohen Wachstum beitrug.[83] Dabei blieben sie wirtschaftlich als Arbeiterinnen und gesellschaftlich als Frauen benachteiligt. In der Industriearbeit sind Frauen oftmals besonders hohen Unfall- und Gesundheitsrisiken ausgesetzt[84] und in der ohnehin schwachen gewerkschaftlichen Interessenvertretung ihrer Länder meist stark unterrepräsentiert. Für Industriearbeiterinnen ist internationale gewerkschaftliche Solidarität zur Durchsetzung spezifischer gewerkschaftlicher und sozialer Rechte hilfreich. Dies gilt ebenso für andere ungelöste Probleme von Arbeiterinnen und Arbeitern in der Dritten Welt. Internationale Unterstützung kann dabei das Eintreten der Betroffenen für eigene soziale Belange nicht ersetzen. Die Integration in ein weltweites Netz internationaler Solidarität erleichtert jedoch die gewerkschaftliche Arbeit und gleicht die strukturelle Schwäche der Gewerkschaften in vielen Entwicklungsländern teilweise aus.

In Europa führte die gemeinsame Betroffenheit der Arbeiter zu Widerstand und zur Bildung gewerkschaftlicher Organisationen. Solidarität bildete sich dabei nicht nur wegen einer vergleichbaren wirtschaftlichen Situation mit gleichgerichteten Interessen. Eine gemeinsame Identität mit verbindenden Vorstellungen zu sozialen und gesellschaftlichen Fragen war ebenfalls von Bedeutung. Diese Identität ist in einer Wechselwirkung das Ergebnis gemeinsamer sozialer Betroffenheit und Erfahrungen und zugleich konstituierendes Element sozialer Gegenwehr und gewerkschaftlicher Solidarität. Wirtschaftliche Konkurrenz und Standortwettbewerb schließen gewerkschaftliche Solidarität nicht aus. Industrialisierung und Klassenbildung in Europa erfolgten unter der Bedingung wirtschaftlicher Konkurrenz zwischen den Betrieben. Dennoch konnten dabei die Grundlagen für eine überbetriebliche Arbeiterbewegung und soziale Verbesserungen durch solidarisches Handeln geschaffen werden.

Internationale gewerkschaftliche Solidarität findet in der Globalisierung eine Basis, wenn sich heute gleich oder ähnlich eine gemeinsame Identität der Zusammengehörigkeit zwischen den Lohnarbeitern Europas, Nordamerikas und Japans einerseits und den Arbeiterinnen und Arbeitern in Asien, Afrika und Lateinamerika andererseits entwickelt. Dabei wirkt sich die Globalisierung auch auf die kulturellen Praktiken aus. Wie bereits in der Debatte um asiatische Werte und kulturelle Unterschiede angesprochen, gibt es da die Vorstellung einer Existenz alter

83 In Thailand lag der Anteil Beschäftigter Frauen im produzierenden Gewerbe in 1992 bei 48,3%. (Berechnet nach Angaben des Ministry of Labour and Social Welfare in Bangkok.)

84 Beim Brand einer thailändischen Spielwarenfabrik mit Exportproduktion im Jahre 1993 als Folge von vernachlässigtem Umfallschutz waren unter den insgesamt 188 Todesopfern aus der Belegschaft 171 Frauen und ‚nur' 17 Männer. Vgl. auch Abschnitt 3.5.2.

oder neuer globaler Grenzen.[85] Wenn solche Grenzen bestehen, dann können ihre Trennlinien die Bildung einer gemeinsamen globalen Identität von Lohnarbeiten beeinträchtigen. Es kann aber auch das Gegenteil angenommen werden. Danach führt Globalisierung zu einer Ausgliederung oder ‚Entbettung'[86] der kulturellen Praktiken aus dem lokalen Kontext, wodurch weltumspannendes Bewusstsein möglich wird. Damit ist die Frage der gemeinsamen Identität noch nicht beantwortet. Es kommt darauf an, durch was oder wen dieses globale Bewusstsein geprägt und geformt wird. Ob es z.B. dominiert und geprägt wird von neuen Akteuren aus dem Kreis der multinationalen Konzerne und globalen Träger symbolischen Kapitals, oder aber in weltumspannenden Segmenten auch durch neue internationale Allianzen mit und für die benachteiligten Arbeiter in Entwicklungsländern.[87] Im letztgenannten Fall kann gefragt werden, ob die internationale Gewerkschaftsbewegung in ihrer heutigen Struktur eine Klammer ist, die trotz des internationalen Standortwettbewerbs in der Lage sein wird, den Prozess der Klassenbildung in den Entwicklungs- und Schwellenländern mit den sozialen Herausforderungen in den bisherigen Industrieländern in solidarischer Weise zu verknüpfen. Die Verwirklichung internationaler Solidarität ergibt sich aus einem Wechselverhältnis. Von Bedeutung sind dabei zum einen die strukturellen Voraussetzungen des Weltmarktes und der internationalen Arbeitsteilung. Zum anderen kommt es auf das gewerkschafts- und gesellschaftspolitische Handeln auf der Basis sozialer Wertentscheidungen der gewerkschaftlichen Akteure in ‚Nord' und ‚Süd' an.

Die Globalisierung schafft nicht nur neue Konkurrenzsituationen zwischen den Lohnarbeitern der unterschiedlich strukturierten Länder. Sie kann auch die Grundlage für gemeinsame Erfahrungszusammenhänge von Lohnarbeitern in den ‚alten' Industrieländern und in den sich industrialisierenden Entwicklungsländern sein. Dies begründet eine Chance für das Zustandekommen von Solidarität und einer Intensivierung der internationalen gewerkschaftlichen Zusammenarbeit zwischen Arbeitnehmern und anderen benachteiligten sozialen Gruppen, Klassen oder Schichten in allen Regionen der Erde. Verwirklicht werden kann diese Solidarität durch wechselseitige Selbstzuordnung gewerkschaftlicher Akteure in ei-

85 Ein solches Modell der neuen Aufspaltung der Welt beschreibt Rufin: „Der heutige Limes zwischen Nord und Süd markiert den sachten Anbruch einer Moral der Ungleichheit, einer Art von weltweiter Apartheid. Im Gedanken des Limes ist, ... , die Absicht eingeschlossen, die Zivilisation des Nordens zu definieren und zu schützen. Doch dies geschieht durch die gewaltsame Preisgabe des Südens, der mit Barbarei gleichgesetzt wird." in Jean-Christoph Rufin: Das Reich und die neuen Barbaren, Berlin: Volk und Welt, 1993, S. 26

86 Vgl.: Giddens, 1997, ... a.a.O.

87 Vgl.: Kramer, 1998, ... a.a.O., 1998, S. 258

nem gemeinsamen internationalen Lernprozess. Darauf müssten sich die beteiligten Partner einlassen wollen und können. Dieser gemeinsame Prozess ist nicht in einem strukturellen Automatismus angelegt. Das Ergebnis hängt vom Handeln der Beteiligten mit ihren Wertentscheidungen ab. Es lässt sich nicht alleine aus den strukturellen Voraussetzungen ableiten. Eine Gruppe internationaler Gewerkschaftssekretäre kam in einer Diskussion zur Frage internationaler Solidarität in der Globalisierung zu folgendem Ergebnis:

> "A concept of international solidarity is an essential precondition for any international trade union work. But given the present globalisation trend with its strong economic competition, the question is if there will still be a solid base of common interests shared by workers from different countries. Answering this question with 'NO' and denying the need for international solidarity would mean that each national trade union movement has to enter into open competition with the trade unions from competing countries (or, in a different perspective, with competing enterprises). Some national workers' movements might temporarily gain advantages by this concept. But the long-term economic and social impact on all workers world-wide would be disastrous. (...) It is therefore necessary that in our present situation workers from all countries share common interests and social and humanitarian values. The question whether international solidarity still remains a common concept of the workers' movement must therefore be answered with 'YES'." [88]

Dies zeigt die Auffassung, dass internationale Solidarität sich nicht alleine aus den ökonomisch-strukturellen Bedingungen ableiten lässt. Auch wenn das Zustandekommen von Solidarität wegen der Konkurrenz auf den internationalen Arbeitsmärkten beeinträchtigt wird, bleibt sie dennoch möglich als Ergebnis einer solidarischen Konzeption, die auf einer gewerkschaftlichen Wertentscheidung der Akteure beruht.

4.3 Zusammenfassung und Zwischenergebnis

Zu 4.1 (Die Entwicklung der internationalen Gewerkschaftsbewegung)

Der Aufbau branchenorientierter Internationaler Berufssekretariate (IBS) reicht zurück ins 19. Jahrhundert. Mit dem Internationalen Gewerkschaftsbund (IGB) entstand 1913 eine eigenständige Internationale nationaler gewerkschaftlicher Dachverbände. Sieht man von gelegentlicher Streikunterstützung ab, dann ließen die Bedingungen vor dem 1. Weltkrieg wenig mehr als den internationalen Informationsaustausch zu. In der Frage internationaler Streikfonds werden Interessen-

88 Friedrich-Ebert-Stiftung: Seminar Report on FES / ITS Workshop on Labour Relations under Conditions of Globalisation, Bonn: 1997, S. 13

unterschiede zwischen finanzstärkeren und schwächeren Gewerkschaften sichtbar, die Parallelen zum modernen gewerkschaftlichen Verhältnis zwischen Industrie- und Entwicklungsländern aufweisen.

Nach dem 1. Weltkrieg spaltete sich die internationale Gewerkschaftsbewegung in Richtungsverbände. Zentral war die politische Auseinandersetzung zwischen ‚Amsterdam' (IGB) und ‚Moskau' (RGI). Die deutschen Gewerkschaftsspitzen reagierten auf die nationalsozialistische Machtübernahme mit ‚guter Mine zum schlechten Spiel'. Vergleicht man diese Haltung mit den Bedingungen in manchen Entwicklungsländer (und in Thailand in seiner 6. Repressionsphase), dann sind Kooperationsversuche mit einem repressiven Staat zur Rettung der Organisation keine Besonderheit der Dritten Welt. Gewerkschaftlicher Widerstand gegen das Naziregime entwickelte sich eher punktuell und unterhalb der gleichgeschalteten Spitzenverbände. Internationale Gewerkschaftsorganisationen klärten die Weltöffentlichkeit auf, halfen den Verfolgten und unterstützten die Widerstandsarbeit lokaler Gewerkschafter.

Ideologische Gegensätze nach dem 2. Weltkrieg spalteten eine zunächst vereinte Weltgewerkschaftsbewegung. Der WGB verlor später mit dem Zusammenbruch des osteuropäischen Kommunismus an Bedeutung, während der IBFG zur größten Dachorganisation wurde. Für Gewerkschaften in Entwicklungsländern entfällt seither der Entscheidungszwang zwischen ideologischen Lagern, aber auch das Angebot konkurrierender Verbände. Das Netzwerk der IBS kooperiert mit dem IBFG, ist jedoch organisatorisch unabhängig. Nach Zusammenschlüssen in den 90er Jahren gibt es i.J. 2000 noch zehn eigenständige IBS. Gewerkschaften in Entwicklungsländern wie Thailand haben sich diesen strukturellen Veränderungen in der internationalen Gewerkschaftsbewegung anzupassen. In der Kooperation des IBFG und der IBS mit den Thai Gewerkschaften gibt es Unzufriedenheit. Es ist schwierig, Kooperationsprobleme gemeinsam zu überwinden.

Zu 4.2. (Globalisierung und die Industrialisierung der Entwicklungsländer)

In der europäischen Industrialisierung trat der Gegensatz von Arbeit und Kapital hervor, während die heutigen Entwicklungsländer meist als Rohstofflieferanten in die koloniale Arbeitsteilung eingebunden wurden. Nach dem Kolonialismus kam es im Zuge der aufkommenden Entwicklungszusammenarbeit zu staatlichen Industrialisierungsbemühungen. Das Problem der Unterentwicklung wurde dabei nicht gelöst. Thailand zählt allerdings zu den erfolgreicheren Entwicklungsländern, die (bis zur Asienkrise) als Beispiel nachholender Entwicklung bei hoher Weltmarktintegration galten. Einige der wirtschaftlich erfolgreichen südostasiatischen Staaten begründen niedrigere, von westlichen Vorstellungen abweichende

Sozialstandards mit unterschiedlichen Werten. Es gibt zudem die Auffassung, dass wirtschaftliche Eigeninteressen der westlichen Industrieländer hinter deren Forderung nach gemeinsamen internationalen sozialen Mindeststandards unter Einschluss von Entwicklungsländern stehen.

Unabhängige Gewerkschaften bewegen sich häufig auf einem schmalen Pfad zwischen Paternalismus und Unterdrückung des Staates. Sie repräsentieren in einer einsetzenden Industrialisierung zudem oft nur eine gesellschaftliche Minderheit. Unter traditionellem Einfluss kann es in Gewerkschaften zur Kontrolle durch externe einflussreichen Personen mit Partikularinteressen kommen. Dies trägt zur Zersplitterung von Gewerkschaftsbewegungen bei. Anderen Gewerkschaften gelingt der Erhalt ihrer unabhängigen, gesellschaftskritischen Haltung, oder zumindest von Neutralität. Unterentwicklung, traditionelle Abhängigkeit und internationale Arbeitsmarktkonkurrenz beeinträchtigen Gewerkschaften in Entwicklungsländern. Auch schwache Gewerkschaftsbewegungen, wie im Falle Thailands, sind erheblicher staatlicher Kontrolle, Einflussnahme und Repression ausgesetzt.

In der exportorientierten Industrialisierung wuchs in Thailand der Anteil gewerblicher Lohnarbeit an den Erwerbstätigen doppelt so schnell wie ein Jahrhundert zuvor in Deutschland. Die exportorientierte Industrialisierung von Entwicklungsländern zeigt Ähnlichkeiten und Unterschiede zur europäischen Industrialisierung. Unterschiedlich sind der außeninduzierte Prozess unter Globalisierungsbedingungen, kulturellen Faktoren und die Tatsache einer bereits bestehenden internationalen Gewerkschaftsbewegung. Modernisierungs- und Konvergenzannahmen entspräche eine Aufwärtstendenz von Gewerkschaften in der Industrialisierung von Entwicklungsländern und eine Abwärtstendenz in postindustriellen Ländern. Dies vernachlässigt jedoch die Unterschiedlichkeit von Bedingungen in Entwicklungsländern und die Bedeutung des jeweiligen Arbeiterhandelns für die spezifische Klassenbildung im Industrialisierungsprozess.

Dependenztheoretische Ansätze betonen an Stelle industrieller Klassengegensätze die Ausbeutung eines peripheren ‚Südens' durch einen ‚Norden' mit seiner privilegierten Arbeiterklasse. Dies ignoriert internationale Gemeinsamkeiten von Lohnarbeitern und lässt die Gegensätze innerhalb der Gesellschaften der ‚Peripherie' unberücksichtigt. Für die gewerkschaftliche Kooperation von Industrie- und Entwicklungsländern ist sowohl der Gegensatz von Arbeit und Kapital, als auch der Gegensatz zwischen ‚Nord' und ‚Süd' von Bedeutung.

Im Globalisierungsprozess sinkt der Spielraum nationaler Sozialpolitik. Gewerkschaften der Industrieländer fühlen sich durch Auslagerungsoptionen bedroht. Für Entwicklungsländer bleibt sozialer Fortschritt ungewiss. Im Falle internationaler Finanzkrisen sind soziale Belange benachteiligter Gesellschaftsschichten nachgeordnet. Soziale Fragen werden zunehmend globale Fragen, bei internationalen Handlungsschwierigkeiten der Gewerkschaften.

Im internationalen Standortwettbewerb stehen die Gewerkschaften der Industrieländern vor der Frage des Verhältnisses der eigenen Interessen zur internationalen Solidarität mit Entwicklungsländern. Die Integration in ein Netz der internationalen Solidarität verbessert die kollektiven Handlungsmöglichkeiten benachteiligter Arbeiter in Thailand und weiteren Entwicklungsländern. Wirtschaftliche Konkurrenz im internationalen Standortwettbewerb schließt internationale gewerkschaftliche Solidarität nicht aus. Konkurrenz kann aber Trennlinien ziehen, die eine gemeinsame Identität von Lohnarbeitern beeinträchtigen. Andererseits werden mit der globalen wirtschaftlichen Verflechtung globale Identitäten sozialer Bewegungen möglich. Eine strukturell bedingte Konkurrenz kann aufgehoben werden durch die Haltung der Akteure in ‚Nord' und ‚Süd'. Das Zustandekommen oder Ausbleiben internationaler Solidarität von und mit der Thai Arbeiterbewegung leitet sich nicht nur aus globalen ökonomischen Voraussetzungen ab, sondern auch aus der Selbstzuordnung der Beteiligten im internationalen Feld.

5 Empirische Bedingungen der internationalen Kooperation in Thailand

5.1 Rahmenbedingungen der Feldforschung

Ein allgemeiner Überblick über die Bedingungen empirischer Sozialforschung und des Zugangs zur thailändischen ‚Gewerkschaftsszene' ergab sich aus einem längeren Aufenthalt des Verfassers in der Region in den Jahren 1991 – 1996. Erfahrungen mit der Durchführung von Interviews in Thailand wurden bei der Vorbereitung der qualitativen Sozialforschung und während Interviewrecherchen mit Gewerkschafterinnen und Gewerkschaftern bei einem ersten Forschungsaufenthalt in Bangkok i.R. des Gesamtvorhabens im November und Dezember 1998 gesammelt. Dabei wurden spezifische Problemfelder der internationalen Gewerkschaftskooperation und der lokalen Forschungsbedingungen schon soweit erkennbar, dass mit der Festlegung der Forschungsfrage auch eine geeignete Interviewtechnik ausgewählt und ein entsprechender Leitfaden entwickelt werden konnte. Parallel erfolgte die Recherche nach schriftlichem Material über Bedingungen der internationalen Gewerkschaftskooperation sowohl für die Vorbereitung der späteren Feldforschung als auch für die historische Analyse. Acht der insgesamt neun problemzentrierten Interviews konnten während eines zweiten Forschungsaufenthalts in Bangkok im Juli 1999 durchgeführt werden. Das neunte Interview wurde während des dritten und in diesem Zusammenhang letzten Forschungsaufenthaltes in Thailand im November 1999 durchgeführt. Alle Interviews wurden auf einem Tonträger aufgezeichnet und später transkribiert und ausgewertet.

Die Auswahl ‚typischer' Interviewpartner erfolgte entsprechend dem qualitativen Paradigma durch eine theoretische Auswahl (‚theoretical sampling'). Eine Mehrzahl ‚typischer' Akteure in der internationalen Kooperation der Thai Gewerkschaften spricht ausschließlich Thai oder allenfalls rudimentäres Englisch. Es gibt jedoch Gewerkschafter mit internationalem Erfahrungshintergrund, die auf hohem Niveau in Englisch kommunizieren können und mit denen Interviews ohne die sprachliche Unterstützung eines Übersetzer durchgeführt werden konnten. Eine Konzentration der Forschung auf diesen Personenkreis erschien jedoch nicht vertretbar, weil er gegenüber anderen Gewerkschaftern über einen Kommunikationsvorteil mit Ausländern verfügt, der nach dem Vorverständnis zugleich ein wesentlicher Bestandteil des Untersuchungsgegenstandes war.

Bei fünf der insgesamt neun Interviews wurde die Hilfe eines sprachlich, interkulturell und fachlich qualifizierten Übersetzers in Anspruch genommen. Dabei handelte es sich um einen früheren langjährigen Mitarbeiter des Verfassers bzw. Interviewers von thailändischer Nationalität. Bei den Interviewrecherchen i.R. des ersten Forschungsaufenthaltes i.J. 1998 hatte sich bereits gezeigt, dass der Umweg über einen Übersetzer neben den allgemein bekannten Nachteilen im Thai Kontext auch einen erheblichen Vorteil für den Forschungsprozess mit sich bringt. Es gibt in der lokalen Kultur strikte Normen des Verhaltens ‚Tiefergestellter' gegenüber ‚Höhergestellten', die im Verhältnis befragter ‚Einheimischer' aus der Zielgruppe zum fragenden ‚ausländischen Wissenschaftler' durchaus Bedeutung erlangen können. Dieses Risiko einer *krengtschai*-Haltung[1] gegenüber dem Interviewer, einer Haltung, in der das Gesagte vom Interviewten so formuliert wird, dass es nicht auf ein angenommenes Missfallen des Interviewers trifft, wurde mit Hilfe und Unterstützung eines für solche spezifischen Bedingungen qualifizierten Übersetzers abgemildert und im Verlauf aller Interviews überwunden. Der Vorteil für die Interviewten war, dass sie sich in narrativen Phasen entspannt auf den im Großen und Ganzen ‚gleichgestellten' Übersetzer konzentrieren konnten, womit ein denkbares Missfallen des Interviewers am Gesagten an Bedeutung verlor. Die Thai Kenntnisse des Interviewers reichten zudem für ein kurzes, informelles Vorgespräch und teilweise zum passiven Verständnis von Erzählpassagen aus. Die vier interviewten Personen mit guten oder mittleren Englischkenntnissen waren im Umgang mit Ausländern soweit vertraut, dass es hier auch ohne sprachlichen Mittler keine Probleme gab.

Alle Personen sollten über Erfahrungen in internationaler Kooperation und über Führungserfahrung auf unterschiedlichen Ebenen und Sektoren der Thai Gewerkschaftsbewegung verfügen. Es sollten darunter Personen mit und ohne Englischkenntnisse, beider Geschlechter und unterschiedlicher gewerkschaftlicher Tendenzen[2] vertreten sein, solche der unterschiedlichen Sektoren und Ebenen, darunter welche mit aktiver Partizipation (Wahlfunktion in internationalen Gewerkschaftsgremien), andere mit eher passiver Haltung gegenüber internationalen Kooperationspartnern, schließlich auch solche mit Erfahrung als Überset-

1 Zur Definition vgl. Abschnitt 2.1.2. Das Problem einer möglichen krengtschai-Haltung musste zum einen methodisch bei der Durchführung der Forschung berücksichtigt werden. Wie die Auswertung der Interviews zeigte, ist die krengtschai-Haltung zum anderen zugleich eine Handlungsbedingung innerhalb der Thai Gewerkschaftsbewegung und Ursache von Problemen und Missverständnissen in der internationalen Kooperation.

2 Mit Ausnahme der nach allgemeinem Eindruck von Militär, Bürokratie oder ‚einflussreichen Personen' kontrollierten Gruppierungen, die sich auf eine Kontaktaufnahme und ein ‚ehrliches' Interview im Rahmen der Forschungskonzeption jedoch absehbar kaum eingelassen hätten. Negative bzw. ambivalente Haltungen sowie eine Orientierung an den jeweiligen Eigeninteressen finden sich jedoch bewusst auch unter den Interviewten.

zer in der Gewerkschaftskooperation (sowohl haupt- als auch nebenberuflich). Eine quantitative Auswertung der Kurzfragebögen zu jedem Interview ergibt folgendes Gesamtbild:

Es wurden 6 Männer und 3 Frauen interviewt, deren Alter zwischen 40 und 62 Jahren lag, bei einem Durchschnittsalter von 48,9 Jahren. Die Dauer bisheriger gewerkschaftlicher oder gesellschaftspolitischer Erfahrungen lag zwischen 17 und 27 Jahren, mit durchschnittlich 21,7 Jahren. Die aktiven Kenntnisse in Englisch als dem wichtigsten Sprachmedium der internationalen Kooperation in Südostasien klassifizieren sich wie folgt: gut (3 Personen); mittel (1Person); einfach (2 Personen); keine (3 Personen). Die Angaben über nationale Aktivitätsschwerpunkte der interviewten Gewerkschafterinnen und Gewerkschafter verteilen sich wie folgt (Mehrfachnennungen möglich):

Nationale Dachverbände im Privatsektor (National Centers)	6
Staatsbetriebe und Dachverbände (State Enterprise Associations)	3
Branchenverbände im Privatsektor (Federations)	3
Industriezonen Basisverbände (Zone Groups)	2
Gewerkschaftsnahe Frauenorganisationen	2
Nichtregierungsorganisationen / Demokratiebewegung	2
Berufliche oder nebenberufliche Übersetzertätigkeit	2

Auf dem Feld der internationalen Kooperation wurden in einer Selbsteinschätzung folgende Aktivitätsschwerpunkte genannt (Mehrfachnennungen möglich):

Internationale Dachverbände (IBFG bzw. ICFTU/APRO)	5
Internationale Berufssekretariate einschl. Regionalorganisationen	7
Internationale Nichtregierungsorganisationen	3
Internationales Arbeitsamt einschl. Länderbüro in Bangkok	5
Deutsche bzw. amerikanische Gewerkschaftsprojektbüros in Bangkok	9
Wahlfunktion in internationalem Gewerkschaftsgremium	3
Sonstige Kontakte (RENGO Japan)	1

Methodische Hinweise zur Durchführung der qualitativen Sozialforschung und zum Auswertungsverfahren des Interviewmaterials finden sich in Abschnitt 1.2 der Einleitung.

5.2 Die Konstitution sozialer Wirklichkeit in den Thai Gewerkschaften

5.2.1 Differenzierungen in den Gewerkschaften

5.2.1.1 Vertikale Differenzierung: Basis versus Führung

In den Gewerkschaften Thailands gibt es eine deutliche Differenzierung zwischen Basis und Führung. Über die Politik einer Gewerkschaft entscheidet nur die Führung, ohne demokratischen Willensbildungsprozess von unten nach oben:

> „Between leaders and grassroots there is usually a big gap. ... The leaders will decide about ... policy" (8.5. / 8.6)[3]

Die Arbeiter an der Basis überlassen die gewerkschaftliche Politik auch deshalb ausschließlich der Führung, weil sie durch die Notwenigkeit der ökonomischen Reproduktion extensiv durch Lohnarbeit in Anspruch genommen sind. Selbst wenn sie es wollten, bliebe ihnen für gewerkschaftliche Mitwirkung und Willensbildung nicht die notwendige Zeit:

> „They have no time to work in the union. Their salaries are very low. After having finished their job in a factory, may be they have to do some additional job." (8.23)
> „...they have to work so much that they cannot concern with the trade unions..." (7.12)

Neben anderen traditionell bedingten Ursachen[4] besteht für Gewerkschaftsführer auch aus diesem Grund keine Notwendigkeit, gegenüber der Basis ihre gewerkschaftliche Politik und ihr persönliches Verhalten zu rechtfertigen. Die Basis verfügt nicht über Kontrollmechanismen und ist deshalb nicht in der Lage Kontrolle auszuüben. Eine Gewerkschaftsführung kann ihre Politik ‚easy' durchsetzen und unabhängig von der Basis verfolgen:

> „There is no mechanism to check the behaviour of leaders, whether they work for the benefit of the whole movement or not and if they are sincere or not." (2.11)
> „Trade union leader in this country, it is very easy to be this." (7.5)

Im Privatsektor gibt es die Feststellung, dass betriebliche Gewerkschaftsführer oftmals nicht aus der Mitgliederebene von der Basis her aufsteigen, sondern sich extern aus einer ‚Supervisor' Tätigkeit (z.B. als Leiter einer Werkshalle

3 In Klammern gesetzten Ziffern im Anschluss an die Zitate in Kapitel 5 beziehen sich auf die jeweilige Fundstelle aus der englischsprachigen Transkription der problemzentrierten Interviews.

4 Siehe hierzu die Abschnitte 5.2.2.2 und 5.2.4.2

oder einer Fertigungsanlage) des jeweiligen Betriebes rekrutieren. Die Tätigkeit eines ‚Supervisor' ist üblicherweise hierarchisch streng von der Ebene der Arbeiter getrennt, aus der die einfachen Gewerkschaftsmitglieder sich rekrutieren. Der betriebliche Aufstieg ist unüblich. Solche ‚Supervisor' können der Basis ihren ‚Freundschaftsdienst' als Gewerkschaftsführer z.B. dann anbieten, wenn erstmalig gewählte Vertreter der Basis wegen des oben erläuterten Zeitmangels in diesem Amt versagt haben:

„First, when the unions are formed, often a leader is elected from grassroots. But then there will be no activities. There will be eight hours work, then to go home and no time to work for the unions. When the union has become weak, a leader will come from supervisor level. He will come to offer his leadership. ... He is considered as a friend who comes to help". (8.20 / 8.21)

Mit der Doppelfunktion als Gewerkschaftsführer fällt einem ‚Supervisor' die Durchsetzung eigener finanzieller Interessen gegenüber seiner Unternehmensleitung leichter. Dies ist neben anderen Gründen eine mögliche Motivation für die Übernahme eines gewerkschaftlichen Amtes. Solche ‚Supervisor-Gewerkschaftsführer' können durch ihre Doppelfunktion eine starke betriebliche Position erlangen. Ihre Differenzierung von der gewerkschaftlichen Basis ist im Vergleich zu ‚normalen' Arbeiterführern besonders deutlich ausgeprägt. Bei Gewerkschaftsführern, die sich aus der Arbeiterebene rekrutieren, gibt es zwar ebenfalls eine klare Differenzierung zur Basis, die jedoch von relativ geringerer Intensität ist.

In den Staatsbetrieben rekrutieren Gewerkschaftsführer sich aus einer hierarchisch eher mittleren Ebene. Sie können beruflich von der Basis her in einem System aufsteigen, das im Vergleich zur Privatwirtschaft durchlässiger ist. Der gewerkschaftliche Organisationsgrad ist hier höher als im Privatsektor. Gewerkschaftsführer der Staatsbetriebe unterhalten tendenziell ausgeglichene Kontakte nach oben zum Management und unten zur Gewerkschaftsbasis:

„In state enterprises, leaders will be one or two steps higher, but not so many steps. They are like from a middle level, not friendly with everybody, not too distant. The members like leaders from that working level, because he can get information and make contacts." (8.15)

Die Differenzierung zwischen gewerkschaftlicher Basis und Führung ist in den Staatsbetrieben nicht so stark ausgeprägt wie in der Privatwirtschaft. In diesem insgesamt gesehen privilegierteren Wirtschaftsbereich besteht zudem der Eindruck eines eher möglichen Aufstiegs von Beschäftigten der Basis in eine mittlere Ebene.

5.2.1.2 *Moralische Differenzierung: ‚Gute' versus ‚schlechte' Führer*

Aus dem individuellen Charakter von Führungspersönlichkeiten mit einem ‚positiv' orientierten Typus ‚guter' bzw. ‚wirklicher' Gewerkschaftsführer und einem ‚negativ' orientierten Typus ‚schlechter' bzw. ‚falscher' Führer ergibt sich die Wahrnehmung einer bipolaren Differenzierung von Gewerkschaften:

> „There exist actually two types of leaders in the Thai trade union movement. One type is the real leader, who really acts as leader. Another type is the leader by creating an image,...., these will be accepted legally (and) are always invited for some international activity." (2.8)

Die moralische Differenzierung nach charakterlicher Beurteilung wird hier mit der Einschätzung verbunden, dass der ‚negative' Typus des ‚schlechten' Gewerkschaftsführers mit ‚falscher' Haltung bei seinen Außenkontakten zum Staat den komparativen Vorteil größerer rechtlicher Akzeptanz genießt, woraus sich z.B. bessere Chancen zur Teilnahme an internationalen Aktivitäten ergeben können. Das wesentliche Kriterium für die Typenzuordnung eines Gewerkschaftsführers ist dessen Handlungsintention. Sie orientiert sich beim ‚positiven' Typus vorrangig an den Interessen der von ihm vertretenen Arbeiter und beim ‚negativen' Typus an dessen Eigeninteressen. Der ‚negative' Typus wird eine gewerkschaftliche Führungsposition nutzen wollen, um z.B. persönliche Vorteile und Privilegien aus Positionen in den Institutionen der staatlichen Arbeits- und Sozialpolitik zu erlangen, oder um Kontakte aus Verhandlungen mit dem Management oder der staatlichen Bürokratie für die Durchsetzung von Eigeninteressen einzusetzen:

> „The group of those who belong to the bad ones, they have an orientation towards benefits, a benefit orientation, they think about powers." (9.13) " Another group, we don't think these are completely good, but they think more about the benefits of the workers than their personal benefits". (9.14)

Die jeweilige Orientierung eines Gewerkschaftsführers und entsprechend die seiner Gewerkschaft ergibt sich demnach aus einer individuellen Wertentscheidung auf Grundlage des persönlichen Charakters. Diese Entscheidung kann entweder zum ‚Guten' (dem Dienst für die Arbeiter) oder zum ‚Schlechten' (der Verfolgung von Eigeninteressen) getroffen werden. Sie ergibt sich aus der Wertorientierung des Gewerkschaftsführers und nicht aus dem Willen einer Basis, die keinen innergewerkschaftlichen Einfluss ausübt. Den Arbeitern an der Basis ist nicht wirklich bewusst, wenn an der Spitze ihrer Organisation ein ‚schlechter' Gewerkschaftsführer steht. Die Arbeiter sind ‚unschuldig' und können für sich genommen ohne ihre Führer weder dem ‚negativen' noch dem ‚positiven' Gewerkschaftstypus zugeordnet werden:

„The workers have no idea that they will be led by bad leaders." (9.13) „...in those two groups there is also a base (grassroots), and the base is innocent. It is only the leaders." (9.12)

Trotz ihrer Unschuld und Unwissenheit wollen die Arbeiter an der Basis ‚gute' Gewerkschaftsführer. Da sie jedoch nicht verstehen, was an der Gewerkschaftsspitze vor sich geht, können sie die tatsächliche Orientierung ihrer Führer kaum nachvollziehen. Den schlechten Gewerkschaftsführern fällt es unter dieser Bedingung leicht, die eigene Basis zu täuschen und einen ‚guten' Eindruck zu erwecken:

„... they always try to tell lies to betray the people, giving the impression that they were good leaders for the benefit of workers. ... At grassroots level they will not know and understand." (6.16)

Es wurde aber auch die Meinung deutlich, dass die Basis diesen Zustand ‚naiver Unschuld' überwinden kann (*„... workers have already become more clever." (6.16))* und die Hoffnung, dass es dadurch künftig zu einer kritischeren Haltung gegenüber ‚schlechten' Gewerkschaftsführern kommt. Gegenwärtig mangelt es an ‚guten' Gewerkschaftsführern. Dies liegt jedoch nicht nur an der internen Verfassung von Gewerkschaften, sondern auch an externen Ursachen. So verhindert z.B. das Arbeitsrecht eine stabile Organisationsstruktur mit betrieblich unabhängigen hauptamtlichen Gewerkschaftssekretären. Die wenigen ‚guten' Gewerkschaftsführer sind zudem stets überbeschäftigt und sie haben deshalb Schwierigkeiten, ihre Arbeit strategisch zu entwickeln und systematisch zu gestalten:

„The leaders have to do so many things, so much in an activist way. We do not have time to develop strategies or long term plans for our movement. All trade union leaders have to work, are busy the whole day." (4.45)

5.2.1.3 Politische Differenzierung: Klassenbewusstsein versus Korporatismus

Gewerkschaftsführer mit einem politischen Verständnis von Klassenbewusstsein sehen anstatt der moralisch-charakterlichen Interpretation eine gesellschaftspolitische Differenzierung der Gewerkschaftsbewegung. In ausgeprägter Form beinhaltet dies die Auffassung, dass nur die klassenbewussten Segmente der Gewerkschaftsbewegung als Arbeiterklasse im eigentlichen Sinne akzeptiert werden. Die

Arbeiterklasse konstituiert sich nach diesem Verständnis aus unterschiedlichen Kategorien von Lohnarbeitern, die über kein oder kein nennenswertes Kapitaleigentum verfügen. Eine Klassenbildung erfolgt jedoch nur in dem Umfang, wie sich unter den Mitgliedern dieser potentiellen Klasse tatsächlich Klassenbewusstsein herausbildet:

„Those ones who have the consciousness to work for the benefit of the workers, this means working class. Even the workers themselves, if they do not have a class consciousness, then they are not working class as defined by this." (6.9)

Aus diesem Verständnis ergibt sich eine politische Differenzierung der Gewerkschaftsbewegung. Diese geht, wie schon bei der moralischen Differenzierung, nicht von den Institutionen als solchen und ihrer Basis aus. Entscheidend ist auch hier die jeweilige individuelle Orientierung eines Gewerkschaftsführers. Den unterschiedlichen politischen Bewusstseinslagen der Gewerkschaftsführer entspringt dann zunächst eine dreifache Untergliederung der Gewerkschaftsbewegung:

„One is the group of genuine trade unionists, fighting for the benefits of workers as a whole. Another one tries to link with capitalists and businessmen. The third group are those ones who try to serve government officers and bureaucrats." (6.7)

Analog zur moralischen Differenzierung ergibt sich auch hier bei der politischen Differenzierung eine bipolare Bewertung. Auf der einen Seite steht die klassenbewusste ‚pro-Arbeiter' Gruppierung mit ‚positiver' Orientierung. Demgegenüber finden sich auf der anderen Seite eine zweite Gruppierung mit Anbindung an die Geschäftswelt und eine Dritte, die im Dienste der staatlichen Bürokratie steht. Diese beiden letztgenannten Gruppierungen werden wegen ihrer impliziten Vernachlässigung von Basisinteressen als ‚negativ' orientiert definiert.

Dem individuell entwickelten Klassenbewusstsein von Gewerkschaftsführern *(„It is individual. ... First they think themselves and come to conclusions." (8.6))* kommt in der politischen Differenzierung eine zentrale Bedeutung für die politische Orientierung von Gewerkschaften zu. Dieses Bewusstsein entwickelt sich jedoch entgegen ‚westlichem' Verständnis nicht aus der konkreten betrieblichen Erfahrung einer Basis in einem Prozess von Unten nach Oben. Klassenbewusste Gewerkschaftsführer stellen zunächst eigene Überlegungen an. Sie studieren die politische Ökonomie Thailands und die historischen Erfahrungen der internationalen Arbeiterbewegung, was z.B. durch internationale Zusammenarbeit möglich wird. Sie erhalten Anregungen von Dritten, wie z.B. kritischen Akademikern, und sie entwickeln dabei zunächst individuell ihre politische Haltung als ‚klassenbewusste' Gewerkschaftsführer. Die Anstöße zur Entwicklung von Klassenbewusstsein an der Basis gehen dann von solchen Führern aus. Sobald sich das Klassenbewusstsein an der Basis zu entwickeln beginnt, wirkt es in einem Wechselverhältnis auf die Führung zurück.

Es kommt nach diesem Thai Modell der Klassenbildung zunächst zu einem von ‚Oben' ausgelösten Klassenbildungsprozess mit Bewusstseinsveränderungen an der Basis. Dieser Prozess führt zu einer klassenbewussten und folglich im weiteren Verlauf kritischeren Haltung der Basis gegenüber ihrer Gewerkschaftsspitze. Die nun kritische Basishaltung wird von den ‚klassenbewussten' Gewerkschaftsführern auch so gewollt und akzeptiert:

> „First, it will start from the leader. The leaders are the ones who will have a class conscious style. They will explain and inform to the grassroots level to accept such a style. Finally there will be a process that the workers start to control, with the consciousness they have developed, this is respect towards such leaders with a class conscious style." (6.20)

Klassenbewusste Gewerkschaftsführer können sich im ersten Teil dieses Prozesses, in dem sich die Klassenbildung in Thailand nach dieser Vorstellung gegenwärtig befindet, noch nicht auf eine Basis stützen, die ihnen Rückhalt bietet, wenn ihnen durch ihre kritische Haltung gegenüber der Regierung oder den Unternehmen Probleme entstehen sollten. Sie müssen zum einen diesem Druck standhalten können und zum anderen ideologisch genügend gefestigt sein, um den allgegenwärtigen Angeboten und Versuchungen einer individuellen Vorteilsannahme von Staat und Kapital zu widerstehen:

> „Those trade unionists ... have to be very strong, otherwise they will fall from pressure or from benefits easily given from government, capitalists or businessmen, to change their mind and ideology." (6.12)

Dieser Doppelanforderung müssen sich die wenigen ‚klassenbewussten' Führer stellen. Wie noch gezeigt wird, können sie sich bei ihrer oftmals risikoreichen gewerkschaftlichen Arbeit häufig nicht auf eine wirkungsvolle Rückendeckung der Basis stützen. Der Lohn für den schwierigen ‚positiven' Weg ist die gesellschaftliche Hochachtung durch die kritisch orientierte Öffentlichkeit. Solche Gewerkschaftsführer können durch ihre Haltung zudem Popularität entwickeln, die ihnen entsprechend ihrem Bekanntheitsgrad einen relativen Schutz gewährt. Für die ‚negativ' orientierten Gewerkschaftsführer ist es durch ihre Verbindungen zu Wirtschaft und Bürokratie bzw. Militär dagegen relativ leichter, was ihnen einen komparativen Vorteil einräumt.[5]

---

5 Zur repressiven Rolle des Staates gegenüber der ‚positiven' Orientierung vgl. Abschnitt 5.2.3

5.2.1.4 ‚Positive' versus ‚negative' Grundorientierung von Gewerkschaftsführern

Bei der moralischen wie auch bei der politischen Differenzierung ergibt die Bewertung des Führungsstils von Gewerkschaftern eine Unterscheidung zwischen ‚positiver' und ‚negativer' Grundorientierung. Wo es möglich und sinnvoll ist, wird deshalb in der weiteren Analyse vereinfachend von den alternativen Kategorien ‚positiver' bzw. ‚negativer' Führungsstil ausgegangen. Diese Vereinfachung wird übernommen bei der späteren induktiven Modellbildung zur internationalen Kooperation am Ende dieses Kapitels.[6] Darstellung 1 gibt nochmals einen Überblick aller Führungsstile:

Darstellung 1: Differenzierungen und Grundorientierungen im Führungsstil

	Grundorientierungen:	
Differenzierungen:	‚positiv':	‚negativ':
moralisch:	*gut (echt)*	*schlecht (falsch)*
politisch:	*klassenbewusst (pro-workers)*	*pro-bureaucracy pro-business*

Ein übereinstimmendes Merkmal der hier identifizierten Führungsstile ist deren ausgeprägte Differenzierung zu einer gewerkschaftlichen Basis, die selbst keinen Einfluss auf die Grundorientierung ihrer Gewerkschaft hat. Dies gilt in voller Intensität für den privaten Wirtschaftssektor. In den Staatsunternehmen ist die Differenzierung zwischen Basis und Führung weniger stark ausgeprägt und die Möglichkeit der Basis zur Willensbildung deshalb etwas größer.

5.2.2 Relation von Basis und Führung im Kontext von Bildungsarbeit

5.2.2.1 Einfluss der Führung

Die Gesellschaft verändert sich und es wird ein Schwinden des traditionellen Einflusses festgestellt. Dieser Prozess ist aber langwierig und die Veränderung geht aus der Sicht ‚klassenbewusster' Gewerkschaftsführer zu langsam vonstatten:

---

6 Vgl. Abschnitt 5.3.3.2

„... if we compare it with about 800 years old traditional influence it has already changed a lot. But as for me, I am not satisfied with the change. It is not enough ..." (6.27)

Dagegen wird dem Einfluss gewerkschaftlicher Bildungsarbeit auf die Entwicklung des (Klassen-) Bewusstseins von Arbeitern eine vergleichsweise größere Bedeutung zugemessen. Bildungsprogramme sind demnach für ‚klassenbewusste' Gewerkschaftsführer ein wichtiges Instrument zur Entwicklung von Klassenbewusstsein und horizontaler Solidarität unter Arbeitern und zur Demokratisierung der Gewerkschaftsbewegung. Solche Programme werden in Thailand im Rahmen der internationalen Gewerkschaftskooperation meist vollständig oder zumindest zu einem erheblichen Anteil extern finanziert. Die bewusstseinsverändernde Wirkung der Arbeiterbildung hat jedoch organisatorische Grenzen. Sie kann sich nur unter dem ‚positiv' besetzten Typus von Gewerkschaftsführern entfalten, der für die Interessen der Arbeiter einsteht, also von ‚klassenbewussten' oder ‚guten' Führungspersönlichkeiten. Stehen Arbeiter dagegen unter dem Einfluss bzw. der Kontrolle von ‚negativen' Führern mit ‚business' ‚bureaucracy' oder ‚schlechter' Orientierung, dann erreicht die beabsichtigte Wirkung gewerkschaftlicher Bildungsarbeit sie nicht:

„... the society also does change but more important is the (trade union) education (that we give to them). With this we have brought in ideas of team work, to work together." (6.29) ... "But still we cannot give such education to the group of workers which is dominated by the bureaucratic and the business type of trade union leaders. ... We cannot organise or educate them." (6.30)

Der entweder ‚positiv' oder ‚negativ' besetzte Führungstypus einer Gewerkschaft wirkt somit im Hinblick auf international finanzierte Bildungsprogramme als Katalysator. In der ‚positiven' Führungsvariante wird die angestrebte Bewusstseinsbildung und demokratische Stärkung der Basis zugelassen und damit möglich. Im ‚negativen' Fall wird sie den Interessen der Führung entsprechend verhindert.

Für die künftigen Auswirkungen von Bildungsarbeit unter den Bedingungen der Globalisierung gibt es eine gespaltene Betrachtungsweise. Zum einen wird erwartet, dass die gewerkschaftlichen Nachwuchsfunktionäre der mittleren Ebene sich künftig nicht mehr wie bisher von oben dominieren lassen. Dies zeige sich bereits an deren aktiver Partizipation in Bildungsprogrammen *(Vgl. 6.28)* Zum anderen gibt es aber auch die Haltung, dass sich durch moderne internationale Einflüsse die Bedingungen für die gewerkschaftliche Bildungsarbeit erschweren. Die traditionelle Möglichkeit der Mobilisierung von Mitgliedern *(„ ... most of them come because they feel ‚krengtschai'.(4.19))* lässt unter dem Einfluss des modernen Wertewandels nach. Die neuen Medien und moderne Konsum- und

Freizeitangebote verändern das Sozialverhalten in einer Weise, die gewerkschaftliche Basisarbeit erschwert:

„ ... in recent few years, there are so many things competing with union activities. Department stores, shopping centre, television, radio, music, etc. All these things do somehow hinder trade union activity." (4.18)

Hier wirkt ein durch Auflösung traditioneller Bedingungen ausgelöster Individualisierungsschub (als Folge der Globalisierung) gegenläufig zur Klassensolidarität durch Arbeiterbildung (als Folge internationaler gewerkschaftlicher Zusammenarbeit). Der Erfolg einer klassenorientierten Gewerkschaftsstrategie hängt demnach u.a. davon ab, welche dieser beiden gegenläufigen Tendenzen künftig stärker auf die lokalen Gewerkschaften einwirken wird.

5.2.2.2 Loyalität der Basis

Im traditionellen Verständnis hilft in einer vertikalen Beziehung der Ranghöhere dem Rangniederen. Umgekehrt folgt der Rangniedere dem Ranghöheren in unkritischer Loyalität. In Gewerkschaften mit traditionellen Bindungen zwischen Führung und Basis ergibt sich daraus ein reziprokes Verhältnis von Hilfe und Loyalität von ambivalentem Charakter:

„There are two sides of this culture. If you take the positive side, it is very good, we care each other,.... But in the negative side, some conditions comes in-between. Like if I help you, OK, we are 'pii – nong', next time,..., you must help me. Right or wrong – but you have to..." (7.17)

In diesem Verhältnis vertikaler Loyalität erwartet die Führung eine unkritische Hinnahme ihrer Handlungen durch die Basis, unabhängig von der Integrität des Führungsverhaltens und des programmatischen Inhalts ihrer gewerkschaftlichen und politischen Anliegen. Innerhalb einer traditionell strukturierten Organisation gibt es keine Kritik der Basis. Dieser Verzicht auf Kritik im traditionellen Paradigma kann andererseits dazu führen, dass eine Gewerkschaftsführung über eine Auflösung der Loyalitätsbindung ihrer unzufriedenen Basis nicht rechtzeitig informiert wird. Die Führung muss jedoch von der Möglichkeit des Bruchs der traditionell bedingten Loyalitätsbindung der Basis ausgehen. Die Beziehung zwischen Basis und Führung kann zerbrechen, wenn für die Arbeiter aus dem reziprok konzipierten Verhältnis zur Führung die Aussicht auf materielle Vorteile schwindet. Wenn eine Führung diese Veränderung nicht rechtzeitig wahrnimmt und wenn Gegenmaßnahmen unterbleiben, dann kann es zu einer spontanen Abwahl der Führung kommen:

„Sometimes the workers can change. If the leader has no activities, no benefits for the workers. ... (but) it is very easy to control a private sector union. Very few members will pay the membership fee." (8.27)

Die traditionelle Loyalitätsbindung ist nicht dauerhaft. Dies gilt auch für das Verhältnis zwischen Basisgewerkschaften und ihren sektoralen und nationalen Dachverbänden. Interessenkonflikte und Meinungsverschiedenheiten können die traditionelle Bindung durchbrechen. Traditionelle Einflüsse[7] werden jedoch normalerweise verhindern, dass solche Konflikte innerhalb von Gewerkschaften und Verbänden inhaltlich ausgetragen werden können, wie z.B. durch demokratischen Mehrheitsbeschluss. Gewerkschaftliche Bündnisse sind in Thailand unstet und abhängig von rasch wechselnden Bedingungen mit vielfältigen Interessenkonstellationen:

„It is not like this that (workers in) zone groups will always follow the (national) leaders, even not those good ones with a workers benefits orientation. Sometimes we will not support them, when they do something wrong." (9.16)

Gewerkschaftsführungen des ‚negativ' besetzten Typs entwickeln zum Erhalt ihrer Macht Strategien zur Stabilisierung der Basisloyalität. Dies kann im Extremfall mittels finanzieller Abhängigkeiten und durch Stimmenkauf bewerkstelligt werden.[8] Seminare und Bildungsveranstaltungen sind in der Praxis ein wirksames Instrument zur Erhaltung der Basisloyalität. Eine Gewerkschaftsführung kann durch sie Aktivität beweisen und ihre Akzeptanz bei der Basis festigen:

„Seminars and education programmes will create a good attitude of members towards the organisation, to the leader." (4.13) "Trade union leaders need to organise activities of such type, to create an image that this leader and this organisation keeps on being active. ..., seminars and education ... cannot stop, otherwise members will not be motivated to support organisation and leader." (4.14)

Der ‚negative' gewerkschaftliche Führungstypus wird Seminare und Bildungsprogramme zur Stärkung der eigenen Autorität und zur Aufrechterhaltung struktureller Abhängigkeiten der Basis einsetzen. Die Bildungsarbeit dient unter diesen Bedingungen nicht der Aufklärung, Wissensmehrung und dem Erlernen eigenständigen Denkens der Teilnehmer. Das Gegenteil ist der Fall:

---

7 Siehe hierzu Abschnitt 5.2.4.2 (Seniorität und Patronage)

8 Dieser immer noch weitgehend intransparente Fragenkomplex innergewerkschaftlicher finanzieller Abhängigkeiten ist bisher kaum erforscht. Ein Ansatz unter aktiver Beteiligung solcher Gewerkschafterinnen und Gewerkschafter, die an mehr Transparenz interessiert sind, wurde von der Arom Pongpanyan Foundation unternommen. Vgl. hierzu die Studie von Bundit Thanachaisethavut (et. al.): Trade Union Structure and Tripartite Systems in Thailand, Bangkok: Arom / FES, 1998

„... those trade union leaders who try to monopolise and ... keep the power... forever, they will in fact not concentrate much on the contents of the seminars for education. These are so very weak seminars and they will not help to develop the members of a union." (4.12)

Gewerkschaftsführer mit ‚negativer' Ausrichtung werden mit ihrer traditionellen Autorität verhindern, dass die eigene Mitgliedschaft an solchen externen Bildungsveranstaltungen teilnimmt, die ihre Führungsposition und das traditionelle Paradigma in Frage stellen könnten:

„... the corrupt type of leaders, or those controlled by businessmen or bureaucracy, they will not allow their own workers to participate outside of their area. .... They do not want them to leave their own kingdom ... The leader will be like a 'pu yai' or big teacher, and they a small student." (6.18)

Wie dargestellt, werden in Thailand Seminare und Bildungsprogramme überwiegend international finanziert und dadurch überhaupt erst ermöglicht. Die internationale Bildungskooperation wirkt damit in Abhängigkeit vom lokalen Führungstyp erheblich auf die interne Struktur von Gewerkschaften und das Verhältnis von Basis und Führung ein. Dieser bedeutsame Zusammenhang in der internationalen Gewerkschaftskooperation wird in Abschnitt 5.3.2 dieses Kapitels nochmals aufgegriffen und vertieft.

5.2.3 Staat und Gewerkschaften

5.2.3.1 Staatliche Repression und politische Orientierung von Gewerkschaften

In der politisch turbulenten Phase zwischen dem Militärputsch vom Februar 1991 und dem Sturz der militärgestützten Regierung durch die Demokratiebewegung im Mai 1992 zeichneten sich unter Gewerkschaftern zwei gegensätzliche Orientierungen in der politischen Haltung gegenüber dem Militärregime ab. Eine korporatistische Seite war bereit, sich mit dem Militärregime zu arrangieren, um dadurch individuelle oder kollektive Voreile zu erlangen. Die ‚pro-demokratische' Seite opponierte gegen das Militärregime, indem sie sich an der Demokratiebewegung beteiligte. Zumindest verhielten diese Gewerkschafter sich gegenüber dem Militär distanziert. Dieser politische Gegensatz manifestierte sich nur partiell in den organisatorischen Strukturen. Er war eher durch die individuelle Haltung einzelner Gewerkschaftsführer geprägt. Die Abgrenzung blieb zudem unscharf und in Bereichen widersprüchlich. Dennoch wurde in den gegensätzlichen Haltungen in den Gewerkschaften zum Militärregime ein latenter politischer Antagonismus öffentlich erkennbar:

„After the NPKC coup it became very much visible that there were two groups, one group that supported the military and another group which believed in reform ... These two camps within the trade union movement existed already when we struggled for social security in Thailand, at the time when Khun Chatchai was Prime Minister." (2.2)

Der Gegensatz zwischen einer pro-demokratischen Linie und anderen, die sich mit dem Militär arrangieren wollten, kristallisierte sich in einem zeitgeschichtlichen Ereignis. Einige Gewerkschaftsführer beglückwünschten die Repräsentanten des Militärregimes nach dem Putsch mit der öffentlichen Übergabe von Blumensträußen, darunter auch solche, die der internationalen Gewerkschaftsbewegung angehörten. Für die pro-demokratische Haltung war ein derartiges Verhalten unakzeptabel:

„ ...,the dictatorship, ... , this is opposite to the trade unionists, ... (we) cannot accept; but the fake ones, the ones who are not real trade unionists working for the workers, so they thought they would like the idea to give flowers to the military. (1.1)

In der korporatistischen Linie gibt es zudem die Auffassung, dass die eine wie auch die andere gewerkschaftliche Haltung zur Militärherrschaft keine Grundsatzangelegenheit sei, sondern eine Frage der angemessenen Strategie:

„... , there were some union leaders of the private or public sector, who went to see the military and they even presented flowers, and some union leaders they were really angry about that behaviour. In my own opinion I think it depends on the strategy." (3.2)

Bei einer Wertung aus ‚westlicher' Sicht ist zu beachten,[9] dass gewerkschaftliche Kritik an einer repressiven staatlichen Autorität die möglichen negativen Folgen berücksichtigen muss. Dennoch äußern lokale Gewerkschafter immer wieder unbeeindruckt von den möglichen Konsequenzen offene Kritik an undemokratischen Verhältnissen und der Einschränkung von Arbeiter- und Gewerkschaftsrechten Thailand. Wie schwerwiegend die persönlichen Folgen offener Kritik aber sein können, zeigt das immer noch unaufgeklärte ‚Verschwinden' des regierungskritischen Gewerkschaftsführers Thanong Po-arn im Juni 1991:

„When the military staged the coup in 1991, Khun Thanong started to criticise the military... (and) ... when the military banned the trade union rights ... (he) ... announced very clearly that he would fight against this and he wasn't at all afraid from the government." (1.3/1.4)

„... the day that Brother Thanong Po-arn has disappeared.... he has given an interview in the newspaper that he is going to Geneva . He is going to speak out on behalf of the public sector and private sector, that the military government withdrew trade union rights from the public sector. And that may be one reason why he has disappeared." (3.7)

9 Vgl. auch Abschnitt 4.1.2 zu den deutschen Erfahrungen unter dem Nazi-Terror.

Persönliche Bedrohung und Schwierigkeiten sind nicht nur bei offener Opposition denkbar, sondern bereits dann, wenn Gewerkschafter sich den Kooperationsangeboten staatlicher, bürokratischer oder militärischer Autoritäten passiv widersetzen:

„If we do not accept such/their offers then there will be efforts to destroy us, destroy our image. One way is to try to buy us and if we do not accept this, they will try to destroy the public reputation, or even destroying your life in killing you." (6.13)

Zumindest verschlechtern sich für solche Gewerkschafter die Handlungsbedingungen:

„Those who are against the military, (their) work will become very difficult." (8.1)

Es ist unter diesen Bedingungen erklärbar, dass ein Teil der Gewerkschafter aus verschiedenen Gründen eine undemokratische staatliche Autorität unterstützt oder zumindest mit ihr kooperiert.

Hier gibt es zum einen die Feststellung, dass die Autoritäten den Aufstieg einzelner Personen zu Gewerkschaftsführern gezielt fördern und ihnen dabei Vorteile zukommen lassen. Die Kontakte zu bestimmten Personen bestanden in diesen Fällen schon vor dem Aufstieg zum Gewerkschaftsführer von nationaler Bedeutung. Das Militär konnte dann später bei konkreten Anlässen, wie z. B. nach dem Putsch 1991, bestehende Kontakte gezielt nutzen:

„Sometimes there existed a relationship before.... That means that personal contacts between trade union leaders and the army or the government had been established before they had become leaders. ... some of them with support of dictatorship can become the leader of a national congress..." (1.8/1.9)

Es besteht zweitens die Möglichkeit, dass Gewerkschafter mit bereits führender Position zur Zusammenarbeit bereit sind, um dadurch individuelle Vorteile und persönliche Privilegien zu erlangen. Dies kann z. B. die Erlangung einer öffentlichen Beraterposition sein. Eine ultimative Aussicht, die sich nach dem Putsch von 1991 für einige Gewerkschafter realisierte, war (bis zu den jüngsten Verfassungsänderungen) die Ernennung zum Mitglied des Senats:

„They just think about their benefits. They went to give the flowers expecting some promotion." (6.4)
„Some of them ... gave the flower bouquet to the military ... because they want be senator." (7.4)

Ein dritter genannter möglicher Grund für die Zusammenarbeit mit repressiven Autoritäten ist der Versuch der Abwendung kollektiver Nachteile, mit denen eine gewerkschaftlich organisierte Gruppe von Arbeitnehmern konfrontiert ist, wenn sie sich solchen Autoritäten widersetzt oder verschließt:

„Some of them thought when dictatorship came, so if we give them flowers it will be like a defence mechanism for us to give us security." (6.1)

Viertens kann die Motivation zu Militärbeziehungen in den kollektiven Vorteilen einer abgegrenzten Arbeitnehmergruppe liegen. So hielt sich z.B. 1991 ein Teil der Organisationen in den Staatsbetrieben in öffentlicher Kritik am Militär deutlich zurück, obwohl er selbst vom Gewerkschaftsverbot betroffenen war. Auch die Glückwünsche mit ‚Blumenübergabe' an das Militärregime wurden von Teilen der Basis als Strategie der Interessenvertretung durchaus akzeptiert, wobei dieses Verhalten zugleich auch umstritten war:

„At that time the state enterprise workers kept relatively quiet on that issue, they were not so much active against this ban on trade union rights." (1.4)

„In the state enterprises it is very easy to explain to the members such things as giving flowers. If I do not go, they may even fire me from a (trade union?) position. But not all think it is all right. ... some do not want trade unions to have contacts to dictators." (8.9)

Im Rückblick von Personen mit internem Zugang zu solchen Zusammenhängen wurde diese Zurückhaltung in öffentlicher Kritik bei wesentlichen Teilen der Bewegung, (es gab daneben andere, die sehr aktiv an der Demokratiebewegung teilnahmen) den Mitarbeitern der Staatsbetriebe in der Epoche nach dem Putsch 1991 ökonomisch kompensiert:

„After the coup, later. The public sector, they gained ... 25% salary increase, that was because we go more on lobbying. ... We do more in lobbying with the Minister of Interior. He is General Issaraprong, he was so powerful in the government in that period of time ... he also wanted to do something to compensate, for military government withdrew the trade union right from the public sector workers. ... But nobody knows. Except of some trade union leaders in that period of time who do lobbying with him." (3.3 / 3.5 / 3.6)

Kooperiert ein korporatistisch orientierter Gewerkschaftsverband, der zugleich einer demokratisch orientierten internationalen Gewerkschaftsbewegung angeschlossen ist, mit repressiven staatlichen Autoritäten, dann muss er den Mindestansprüchen beider Seiten gerecht werden. Er darf sich einerseits der internationalen Protesthaltung nicht ganz verschließen, wird hier aber auf eher geringem Profil agieren und nicht entschieden gegen das Militärregime vorgehen:

„... especially, the state enterprise employees, they have job security, they have everything. They would not sacrifice that much. ...... They supported the ICFTU but they were on the low profile side." (5.8)

Andererseits wird dieser Verband sich dem Regime nicht wirklich unterordnen wollen. Er kann seinen Zugang zu internationalem gewerkschaftlichen Protestpotential, auf das die Regierung eines Entwicklungslandes ggf. Rücksicht nehmen muss, bei nationalen Verhandlungen um materielle Ansprüche ausspielen. Grundsätzlich möglich wird eine solche Strategie aufgrund ihrer Intransparenz für Dritte, als Folge der Differenzierung zwischen Thailand und der Außenwelt, die in Abschnitt 5.3.1 dargestellt wird.

5.2.3.2 Staatlicher Korporatismus und organisatorische Spaltung von Gewerkschaften

Die organisatorische Zersplitterung der Thai Gewerkschaften geht einher mit einer als gering empfundenen horizontalen, vertikalen und internationalen Ausformung eines gemeinsamen Bewusstseins als Arbeiterbewegung. Ein Beispiel ist die eher verhaltene Reaktion der Gesamtbewegung im ‚Fall Thanong' auf das ‚Verschwinden' eines ihrer exponiertesten Repräsentanten. Dies gilt sowohl für die Beziehungen diverser miteinander konkurrierender nationaler Zentren untereinander, als auch im Verhältnis zwischen vielen Basisgewerkschaften und Dachverbänden. Für die internationale Ebene wird zudem der Thai Nationalismus als Hindernis empfunden. Mit ihm gelingt es den staatlich Autoritäten, einzelne Thai Gewerkschafter, z.B. im Hinblick auf Aktivitäten der Internationalen Arbeitsorganisation, für sich zu vereinnahmen:

> „If a trade union leader participating in such an activity hasn't got the necessary experience, he will easily be controlled by the government. Anyway, many stick to nationalism and not to internationalism, this will be an obstacle." (6.34)

Auf nationaler Ebene ist es dem Staat im Rahmen der Arbeits- und Sozialpolitik möglich, die Gewerkschaftsbewegung wegen ihrer internen Konkurrenz durch eine Politik partieller Bevorzugung zu schwächen und zu spalten. Obwohl vielen Gewerkschaftern dieser Mechanismus individuell durchaus bekannt ist, reagiert eine Mehrheit auf solche externen staatlichen Anreize zur Kollaboration kollektiv wie erwartet. Es gibt die Meinung, dass die Arbeits- und Sozialpolitik zu einer Schwächung der Reformkräfte geführt hat:

> „With the tripartite system and the elections in the tripartite system it leads to further fragmentation of the trade union movement. ... With the expansion of the tripartite system we noted that the reform group had become smaller and smaller. On the other hand the conservative camp, the right wing which gets support from bureaucracy and government, has become bigger and bigger." (2.4)

Ein regelmäßiger Anlass von Querelen und Spaltungen sind die Wahlen der Beisitzer an den Arbeitsgerichten. Hier hat jede registrierte Gewerkschaft unabhängig von ihrer Mitgliederzahl gleichberechtigt je eine Stimme. Es gibt nationale Gewerkschaftsführer, die eine größere Zahl weitgehend inaktiver ‚rubber stamp unions' kontrollieren, um dieses Stimmenpotential für ihre persönlichen Interessen einzusetzen. Mit solchen Stimmen gelingt es immer wieder, einzelne Gewerkschafter aus der Reformgruppe abzuspalten von denen stets einige darauf eingehen, *(„without thinking if it is right or wrong" (9.18))*, wenn sie bei der Wahl in das begehrte und angesehene Amt eines Beisitzers am Arbeitsgericht unterstützt werden:

> „And being named or appointed the associate judge, afterwards, then the kings signature, it changes your life, for a while. Because it is the Thai thinking once in my life I should be in this position. The status!" (7.15)

Ein anderer regelmäßiger Anlass von Konflikten und Spaltungen ist die Aufteilung und Verwendung des staatlich zur Verfügung gestellten Budgets zur Ausgestaltung der gewerkschaftlichen Aktivitäten zum Tag der Arbeit am 1. Mai. Die konkurrierenden nationalen Dachverbände streiten sich um den Zugang zu diesen Geldern und jeder neugegründete Dachverband kann zusätzlich Ansprüche einbringen:

> „For instance the government budget for the trade union movement at 1st of May, this is always a source of fights between trade union leaders. ... The benefits make the trade union leaders fighting with each other." (9.7)

Eine Politik der Ungleichbehandlung von Gewerkschaften und der punktuellen Zusammenarbeit mit einzelnen Gewerkschaftern kann deren Konkurrenz noch erhöhen. Gewerkschafter des ‚Reformflügels' gehen davon aus, dass die Bürokratie dies gezielt verfolgt, um hierdurch Kontrolle über Teile der Gewerkschaftsbewegung zu erlangen:

> „...those who are in power will try to find out from the bureaucracy of government officers, who are those ones who really control the workers. And to control those, they intend to work with them." (4.3)

Auch im Falle des ‚verschwundenen' Gewerkschaftsführers Thanong wird vermutet, dass einige Gewerkschafter sich von den Autoritäten vereinnahmen ließen und die Bürokratie zum Nachteil eines gewerkschaftlichen Konkurrenten mit Informationen versorgten:

„I am quite sure that the disappearance of Khun Thanong is related to some of the trade union leaders which passed on information to the government or the military about Khun Thanong." (1.10)

Es kann hier nicht abschließend geprüft werden, ob diese Meinung so der Realität entspricht. Sie ist aber dadurch Teil der Realität, dass sie als Annahme existiert und Akzeptanz findet. Damit ist sie eine Bedingungen von Gewerkschaftsarbeit in Thailand.

5.2.4 Kulturelle Besonderheiten und Arbeiterbewegung

5.2.4.1 ‚Non-involvement' und Individualismus

„... in Thailand there is a culture that we do not want to involve ourselves with problems of others." (4.38)

Die zitierte Aussage eines Gewerkschaftsführers spiegelt die ‚non-involvement' Haltung als Phänomen der thailändischen Kultur, das auch im gewerkschaftlichen Wirkungs- und Organisationsbereich (bis auf weiteres) von Bedeutung ist. Mit einer solchen kulturell bedingten Haltung kann gegenseitige Hilfe als unerwünschte Einmischung interpretiert werden. Dadurch wird horizontale Solidarität erschwert:

„Thai workers ... are not yet really much interested to help each other. It is a bit with Thai culture, when something is not our problem we do not want to be involved." (4.36)

In Verbindung zum ‚non-involvement' wird ein traditioneller Individualismus wahrgenommen. Dies hat zur Folge, dass Arbeiter sich zunächst individuell in der Bewältigung genereller Problemlagen versuchen werden:

„Among Thai workers, there is normally strong individualism, so they will try to survive independent from each other." (1.35)

Scheitern sie alleine, dann wäre die nächstliegende Option nicht kollektives Handeln durch horizontalen Zusammenschluss, sondern die Suche nach externer Hilfe durch höhergestellte Dritte.[10]

Der kulturelle Einfluss von traditionellem Individualismus und ‚non-involvement' kann in der Arbeiterschaft zu einer Grundhaltung führen, die gewerkschaftliche Arbeit auf der Basis horizontaler Solidarität erschwert. Dies gilt

10 Vgl. Abschnitt 5.2.4.2

nicht nur für das direkte Verhältnis zwischen Arbeitern innerhalb eines Betriebes. Es kann sich als noch schwieriger erweisen, über einen persönlich vertrauten und dadurch ggf. sozial geschlossenen Kreis hinaus überbetriebliche Solidarität zu entwickeln. Dies wurde nach dem ‚Verschwinden' des Gewerkschaftsführers Thanong Po-arn kurz nach dem Militärputsch von 1991 spürbar. Es erwies sich als sehr schwierig, innerhalb Thailands eine organisationsübergreifende gewerkschaftliche Solidaritätskampagne zu organisieren:

„Those who were close to Thanong and worked with him, they worried. For the others, they did not worry. So when we tried to organise some activities, there was not much interest. Hardly anybody came." (8.11)

„... the other national congresses – we have eight national congresses – none of them was really interested in this case. Compared with the Thai workers and trade unions, international organisations .... (they) ... were even more interested. (1.12)

Dennoch ist die kulturelle Hürde des ‚non-involvement' nicht unüberwindbar. Durch eine bestimmte gewerkschaftliche Führungspolitik gegenüber den Mitgliedern kann der Wirkungskreis horizontaler Solidarität und das Verständnis dafür in der Arbeiterschaft ausgeweitet werden. Notwendig ist hierzu eine geeignete Bildungsarbeit zur Aufklärung und Information der Basis:

„ ... this also depends on the specific union. If a union supplies its members well with information how to deal with this, this can change. Then solidarity with others has a chance, can happen." (4.38)

Hinzu kommt, dass ‚non-involvement' und Individualismus in unterschiedlichen Beschäftigungskategorien nicht in gleicher Intensität vorkommen. In einer vertikalen Skala nach Rang, Status und Einkommen findet sich in den oberen Bereichen eine relativ stärkere Ausprägung. Zum unteren Ende hin, bei den ärmeren und stärker benachteiligten Beschäftigungsgruppen, nimmt die selbstbezogene Zurückhaltung offenbar ab. Bei ungelernten Arbeitern mit geringem Einkommen und in Betrieben mit einem hohem Beschäftigungsanteil von Frauen kommt solidarisches Verhalten, nach der Wahrnehmung der Interviewpartner, relativ häufiger vor:

„This is now in a changing process. I observe, however, two different groups. ... those workers who are a little bit privileged like the white collar workers, they do not help each other much, they are not willing to help the others. In factories with more women than men, workers help each other more, are willing to more solidarity, more than in others. Also the unskilled workers, the real manual workers, with very low income at the level of minimum wage, they are willing to help each other when one of them has a problem." (1.37 / 1.38)

Die ‚non-involvement' Haltung trägt auch zur traditionellen Differenzierung einer Gewerkschaftsbasis gegenüber der Führung bei. Die Folge ist eine in positiver wie auch negativer Hinsicht unbekümmerte Haltung der Basis in Bezug auf das persönlichen Verhalten ihrer Gewerkschaftsführung, solange an der Basis der Eindruck eines materiellen Vorteils erhalten bleibt:

> „Mostly the grassroots is not aware about the leaders role. What they are mostly concerned with is what they get. Salary increments, living allowance, increases or some welfare. They always have immediate interests." (7.10)

Dies bedeutet, dass in einem kulturell vom ‚non-involvement' bestimmten Verhältnis Gewerkschaftsführer einerseits ihr Verhalten in keiner Weise rechtfertigen müssen. Wenn solche Führer aber andererseits einmal mit persönlichen Schwierigkeiten konfrontiert sein sollten, und wenn sie ‚ihrer' Basis in dieser Situation keine ‚benefits' anbieten können, dann wird diese kulturell so verhaftete Basis ihrer Führung in einer Notlage kaum beistehen wollen. Der Preis für kulturell bedingte Führungsprivilegien aus der ‚non-involvement' Haltung ist eine schutzlose Einsamkeit als Konsequenz einer *„very low consciousness of workers to protect their leaders." (1.19)* Es läge deshalb im objektiven Eigeninteresse gesellschaftskritischer Gewerkschaftsführer (solchen der positiv besetzen Kategorien ‚klassenbewusst' bzw. ‚gut') ohne externe Protektion, ein traditionelles Verhältnis zwischen Führung und Basis zu überwinden. Vielleicht liegt beim ‚Fall Thanong' ein Aspekt der Tragik des späteren Verlaufs mangelnder nationaler Solidarität eben darin, dass dies nicht frühzeitig genug versucht worden war und der Wandel im Verhältnis zur Führung deshalb noch nicht eingesetzt hatte.

5.2.4.2 Seniorität und Patronage

Aus den Interviews ergibt sich ein Bild Thailands als hierarchisch strukturierter Statusgesellschaft. Seniorität ist für die jeweils höhere Ebene in den vertikalen Beziehungen der Individuen eine herausragende Quelle von Macht und persönlicher Autorität. Eine relativ tiefergestellte Person verhält sich dabei gegenüber der Höhergestellten in einer kulturell spezifischen Art und Weise. Dem liegt eine Empfindung zugrunde, die in Thai mit dem Begriff *krengtschai*[11] bezeichnet wird. Wenn dieses traditionell abgeleitete Empfinden in einer zeitlich und räumlich eingegrenzten vertikalen Interaktion eintritt, dann wird der Tiefergestellte die sachliche Autorität und das persönliche Verhalten des Höhergestellten in keiner Weise hinterfragen. ‚Oben' werden Anweisungen gegeben, die ‚Unten' befolgt

11 Siehe Abschnitt 2.1.2

werden. Dies bedeutet aber auch, dass z.B. in der betrieblichen Praxis ein Vorgesetzter kaum Verantwortung an seine Untergebenen delegieren kann. Auch ist Kritik nur dann angebracht, wenn durchführbare Anweisungen nicht ausgeführt wurden. Mit einer darüber hinaus gehenden Kritik riskiert ein Vorgesetzter, sich in den Augen seiner Mitarbeiter indirekt selbst zu kritisieren. Denn wenn sich die Arbeitsergebnisse trotz gewissenhafter Ausführung der Anordnungen dennoch als fehlerhaft oder ungenügend erweisen, dann kann dies im traditionellen Verständnis unausgesprochen eigentlich nur an den falschen oder unangemessenen Anweisungen des Vorgesetzten liegen. Die rangtiefere Ebene wird darauf allerdings wegen ihrer *krengtschai* Empfindungen nicht hinweisen können. Unangemessenes Verhalten von ‚Oben' kann in der Reziprozität traditioneller vertikaler Beziehungen die Ursache betrieblicher Konflikte einschließlich spontaner Arbeitsniederlegungen sein, sofern es nicht auf andere Weise (z.B. materiell) kompensiert wird.

In der modernen betrieblichen Praxis kann eine traditionelle Haltung mit ausgeprägten *krengtschai* Empfindungen in den vertikalen Beziehungen Probleme verursachen. Wenn rangtiefere Ebenen z.B. aufgrund kultureller Normen daran gehindert werden, auf Missstände im betrieblichen Arbeitsschutz hinzuweisen, dann sind die Folgen möglicherweise fatal.[12] Hier wird die Ambivalenz traditionellen Sozialverhaltens im Prozess der modernen exportorientierten Industrialisierung deutlich. Zwar wird die kulturelle Prägung einer in diesem Sinne ‚gehorsamen' Arbeiterschaft einerseits als Standortvorteil geschätzt, denn sie kann für patriarchalisch orientierte Investoren, die unabhängige Gewerkschaften scheuen, ein Anreiz sein. Andererseits ist sie eine Ursache betrieblicher Sicherheits- und Effizienzprobleme, wenn sie im Industrialisierungsprozess auf importierte Risikotechnologie trifft. Diesen Widerspruch hat Thailands Arbeits- und Sozialpolitik bisher ignoriert und pragmatisch zu überdecken versucht. Darin liegt ein ungelöstes Problem- und Konfliktpotential, mit Auswirkungen auf die künftige Veränderung traditioneller Strukturen und Werte im Prozess der wirtschaftlichen Entwicklung.

Auch die Bedingungen gewerkschaftlicher Arbeit stehen in diesem Kontext traditioneller Strukturen und wirtschaftlicher Entwicklungen. Eine traditionelle vertikale Beziehung konstituiert sich auch hier in einem Wechselverhältnis. Die gewerkschaftliche Basis nimmt die Seniorität eines Ranghöheren vorbehaltlos hin und erhöht dadurch dessen ohnehin stärkeres Selbstbewusstsein. Im Gegenzug intensiviert sich hierdurch das Inferioritäts- und *krengtschai*-Empfinden der Rangniederen:

12 Vgl. zum Kader Unfall mit 188 Toten Abschnitt 3.5.2

„Thai society, ..., derived from a slavery style society, from a patron-client system. ... the senior ones, we have advantages over the younger ones. It is a strong advantage ... (which)... will express to others that they are lower. ... There is also the culture of 'krengtschai'. It will function immediately. ... the more senior one will talk and the others will listen. There is a tendency that if the senior ones do something wrong they will be forgiven by the younger ones. This can accumulate, and easily without problems one can make mistakes. One will be forgiven by the younger ones. This also will strengthen the ego, contribute to a growing self-confidence of the senior ones." (6.24 / 6.25)

Die traditionelle Akzeptanz von Seniorität in einer hierarchisch strukturierten Statusgesellschaft begünstigt zusätzlich zu den bereits dargestellten Faktoren (wie dem Zeitmangel der Basis und der ‚noninvolvement' Haltung) die Monopolisierung von Macht in der Führung einer Organisation. Auch bei formal demokratischen Strukturen und oberflächlich betrachtet ausreichender Gelegenheit der Basis zur Partizipation wird das Prinzip *krengtschai* es im traditionellen Kontext nicht zulassen, dass eine rangniedere Ebene ihren Willen offen und direkt gegen die Seniorität einer ranghöheren Ebene durchsetzt:

„This is a kind of chain or cycle at all levels, at the enterprise level it does not really follow a democratic process and in upper levels, at federations etc, it follows this system." (2.14)

Ein Grenzfall traditionellen Verhaltens ist es, wenn sich ein ‚klassenbewusster' Gewerkschaftsführer aus politischen Überlegungen mit seiner Seniorität für eine kritische innergewerkschaftliche Debatte einsetzt, und die Basis ihm darin zunächst aus *krengtschai* Empfinden folgt. Die Überwindung des traditionellen Musters ist in diesem Fall erst dann erreicht, wenn die Basis auch solche Kritik äußern kann und äußert, die eigentlich so nicht in der Absicht dieses Gewerkschaftsführers gelegen hat. Dies ist z.B. in den Organisationen der Staatsbetriebe eher möglich, da der Abstand zwischen Basis und Führung hier geringer ist.

Wenn Seniorität sich mit Patronage ergänzt in einer Vorteilsgewährung der Ranghöheren gegenüber den Rangniederen, dann verfestigt sich das traditionelle Verhältnis zu einer Struktur. Unter solchen Bedingungen geraten die unteren gewerkschaftlichen Ebenen in einen Zustand der Hilflosigkeit und Abhängigkeit von externer Hilfe:

„They will use a kind of patron-client system to make the workers sticking to/depending on them. They will offer some benefits and then they will get support from the members. ... This kind of traditional system, it destroys the consciousness and spirit of struggle of the trade union movement very much. Once getting used to this system, they will give up the idea to struggle. They think they just wait for the help of the leader or others." (6.19)

Hier kommt ein weiteres kulturelles Paradigma zu Geltung. Danach gewinnt der ‚Gebende' gegenüber dem ‚Nehmenden' an Status. Dieses implizite Statusgefälle einer Geber – Nehmer Beziehung kann sich auch auf internationale gewerkschaftliche ‚Geber' übertragen:

„We treat you a little bit higher than ourselves. Because you are the donor organisation. In the culture of Thailand the one who gives usually will get respect. You come and give,..." (7.27)

Hier sei zur Vollständigkeit im Vorgriff auf weiter unten dargestellte empirische Ergebnisse[13] angemerkt, dass bei ausgeprägtem ‚benefits approach' oder alternativ bei selbstbewusstem ‚international solidarity approach' die traditionelle *krengtschai*-Haltung des ‚Nehmers' gegenüber dem höhergestellten ‚Geber' überwunden werden kann:

„Going to the international trade union level ... They will not krengtschai any more. If they would like to have money they will ask for a lot of money and not in a reasonable way. And if they do not get it they will start to criticise and complain. Not krengtschai as to a pu yai. ... But there are also many who follow a solidarity approach, considering each other as equals. This has also developed a lot." (6.41)

Horizontale Beziehungen und die solidarische Hilfe Gleichgestellter werden unter den Bedingungen traditioneller kultureller Einflüsse zurückgedrängt. Bei individuell unlösbaren Problemen und Notlagen steht im traditionellen Kontext externe Hilfe durch Höhergestellte im Vordergrund. Eine statushöhere Person hat durch die *krengtschai*-Haltung der Tiefergestellten die Möglichkeit, einen Konflikt zu beenden. Das zugrundeliegende Problem bleibt dabei oft ungelöst:

„...when we have a problem in our society, ... a conflict between employees and employers, (we) use influential people ... .The ... employees and employers will have to accept because they feel 'krengtschai'. The influential people make use of their power and the others will have to accept this." (1.29) „If we want to solve a problem one does not need to talk about the problem. One will bring in somebody with influence. So he will not solve the problem but, in a certain way, solve the conflict." (1.30)

Dieses traditionelle Paradigma der Priorität externer Hilfe anstatt der Solidarität unter den Betroffenen kann auch in der internationalen Zusammenarbeit Geltung erlangen:

13 Siehe Abschnitt 5.3.2.1

„There will be more (Thai) trade unionists who think in terms of getting help from outsiders, compared with those who think one should help each other. Also with regard to international contacts." (1.39)

5.3 Die Konstitution sozialer Wirklichkeit in der internationalen Kooperation

5.3.1 Differenzierung zwischen Thai und ‚Nicht-Thai'

5.3.1.1 Fremdheit

Thai Akteure erkennen in ihrem Handlungsfeld der internationalen gewerkschaftlichen Kooperation die Problematik beiderseitiger Fremdheit zwischen den Thai und unterschiedlichen Kategorien von Ausländern, die hier zusammengefasst als ‚Nicht-Thai' definiert werden sollen. Diese Problematik kommt z.B. bei Arbeitsbesuchen der Repräsentanten internationaler Gewerkschaftsorganisation in Thailand zur Geltung. Es wird lokal davon ausgegangen, dass den besuchenden ‚Nicht-Thai' die Traditionen, Gebräuche, Lebensweisen und Praktiken der Thai nicht bekannt sind, wie nach diesem Verständnis normalerweise auch ein Thai Schwierigkeiten hat, die Praktiken von ‚Nicht-Thai' zu verstehen:

„... if some international person comes, they do not know the traditions, the customs, the way of living of Thais, the way of practices of the Thai. ... And secondly, the Thai also, they do not understand the way of practice of the internationals." (3.25)

Die beiderseitige Fremdheit basiert auf unterschiedlichen Paradigmen. Konkrete Vorgänge in der gewerkschaftlichen Wirklichkeit werden innerhalb des eigenen Verständnisses jeweils unterschiedlich interpretiert. Ein Beispiel für das begrenzte Verständnis der internationalen Seite für das lokale Paradigma wird im langjährigen internationalen Bemühen um die organisatorische Vereinigung der beiden thailändischen IBFG Mitgliedsverbände LCT und TTUC gesehen:

„... ICFTU-APRO, they tried to push the merging of LCT and TTUC. (Laughing)!" (5.17)

Wie später dargestellt wird, trägt die Fremdheit zur Kooperationsbedingung des ‚Nicht-Verstehens' bei,[14] die dann je nach ‚approach' der lokal und international Handelnden zu sehr unterschiedlichen Verläufen und Ergebnissen einer Zu-

14 Vgl. Abschnitt 5.3.1.4

sammenarbeit führen kann.[15] Auch bei fremdsprachlich korrekter Übersetzung zwischen den beiden einander fremden Paradigmen werden in der Erfahrung von Übersetzern Fremdheit und Verständnismangel für die andere Seite (zunächst) nicht überwunden. Die einander fremden Partner interpretieren die gemeinsame Wirklichkeit getrennt voneinander im Paradigma der jeweils vertrauten Denkweise:

„... (Lachen). I tried to really explain to him. He did not really understand the situation. He would not believe it, how comes it that it is like this. He liked to see the things in the way it should be ..." (5.12)

Ereignisse und Angelegenheiten innerhalb Thailands können nach Thai Empfinden oder der Meinung von Übersetzern als zu kompliziert für das Paradigma bzw. die Verständnisbereitschaft von ‚Nicht-Thai' gelten. In diesem Fall wird es als legitim und sinnvoll angesehen, die Interpretation und Übersetzung zu vereinfachen:

„With some issues it is complicated. The interpreter will then consult with us on how to simplify, so that the audience or the guest will really understand." (9.43)

Man kann hier fragen, warum Thai, die eine gute Zusammenarbeit mit ‚Nicht-Thai' erreichen wollen, sich nicht nachhaltiger bemühen, diesen die wirklichen Gegebenheiten zu vermitteln, um dadurch das begrenzte beiderseitige Verständnis im Zustand der Fremdheit zu überwinden. Dies läge z.B. in der Kooperation mit solchen Ausländern nahe, die sich längere Zeit als ‚expatriates' im Lande aufhalten, um z.B. im Rahmen einer internationalen oder entwicklungspolitischen Tätigkeit in der einen oder anderen Weise den Thai Gewerkschaften bzw. anderen lokalen Organisationen zu helfen. Hier ergeben sich neben möglichen Chancen jedoch auch Risiken für eine bestehende Zusammenarbeit. Auf Thai Seite gibt es die Annahme, dass mit einer Aufhebung des sicherlich unbefriedigenden Zustandes der Fremdheit und des ‚Nicht-Verstehens' nicht zwangsläufig eine Verbesserung eintritt. Die Seite der Thai kennt die andere Seite der ‚Nicht-Thai' eben wegen der Fremdheit nicht genügend, um die möglichen Konsequenzen wirklicher Offenheit und Vertrautheit verlässlich einschätzen zu können. Eine weitgehende Offenlegung der eigenen Bedingungen könnte auf Partnerseite zum Kulturschock führen, mit dem Ergebnis demotivierender Desillusionierung:

„I think those foreigners who stay in Thailand, and not only one or two years, ... At the first place, I know, they would like to help. But when they know the real situation, then sometimes they are struck!" (7.23)

---

15 Vgl. Abschnitt 5.3.3.1

Wenn die lokale Seite davon ausgeht, dass ‚Nicht-Thai' die lokalen Bedingungen nicht wirklich werden verstehen können, dann befürchtet sie bei unvermittelter Aufklärung Missverständnisse, die zu einer Beeinträchtigung der Zusammenarbeit führen können. Unter Risikogesichtspunkten wird damit in der Aufrechterhaltung von Fremdheit und zumindest teilweisen ‚Nicht-Verstehens' ein möglicher Vorteil gesehen:

„But perhaps … , they just think, oh, do not tell them everything, it is a shame. But not because they suspect you, it is more on the face saving. I heard some: Do not tell them everything..., it will put shame on us... Not in such a way that they really suspect you, you come from the other side, not like that." (5.28)

Solche ‚Rücksichtnahme' auf die angenommene Verständnisunfähigkeit von ‚Nicht-Thai' ist jedoch ebenfalls mit einem Risiko verbunden. Von einem Ausländer, der entgegen der Erwartung mit den lokalen Bedingungen vertraut ist, kann dies als arglistiger Täuschungsversuch verstanden werden. Die Kooperation kann dadurch in eine Krise geraten. Hier wären Offenheit und das Bemühen um einen gemeinsamen Lernprozess zur Lösung eventuell bestehender Probleme die bessere Vorgehensweise gewesen. Wie gezeigt, birgt jedoch auch Offenheit unter der Bedingung von Fremdheit ein Risiko, das durch Verzicht auf Offenheit reduziert wird, um damit Gesichtsverlust und eine Verschlechterung der Kooperationsbeziehung zu vermeiden. Aus Furcht vor nachteiligen Reaktionen und Gesichtsverlust wird auf das Bemühen um einen gemeinsamen Lernprozess verzichtet.

Umgekehrt kann es auch für Thai Gewerkschafter schwierig sein, das Paradigma ihrer internationalen Partner in Gewerkschaften und Nicht-Regierungsorganisationen wirklich zu verstehen und damit vertraut zu werden. Zu solchen Schwierigkeiten kommt es z.B. auf internationalen Tagungen. Dies wird von den inhaltlich ernsthaft an internationaler Zusammenarbeit interessierten Thai Gewerkschaftern[16] als ein Problem wahrgenommen, dessen Lösung von Vorteil wäre:

„Sometimes such meetings are organised in foreign countries as in Philippines. Therefore we know them. But we don't really know in depth about them. … If we know more it will be better. If we know who are you and what do you expect from us? From our cooperation? Which benefit? What is it used for?" (9.26 / 9.27)

Fremdheit und ‚Nicht-Verstehen' sind empirisch vorgefundene Bedingungen der internationale Kooperation. Sie werden als Problem empfunden. Die Überwindung von Fremdheit ist für lokale Kooperationspartner jedoch mit dem Risiko

16 Zu unterschiedlichen Motivationen der lokalen Akteure vgl. Abschnitt 5.3.2

einer aus ihrer Sicht nachteiligen Veränderung der Kooperation verbunden. Es gibt somit Bedingungen, unter denen von lokaler Seite auf gemeinsame, verständnisbildende Lernprozesse zur Überwindung von Fremdheit bewusst verzichtet wird.

5.3.1.2 Existenz von Kommunikationsbarrieren

Aus den Interviews ergibt sich die lokale Wahrnehmung einer Existenz internationaler Kommunikationsbarrieren. Die internationale gewerkschaftliche Kooperation wird durch sie erschwert, behindert oder im Extremfall verhindert. Diese Barrieren tragen zur Differenzierung zwischen den Kategorien Thai und ‚Nicht-Thai' bei und sie führen zu gegenseitigem ‚Nicht-Verstehen'. Es bleiben Berührungspunkte zwischen den identifizierten Kategorien und die manchmal fließende Abgrenzung ist deshalb nicht ausschließlich. Es ergeben sich drei verschiedene Typen von Barrieren:
- Sprachbedingte Kommunikationsbarrieren;
- kulturelle Kommunikationsbarrieren;
- finanzielle Kommunikationsbarrieren.

Sprachbedingte Kommunikationsbarrieren:

Kaum ein Ausländer ist fähig, einigermaßen verständlich in Thai zu kommunizieren, meist selbst nicht nach langjährigem Aufenthalt in Thailand. Auch umgekehrt ist eine überwältigende Mehrheit der Thai Bevölkerung (bisher) nicht in der Lage, einigermaßen verlässlich in Englisch als dem wichtigsten internationalen Sprachmedium in Asien zu kommunizieren. Dieser beiderseitige Mangel an fremdsprachlichen Fähigkeiten wird als großes Hindernis empfunden. Auch mit der Hilfe von Übersetzern kann diese Barriere nur bedingt überwunden werden, da wesentliche Einzelheiten beim Übersetzen verloren gehen:

> „It is a big point for the labour movement that we do not have the people who speak foreign languages." (7.26)
>
> „When we talk facts through interpreters, we cannot go into details but just raise some important points." (1.22)

Die Sprachbarriere existiert nicht nur in der mündlichen Kommunikation. Sie behindert auch den internationalen Schriftverkehr per Brief, Fax oder e Mail. Wenn Thai Gewerkschaften sich im Grundsatz in die internationale gewerkschaftliche Solidarität einbringen möchten, ist es ihnen wegen der Sprachbarriere oft nicht möglich, den Anliegen ihrer internationalen Dachverbände in einem Mindestmaß gerecht zu werden. Ein Beispiel ist die Konfusion über Firmenbezeichnungen. Sie unterscheiden sich in Thai und Englisch gelegentlich so sehr, dass bei Anfragen internationaler Schwestergewerkschaften über international operierende Unternehmen schon die Firmenbezeichnung oft von der lokalen Gewerkschaft nicht identifiziert werden kann. Häufig bleiben derartige Schreiben mit internationalen Anfragen wegen sprachbedingter Probleme unbeantwortet. Dies kann dann Schuldgefühle auslösen und die Kooperation belasten:

„Very often there are conflicts in another country and (our International Trade Secretariat) writes us letters, asking to support … . But we cannot really read, … or we forget about it. Then we will feel guilty about it. … There was one case where the (international) member unions asked us to provide information about one company, its activities and the working conditions, etc. But we were not clear about the name. … This was so complicated that we could not help." (4.34 / 4.25)

Kulturelle Kommunikationsbarrieren:

Gelingt es die Sprachbarriere zu überwinden, z.B. durch hinreichendes Erlernen einer Fremdsprache oder mit Übersetzerhilfe, dann kann die Kooperation derselben Akteure durch die Existenz einer kulturellen Kommunikationsbarriere beeinträchtigt werden. Wenn Thai und ‚Nicht-Thai' in derselben Sprache das gleiche aussprechen, dann kann dies im Einzelfall von sehr unterschiedlicher Bedeutung sein. Oft werden ‚Nicht-Thai' ohne tieferen kulturellen Einblick nicht beurteilen können, ob ein Thai zustimmt oder nicht und was er wirklich meint:

„Thai people will not talk as you talk. For you no is no. If you have a feeling it is no good it is no. But Thai not say like this. May be they will say it in another way." (8.37)

„… when you say yes it has to be yes. … . But the Thai, if they say yes, it sometimes means no." (3.26)

Die kulturellen Unterschiede führen zu unterschiedlichen semantischen Bedeutungszuweisungen, aus denen sich eine kulturelle Kommunikationsbarriere konstituiert. Es findet sich auch unter Thai Gewerkschaftern mit soliden internationalen Kommunikationsfähigkeiten die vielleicht ein wenig fatalistische Auffassung einer kulturellen Verschiedenheit der Thai vom Rest der Welt:

„Thai is Thai, different from! (Lachen!)" (8.35)

Ohne Fremdsprachenkenntnisse ist es in Verbindung mit dieser kulturellen Barriere dann sehr schwierig, eigene aufrichtige Empfindungen der internationalen Verbundenheit den ausländischen gewerkschaftlichen Freunden gegenüber erkennbar auszudrücken:

„I think we are all friends, when we meet trade unionists from other countries. But (it) is very difficult for us to express to them that we feel to be friends." (1.25)

Finanzielle Barrieren:

Finanzielle Engpässe in den Thai Gewerkschaften können die internationale Kooperation erschweren und dadurch eine Kommunikationsbarriere schaffen. Wenn z.B. als Folge fehlender finanzieller Mittel keine qualifizierten Übersetzer eingestellt werden können, dann verstärkt dies die Sprachbarriere:

„Each time we would have to pay for interpreters and we do not have the budget for this. As a result of not being in a position to meet often we also have problems to understand each other." (1.21)

Finanzielle Abhängigkeit von Dritten verursacht ein Statusgefälle und sie bedeutet eine Einschränkung der Unabhängigkeit. Der Fall eines Zusammentreffens von Sprachbarriere und Statusgefälle als Folge finanzieller Engpässe tritt z.B. ein, wenn japanische Gewerkschafter mit selbstfinanzierten hochqualifizierten Simultanübersetzern auftreten, während die Delegation thailändischer Gewerkschafter sich mit einer international ‚gesponserten' konsekutiven Übersetzung bescheiden muss:

„The interpreters hired by the Japanese are really professional ones. Like simultaneous interpreters. But we have only consecutive interpreters." (4.30)

Dies sind Merkmale, an denen sich in Asien auch zwischen Gewerkschaftern Unterschiede im Status festmachen.

5.3.1.3 Übersetzer und ‚Koordinatoren'

Wegen hoher Kommunikationsbarrieren in der internationalen Gewerkschaftskooperation kommt den Brückenfunktionen von Übersetzung, sprachlicher und kultureller Vermittlung oder Projektkoordination zwischen dem In- und Ausland ein hoher Stellenwert zu. Derartige Tätigkeiten werden von einem kleinen Kreis lokaler Personen oftmals funktionsübergreifend wahrgenommen. Dies kann beginnen, indem eine Thai Gewerkschaft zunächst eine ihr bekannte Personen mit mehr oder minder guten fremdsprachlichen Kenntnissen anlässlich eines konkreten internationalen Kontaktes für eine Übersetzertätigkeit vorschlägt. Ergibt sich daraus eine fortdauernde internationale Zusammenarbeit, dann wird diese sprachkundige Person u.U. auch für die internationale Seite die nun einzige Verbindung und das Medium in der Kommunikation mit den lokalen Partnern. Später können solchen ‚Übersetzern' zusätzliche Aufgaben übertragen werden, wie z.B.

die fachliche und finanzielle Koordination gemeinsamer Projekte. Daraus kann sich schließlich eine Eigendynamik entwickeln, aus der heraus solche Übersetzer-Koordinatoren die internationalen Kontakte der kooperierenden Organisationen monopolisieren.

Die Interviewauswertung ergab, dass die Übersetzerfunktion, die ja als Folge der internationalen Kommunikationsbarrieren unverzichtbar ist, zugleich deutlich als eine Übersetzerproblematik wahrgenommen wird. Es wurden drei Problembereiche identifiziert, sowie ein zusätzlicher vierter Komplex, der das Selbstverständnis von Übersetzern betrifft:

- Probleme mit Übersetzern ohne fachlichen Gewerkschaftshintergrund;
- Probleme aus einem höheren gesellschaftlichen Status von Übersetzern;
- Probleme wegen mangelnder Unabhängigkeit der Übersetzer von ‚Gebern';
- Entwicklung einer Eigendynamik im Selbstverständnis von Übersetzern.

Fachlicher Hintergrund

Thai Gewerkschafter befürchten, dass besonders solche Übersetzer ohne gewerkschaftlichen Hintergrund ihre Aussagen nicht immer fachlich und sachlich richtig wiedergeben. Ein erster Grund hierfür wird in den fehlenden gewerkschaftlichen Fachkenntnissen gesehen, was zu falschem Übersetzen führt. Eine zweiter Grund wird darin gesehen, dass einige Übersetzer nicht die Originalaussagen wiedergeben. Statt dessen stellen sie ihre eigene Meinung dar:

„... there are also interpreters who speak English very well but do not know about trade unions. Then it will be difficult. Some may put their own ideas into the interpretations." (8.32)

Gewerkschaftlich kompetente Übersetzer zu finden, die zudem korrekt und authentisch übersetzen, gilt als schwierig:

„It is very difficult to get interpreters who know the labour issues and translate for us in a clear way." (4.31)

Größeres Vertrauen wird Übersetzern entgegengebracht, die als politische Freunde der Gewerkschaftsbewegung gelten:

„If we have an interpreter from our movement with same ideas, ... , then it is ok..." (6.46)

Bei solchen Übersetzern kann es sich z.B. um lokale Mitarbeiter internationaler Organisationen oder entwicklungspolitischer Institutionen handeln, die aus ihrer fachlichen Tätigkeit heraus über die Zusammenhänge gut Bescheid wissen und die wegen ihrer anerkannten Integrität und relativen Unabhängigkeit das Vertrauen aller Beteiligten genießen.

Statusunterschiede

In Abschnitt 5.2 wurde die Bedeutung von Statusunterschieden zwischen Ranghöheren und Rangtieferen im traditionellen Kontext bereits dargestellt. Existieren solche Unterschiede zwischen Personen, dann kommt dies auch in ihrer Interaktion als Gewerkschafter und Übersetzer zur Geltung. Ein Akademiker bzw. einer Akademikerin wird normalerweise gegenüber einem Gewerkschafter bzw. einer Gewerkschafterin als ranghöher eingeordnet. Dieser Unterschied bleibt auch dann erhalten, wenn ein fremdsprachlich qualifizierter Akademiker gelegentlich für einen Gewerkschafter übersetzt. Wenn ein Gewerkschafter sich im traditionellen Kontext als rangtiefer begreift, dann wird er die mit der Übersetzung geleistete ‚Hilfe' der ranghöheren Person dankbar annehmen. Die statustiefere Person wird sich aber, z.B. auf einem internationalen Seminar, gegenüber dem statushöheren Übersetzer keinesfalls agierend, gestaltend, kritisierend oder gar fordernd verhalten können:

> „Out of the seminar, besides of the official parts I feel krengtschai to ask the interpreter to help or to translate. So this is the problem. ... normally we feel krengtschai to ask them ... (and) this will confuse and frustrate us very much. We would like to talk but we cannot talk, we have to ask the others." (9.31 / 9.32)

Die Statusunterschiede führen auch in dieser Konstellation zu einer spezifischen Zurückhaltung (krengtschai-Haltung) der rangtieferen Person, die nur im Ausnahmefall, z.B. durch starkes Selbst- bzw. Klassenbewusstsein oder durch ein Verhältnis persönlicher Freundschaft, überwunden wird:

> „I will not krengtschai. But for the others I do not know. The interpreters will not be so happy if we criticise, ..." (6.48)
>
> „ ... personally I will criticise even an ajan[17] ..., as friends we can criticise each other or tell this we don't like." (9.33)

Normalerweise kommen die traditionellen Statusunterschiede jedoch zur Geltung, wie z.B. innerhalb der Thai Delegation von Gewerkschafterinnen und NRO-Aktivistinnen, die 1995 an der Weltfrauenkonferenz in Beijing teilnahmen. Die Thai Arbeiterinnen als eigentliche Repräsentantinnen der Thai Basisorganisationen fühlten sich auch in diesem internationalen Umfeld einer anderen, d.h.

17 D.h. Akademiker bzw. Gelehrter

niedrigeren gesellschaftlichen Gruppe zugehörig, als die ranghöheren Thai Akademikerinnen, die begleitend ‚nur' als Übersetzerinnen teilnahmen:

„But in Thai society normally the status is very difficult to exclude." (9.34) „... the status, this will separate us from them. We have to group ourselves with the workers and they will group themselves with the academics. This was the case when we went to the world women conference in China, when we went to Beijing. Only when we would like them to translate we would join them, or to get some information. But normally they are like a different group." (9.36)

Es wird angenommen, dass die internationalen Partner Fragen der lokalen Übersetzerproblematik allenfalls begrenzt verstehen:

„I think ICFTU or foreign organisations do not know much about this. ... Maybe they know something, but they will not understand it in detail." (2.34)

Mangelnde Unabhängigkeit

Übersetzertätigkeiten im Rahmen einer andauernden Kooperation werden in Thailand üblicherweise nicht lokal, sondern aus internationalen Quellen finanziert. Dies gilt meist auch für die Durchführung und Koordination gemeinsamer Projekte (z.B. Bildungsmaßnahmen). Damit entsteht ein Geber – Nehmer Verhältnis, in dem die lokalen Übersetzer bzw. Projektkoordinatoren ein vermittelndes Bindeglied bilden. Lokale Partner haben in dieser Konstellation die Erfahrung gemacht, dass die vermittelnden Übersetzer-Koordinatoren ihre Tätigkeit nicht unabhängig ausüben. Da sie ihren internationalen Auftraggebern eine erfolgreiche Tätigkeit nachweisen wollen, kommt es im Einzelfall zur Vernachlässigung lokaler Interessen und Erfordernisse. Dieser Fall kann eintreten, wenn eine internationale Organisation nach lokaler Einschätzung zu viele Aktivitäten durchführen möchte, diese lokale Einschätzung aber nicht durch den verantwortlichen Übersetzer-Koordinator übermittelt wird:

„With ICFTU we had a women project and there were so many, too many activities. ... ICFTU financed more activities than we can implement." (2.31)

Wenn international finanzierte Übersetzer zugleich mit der Durchführung von Projekten beauftragt sind, dann können sie in einen Interessenkonflikt geraten. Dies kommt bei einem Kontaktmonopol des Übersetzer-Koordinators besonders dann zur Geltung, wenn lokale Partnerwünsche den Interessen eines ‚Mittlers' widersprechen und er diese nicht (vollständig) an seine Auftraggeber weitergibt. Die Folge ist dann eine Vernachlässigung der lokalen Bedingungen bei der Planung und Durchführung von Kooperationsprojekten. Wenn z.B. die Grenzen der

Absorptionsfähigkeit in der häufig ehrenamtlichen Gewerkschaftsarbeit außer Acht bleiben, können Projekte sinnlos werden:

„If interpreters are also co-ordinators receiving a salary from this, then they would like a project to be a success. They try that we work so very hard in order to implement a project. But they do not know about our limitations. We also have to work in the factory and sometimes it is too much for us." (2.32)

Die lokalen Partnergewerkschaften wünschen sich deshalb wirklich unabhängige bzw. neutrale Übersetzer und Koordinatoren. Die gibt es jedoch kaum:

„There should be really independent translators and co-ordinators. They should be neutral, not so much related to the Thai side or the international side. But it is very difficult to get such a person." (2.33)

Eigendynamik im Selbstverständnis

Die zentrale Bedeutung als ,Mittler' der internationalen Zusammenarbeit ist verbunden mit spezifischen Merkmalen im Selbstverständnis von Übersetzern. Ein Übersetzer ist unmittelbar mit den unterschiedlichen Paradigmen der über ihn kommunizierenden Partner konfrontiert. Dies kann ihn zu der Haltung führen, dass eine wortgetreue Übersetzung missverständlich oder unverständlich ist und dass sie deshalb vom Übersetzer durch eine verständlichere Interpretation des Gesagten modifiziert oder ersetzt werden sollte:

„... as I am doing the interpretation and ... the co-ordination, ... , then I sometimes have to explain, to explain ... to the foreigner, and even to the Thai. Because they may not understand the way of expression. Even if somebody says that I interpret more than he said. But I say sometimes I have to do so. If I interpret only that what you are saying, it means nothing to them. They will not understand..... Then some people criticise me, that I am doing more than an interpreter..... (Laughing!) Yes I really accepted that!" (3.27)

Was die Gesprächspartner, sofern sie es überhaupt nachvollziehen können, als falsches Übersetzen kritisieren, gilt dem Übersetzer hier als eine Tugend im Sinne wirklicher Verständnisförderung, die erst durch seine eigenen Interpretationen ermöglicht wird.

Ein weiterer Bestimmungsfaktor eines spezifischen Selbstverständnisses von Übersetzern ist das Spannungsverhältnis zwischen dem formal eher technisch-instrumentellen Charakter ihrer Tätigkeit und der potentiell politischen Bedeutung ihres Wirkens unter den spezifischen Bedingungen der internationalen Kooperation mit Thai Partnern. Das formale Berufsverständnis ist nüchtern und von eher bescheidenem Charakter:

„I work only to carry out my job ... I work to get money." *(5.9 / 5.10)*

Andererseits ist die Tätigkeit von Übersetzern mit Kontaktmonopol von potentiell politischer Bedeutung. Die Ausschließlichkeit als Ansprechperson der internationalen Seite kann dazu führen, dass der Übersetzer nach und nach als Partner betrachtet wird. Die internationalen Partner werden sich von solchen Vermittlern dann beraten lassen und politisch bedeutsame Kontakte zu hochrangigen Dritten nicht mehr über die eigentlichen Partner, sondern über solch einen Übersetzer vereinbaren:

„I also helped ... , co-ordinated a meeting between ICFTU-APRO representatives and other members of ICFTU, like AFL-CIO, the Australian movement .... we met with ... the Deputy Prime Minister, ..." (5.4)

5.3.1.4 Verallgemeinerte Differenzierung von ‚Verstehen' und ‚Nicht-Verstehen'

In den zurückliegenden Abschnitten wurden die Fremdheit, sprachliche, kulturelle und finanzielle Kommunikationsbarrieren und die Übersetzer bzw. Koordinatorenproblematik als Faktoren der Differenzierung zwischen Thai und ‚Nicht-Thai' identifiziert. Diese Faktoren führen je nach Ausprägung zu unterschiedlichen Kooperationsbedingungen. Hier werden in einer Verallgemeinerung für die induktive Modellbildung als mögliche Kooperationsbedingungen die alternativen Kategorien des ‚Verstehens' und des ‚Nicht-Verstehens' definiert. Möglich und in der Praxis wahrscheinlich sind Zwischenformen teilweisen Verstehens.

Darstellung 2: Bildung der Kategorien ‚Verstehen' und ‚Nicht-Verstehen'

	‚Verstehen'	**‚Nicht-Verstehen'**
Differenzierung:		
Paradigma der Partnerseite:	*vertraut*	*fremd*
Kommunikationsbarrieren: (sprachlich, kulturell, finanziell)	*niedrig*	*hoch*
Übersetzer- /Koordinatorenproblematik:	*klein*	*groß*

Auf deren Berücksichtigung wird jedoch in der späteren Modellbildung[18] vereinfachend verzichtet. Darstellung 2 erklärt die Bildung der Kooperationsbedingungen des ,Verstehens' und ,Nicht-Verstehens' durch Verallgemeinerung der drei empirisch vorgefundenen Differenzierungen.

5.3.2 Kooperationsmotive

5.3.2.1 Thai Motive aus Thai Sicht

In der Projektion international agierender Thai existieren in der Kooperation nationaler Gewerkschafter mit der internationalen Gewerkschaftsbewegung sehr unterschiedliche Motive. Deutlich wird ein Antagonismus. Darin gibt es zum einen die Grundorientierung lokal Handelnder am eigenen Vorteil. Diese Orientierung soll hier als ,benefits approach' definiert werden. Ist eine internationale Kooperation vom ,benefits approach' der lokalen Partner bestimmt, dann bleiben altruistische, gesellschaftliche oder ideologische Aspekte nachgeordnet:

> „... with ideology they may not go along with you. But if you come with the real concrete benefit, ... then of course they will support you for that. They go along with you." (5.32) „The Thai people, this is the Thai nature, they will think why not? It is a kind of mutual benefit." (5.19)

Auf der entgegengesetzten Seite steht die Vorstellung vom uneigennützigen bzw. politisch bewussten Verhalten im Rahmen einer internationalen gewerkschaftlichen Kooperation. Die Haltung eines nationalen (Thai) Akteurs basiert in diesem Fall auf altruistischen Empfindungen von Freundschaft und solidarischen Beweggründen. Diese Grundorientierung soll als ,solidarity approach' definiert werden:

> „... I think in class categories, and that in the globalisation process we have to link ourselves with the other trade union movements in a spirit of friendship!" (6.35)

Jede der beiden gegensätzlichen Grundorientierungen ,benefits approach' (BA) und ,solidarity approach' (SA) unterteilt sich in zwei Handlungsmotive, die unterschiedliche Qualitäten innerhalb der jeweiligen Grundorientierung kennzeichnen. Damit entsteht ein System internationaler Kooperationsmotive, das sich aus den beiden Grundorientierungen ,benefits approach' und ,solidarity approach' und den vier Handlungsmotiven ,individual benefits approach' (IBA),

---

18 Vgl. Abschnitt 5.3.3.2

‚collective benefits approach' (CBA), ‚national solidarity approach', (NSA), ‚international solidarity approach' (ISA) zusammensetzt.

Darstellung 3: Lokale Handlungsmotive und Grundorientierungen in der internationalen Gewerkschaftskooperation

Grundorientierungen:	**Handlungsmotive:**
‚benefits approach' (BA):	*'individual benefits approach' (IBA)* *'collective benefits approach' (CBA)*
'solidarity approach' (SA):	*'national solidarity approach' (NSA)* *'international solidarity approach' (ISA)*

Darstellung 3 zeigt das induktiv entwickelte Gesamtsystem mit zwei Grundorientierungen und vier Handlungsmotiven im Überblick. Die vier Handlungsmotive kategorisieren die unterschiedlichen empirisch vorgefundenen lokalen Motivtypen in der internationalen Gewerkschaftskooperation. Sie sind das Konstrukt aus der Abstraktion konkreter Wirklichkeitsdefinitionen der Thai Akteure. Diese vier Handlungsmotive werden im Folgenden auf Grundlage der empirischen Forschungsergebnisse inhaltlich interpretiert:

‚Individual benefits approach' (IBA)

Beim IBA wird ein Akteur unabhängig vom Vorteil oder Nachteil einer internationalen Kooperation für Dritte seinen persönlichen Eigeninteressen individuell nachgehen. Ein zentraler Anreiz sind oftmals Auslandsreisen zur Teilnahme an Tagungen oder Kongressen. Solche Reisen werden üblicherweise von internationalen Institutionen mit entwicklungspolitischer Unterstützung finanziert. Auf der Grundlage internationaler Kooperation in Gestalt von Projekten oder Mitgliedschaften wird Vertretern aus Entwicklungsländern häufig eine ‚gesponserte' Teilnahme ermöglicht. Für eine Person mit IBA steht bei solch einer Auslandsreise und Konferenzteilnahme der persönliche Vorteil als Motiv im Mittelpunkt ihres individuellen Denkens und Handelns:

> „If they can become leaders at national centre level, they have a chance to go abroad. That is one thing. If you go to the ILO conference, you get a lump sum of money." (7.13)

Die Existenz eines fachlich fragwürdigen IBA Konferenztourismus anlässlich zahlreicher internationaler Veranstaltungen bei einem Teil der lokalen Gewerkschafter wird von anderen Thai Gewerkschaftern als eben solcher wahrgenommen und kritisiert:

„With (our international ITS) meetings we have the experience that some of the Thai participants never talk about the contents of the seminar. They think about the exchange rate and things like that." (6.49)

Das Handlungsmotiv IBA führt zu Konflikten in den Gewerkschaften Thailands. Ein wesentlicher Auslöser innergewerkschaftlichen Streits sind internationale Einladungen:

„ ... If there is an invitation to Europe, they fight. Big fight among the officials." (7.20)

Nach lokaler Erfahrung verursachen neben solchen internationalen Einladungen auch internationale finanzielle Zuwendungen Konflikte innerhalb der Thai Gewerkschaftsbewegung:

„There are two points which create conflicts when we deal with international organisations. One is when the foreign organisation donates money to national centres. Another one is to support them to make a study abroad, a trip to a foreign country. This is what makes them starting to fight with each other." (9.4)

Ein Teil der Konflikte in den Thai Gewerkschaften wird demnach in einer Wechselwirkung von lokalem IBA und einer spezifischen Art der internationalen ‚Hilfe' verursacht. Internationales Einwirken kann bei ‚Nicht-Verstehen' und bestehenden Kommunikationsbarrieren unbeabsichtigt den IBA als lokales Handlungsmotiv in Gewerkschaften verstärken und dadurch innergewerkschaftliche Konflikte auslösen.

‚Collective benefits approach' (CBA)

Das CBA Verhalten unterscheidet sich vom IBA durch eine Konzentration auf die gemeinsame Wahrnehmung der kollektiven Eigeninteressen einer abgegrenzten und relativ privilegierten Gruppe gewerkschaftlicher Führungspersonen. Hier kann es z.B. um den gemeinsamen Zugang zu internationalen Projektgeldern gehen, mit denen zum Vorteil einer sozial geschlossenen Gruppe gewirtschaftet werden soll. Oftmals ist zunächst ein erfolgreicher kollektiver CBA die Voraussetzung für nachfolgende individuelle IBA Aktivitäten einzelner Mitglieder der vormals gemeinsam handelnden Gruppe. Damit individuelle IBA Auslandsreisen überhaupt möglich sind, kann es zunächst erforderlich sein, in einer gemeinsam verfolgten Strategie einer internationalen Organisation beizutreten und dafür Beiträge aufzuwenden:

„They will think about the benefit they will get, such as educational funds, chances to go abroad. They have a profit oriented approach. They pay the subscription and then they will have a chance to go abroad and get some money. They do not think much about the knowledge which they could get from the linkages with the international trade union movement." (6.38)

Aus einem Spannungsverhältnis zwischen kollektiven (CBA) und individuellen (IBA) Vorteilen und Interessen können als Auswirkung einer internationalen Kooperation lokale Konflikte auftreten. Gewerkschaftsführer können solche lokalen Interessenkonflikte verhindern, wenn sie den ‚benefits approach' sowohl in der einen als auch in der anderen Ausprägung unterbinden. Dazu müssen sie als ‚gute' bzw. ‚klassenbewusste' Gewerkschafter Führungsstärke und Prinzipientreue aufbringen:

„... Sometimes, when we get external support for an activity, some people will say let us just spend the money, use the money. I have to insist that we spend it in a reasonable way. Because of this we can prevent conflicts." (4.20)

'National solidarity approach' (NSA)

Beim NSA als einer Unterkategorie des ‚solidarity approach' orientiert die Zusammenarbeit sich nicht am Vorteil bzw. ‚benefit' der unmittelbar an einer internationalen Kooperation beteiligten Partner. Der Einsatz der Akteure ist in diesem Sinne uneigennützig und solidarisch. Den Beteiligten werden altruistische Motive zugebilligt. Im Mittelpunkt der Zusammenarbeit steht der Nutzen für benachteiligte Personengruppen in der Thai Gesellschaft, außerhalb des engeren Kreises relativ privilegierter Gewerkschaftsführer und der eigenen Person. Es kann z.B. um die Arbeiter allgemein gehen, oder in engerer Abgrenzungen einer Zielgruppe z.B. um Unfallopfer, Industriearbeiterinnen, Kinderarbeiter, Arbeitslose oder Streikende. Das Handeln der internationalen Kooperationspartner wird so verstanden, dass diese nur mit den richtigen lokalen Partnern, gemeint sind solche, die sich vom ‚benefits approach' abgrenzen, einen Beitrag zur wirklichen Hilfe für die wirtschaftlich und sozial Benachteiligten innerhalb Thailands leisten können:

„The support from foreign organisations, there are two sides, a good side and a bad side. For the good side, if some budget or fund comes to the trade union movement and the leaders manage it in the right way, it will be of benefit for the Thai workers. ... That means, the money, the budget which we receive as support from foreign organisations, it should be used for the benefit of the workers. But (there are) trade union leaders (who) will always think about power and benefits." (9.8 / 9.9)

Ein NSA Kooperationsverständnis muss sich nicht notwendigerweise auf die unmittelbaren Vorteile für die Benachteiligten der eigenen Gesellschaft beschränken. Es kann auch auf politische Fragen und den internationalen Transfer eines gewerkschaftlichen Grundverständnisses ausgedehnt werden, die mittelbar im Interesse einer Arbeiterklasse liegen:

„Trade unionism does not come originally from our own roots. It came up after the industrial revolution in Europe and we think that this is something useful and beneficial for our working class." (6.37)

'International solidarity approach' (ISA)

Der ISA geht über das Kooperationsverständnis des NSA hinaus. Er überwindet den Bezugsrahmen der eigenen Gesellschaft. Beim NSA wird die Lösung von Problemen unter den Bedingungen von Unterentwicklung vorrangig durch die Entwicklung eines spezifischen Landes im ‚Süden' und durch konkrete Hilfe für dessen benachteiligte Zielgruppen angestrebt. Beim ISA wird ergänzend (d.h. nicht konkurrierend zu diesen konkreten Hilfen) davon ausgegangen, dass für wirkliche Entwicklung und dauerhafte Problemlösungen innerhalb eines Entwicklungslandes ein gemeinsamer Entwicklungsprozess der Länder des Norden und des Süden erforderlich ist. Dies bedeutet, dass Thai Gewerkschafter selbst eine international orientierte Haltung entwickeln:

„I think nobody can survive alone, because we are in a global society." (3.21)

Ein Gewerkschafter mit internationaler Haltung im Sinne des ISA fühlt sich unter diesen Voraussetzungen dem ähnlich denkenden Gewerkschafter eines anderen Landes enger verbunden, als bestimmten sozialen Gruppierungen in der eigenen (Thai) Gesellschaft:

„With a Thai businessmen we may have to be careful. With a foreign trade unionist, I don't think we have to be careful. Right. We will feel more friendly. In general, having something in common." (7.28)

Wenn Gewerkschaftsführer innerhalb eines ISA in Klassenkategorien denken, entsteht das Bewusstsein des Vorhandenseins einer internationalen Arbeiterklasse unter Globalisierungsbedingungen. So wie die Arbeiter Thailands von internationaler Seite Solidarität empfangen, soll sich die eigene Solidaritätsbereitschaft auf andere Arbeiter ausdehnen, die außerhalb von Thai Gesellschaft und Kultur stehen. Dies bezieht sich in Thailand aktuell auf die Frage der besonders unterprivilegierten burmesischen Arbeitsmigranten:

„I think in class categories and that in the globalisation process we have to link ourselves with the other trade union movements in a spirit of friendship. (6.35) ... „If you look at the case of the Burmese migrant workers ... also the international trade union movement came to help us as a result of internationalist spirit. I care for the Burmese workers because I am international minded and I recognise the international help for the Thai workers. We have the same spirit." (6.44)

Der national und kulturell gezogene Rahmen einer sozialen Schließung wird hier unter dem Eindruck der Globalisierung überwunden und zu einer internationalen Solidaritätshaltung erweitert.

5.3.2.2 Motive und Haltungen ausländischer Kooperationspartner

Die durchgeführte empirische Feldforschung erfasst Thai Interpretationen von sozialer Wirklichkeit in der internationalen Kooperation. Eine entsprechende fundierte empirische Erforschung von Interpretationen der internationalen gewerkschaftlichen Akteure auf der Basis qualitativer Interviews konnte hier nicht durchgeführt werden. Es hätte den gegebenen finanziellen, logistischen und zeitlichen Rahmen dieses Vorhabens in mancherlei Hinsicht überschritten. Dennoch schien es unverzichtbar, die Motive und Haltungen der kooperierenden Ausländer zumindest ansatzweise einzubeziehen. In der nachfolgenden Behandlung dieser Frage wird so vorgegangen, dass zunächst die empirisch ermittelten Thai Interpretationen über Kooperationsmotive ihrer internationalen Partner dargestellt werden. Dies wird ergänzt durch eine Interpretation des Verfassers, die Hintergrundgesprächen mit internationalen Akteuren und Erfahrungen aus der entwicklungspolitischer Praxis dieses Arbeitsfeldes entspringt. Abschließend werden generalisierte Annahmen über das Kooperationsverhalten internationaler Akteure getroffen, die auf dieser Basis vertretbar erscheinen und in die weitere Entwicklung eines Modells internationaler Kooperationsbedingungen eingehen.

Thai Interpretationen der Ausländermotive

Innerhalb der Thai Akteure gibt es Vermutungen über unterschiedliche Kooperationsmotive ihrer internationalen Partner. Nach Auswertung des empirischen Materials ergibt sich eine Gliederung dieser angenommen Kooperationsmotive in vier Kategorien. Ein erster Punkt wird im Wunsch des relativ Stärkeren des einen

Landes gesehen, dem Schwächeren des anderen Landes solidarische Hilfe zukommen zu lassen:

„... they are stronger and want to help those being weaker." (4.23)

Ein zweites angenommenes Motiv ist die Selbstbestätigung, die der Helfende durch seine Hilfe im anderen Land erfahren kann:

„... international organisations helping Thailand ... (if) they give money to help, OK, sometimes you can see the smiling face, then you feel happy." (7.16)

Ein drittes Motiv sind die kollektiven wirtschaftlichen Eigeninteressen der Helfenden. Es wird angenommen, dass kollektive Interessen im Herkunftsland der helfenden Institution besser vertreten werden können, wenn anderen im Ausland bei deren eigener Entwicklung geholfen wird:

„... those organisations understand that helping us, the Thai unions, will also help them to protect their interest. To make unions in Thailand stronger could mean that the employers of their country will not move here, to this country." (4.23)

Viertens gibt es die Vorstellung, dass eine Kooperation weniger durch Hilfsabsichten, sondern eher durch günstige Umstände oder Zufall zustande kommt. Die jeweils beteiligten Akteure versuchen bei dieser Gelegenheit, ihre individuellen Eigeninteressen wahrzunehmen:

„... some (locals) conclude it like this, since those (international) organisations are here they have to do something. And they do what they want to do. May be they don't know about our country, (the local partners) believe. Anyway, if we (locals) would like to co-operate with them, we just go (for it). .. Something like by chance. Not that you (the internationals) have the intention to help in Thailand." (7.22)

In der aufgeführten Reihenfolge dieser angenommenen externen Motivstruktur zeigt sich eine gewisse Ähnlichkeit mit den vier lokalen Handlungsmotiven ISA, NSA, CBA und IBA. Wegen der hinsichtlich internationaler Akteure schmalen empirischen Basis soll dies jedoch nicht als synchrone Struktur interpretiert werden.

Die Existenz sehr unterschiedlicher Motive wird auch bei solchen Ausländern angenommen, die längerfristig in Thailand leben und mit den lokalen Gewerkschaften kooperieren:

„ ...there are different interests among those who come and work with the Thai trade union movement." (5.15)

Es gibt zudem, unabhängig von den konkreten Motiven ausländischer Partner, eine weitere Annahme. Auch bei unterstellten ‚guten' internationalen Absichten (Solidaritätsgedanke) hängt der Nutzen für eine lokale Zielgruppe (z.B. für benachteiligte Arbeiter an der Basis) stets ab von der Art der Handhabung des internationalen Unterstützungsangebotes durch die vermittelnd wirkende lokale Gewerkschaftsführung:

„Normally the objective of such support is always good, because the objective is for the benefit of the workers. But this always depends on the trade union leaders, whether they are clear about this or not ..." (9.10)

Die Handlungsmotive der lokalen Partnerseite können demnach unter bestimmten Bedingungen (‚negative' versus ‚positive' Orientierung) die lokale Wirkung internationaler Handlungsmotive transformieren und in ihrem Sinn verändern.

Definition internationaler Handlungsmotive und Annahmen für die Modellbildung

Mit internationalen Akteuren wurde keine eigene Feldforschung durchgeführt, so dass eine dem lokalen Feld entsprechende empirisch fundierte und differenzierte Interpretation der Motive hier nicht erfolgen kann. Für die spätere Modellbildung wird vereinfachend von grundsätzlich ‚positiven' Handlungsmotiven internationaler Partner ausgegangen. Dies bedeutet, dass der Kooperation entweder gewerkschaftliche oder entwicklungspolitische Solidarität bzw. Hilfsabsichten zugrunde liegen oder zumindest gemeinsame Interessen der beteiligten Partner identifiziert werden können. Diese Vereinfachung für die Modellbildung bedeutet keinesfalls, dass es andere Motive nicht gibt, oder dass sie ohne Bedeutung wären. Darstellung 4 zeigt ein denkbares weiteres Spektrum möglicher Handlungsmotive mit entwicklungspolitischer Wertung.

Darstellung 4: Handlungsmotive der internationalen Akteure

Handlungsmotiv:	**Entwicklungspolitische Wertung:**
Solidaritätsgedanke, Hilfe:	‚positiv'
Interessengemeinschaft:	‚positiv' bis ‚indifferent'
Individuelle Interessen, Beruf:	‚indifferent' bis ‚negativ'
Kollektiver Interessengegensatz:	‚negativ'

In der Analyse der Motivationskonstellationen im folgenden Abschnitt wird von der Annahme ‚positiv' besetzter Kooperationsmotive der internationalen Partnerseite ausgegangen. Danach soll ein solidarischer Beitrag erbracht werden, der im Interesse einer benachteiligten lokalen Zielgruppe liegt oder mit den gesellschaftlichen bzw. gewerkschaftlichen Zielen eines gleichfalls ‚positiv' orientierten lokalen Partners (Typus ‚gut' bzw. ‚klassenbewusst') übereinstimmt. Diese Definition soll solche gemeinsamen Ziele und Prozesse einschließen, die vorteilhaft auf ‚Geberorganisationen' oder deren Herkunftsländer zurückwirken und nach gemeinsamem lokalen und internationalen Verständnis als interessenkonform verstanden werden. Ausgeklammert bleiben die ebenfalls möglichen, hier aber nicht direkt empirisch erforschten und analysierten ‚negativen' individuellen Motive internationaler Kooperationspartner – so bedeutsam deren Auswirkungen im Einzelfall auch sein mögen. Die Existenz kollektiver internationaler Interessengegensätze, wie z.B. einer internationalen Arbeitsmarktkonkurrenz oder des Nord-Süd-Gegensatzes, wurde in den problemzentrierten Interviews von den Interviewpartnern nur am Rande thematisiert. Solche kollektiven Gegensätze blieben folglich in der Auswertung von untergeordneter Bedeutung. Die folgende Analyse der Auswirkungen unterschiedlicher Kooperationsbedingungen basiert ausschließlich auf den Ergebnissen der Feldforschung.

5.3.3 Kooperationsbedingungen

5.3.3.1 Motivationskonstellationen als Bedingung der internationalen Kooperation

Die vereinfachend angenommene ‚positive' internationale Motivhaltung trifft in verschiedenen Konstellationen auf unterschiedliche Haltungen der lokalen Partner. Von Bedeutung sind dabei erstens das Spektrum lokaler Handlungsmotive in der internationalen Kooperation[19] und zweitens die alternativ entweder ‚positiv' oder ‚negativ' besetzten Führungstypen in den lokalen Gewerkschaften.[20] Als dritter Faktor kommen Differenzierungen zwischen den Thai und ‚Nicht-Thai' zum Tragen, die sich im wechselseitigen ‚Nicht-Verstehen',[21] in Kommunikationsbarrieren[22] und in der Funktion von Übersetzern und Koordinatoren[23] manifestieren.

---

19 Vgl. Abschnitt 5.3.2.1
20 Vgl. Abschnitt 5.2.1
21 Vgl. Abschnitt 5.3.1.1
22 Vgl. Abschnitt 5.3.1.2
23 Vgl. Abschnitt 5.3.1.3

Gleiche ,positive' Orientierung und Wirkungsgrenzen

In Abschnitt 5.2.2.1 wurde dargestellt, dass die Wirkung einer internationalen Kooperation wesentlich von der Orientierung der beteiligten lokalen Gewerkschaftsführung abhängt. Bei einer ,positiv', d.h. ,klassenbewusst' oder ,gut orientierten Gewerkschaftsführung kann sich die gemeinsam von internationaler und lokaler Seite angestrebte Wirkung einer Kooperation im Bildungsbereich an der Basis entfalten. Traditionelle Einflüsse behindern zwar die Entwicklung gewerkschaftlichen Bewusstseins und sie erschweren horizontale Solidarität. Der traditionelle Einfluss lässt jedoch nach und die international geförderten Bildungsprogramme wirken verändernd auf das Basisbewusstsein. Einige der nun immer weniger traditionell geprägten ,jungen' Gewerkschafter dringen in die mittlere Führungsebene vor. Dort akzeptieren sie nicht mehr das herkömmliche Ausmaß bisher gewohnter Dominanz der ,alten' Führungspersonen. Unter internationalem Einfluss kommt es zu einer modernen Neuorientierung der gewerkschaftlichen Arbeit. Es wurde bereits gezeigt, dass dieser Prozess an Grenzen stößt, wenn ,negativ' orientierte Führer eine gewerkschaftliche Basis im traditionellen Kontext beeinflussen bzw. kontrollieren.[24] Aus den Interviews spricht zudem der Eindruck eines Mangels an ,positiv' orientierten lokalen Gewerkschaftsführern, als einer Konsequenz der schwierigen Rahmenbedingungen gewerkschaftlicher Arbeit in Thailand.[25] Internationale gewerkschaftliche Institutionen werden deshalb immer wieder auf Partner des ,negativen' Führungstyps treffen. Hinzu kommt, dass die internationale Seite wegen ,Nicht-Verstehens' und der Kommunikationsbarrieren oftmals nicht wird beurteilen können, auf welchen lokalen Partnertyp sie bei einer Kooperation wirklich getroffen ist. Dies gilt auch umgekehrt für Thai Gewerkschafter gegenüber Ausländern, bleibt aber wegen der Eingrenzung des empirischen Forschungsgegenstandes hier ausgeklammert.

Internationales ,Nicht-Verstehen' kann ,benefits approach' begünstigen

Wenn die internationale Partnerseite die lokale Seite nicht versteht, oder beide Seiten sich nicht verstehen, dann verursacht dies Probleme und ein gemeinsames Vorhaben kann scheitern. Ist das Verhalten der lokalen Seite dabei vom ,benefits approach' bestimmt, dann eröffnet ihr der Zustand des ,Nicht-Verstehens' der internationalen Seite Chancen. In diesem Fall haben lokale Akteure die Gelegenheit zur Wahrnehmung individueller oder kollektiver Eigeninteressen, ohne dass die internationalen Partner dies nachvollziehen können. Beispiele für die Verfol-

24 Vgl. Abschnitt 5.2.2.1
25 Vgl. u.a. Abschnitt 5.2.1.2

gung solcher Eigeninteressen finden sich in der Erläuterung der beiden Handlungsmotive ‚individual benefits approach' (IBA) und ‚collective benefits approach' (CBA).[26] Beim ‚Nicht-Verstehen' als zweitem Faktor wurde das Beispiel der langjährigen internationalen Bemühungen zur Vereinigung der beiden lokalen IBFG Mitgliedsverbände genannt.[27] Die Verbindung beider Faktoren wird deutlich in folgender Aussage zur Thematik des gewünschten Zusammenschlusses von LCT und TTUC:

„May be ICFTU knows the principle of the trade unions to merge together. But they do not know about the behaviour of the Thai. The leaders of LCT and TTUC will tell OK, we will try, we will try!" (Question: „... why?") „Top secret! To get the money for seminars." (8.36)

Dieser Zusammenhang kann auch auf den umgekehrten Fall übertragen werden, wenn die internationale Seite individuelle oder kollektive Eigeninteressen wahrnimmt, ohne dass die lokale Seite dies nachvollziehen oder aufgrund von Abhängigkeiten thematisieren kann.

Internationales ‚Nicht-Verstehen' stabilisiert ‚negativen' lokalen Führungstypus

Mangelhaftes internationales Verständnis der lokalen Bedingungen kann bewirken, dass eine internationale Zusammenarbeit ungewollt bzw. unwissentlich den ‚negativ' besetzten lokalen Führungstypus stabilisiert. Dieser Zusammenhang war bereits bei der Darstellung der moralischen Differenzierung von Gewerkschaftsführern von Bedeutung.[28] Einladungen internationaler Organisationen sind für den ‚negativen' Typus eines Gewerkschaftsführers nicht nur eine Chance zur direkten Wahrnehmung individueller Interessen i.R. eines ‚individual benefits approach'.[29] Aus den internationalen Verbindungen ergeben sich auch Status, Einfluss und Verfügungsgewalt über Ressourcen. Internationale Kontakte bieten deshalb eine Möglichkeit zur Stärkung der eigenen Position im lokalen Umfeld. Internationale Organisationen halten sich bei ihren Einladungen meist an die offiziellen gewerkschaftlichen Strukturen. Dies wird einerseits dem berechtigten Anspruch lokaler Souveränität gerecht. Da sich die innergewerkschaftlichen Strukturen in Thailand mit der vertikalen Differenzierung zwischen Basis und Führung und kulturellen Besonderheiten[30] aber (gegenwärtig) von denen der bisherigen Industrieländer wesentlich unterscheiden, hat diese internationale Einladungs-

26 Vgl. Abschnitt 5.3.2.1
27 Vgl. Abschnitt 5.3.1.1
28 Vgl. Abschnitt 5.2.1.2
29 Vgl. Abschnitt 5.3.2
30 Vgl. Abschnitt 5.2.4

politik andererseits zum Ergebnis, dass bei kritischer lokaler Betrachtung oft die ,Falschen', d.h. die ,negativ' Orientierten, eingeladen werden:

> „When foreign organisations invite leaders they will always invite the official leaders, and this positions are often occupied by the 'fake' leaders." (2.10)

Die Analyse des Loyalitätsverhaltens der Basis[31] hat ergeben, dass ein ,negativer' lokaler gewerkschaftlicher Führungstyp die internationale Unterstützung für Bildungsprogramme zur Festigung seiner eigenen Position nutzen kann. Entsprechende Auswirkungen ergeben sich unter vergleichbaren Bedingungen auch durch andere internationale Projekthilfen, z.B. der Finanzierung von Gebäuden, bei sozialökonomischen Selbsthilfeprojekten usw.. Ein Gemenge von internationalem ,Nicht-Verstehen', lokalem ,benefits approach' mit ,negativem' Führungstyp und einer Differenzierung von Basis und Führung führt zur lokalen Stabilisierung des ,negativ' besetzen Typus lokaler Gewerkschaftsführer. Die Antwort im nachfolgenden Dialog (Hintergrund war eine internationale Unterstützung zum Kauf eines lokalen Gewerkschaftshauses) zeigt die etwas fatalistische Empfindung mancher Gewerkschafter, wenn eine internationale ,Hilfe' trotz anerkannt guter Absichten ungewollt gravierende Probleme verursacht:

> „Then you think (this international trade union) wanted to do something good?"
> „... (Yes) – but they make a problem. (Laughing)" (8.41)

Nutzen-Kosten-Abwägung internationaler Mitgliedschaften bei lokalem ,benefits approach'

Wie dargestellt, kann der Grund zur Mitgliedschaft in einer internationalen Gewerkschaftsorganisation beim ,collective benefits approach' im Eigeninteresse lokaler Gewerkschaftsführer liegen.[32] Beim ,benefits approach' steht anders als beim ,solidarity approach' das finanzielle Potenzial einer internationalen Organisation im Vordergrund von Beitrittserwägungen. Wesentliche Veränderungen in der finanziellen Situation einer internationalen Dachorganisation werden deshalb aufmerksam unter Nutzengesichtspunkten verfolgt. Sollten finanzielle Engpässe auftreten, dann werden die eigenen Interessen möglicherweise durch Kürzungen international finanzierter Seminarprogramme negativ berührt. Dies ereignete sich in Thailand Mitte der 90er Jahre auf dem Höhepunkt des langanhaltenden wirtschaftlichen Booms kurz vor der Asienkrise. Unter Berücksichtigung der gestiegenen Wirtschaftskraft des Landes reduzierten internationale Organisationen ihre

---

31 Vgl. Abschnitt 5.2.2.2
32 Vgl. Abschnitt 5.3.2.1

Hilfsprogramme für Thailand. Den lokalen Seminarkoordinatoren und Übersetzern war durch ihre internationale Erfahrung bekannt, dass die internationalen Gewerkschaftsorganisationen ihre Förderprogramme für lokale Gewerkschaften meist bei nochmals anderen ‚Geberorganisationen' beantragen, wie z.B. den nationalen oder multilateralen entwicklungspolitischen Institutionen der Industrieländer, UN Organisationen, usw.. Die internationalen Dachverbände waren in diesen Fällen unter finanziellen Gesichtspunkten eigentlich eher Durchlaufstellen. Wegen des gestiegenen Bruttosozialprodukts war die Bereitschaft der dahinter stehenden entwicklungspolitischen Geberorganisationen zur Finanzierung künftiger gewerkschaftlicher Förderprogramme in Thailand gesunken:

„We learned that even ICFTU is confronted with financial problems. We always discuss this as the educators from the unions. The structure of the trade union movement world wide, ... they have no money to work." (3.11)... „Most ITSes have to submit proposals to the donors. I think with the GNP of Thailand at that time, the donors usually refused, because they said the Thais had been on the status of the developed countries" (3.16)

Unter so veränderten Bedingungen reduziert sich beim ‚benefits approach' der Nutzen einer internationalen Mitgliedschaft. Die Bindung ‚benefits' orientierter lokaler Gewerkschaftsführer an ihre internationalen Dachorganisationen lässt dadurch nach. Tatsächlich stellten einige der relativ größeren Mitgliedsorganisationen als Reaktion auf die Seminarkürzungen die Beitragzahlung an ihre internationalen Dachverbände ein:

„Some of the big unions, like (a certain public sector union), they did not pay the affiliations fee .... They say that there is no education project for Thailand, why should they be members, affiliated to (this specific International Trade Secretariat)?" (3.19)

Dagegen kann sich für kleinere Mitgliedsorganisationen mit ‚benefits approach' die Beitragszahlung zur Erhaltung einer aktiven Mitgliedschaft auch unter solchen Bedingungen mit weniger Seminarfinanzierung weiterhin lohnen:

„Who is left ...? Only those small unions. Big unions, they do not want to be. Small unions, they still can afford to pay. The amount of money they pay, when they compare, even if there is now no education project, but there is still some communication, some contact, something like workshops, going here and there, going to Malaysia, and so on. The small organisations ... make their own calculations, how much they pay for affiliation fee and how much do they receive back. From their calculation they gain. Then they still will be member. If they think they loose they want to withdraw." (3.19 / 3.20)

Haben internationale Gewerkschaftsverbände ihre Mitgliederstruktur in Entwicklungsländern mittels ökonomischer Anreize aufgebaut, dann können sie sich der so gewonnen Mitgliedsorganisationen bei verändertem Nutzen-Kosten Verhältnis nicht mehr sicher sein. Auch wird es für die internationale Bewegung schwierig sein, in solchen Gewerkschaften unter veränderten, gleicheren wirtschaftlichen Bedingungen verantwortliche und solidarisch handelnde Partner zu finden. Wie zuvor gezeigt, wird unter bestimmten Bedingungen durch die internationale finanzielle Förderung lokaler Gewerkschaften der ‚benefits approach' gegenüber dem ‚solidarity approach' begünstigt und es kommt zu einer Stärkung ‚negativer' Gewerkschaftsführer. Hier wird erkennbar, dass ein lokaler ‚benefits approach' nicht nur endogen aus den Bedingungen in Thailand erklärt werden kann. Es gibt weitere exogene Ursachen im internationalen Einwirken auf Thailand mit lokalen Reaktionen. Von außen an die Thai Gewerkschaften herangetragene Kooperationsangebote können, möglicherweise ungewollt und unwissentlich, den ‚benefits approach' als Handlungsmotiv lokaler Gewerkschaften in einer national – internationalen Wechselwirkung verstärken.

5.3.3.2 Objektive und subjektive Kooperationsbedingungen: Versuch der Bildung eines Modells zur Erklärung von Bedingungen internationaler Kooperation

Internationale Organisationen sind mit den empirisch vorgefundenen ‚negativen' Verhaltensweisen lokaler Gewerkschafter im Rahmen des ‚benefits approach' konfrontiert. Dies kann unter der Annahme einer ‚positiven' Motivation der Vertreter internationaler Institutionen bei diesen zu Enttäuschungen und einem Kulturschock führen *(„...then sometimes they are struck." 7.23*). Will man aufgrund einer Wertentscheidung dennoch das solidarische Element in der internationalen Zusammenarbeit stärken, dann müssen in einem gemeinsamen Lernprozess sowohl lokale als auch internationale Ursachen solcher Kooperationsprobleme geklärt und überwunden werden. Ob ein Lernprozess zustande kommen kann, hängt zunächst von den objektiven Kooperationsbedingungen des Verstehens bzw. ‚Nicht-Verstehens' ab, die sich aus dem Grad der Fremdheit, der Höhe der ‚Kommunikationsbarrieren' sowie der Bedeutung der ‚Koordinatoren- und Übersetzerproblematik' ergeben.[33] Diese objektiven Bedingungen der lokalen und internationalen Akteure werden in einem weiteren Schritt der Modellbildung gegenübergestellt, den Darstellung 5 zeigt. Daraus ergeben sich die gemeinsamen objektiven internationalen Kooperationsbedingungen:

33 Vgl. Darstellung 2 in Abschnitt 5.3.1.4

Darstellung 5: Objektive internationale Kooperationsbedingungen (Verstehen und Kommunikationsbarrieren)

	Lokale Akteure:	
Internationale Akteure:	Verstehen möglich, Barrieren niedrig:	‚Nicht-Verstehen', Barrieren hoch:
Verstehen möglich Barrieren niedrig:	*wechselseitiges Verstehen*	*einseitiges internationales Verstehen*
‚Nicht-Verstehen' Barrieren hoch:	*einseitiges lokales Verstehen*	*wechselseitiges ‚Nicht-Verstehen'*

Bei wechselseitigem ‚Nicht-Verstehen' fehlen die objektiven Voraussetzung für einen gemeinsamen Lernprozess. Zu einer Veränderung dieser Bedingung bedarf es ggf. exogener Anstöße. In der Situation einseitigen Verstehens müssen zur Ermöglichung eines gemeinsamen Lernprozesses zunächst die objektiven Voraussetzungen auf der nicht-verstehenden Partnerseite verändert werden. Dazu benötigt die verstehende Seite entweder ein geeignetes Instrumentarium oder einen hierzu befähigten Vermittler. Bei wechselseitigem Verstehen sind die objektiven Voraussetzungen für die Möglichkeit eines gemeinsamen Lernprozesses gegeben. Das tatsächliche Zustandekommen eines gemeinsamen Lernprozesses hängt nun von den positiven bzw. solidarischen lokalen und internationalen Kooperationsmotiven ab. Aus ihnen ergibt sich als subjektive Kooperationsbedingung die Lernbereitschaft der international kooperierenden Partner zu solidarischer Interaktion. Darstellung 6 zeigt eine Gegenüberstellung der jeweiligen lokalen und internationalen Bereitschaft, aus der sich die gemeinsamen subjektiven internationalen Kooperationsbedingungen ergeben.

Sind beide Seiten bedingt durch ihre jeweiligen Kooperationsmotive nicht lernbereit, dann kommt es (statisch gesehen) in einer gegebenen Partnerkonstellation, trotz der objektiv gegebenen Kooperationsvoraussetzungen, nicht zu einem gemeinsamen Lernprozess. Unabhängig von der bestehenden wechselseitigen Transparenz haben die beteiligten Akteure eine Wertentscheidung zugunsten einer partikularen Haltung getroffen. Dies schließt die andere Seite vorab aus der eigenen Solidargemeinschaft aus und richtet sich damit gegen einen gemeinsamen Lernprozess mit dem Ziel solidarischer Interaktion. Die internationale Kooperation trägt hier eher den Charakter einer Zweckgemeinschaft, eines ‚trade union bussiness' ohne einen Prozess der sozialen Schließung. Eine solche internationale Verbindung kann bei veränderten Bedingungen und Interessenlagen in nationale Verbindung kann bei veränderten Bedingungen und Interessenlagen in ihrem Gehalt rasch wieder zerfallen. Eine partikulare bzw. unsolidarische subjektive Kooperationsorientierung kann sich durch exogene Faktoren zum solidarischen Paradigma wandeln, wenn veränderte globale Bedingungen einen stärkeren internationalen Zusammenschluss mit sozialer Öffnung unter den Partnern und sozialer Schließung nach außen erfordern. Denkbar sind zudem externe Lernanstöße hierzu befähigter und motivierter Persönlichkeiten oder Institutionen, die von den beteiligten Kooperationspartnern akzeptiert werden.

Darstellung 6: Subjektive internationale Kooperationsbedingungen (Lernbereitschaft zu solidarischer Interaktion)

	Lokale Akteure:	
Internationale Akteure:	lernbereit:	nicht lernbereit:
lernbereit:	*gemeinsamer Lernprozess*	*einseitiger internationaler Lernprozess*
nicht lernbereit:	*einseitiger lokaler Lernprozess*	*kein Lernprozess*

Einseitige Lernprozesse können zum Hinterfragen eigenen Verhaltens führen und die Absicht zu dessen ‚positiver' Veränderung auslösen. Hier kann die internationale Seite ihre Kooperation einseitig so verändern, dass ein lokaler ‚benefits approach' und ‚negativ' orientierte Gewerkschaftsführer durch Maßnahmen der Zusammenarbeit nicht mehr unbeabsichtigt unterstützt werden. Dies verbessert zugleich die Bedingungen für den ‚solidarity approach' und stärkt damit die relative Bedeutung ‚positiv' orientierter Gewerkschaftsführer in der internationalen Zusammenarbeit. Die Umorientierung einer entwicklungspolitischen Institution kann sich in der Praxis als langwierig und schwierig erweisen. Es ist von komplexen internen Interessenkonstellationen auszugehen. Sachlich sinnvoll erachtete Prioritätsverschiebungen, hin zu personell aufwendiger qualitativer Vermittlungsarbeit und weg von quantitativer Mittelumsetzung, können an internen Widerständen scheitern. Gründe können z.B. Refinanzierungsbedingungen der ‚Geber' dieser ‚Geber' und die damit verknüpften institutionellen Eigeninteressen sein. Des weiteren kann die internationale Seite versuchen, die Lernbereitschaft lokaler Partner durch geeignete gemeinsame Projektaktivitäten zu erhöhen. Dies führt allerdings nur dann zum Erfolg, wenn die hierzu ausgewählten Aktivitäten nicht ein weiteres mal unbeabsichtigt einen ‚negativen' Führungsstil begünstigen und ‚benefits' Verhalten auslösen. Die Ergebnisse der Feldforschung zeigen, dass ‚positiv' orientierte Gewerkschafter eine so verstandene internationale Verantwortlichkeit nicht als unerwünschte Einmischung Außenstehender empfinden, sondern ausdrücklich befürworten:

„If they really want to help, not because they want to spend the money, they should spend the money wisely. They have to do the evaluation of each activity and they should seek more connections in the country. Talk with others. Not every time they came with this man or this women and give them the money to organise. I think that is not the wise approach." (7.31)

Für die lokale Partnerseite im Entwicklungsland ist es unter der Bedingung eines einseitigen Lernprozesses relativ schwieriger, auf das Verhalten der Partnerseite einzuwirken. Sie ist ‚Nehmer' und verfügt deshalb in der Projektkooperation über schwächere Handlungsmöglichkeiten als die Geberseite. Die Nehmerrolle kann zudem mit traditionellen Abhängigkeitsempfindungen verknüpft sein. In dieser Situation bleibt den lokalen Akteuren ggf. nur die Option einer helfenden Vermittlung durch Dritte. Daraus können sich jedoch die dargestellten Risiken und möglichen Probleme durch Übersetzer, Koordinatoren oder Vermittler ergeben.[34]

Bei wechselseitigem Verstehen und beidseitiger Lernbereitschaft ist ein direkter und unvermittelter gemeinsamer Lernprozess möglich und wahrscheinlich. Die Annäherung an diese Kooperationsbedingung ist das eigentliche Ziel entwicklungspolitischer Bemühungen auf diesem Feld, durch dessen Erreichung sie sich nach dem eigenen Anspruch einer erfolgten Entwicklung überflüssig machen. Hier kann sich in den Eigeninteressen vermittelnder ‚Koordinatoren' und ‚Mediatoren' eine weitere Entwicklungshürde auftun. Es ist vorstellbar (und praktische Erfahrung spricht dafür), dass manche ‚Koordinatoren' bzw. ‚Mittler' das Ziel eines direkten gegenseitigen Verstehens und unvermittelter gemeinsamer Lernprozesse nicht vollständig erreichen wollen, um den Bedarf an ihrer vermittelnden Tätigkeit nicht zu gefährden. Daraus ergibt sich, dass eine Emanzipation der international kooperierenden Partnern von ihren anfänglichen Helfern und Vermittlern (was nicht gegen eine Würdigung der Verdienste solcher Personen und Institutionen spricht) längerfristig betrachtet eine weitere Voraussetzung für einen nachhaltigen Lernprozessen ist, der gleichberechtigte und solidarische Kooperationsbedingungen ermöglicht.

34 Vgl. Abschnitt 5.3.1.3

Der hier entwickelte Versuch der Bildung eines Modells zur Erklärung internationaler Kooperationsbedingungen zeigt die prinzipielle Erreichbarkeit von Solidarität unter den Voraussetzungen ungleicher wirtschaftlicher und kultureller Rahmenbedingungen. Die empirischen Ergebnisse und die theoretische Analyse verdeutlichen aber zugleich, dass der Weg zu solidarischer Interaktion schwierig ist. Das Beispiel der Kooperationsbedingungen in Thailand belegt die Vielfältigkeit der Hindernisse und das Risiko möglichen Scheiterns. Eine subjektive Wertentscheidung der internationalen Seite zugunsten einer nachhaltig ‚positiven', ‚solidarischen' und ‚lernbereiten' Orientierung erhöht die Wahrscheinlichkeit gemeinsamer Lernprozesse jedoch auch unter schwierigen Kooperationsbedingungen.

5.3.3.3 Konsequenzen der Beendigung internationaler Projektkooperation

Die empirische Analyse zu Thailand hat diverse Probleme der internationalen Kooperation nachvollzogen und in einem Prozess der Modellbildung erklärt. Vor diesem Hintergrund stellt sich die Frage was geschehen würde, wenn den internationalen Partnern die Schwierigkeiten und möglichen Hindernisse auf dem Weg zu einem gemeinsamen Lernprozess zu hoch erscheinen und eine Kooperation deshalb beendet wird. Das Ergebnis der Feldstudie deutet hier auf lokaler Seite weniger auf die Angst vor einem Verlust der technischen Projektkooperation. Eher findet sich auf Seiten der Thai Gewerkschafter eine zwiespältige und unentschiedene Haltung:

„ ... If they had not supported us, maybe we could have helped ourselves and we might be stronger, but I am not sure." (2.24)

So würden möglicherweise solche gewerkschaftlichen Strukturen, die sich in Abhängigkeit von internationaler Förderung gebildet haben *(„... unions (are) just merging in federations to conduct a seminar." (8.14))* nicht mehr Bestand haben:

„ ... unions who organise study circles from this support use the money to pay their subscription to the trade union federation (who is affiliated to an ITS). If (this ITS) stops its support for the study circles (through this federation), it is not sure if unions will still pay their subscription to the federation." (4.41)

Ein Auslaufen der internationalen Projektunterstützung kann einerseits zu einer Rückbesinnung auf die eigenen Fähigkeiten führen. Dies wäre von Vorteil:

„If they stop, I personally could even imagine it as an advantage for the trade union movement. ... We will realise our own abilities." (4.42)

Andererseits kann eine Beendigung der Kooperation in eine gefährliche Situation führen, die für lokale Gewerkschaften wesentlich problematischer wäre als der gegenwärtige Zustand einer bedingten Abhängigkeit von internationaler Unterstützung. Es können neue Abhängigkeiten von politisch und wirtschaftlich einflussreichen Kräften im Inland entstehen:

„ ... if the money from outside stops, we will end up in another dependency, patronage, such as under political parties, or business related Mafia, ... This would be very dangerous. It would be different from getting funds from outside Thailand, because the foreign organisations never dictated that we should go towards a specific direction. But if we depend on internal money, from political parties or business men, it would be very dangerous." (4.44)

In einer allgemeinen Abwägung der Kooperationsprioritäten wird der Zugang zu internationalen gewerkschaftlichen Kontakten als weitaus wichtiger gewertet als der Fortbestand eher technischer Projektaktivitäten:

„Without seminar no big problem. But if contacts are cut it would be a big problem." *(8.42)*

Nach der durchlaufenen Modellbildung zu internationalen Kooperationsbedingungen ist das Scheitern der Projektkooperation in einer Problemsituation als Ergebnis eines unterbliebenen internationalen Lernprozesses anzusehen. Ergebnis eines stattfindenden Lernprozesses wäre dagegen die Weiterentwicklung der Kooperation, wobei einige Bereiche beendet, andere verändert und ausgebaut und noch andere neu begonnen werden.

5.4 Exkurs: Anwendung der Modellbildung auf praktische Fallbeispiele

Die empirische Forschung erfasst Wirklichkeitsdefinitionen thailändischer Gewerkschafterinnen und Gewerkschafter innerhalb ihrer Organisationen und in der internationalen Kooperation. Dabei wurden Hypothesen generiert und Kategorien entwickelt. Im Innenverhältnis zeigen sich u.a. die deutlichen Differenzierungen zwischen Basis und Führung, unterschiedliche Typen von Gewerkschaftsführern und kulturelle Besonderheiten, wie z.B. ‚non-involvement', Seniorität oder Patronage. Im internationalen Außenverhältnis waren u.a. Differenzierungen zwischen Thai und ‚Nicht-Thai' mit der daraus entwickelten Kategorie des ‚Nicht-Verstehens' und Mittler zwischen den Kooperationspartnern von Bedeutung. Als Ergebnis empirischer Hypothesengenerierung wurde ein Versuch der Bildung eines Modells zur Erklärung internationaler Kooperationsbedingungen unternommen. Die Darstellung und Diskussion theoretischer Ansätze in Kapitel 2 behandelte zur Erklärung internationaler Kooperationsbedingungen u.a. Elias' Zivilisationstheorie, Bourdieus Verständnis von kulturellem Kapital mit seiner Zuordnung von Klassen im sozialen Raum und Erklärungen Akins zu Gruppenbildung und ,patron-client' Beziehungen in der Thai Gesellschaft.

Ausgewählte Beiträge der Theorie sollen versuchsweise gemeinsam mit empirisch gewonnenen Hypothesen auf internationale Erfahrungen von Thai Gewerkschaftern angewendet werden. Für die Interpretation zweier Fallbeispiele lokalen ,Nicht-Verstehens' internationaler Geschehnisse werden zunächst empirisch gewonnene Hypothesen verwendet. Im nächsten Schritt werden dieselben Wirklichkeitsdefinitionen im Lichte der theoretischen Analyse betrachtet. Dies verbindet sich mit einer Verknüpfung empirischer und theoretischer Erklärungsansätze.

Über die zitierten Fallbeispiele hinaus wird dann in einem weiteren Schritt im Ansatz eine Erklärung von Möglichkeiten und Verhaltensoptionen internationaler Vermittler und (entwicklungspolitischer) Berater versucht. Dies erfolgt unter der Berücksichtigung kultureller Klassendifferenzierung, der Existenz informeller ,patron-client' Beziehungen und der möglichen Differenzierung zwischen den Thai und ,Nicht-Thai'

Empirische Hypothesengenerierung und Fallbeispiele von ;Nicht-Verstehen'

Das nachfolgende erste Fallbeispiel gibt Eindrücke einer ,positiv' orientierten Gewerkschaftsführerin mit lokal hohem Status wieder. Die Arbeiterführerin reflektiert Empfindungen erster Erfahrungen aus den Anfangsjahren ihrer internationalen Kooperation am Beispiel der Teilnahme an einer Konferenz im Ausland:

> „When we went we had the impression, that everything had already been prepared. When it was necessary to vote we had to follow them in our vote. It was as if there were different categories, Asia being lower than European unions, like a different class, lower status. So we followed the orders which we received. Since we did not have our own money we participated like a lower class. We had to be sponsored for our ticket and for the accommodation. When we participated we had to stay together with the Asian countries, Philippines, Malaysia, Thailand, so this is another level. ... When we join an international organisation ... , we are like small people who cannot really vote and really express our voice." (2.22 / 2.25)

Der hohe lokale Status und das damit verbundene Selbstverständnis der Gewerkschaftsführerin verkehren sich auf der internationalen Konferenz in ihr Gegenteil. Sie ist nicht mehr ,Führung', also Entscheidende, sondern ,Basis' und damit ohne Einfluss auf Entscheidungen. Ihre Teilnahme an der Konferenz wird ,gesponsert'. Deshalb betrachtet sie sich als untergeordnete ,Nehmerin' gegenüber den als statushöher empfundenen Teilnehmern der ,Geberländer'. Die Unterbringung erfolgt gemeinsam mit anderen ,gesponserten' Teilnehmerinnen und

Teilnehmern, mit denen sie auch als Gruppe in der Konferenz auftritt. Die Konferenz zerfällt damit in ihrer Betrachtung in eine soziale Klassenstruktur, in der sie aus einem Entwicklungsland kommend der unteren Klasse zugehört. In weiteren Passagen des Interviews wurden hohe und für die Gewerkschafterin damals individuell unüberwindbare internationale Kommunikationsbarrieren deutlich. Sie wurde deshalb von einer lokalen Übersetzerin mit höherem Bildungshintergrund begleitet, die sie damals im Vergleich mit sich selbst ebenfalls als statushöher empfunden haben muss.

Es kann empirisch nicht mehr nachvollzogen werden, ob sich die als höher empfundene ‚andere' Seite der Konferenzteilnehmer in reziproker Selbstzuordnung selbst als ‚Geber', ‚Führung' oder ‚obere Klasse' sah. Erkennbar ist jedoch der lokale ‚Verhaltenskanon', den die Gewerkschafterin auf die Interpretation ihrer Eindrücke auf der Konferenz anwendet. Dies erfolgt in Unwissenheit über einen möglicherweise gleichen oder grundverschiedenen Verhaltenskanon der internationalen Kooperationspartner. Damit ergibt sich aus lokaler Sicht eine spezifische Interpretation der eigenen Person im Verhältnis zur Bedeutung der internationalen Partner, welche sich von den ihr unbekannten Interpretationen dieser Partner wahrscheinlich unterscheidet. Diese Kooperationsbedingung wurde als wechselseitiges ‚Nicht-Verstehen' definiert, ihre mögliche Überwindung in einem Modell internationaler Kooperationsbedingungen beschrieben. Wie der weitere Interviewverlauf ergab, durchschritt diese Gewerkschafterin später selbst solche Lernprozesse. Zugleich war die immer noch deutliche Erinnerung an die Frustration aus den ersten internationalen Erfahrungen erkennbar.

Das zweite empirische Beispiel bezieht sich auf den unaufgeklärten Fall des 1991 nach dem Militärputsch ‚verschwundenen' Gewerkschaftsführers Thanong Po-arn. Hier reflektiert ein hochrangiger Gewerkschaftsführer seine widersprüchlichen Eindrücke über die mangelhafte lokale und internationale Solidarität mit dem Verschwundenen. Er beschreibt außerdem seine eindeutige Empfindung einer prinzipiell internationalen Verantwortung hinsichtlich der Fürsorge für den ‚verschwundenen' Kollegen innerhalb seines lokalen Paradigmas:

"I was not so happy with the role of the ICFTU with regard to the Thanong case ... But the other congresses were (also) not really interested in this issue. The presidents of the other national congresses never fought for this issue. ... Khun Thanong prepared himself to go to the ILO-conference in Geneva, with support of the ICFTU, who was to pay for the ticket. The ICFTU should therefore now support, we expect support from the ICFTU. ... Khun Thanong has fought for the trade union rights in the state enterprise sector. But after the disappearance of Khun Thanong no one from the state enterprise workers discussed about this issue. ... because ICFTU did invite Khun Thanong ... the ICFTU should (also) have been more active." (1.11 / 1.14 / 1.15 / 1.16)

Es wird zum einen die ‚non-involvement' Haltung anderer lokaler Gewerkschafter im ‚Fall Thanong' beklagt. Innerhalb der gespaltenen Thai Gewerkschaftsbewegung konzentriert jedes Segment sich in einem solchen Ausmaß auf die eigenen Angelegenheiten, dass selbst der extreme Fall eines ‚verschwundenen' Gewerkschaftsführers in nationaler Spitzenposition keine deutliche horizontale Solidaritätsbewegung hervorbringt. Andererseits kommt auch die traditionelle Interpretation des Verhältnisses zwischen dem ‚Verschwundenen' und der internationalen Gewerkschaftsbewegung zum Ausdruck. Die geplante Reise als vermuteter Anlass des ‚Verschwindens' war international vorbereitet und finanziell unterstützt worden. Damit war die internationale Gewerkschaftsbewegung aus traditioneller lokaler Sicht als ‚Geber' und ‚Patron' eine vertikale Verpflichtung gegenüber Thanong eingegangen. Daraus ergibt sich eine traditionelle Haltung, die internationale Gewerkschaftsbewegung müsse (vertikal) in der Solidarität mit dem ‚verschwundenen' Gewerkschaftsführer vorangehen, so dass andere lokal (horizontal) folgen können. Aus internationaler Sicht kann dagegen die Haltung eingenommen werden, die Solidarität mit einem ‚verschwundenen' Gewerkschaftsführer sei zunächst eine Verpflichtung der nationalen Gewerkschaftsbewegung, die dann in der Folge international unterstützt wird. Wegen der Bedingung des gegenseitigen ‚Nicht-Verstehens' im jeweiligen Paradigma kommt es dazu, dass man sich sowohl lokal als auch international in seinen jeweiligen Erwartungen an die andere Seite enttäuscht sieht und das Ergebnis insgesamt unbefriedigend bleibt.

Internationale Lernprozesse im Lichte theoretischer Ansätze

In der theoretischen Analyse wurde die Relevanz von Norbert Elias' Zivilisationstheorie zur Erklärung bestimmter Interaktionsbedingungen der internationalen Kooperation gewürdigt. Gemäß Elias' Theorie verändert sich in Gesellschaften im historischen Verlauf (d.h. im Nacheinander der Gesellschaftsentwicklung als ‚diachronisches Informalisierungsgefälle') das Verhältnis von Formalität und Informalität (d.h. das ‚synchronische Formalitäts-Informalitätsgefälle' zu einem bestimmten Zeitpunkt). Danach verringern sich im Zuge von Demokratisierungsprozessen längerfristig die Machtdifferentiale zwischen Höhergestellten und Tiefergestellten einer Gesellschaft.

Elias' Hauptinteresse richtet sich vor allem auf Bedingungen und Veränderungen innerhalb einer Gesellschaft. Nur ‚im Vorbeigehen' deutet er an, dass dieses ‚Gefälle von Formalität und Informalität' in der Gesellschaft auch innerhalb einer Epoche zwischen verschiedenen Nationen eine sehr verschiedene Struktur haben kann. In Kapitel 2 wurde daraus die Überlegung abgeleitet, dass Mitglieder unterschiedlicher Gesellschaften trotz ähnlich erscheinender gesellschaftlicher Funktionen in einem jeweils verschiedenen Verhaltenskanon stehen können. Es ist also denkbar, dass Thai Gewerkschaftsführer sich in einem spezifischen Verhaltenskanon bewegen, der sich vom spezifischen Verhaltenskanon anderer Nationen oder dem der internationalen Gewerkschaftsbewegung unterscheidet. Die Ergebnisse der Feldstudie verdeutlichen Besonderheiten der gewerkschaftlichen Arbeit in Thailand: Das ausgeprägte Machtgefälle zwischen Basis und Führung; ein hoher Grad an Formalität und Autorität im Verhältnis zwischen Höhergestellten und Tiefergestellten (*krengtschai*-Haltung); Seniorität und Patronage im Kontext von Geber – Nehmer Abhängigkeiten; ‚non-involvement' mit dem Ergebnis geringer horizontaler Solidarität.

Solche Besonderheiten können im Lichte der Zivilisationstheorie Elias' als spezifische Merkmale des ‚synchronischen Formalitäts-Informalitätsgefälles' in der Thai Gesellschaft aufgefasst werden. Diese aktuell erfassten Bedingungen unterscheiden sich zum einen im Rahmen eines nationalen ‚diachronischen Informalisierungsgefälles' im Zeitablauf von den spezifischen Bedingungen früherer (und künftiger) Epochen in Thailand. Die gegenwärtigen lokalen Bedingungen unterscheiden sich zusätzlich von den Bedingungen anderer Nationen bzw. denen in der internationalen Gewerkschaftsbewegung, d.h. von anderen zeitgleich, aber räumlich getrennt existierenden ‚synchronischen Formalitäts – Informalitätsgefällen'. Hier kann nun gefragt werden, welchen Zusammenhang es gibt zwischen dem Aufeinandertreffen der regional verschiedenen Bedingungen (d.h. unterschiedlicher synchronischer Formalitäts – Informalitätsgefälle') und deren getrennter oder gemeinsamer Veränderung im Zeitablauf (d.h. in diachronischer Perspektive). In den empirisch entwickelten Kategorien bewegen die Möglichkeiten sich zwischen ‚Nicht-Verstehen' und Verstehen, sowie zwischen ‚negativer' und ‚positiver' Orientierung.

An dieser Stelle kann der oben unternommene Versuch einer Modellbildung zur Erklärung des Zustandekommens von Lernprozessen und der internationalen Verknüpfung von Entwicklungen einsetzen. Mit dem Zustandekommen gemeinsamer solidarischer Lernprozesse entwickelt sich ein gleicher(er) Verhaltenskanon, eine gemeinsame(re) Identität, ein ähnlicheres ‚synchronisches Formalitäts-Informalitätsgefälle'. Bleibt dieser Lernprozess wegen zu hoher objektiver Hindernisse und / oder mangelnder subjektiver Lernbereitschaft aus, dann kommt es zwischen lokalen und internationalen Gewerkschaftern nicht zur Herausbildung einer gemeinsamen Identität. Der eingangs unterschiedliche Verhaltenskanon entwickelt sich unter dieser Voraussetzung ohne Annäherung getrennt voneinander und bleibt damit auch künftig verschieden.

Diese Überlegung kann in gleicher Weise auf die Klassendifferenzierung von Gewerkschaftern in ihrer internationalen Kooperation (z.B. in einer Konferenz) angewendet werden, z.B. als Ergebnis unterschiedlicher sozialer Verortung und

Zuordnung der beteiligten Akteure. Nach Bourdieu können sich vertikale und horizontale Klassendifferenzierungen aus Habitusunterschieden durch symbolisches und kulturelles Kapital ergeben. Im Beispiel der Thai Gewerkschaftsführerin führt dies zu einer sozialen Trennlinie zwischen ihrem eigenen Thai Arbeitermilieu (sowie dem anderer ‚gesponserter' Teilnehmer) und dem der anderen Teilnehmer. Solche Gegensätze können sich verfestigen und zu einer beständigen Trennlinie innerhalb einer internationalen Organisation führen. Sie können aber auch durch Lernprozesse überwunden werden, mit dem Ergebnis einer veränderten, d.h. näher beieinander stehenden wechselseitigen Selbstzuordnung.

Entwicklungspolitische Beratung im Spannungsfeld kultureller Klassendifferenzierung, informeller ‚patron – client' Beziehungen und lokalen ‚Nicht-Verstehens'

Die entwicklungspolitische Beratungspraxis kann verbesserte Handlungsvoraussetzungen von Gewerkschaften und sozialen Bewegungen eines Landes der Dritten Welt zum Ziel haben. Trennlinien zwischen Unterschichtangehörigen von Entwicklungsländern und Eliten der Oberschicht werden nicht nur ökonomisch, sondern nach Bourdieu auch durch Zuordnung aufgrund unterschiedlicher Ausstattung mit symbolischem Kapital gezogen. Internationale Berater befinden sich bei ihrer Tätigkeit im sozialen Feld von Entwicklungsländern in einer Sondersituation. Der gesellschaftspolitische Standort ihrer Entsendeorganisationen und die soziale Selbstzuordnung können eine gedankliche und projektbezogene Nähe zu lokalen Unterklassenbewegungen bedeuten. Ihre Ausstattung mit symbolischem Kapital durch Ausbildung, Lebensstil und Herkunft kann solchen Beraterinnen und Beratern während ihres Auslandseinsatzes zugleich eine gesellschaftliche Nähe und Akzeptanz durch Entwicklungsländereliten ermöglichen. Es bestehen somit parallele Zugangsmöglichkeiten zu sozialen Klassen oder Schichtungen, die zwischen den Ebenen der sozialen Hierarchie eines Entwicklungslandes so nicht gegeben sind. Im Falle Thailands sind nach Akin lokale Klassendifferenzierungen von informellen ‚patron – client' Beziehungen überlagert. Dies kann zur Folge haben, dass Klassengegensätze nicht offen ausgetragen werden, weil eine traditionelle Haltung Kritik von ‚Unten' gegenüber ‚Oben' weitgehend ausschließt. Berater befinden sich dabei als Außenstehende mit parallelen Zugängen zum sozialen Feld in einer Sondersituation. Sie können die Möglichkeit erhalten, mit unterschiedlichen ‚Standorten' des sozialen Feldes parallel in Interaktion zu treten, wobei solche direkten Interaktionsmöglichkeiten zwischen unterschiedlichen Standorten, Klassenzugehörigkeiten oder Schichtungen innerhalb dieser Gesellschaft so nicht möglich sind. Diese Sondersituation der nicht unmittelbaren Einordnung in die Klassendifferenzierungen und institutionellen Hierarchien eines Landes (im Falle Thailands auch als Ergebnis der Differenzierung zwischen Thai und ‚Nicht-Thai') kann entwicklungspolitischen Beratern einen Handlungsspielraum eröffnen, der über die spezifischen Möglichkeiten lokaler Akteure hinausreicht. Daraus ergeben sich, abhängig von den Fähigkeiten, Möglichkeiten und Intentionen eines Beraters, spezifische Chancen und Risiken der internationalen Projektkooperation. Eine Chance liegt im erfolgreichen Einwirken auf die soziale Entwicklung bei kluger und verantwortungsbewusster Nutzung der Privilegien einer externen Mittler- und Beratungstätigkeit. Ein Risiko liegt in möglicher Abhängigkeit von einem lokal kaum kontrollierbaren Berater, mit zunächst unbekannten Intentionen und Eigeninteressen, der zudem möglicherweise über finanzielle Zuwendungen an lokale Partner entscheidet.

5.5 Zusammenfassung und Zwischenergebnis

Zu 5.2 (Die Konstitution sozialer Wirklichkeit in den Thai Gewerkschaften)

Bei starker Differenzierung zwischen Basis und Führung fehlen der gewerkschaftlichen Basis Einflussmöglichkeiten und die Führung agiert weitgehend unkontrolliert. Eine moralische Differenzierung unterscheidet zwischen ‚guten' bzw. ‚wirklichen' und ‚schlechten' bzw. ‚falschen' Gewerkschaftsführern. Die Basis möchte zwar ‚gute' Führer, kann den Führungstyp in der eigenen Organisation aber kaum erkennen. Ein politisches Gewerkschaftsverständnis differenziert zwischen dem klassenbewussten ‚pro-workers' Führungstyp und dem korporatistischen Typ mit ‚bureaucracy' bzw. ‚business' Orientierung. Klassenbewusstsein überträgt sich von der Führung auf die Basis und wird dann als kritische Basishaltung von klassenbewussten Führern begrüßt. Die Unterscheidungen der Führungstypen nach moralischem und politischen Verständnis werden zusammengefasst als ‚positive' und ‚negative' Grundorientierung unterteilt. (Siehe Darstellung 1)

International geförderte Bildungsprogramme helfen aus der Sicht ‚positiver' Führer lokal bei der Entwicklung von Solidarität und Demokratie. Ihre Wirkung an der Basis hängt ab vom lokalen Führungstyp. ‚Positive' Orientierung macht sie möglich, während ‚negative' Orientierung die international angestrebte Gewerkschaftsentwicklung verhindert. Moderne Individualisierung kann gewerkschaftliche Bildungsarbeit behindern. Die Auflösung traditioneller Muster durch international vermittelte Individualisierung ist dann gegenläufig zur Entwicklung gewerkschaftlicher Solidarität durch internationale Arbeiterbildung.

Traditionelle Strukturen in Gewerkschaften beinhalten ein reziprokes Verhältnis von Hilfen der Führung bei unkritischer Loyalität der Basis. Eine traditionelle

Loyalitätsbindung ist instabil und kann sich mit sinkender Aussicht der Basis auf Hilfe und Vorteile auflösen. ‚Negative' Führer nutzen international finanzierte Maßnahmen zur Erhaltung von Basisloyalität. Der Zweck solcher Programme kehrt sich hier um in eine Stabilisierung ‚negativer' Führer. Traditionelle Autorität isoliert die eigene Basis von den alternativen Bildungsangeboten.

Militärherrschaft und Demokratiebewegung 1991 /1992 offenbarten einen gewerkschaftlichen Gegensatz zwischen pro-demokratischer Orientierung und korporatistischer Anbindung an repressive staatliche Autorität. Die pro-demokratische Orientierung kann mit persönlichen Nachteilen verbunden sein und wegen staatlicher Repression das Gewerkschaftshandeln erschweren. Die Kooperation mit repressiver staatlicher Autorität ist dagegen mit individueller und gruppenbezogener Vorteilsgewährung verbunden.

Der organisatorischen Zersplitterung der Thai Arbeiterbewegung entspricht ein geringes Bewusstsein als zusammengehörige Klassenbewegung. Staatliche Ungleichbehandlung erhöht die gewerkschaftliche Konkurrenz und erleichtert externe Einflussnahme. Selektive Bevorzugung in der staatlichen Arbeits- und Sozialpolitik schwächt und spaltet die Gewerkschaften. Obgleich dieser Zusammenhang Gewerkschaftern bekannt ist, reagiert eine Mehrheit wie von der Bürokratie erwartet.

Eine traditionelle ‚non-involvement' Haltung kann horizontaler Solidarität widersprechen. In Notlagen wird hier statt Solidarität externe Hilfe durch Höhergestellte gesucht. Im ‚Fall Thanong' blieb die organisationsübergreifende Solidarität schwach. Der Preis von Führungsprivilegien aus traditionellem Individualismus und ‚non-involvement' ist ein geringer Einsatz der Basis für ihre bedrohten Führer. Eine Überwindung dieses traditionellen Verhältnisses läge somit im Interesse gesellschaftskritischer Gewerkschaftsführer. Traditionelle Solidaritätshemmnisse durch ‚non-involvement' und Individualismus können mit ‚positivem' Führungsverhalten, Aufklärung und Bildung der Basis überwunden werden.

Die vorbehaltlose Akzeptanz traditioneller Seniorität steigert das Selbstbewusstsein der Ranghöheren und unterstreicht die Inferiorität und *krengtschai*-Haltung der Rangniederen. Traditionelle Seniorität der Führung und *krengtschai*-Haltung der Basis führen auch bei formal demokratischem Aufbau zum Machtmonopol der Führung. Wenn traditionelle Seniorität sich mit Patronage durch Vorteilsgewährung an Tieferstehende ergänzt, gerät die Basis in abhängige Hilflosigkeit. Traditionelle Muster wie die externe Hilfe durch Höherstehende und ein Statusgefälle zwischen ‚Geber' und ‚Nehmer' können in der internationalen Kooperation Bedeutung erlangen, durch ein unterschiedliches internationales Paradigma aber auch hinfällig werden.

Zu 5.3 (Die Konstitution sozialer Wirklichkeit in der internationalen Kooperation)

Fremdheit im Paradigma der Partnerseite differenziert zwischen den Thai und unterschiedlichen Kategorien von Ausländern, die als ‚Nicht-Thai' definiert werden. Fremdheit führt zu ‚Nicht-Verstehen'; ihre Überwindung durch ‚Vertrautheit' zu besserem ‚Verstehen'. Mit der Überwindung von Fremdheit können lokale Gegebenheiten offenbar werden, die der internationalen Seite bei Zusage einer Kooperation nicht bekannt waren und deshalb in eine Krise der Zusammenarbeit münden. Ungewissheit über internationale Reaktionen auf plötzliches ‚Verstehen' kann zu gewollter Beibehaltung von Fremdheit führen.

Fremdsprachliche, kulturelle und finanzielle Kommunikationsbarrieren sind weitere Faktoren der Differenzierung zwischen Thai und ‚Nicht-Thai', die zu ‚Nicht-Verstehen' beitragen. Auch Übersetzer- und Koordinatorenprobleme können zu ‚Nicht-Verstehen' führen. Ursachen sind, neben ungenügender Qualifikation von Übersetzern, ihre mangelnde Unabhängigkeit von ‚Gebern' und ein Selbstverständnis als eigentliche Ansprechpartner der internationalen Seite, mit höherem Status als lokale Gewerkschafter.

Die Kooperationsbedingung ‚Nicht-Verstehen' konstituiert sich aus Fremdheit der Partner, hohen Kommunikationsbarrieren und einer großen Übersetzer- und Koordinatorenproblematik. ‚Verstehen' kommt zustande bei Vertrautheit, als Gegenteil von ‚Fremdheit' des Paradigmas der Partner, niedrigen Kommunikationsbarrieren und geringer Übersetzer- und Koordinatorenproblematik. (Siehe Darstellung 2) Möglich und in der Praxis wahrscheinlich sind Zwischenformen teilweisen Verstehens.

Innerhalb der beiden lokalen Grundorientierungen ‚benefits approach' (BA) und ‚solidarity approach' (SA) werden jeweils zwei Handlungsmotive der internationalen Kooperation differenziert. Beim BA sind dies: ‚individual benefits approach' (IBA) und ‚collective benefits approach' (CBA). Beim SA: ‚national solidarity approach' (NSA) und ‚international solidarity approach' (ISA). (Siehe Darstellung 3) Auf Thai Seite gibt es Annahmen über unterschiedliche Kooperationsmotive der internationalen Partner. Es wird zudem lokal davon ausgegangen, dass sich ‚gute' bzw. solidarische internationale Handlungsintentionen nur mit einer entsprechend ‚positiven' Orientierung der lokalen Partnerorganisation realisieren lassen. Für die Modellbildung wird vereinfachend von ‚positiven' internationalen Handlungsmotiven ausgegangen. (Siehe Darstellung 4)

Über eine ‚positiv' orientierte lokale Führung kann internationale Kooperation zur Entwicklung solidarischer gewerkschaftlicher Arbeit beitragen. Diese Möglichkeit stößt dort an Grenzen, wo Gewerkschaften von ‚negativen' Führern kontrolliert werden. Staatliche Rahmenbedingungen erleichtern Kontakte ‚negativer' lokaler Führer mit kooperationswilligen internationalen Institutionen. Die internationale Seite kann bei ‚Nicht-Verstehen' nicht beurteilen, welchen lokalen Führungstyp sie in einer Kooperation trifft.

Orientiert sich die lokale Seite am ‚benefits approach', dann ermöglicht ihr das ‚Nicht-Verstehen' der internationalen Seite die verdeckte Wahrnehmung individueller und kollektiver Eigeninteressen. Internationale Kooperation unterstützt auf diese Weise unbeabsichtigt eine lokale Orientierung am ‚benefits approach'. Kooperationsangebote mit ‚positiver' Intention können bei internationalem ‚Nicht-Verstehen' den ‚negativen' Führungstyp lokal stabilisieren. Bei ‚negativer' Orientierung und traditioneller Differenzierung zwischen Basis und Führung werden internationale Angebote, wie z.B. Auslandsreisen oder Seminarbudgets, zur Festigung der eigenen Position und für individuelle Vorteile genutzt. Dies benachteiligt die ‚positive' lokale Orientierung

Internationale Mitgliedschaften kommen bei lokalem ‚benefits approach' aus Interesse am finanziellen Potential der internationalen Organisation zustande. Sinken die materiellen Vorteile, dann lässt eine ‚benefits' orientierte Bindung an internationale Dachorganisationen wieder nach. Mit materiellem Anreiz geschaffene Verbindungen internationaler Gewerkschaftsorganisationen in Entwicklungsländern sind bei verschlechtertem Nutzen-Kosten-Verhältnis für die lokale Mitgliedsorganisation von Auflösung bedroht.

Bei gegenseitigem ‚Nicht-Verstehen' mit hohen Kommunikationsbarrieren fehlt die Voraussetzung gemeinsamer Lernprozesse zur Lösung von Kooperationsproblemen. Ist wechselseitiges Verstehen mit niedrigen Kommunikationsbarrieren möglich, dann sind die objektiven internationalen Kooperationsbedingungen für Lernprozesse gegeben. (Siehe Darstellung 5) Ob es unter gegebenen objektiven Voraussetzungen tatsächlich zu Lernprozessen kommt, hängt zudem von den ‚positiven' Kooperationsmotiven der beteiligten Akteure ab. Aus diesen ergibt sich als subjektive internationale Kooperationsbedingung die Lernbereitschaft der Kooperationspartner zu solidarischer Interaktion. (Siehe Darstellung 6)

Sind beide Seiten bei objektiv gegebenen Voraussetzungen subjektiv nicht lernbereit, dann kann eine Kooperation, die als Zweckgemeinschaft eingegangen wurde, unter veränderten Bedingungen rasch zerfallen. Eine partikulare Orientierung mit sozialer Abgrenzung kann sich jedoch unter dem Druck globaler Veränderungen und durch externe Lernanstöße zum solidarischen Paradigma mit sozialer Öffnung wandeln.

In einseitigen Lernprozessen kann die internationale Seite ihr Verhalten ändern, um den ungewollten Nutzen ‚negativ' orientierter Partner mit ‚benefits approach' aus einer Kooperation zu mindern und die ‚positive' Orientierung zu fördern. Für lokale ‚Nehmer' ist es bei einseitigem Lernen relativ schwieriger, auf das Verhalten internationaler ‚Geber' einzuwirken. Vermittlung durch Dritte bietet hier Chancen, beinhaltet aber das Risiko neuer Abhängigkeiten.

Bei wechselseitigem ‚Verstehen' und Lernbereitschaft ist ein direkter, unvermittelter und gemeinsamer internationaler solidarischer Lernprozess möglich und wahrscheinlich. Die Erfahrung zeigt aber, dass der Weg zu solidarischen Lernprozessen schwierig und ungewiss ist. Entwicklungspolitische Maßnahmen können hier helfen, aber auch neue Abhängigkeiten schaffen. Bei problematischen internationalen Förderprogrammen kann eine Beendigung bzw. Reduzierung zur Rückbesinnung auf eigene Fähigkeiten führen. Diesem möglichen Vorteil steht das Risiko der Entstehung neuer Abhängigkeiten im lokalen Umfeld mit noch größeren Problemen gegenüber.

6 Zusammenfassung und Fazit

6.1 Zusammenfassung in 15 Thesen

1) Traditionelle gesellschaftliche Einflüsse und Projektionen in den Thai Gewerkschaften sind eine Handlungsbedingung der internationalen Kooperation.

Traditionelle Projektionen einer ‚kosmischen' Ordnung mit vertikaler Struktur beeinflussen externe Interpretationen der Thai Gesellschaft. Internationale Kooperationspartner gewinnen dadurch ein exotisches Bild Thailands von grundverschiedenen kulturellen Bedingungen mit ungünstigen Voraussetzungen für Gewerkschaften. Die historisch falsche Annahme traditioneller vertikaler Verbundenheit hindert die Thai Arbeiterbewegung an einer selbstbewussten Identität und Projektion ihrer Geschichte. Modernisierung und Industrialisierung transformierten formelle in informelle ‚patron – client' Beziehungen und führten zu einem Bedeutungsgewinn des Kapital gegenüber der Bürokratie. ‚Patron – client' Beziehungen basieren innerhalb familiär abgeleiteter Hierarchiestufen auf wechselseitigem Geben und Nehmen. Gruppen sind intern und im Außenverhältnis hierarchisch gegliederte ‚patron – client' Beziehungen, mit der *krengtschai*-Haltung als spezifischem Verhalten Tiefergestellter. Der Stellenwert traditioneller Seniorität steigert das Selbstbewusstsein der Ranghöheren und die Inferiorität der Rangniederen. Eine gewerkschaftliche Basis kann dabei gegenüber der Führung in einen Zustand abhängiger Hilflosigkeit geraten. Traditionelle Loyalitätsbindungen sind jedoch instabil und lösen sich mit sinkender Aussicht der Basis auf Vorteile. Die traditionelle ‚non-involvement' Haltung mit einem spezifischen Individualismus beeinträchtigt gewerkschaftliche Solidarität und ersetzt sie durch externe Hilfe Höhergestellter. Traditionelle Solidaritätshemmnisse können mit ‚positivem' Führungsverhalten, Aufklärung und Bildung der Basis überwunden werden. Insgesamt bleibt traditioneller gesellschaftlicher Einfluss im exportorientierten Industrialisierungsprozess jedoch als außerökonomisches Hemmnis der Thai Klassenbildung von Bedeutung.

2) Die Thai Arbeiterbewegung durchlief ohne nachhaltige Aufwärtsentwicklung und im Kontext lokaler und globaler Bedingungen sechs Expansions- und Repressionsphasen.

Der gesamte Prozess der Bildung einer Thai Arbeiterklasse seit dem Ende des 19.Jh. ist eine Geschichte von sechs Expansions- und Repressionszyklen. Kurze Expansionsphasen gingen meist abrupt in Repressionsphasen über, in denen die Arbeiter und ihre Organisationen weitgehend auf den Ausgangspunkt ihrer kollektiven Bemühungen zurückgeworfen wurden. Die Intensität der Repression unterband nachhaltige Lernzyklen. Dies erklärt Schwierigkeiten der Thai Arbeiterbewegung mit der Projektion ihrer eigenen Geschichte und einer selbstbewussten Identität, was in Verbindung mit traditionellem Einfluss ihre Kraft zur Gegenwehr beeinträchtigt. Der zyklische Prozess war von Beginn an nicht nur lokal, sondern auch international beeinflusst. Als Folge der Weltmarktanbindung Siams im 19. Jh. migrierten chinesische Lohnarbeiter und es kam zu anfänglicher Klassenbildung. Internationales Gedankengut der Arbeiterbewegung trug im ausklingenden Absolutismus der 20er Jahre zur Gründung von Arbeiterorganisationen bei. Thailands Bündniswechsel zu den Alliierten gegen Ende des Zweiten Weltkriegs verbesserte die Bedingungen für Gewerkschaften ebenso, wie die Konfrontation des Kalten Krieges sie anschließend wieder verschlechterte. Thailands Annäherung an die Blockfreienbewegung Mitte der 50er Jahre ging einher mit gewerkschaftlicher Expansion, während die anschließende extreme Repression bei gleichzeitiger politischer Orientierung des Königreichs am ‚Westen' im Umfeld der Ost-West-Konfrontation möglich war.

3) Gewerkschaften in Entwicklungsländern agieren unter schwierigen Bedingungen bei struktureller Benachteiligung und sind auf internationale Solidarität angewiesen.

Unterentwicklung, traditionelle Abhängigkeit und internationale Arbeitsmarktkonkurrenz beeinträchtigen Gewerkschaften in Entwicklungsländern. In der beginnenden Industrialisierung repräsentieren sie eine gesellschaftliche Minderheit. Unabhängiger Gewerkschaftsarbeit in Entwicklungsländern bleibt meist nur ein schmalen Pfad zwischen dem Paternalismus und der Repression des Staates und seiner Eliten, die in der relativ späten Industrialisierung über das Potential der Arbeiterbewegung vorgewarnt sind und ihr mit repressiven, von der Außenwelt übernommenen Techniken entgegentreten. Die Arbeiterbewegung konnte im Falle Thailands nicht in gleichem Maße von der Außenwelt lernen. Der langfristig unverändert niedrige Status von Arbeitern und Gewerkschaften in der Thai Gesellschaft beeinträchtigt auch unter den neueren zivilgesellschaftlichen Entwicklungen die öffentliche Akzeptanz und eine selbstbewusste Identität von Arbeitern. Gewerkschaften in Ländern wie Thailand sind auf internationale Unterstützung angewiesen. Die Integration in ein Netzwerk internationaler Solidarität verbessert die kollektiven Handlungsmöglichkeiten mehrfach benachteiligter Arbeiter und ihrer Gewerkschaften in Entwicklungsländern. In der Expansionsphase der 90er Jahre setzten pro-demokratisch orientierte Gewerkschaften mit internationaler Unterstützung zeitweise sozialen Fortschritt durch. Die Regierung zeigte sich gegenüber ‚positiv' orientierten lokalen Gewerkschaften, die international wahrgenommen, akzeptiert und unterstützt werden, eher dialog- und kompromissbereit.

4) Die gewerkschaftliche Kooperation zwischen Industrie- und Entwicklungsländern bewegt sich im Spannungsfeld wirtschaftlicher Konkurrenz und solidarischer Zuordnung.

Bei der Kooperation von Gewerkschaften in Industrie- und Entwicklungsländern überlagern sich der Gegensatz von Arbeit und Kapital und der internationale Nord-Süd-Gegensatz. Wirtschaftliche Konkurrenz und internationaler Standortwettbewerb konfrontieren die Gewerkschaften bisheriger Industrieländer mit dem Verhältnis ihrer eigenen Interessen zur internationalen Solidarität mit Arbeitern in Entwicklungs- und Schwellenländern. Wirtschaftliche Konkurrenz schließt internationale gewerkschaftliche Solidarität nicht aus. Standortkonkurrenz kann aber Trennlinien ziehen, die eine gemeinsame Identität von Lohnarbeitern beeinträchtigen. Andererseits werden mit globaler wirtschaftlicher Verflechtung internationale Identitäten sozialer Bewegungen möglich. Ein Zustandekommen oder Ausbleiben internationaler Solidarität leitet sich nicht alleine von globalen ökonomischen Voraussetzungen ab, sondern ebenso aus der wechselseitigen Selbstzuordnung von Gewerkschaften und ihren Mitgliedern im internationalen Feld.

5) Die Priorität der internationalen Akteure einer Kooperation für das industrielle oder postmoderne Milieu eines Entwicklungslandes grenzt das jeweils andere Milieu aus.

Die international vermittelte Industrialisierung in Thailand führt einerseits mit der Lohnarbeit zur Ausweitung derselben Klassenlage. Globale Individualisierungstendenzen vermitteln andererseits postmoderne Milieus zu Lasten traditioneller Klassensolidarität, was auf internationaler Ebene mit einem relativen Bedeutungsverlust von Gewerkschaften gegenüber den NRO als Repräsentanten ‚neuer' sozialer Bewegungen einhergehen kann. Die internationale Gewerkschaftskooperation steht hier bei der Auswahl ihrer strategischen Partner im Entwicklungsland vor der Alternative zwischen einem traditionellen industriellen Klassenmilieu oder postmodernen sozialen Bewegungen. Die ‚traditionelle' Strategie beinhaltet die Chance eines direkteren Bezugs zum Arbeitermilieus und das Risiko der Isolation von postmodernen Entwicklungen. Bei der ‚postmodernen' Strategie liegt die Chance im Anschlusses an postmoderne soziale Bewegungen und das Risiko in der möglichen Degradierung des engeren Arbeitermilieus eines Entwicklungslandes zur Zielgruppe. In der internationalen Kooperation kann es bei unterschiedlicher sozialer Verortung ihrer Akteure zu Klassendifferenzierungen kommen, die eine soziale Trennlinie zwischen dem Thai Arbeitermilieu einerseits, sowie den internationalen und postmodernen nationalen Akteuren andererseits ziehen.

6) *Wechselseitige Selbstzuordnung überbrückt soziale und kulturelle Differenzierungen zwischen Gewerkschaften, bleibt aber im Kooperationsverlauf schwierig und ungewiss.*

Kulturelle und sozialökonomische Besonderheiten führen zu nicht-klassenmäßigen Differenzierungslinien, welche die internationale Klassenbildung behindern. Vergleichbare soziale Lagen sind weder eine hinreichende noch eine notwendige Voraussetzung internationaler Solidarität, erleichtern jedoch ihr Zustandekommen. Internationale Solidarität kann sich auch bei strukturell bedingten Differenzierungslinien und unterschiedlichen sozialen Lagen aus ethischer, politischer oder sozialer Selbstzuordnung ergeben. Die Veränderung und Überwindung von Differenzierungslinien kann selbst Gegenstand des internationalen Handelns gewerkschaftlicher Akteure sein. Eine solidarische Selbstzuordnung der internationalen Akteure trifft in der Realität allerdings auf vielfältige Probleme, was zu sehr unterschiedlichen Verläufen und Ergebnissen ihrer Kooperationsbemühungen führt.

7) *Neuere Bedingungen der Globalisierung und Weltmarktintegration erhöhen den Wirkungsgrad internationaler Solidaritätskampagnen für unterdrückte Gewerkschaften.*

Unter neueren Bedingungen der Exportorientierung im Globalisierungsprozess und nach Beendigung des Ost-West-Gegensatzes haben sich die Möglichkeiten internationaler gewerkschaftlicher Solidarität mit Thai Arbeitern in Menschenrechtsfragen verbessert. In den 90er Jahren ist es für ein repressives Regime in Thailand (z.B. im Vergleich zur extremen Repression der 60er Jahre in einer Epoche der Ost-West-Konfrontation und Importsubstitution) schwieriger geworden, die Bevölkerung von weltweitem Dialog und internationalen Einflüssen zu isolieren. Das Risiko wirtschaftlicher Nachteile für eine lokale Elite als möglicher Folge internationaler politischer Isolation ist gewachsen.

8) *Internationale Solidarität mit ,positiver' Intention kann lokales Engagement nicht ersetzen und ist mit einem ambivalenten Partnerspektrum konfrontiert.*

Auf die Repression gegen Gewerkschaften zu Beginn der 90er Jahre reagierte die internationale Gewerkschaftsbewegung mit Interventionen bei der Thai Regierung und der IAO. Eine Komplikation in der Entwicklung internationaler Solidaritätsbeziehungen war jedoch die ambivalente Haltung eines Teils der lokalen Gewerkschaftsführer. Sie partizipierten einerseits an internationaler Kooperation und ließen sich andererseits im Tausch gegen persönliche Vorteile von Staat und Wirtschaft vereinnahmen. Die internationale Gewerkschaftsbewegung steht hier vor dem Dilemma, dass sie häufig auf solche Repräsentanten der Thai Gewerkschaften stößt, die selbst Teil des Problems sind, das mit internationaler Unterstützung überwunden werden soll. Die Wirkung internationaler Handelssanktionen ist unter solchen Bedingungen unterschiedlich. Vertritt eine Gewerkschaftsführung vorrangig Partikular- und Eigeninteressen, dann kann es zu lokaler Isolation und zu internationalem Paternalismus kommen. Internationale Sanktionsdrohungen erhöhen andererseits erkennbar die Dialogbereitschaft und Aufmerksamkeit der Regierung in sozialen und gewerkschaftlichen Fragen.

9) *Gewerkschaften können international auf gegensätzliche Grundorientierungen, unterschiedliche Handlungsmotive und wechselseitiges ,Nicht-Verstehen' treffen.*

Die Kooperationsbedingung ,Nicht-Verstehen' konstituiert sich aus Fremdheit der Partner, hohen Kommunikationsbarrieren und einer großen Übersetzer- und Koordinatorenproblematik. ,Verstehen' kommt zustande bei Vertrautheit als Gegenteil von ,Fremdheit' des Paradigmas der Partner, niedrigen Kommunikationsbarrieren und geringer Übersetzer- und Koordinatorenproblematik. Als ,benefits approach' (BA) wird eine Grundorientierung lokaler Akteure am eigenen Vorteil definiert. Der ,solidarity approach' (SA) ist eine altruisitische, freundschaftliche oder solidarische Grundorientierung. Innerhalb jeder Grundorientierung werden zwei Handlungsmotive der internationalen Kooperation differenziert. Beim BA sind dies: ,individual benefits approach' (IBA) und ,collective benefits approach' (CBA). Beim SA: ,national solidarity approach' (NSA) und ,international solidarity approach' (ISA).

10) Internationale Organisationen stabilisieren bei ,Nicht-Verstehen' durch ihr Agieren ,negative' Gewerkschaftsführer mit ,benefits approach', zum Nachteil der positiven Orientierung.

Gesellschaftliche und staatliche Benachteiligung ,positiver' Gewerkschaftsführer begünstigt den ,negativen' Typ bei seinen Kontakten zu kooperationswilligen internationalen Institutionen, die wegen ,Nicht-Verstehens' den lokalen Typus nicht einordnen können. Lokalen Partnern mit ,benefits approach' ermöglicht internationales ,Nicht-Verstehen' die Wahrnehmung individueller und kollektiver Eigeninteressen. Internationale Kooperation unterstützt in diesem Fall eine lokale Orientierung am ,benefits approach'. Gut gemeinte internationale Unterstützung stabilisiert bei ,Nicht-Verstehen' den ,negativen' Führungstyp. Lokale Führer mit ,negativer' Orientierung nutzen bei traditioneller Differenzierung zwischen Basis und Führung internationale Angebote, wie gesponserte Konferenzteilnahmen oder Seminarfinanzierungen, zur Festigung ihrer Position und zur Verwirklichung persönlicher Interessen. Der Zweck einer internationalen Hilfe kehrt sich hier um in eine Stärkung ,negativer' Führer, zum Nachteil der ,positiven' Orientierung in lokalen Gewerkschaften. Bindungen zu internationalen Gewerkschaftsorganisationen kommen bei lokalem ,benefits approach' aus Interesse am finanziellen Potential der internationalen Organisation zustande. Mit materiellem Anreiz geschaffene Mitgliedschaften von Entwicklungsländergewerkschaften in internationalen Verbänden sind jedoch unverlässlich und instabil.

11) ,Positive' Ziele einer internationalen Kooperation dringen nur bei ,positiver' lokaler Führung bis zur Gewerkschaftsbasis durch, während eine ,negative' Führung dies verhindert.

Führungstypen in Thai Gewerkschaften werden nach ,positiver' und ,negativer' Grundorientierung unterschieden. Unter der starken Differenzierung zwischen Führung und Basis hängt die Wirkung international geförderter Aktivitäten an der Basis (z.B. Bildungsprogramme) vom Führungstyp des lokalen Kooperationspartners ab. Eine ,positive' Orientierung der lokalen Gewerkschaftsführung ermöglicht die Umsetzung ,positiver' Kooperationsziele an der Basis. Bei ,negativer' Orientierung wird dies dagegen verhindert oder den lokalen Führungsinteressen entsprechend umgewandelt. Solidarische internationale Handlungsintentionen zugunsten einer Gewerkschaftsbasis können nur bei ,positiver' Orientierung der lokalen Partnerorganisation realisiert werden.

12) Kulturelle Traditionen ziehen zwischengesellschaftliche Trennlinien, die sich mit globalem Einfluss verändern und von gewerkschaftlichen Akteuren überbrückt werden können.

Gewerkschafter Thailands und anderer Gesellschaften werden durch einen verschiedenen Verhaltenskanon voneinander getrennt. Aus der Annahme europäischer kultureller Werte ergibt sich die Frage ihrer Verschiedenheit von asiatischen Werten. Kulturelle Traditionen können zu sozialer Schließung führen, die eine Ausweitung gewerkschaftlicher Solidarität über nationale Grenzen und kulturelle Unterschiede hinweg verhindert. Ein Gegensatz zum sozialen Verständnis im Buddhismus kann sich ergeben, wenn okzidentales Denken die Bedeutung gesellschaftlicher Strukturen und der richtigen sozialen Programmatik für die soziale Realität des Individuums hervorhebt, während für buddhistisches Denken die innere Entwicklung des Individuums und gute Handlungsabsichten vorrangig für die soziale Entwicklung sind. Dieser Gegensatz wird jedoch aufgehoben in der Wechselwirkung von äußerer Gesellschaftsstruktur und innerer Handlungsintention. Innere Einsicht kann zu sozialer Handlungsintention führen und die äußere soziale Struktur so verändern, dass den Individuen innere Einsichten und soziale Handlungsintentionen erleichtert werden. Mit der Überwindung von Befangenheit im eigenen Denken verbessert sich das internationale Verständnis. Politische und gewerkschaftliche Werte in Thailand sind dabei nicht konstant. Die Thai Arbeiterklasse verändert das sie umgebende Wertesystem durch ihr Handeln und wird zugleich durch dieses Wertesystem beeinflusst. Mit der Denationalisierung häuft sich zudem die Interaktion von Personen mit unterschiedlichem Verhaltenskanon, was zu Veränderungen in den Persönlichkeitsstrukturen führt. Entbettungsprozesse heben in der Globalisierung die sozialen Beziehungen aus ortsgebundener Interaktion, mit der Folge von Veränderungen und Angleichungen im Verhaltenskanon. Anpassungsprozesse können sich jedoch über einen Zeitraum von mehreren Generationen erstrecken, so dass Unterschiede im Verhaltenskanon und kulturelle Abgrenzungen eine Bedingung der Kooperation bleiben.

13) Moderne kulturelle Differenzierung führt zur Überbewertung zwischengesellschaftlicher Unterschiede und beeinträchtigt die internationale Kooperation.

Anders als die kulturelle Verschiedenheit zwischen Gegenwartsgesellschaften werden Veränderungen des Verhaltenskanons und der kulturellen Identitäten zwischen Epochen nicht unmittelbar erfahren. Daraus ergibt sich eine Tendenz zu relativer Unterbewertung historischer Verschiedenheit (bzw. Überbewertung historischer Kontinuität) und zur Überbewertung zwischengesellschaftlicher Verschiedenheit. Moderne kulturelle und religiöse Differenzierungen behindern die internationale Gewerkschaftskooperation, indem sie ein länder- und kulturübergreifendes Bewusstsein von Lohnarbeitern mit sozialer Öffnung erschweren. Internationale Gewerkschaftskooperation zwischen unterschiedlichen Kulturen erfordert die Fähigkeit und Bereitschaft ihrer Akteure, kulturelle Abgrenzungen als moderne Projektionen zu erkennen und gemeinsam zu überwinden.

14) Unterschiede in den gewerkschaftlichen Klassenmentalitäten sind kurzfristig stabile Trennlinien, die sich längerfristig von den Akteuren einer Kooperation verändern lassen.

Historisch entstandene Mentalitätsunterschiede zwischen Gewerkschaften unterschiedlicher Gesellschaften erklären sich vorrangig aus einer relativen Persistenz der jeweiligen Mentalitäten im engeren historischen Bezug und nur untergeordnet aus sehr langfristiger kultureller Kontinuität. Die Mentalität der internationalen Gewerkschaftsbewegung basiert auf der Industrialisierung Europas im 19. und 20. Jh.. Die der Thai Arbeiterbewegung entsteht unter den Bedingungen eines exportorientierten Entwicklungslandes. Mentalitätsunterschiede können sich zudem aus einer relativen Persistenz industriegesellschaftlicher Identitäten in der internationalen Gewerkschaftsbewegung und dem Einwirken postmoderner Mentalitäten und Wertorientierungen auf die Klassenbildung in Thailand ergeben. Zwischengesellschaftliche Mentalitätsunterschiede bilden kurzfristig ein wenig veränderliches Hindernis der sozialen Öffnung und Kooperation zwischen Arbeiterorganisationen verschiedener Gesellschaften. Längerfristig verändern sich diese Trennlinien. Die relative Persistenz historisch gewachsener Mentalitätsunterschiede geht einher mit der relativen Möglichkeit ihrer Veränderung durch gewerkschaftliche Akteure. Internationale Kooperation kann wahrgenommene Unterschiede überwinden, sie unter gewissen Umständen aber auch verstärken.

15) Eine Konstellation objektiver und subjektiver internationaler Kooperationsbedingungen ermöglicht oder verhindert gemeinsame solidarische Lernprozesse bzw. einseitiges Lernen.

Bei gegenseitigem ‚Nicht-Verstehen' fehlt die Voraussetzung gemeinsamer Lernprozesse. Ist wechselseitiges Verstehen bei niedrigen Kommunikationsbarrieren möglich, dann sind die objektiven internationalen Kooperationsbedingungen für internationale Lernprozesse gegeben. Ob es tatsächlich zu Lernprozessen kommt, in denen z.B. Probleme der Zusammenarbeit überwunden werden, hängt des weiteren von ‚positiven' Kooperationsmotiven ab, aus denen sich als subjektive internationale Kooperationsbedingung die Lernbereitschaft der Kooperationspartner zu solidarischer Interaktion ergibt. Sind beide Seiten bei objektiv gegebenen Bedingungen subjektiv nicht lernbereit, dann kann eine internationale Kooperation, die z.B. als Zweckgemeinschaft eingegangen wurde, rasch wieder zerfallen. Andererseits kann sich soziale Abgrenzung als Ausdruck fehlender subjektiver Voraussetzungen unter dem Druck globaler Veränderungen und durch externe Lernanstöße zum solidarischen Paradigma mit sozialer Öffnung wandeln. In einseitigen Lernprozessen kann die internationale Seite ihr Kooperationsverhalten so verändern, dass der Nutzen für ‚negativ' orientierte Partner mit ‚benefits approach' zum Nachteil der ‚positiven' Orientierung verhindert oder zumindest reduziert wird. Für lokale Gewerkschaften ist es als ‚Nehmer' bei einseitigem Lernen dagegen relativ schwieriger, einem ‚negativen' Verhalten internationaler ‚Geber' entgegenzuwirken.

6.2 Fazit

Internationale Kooperationspartner treffen in Thailand auf eine lokale Gewerkschaftsbewegung, die von traditionellen gesellschaftlichen Projektionen beeinträchtigt und in zyklischer Repression an einer nachhaltigen Aufwärtsentwicklung gehindert wurde. Unter den Voraussetzungen der exportorientierten Industrialisierung sind die schwachen Gewerkschaften eines Entwicklungslandes auf internationale Solidarität angewiesen, deren Wirkungsmöglichkeit sich unter Globalisierungsbedingungen erweitert. Internationale Kooperationsbeziehungen stehen dabei im Spannungsfeld von wirtschaftlicher Konkurrenz und solidarischer Zuordnung, mit einem ambivalenten Thai Partnerspektrum verschiedener Grundorientierungen. Kulturelle, soziale und wirtschaftliche Unterschiede trennen Gewerkschaften international voneinander. Soziale Abgrenzung zwischen den Gesellschaften beeinträchtigt die gewerkschaftliche Kooperation und wird von modernen Projektionen zwischengesellschaftlicher Unterschiede noch verstärkt. Unter dem Einfluss globaler Veränderungen sind solche Trennlinien jedoch nicht konstant. Auch können Gewerkschaften mit ihrem Handeln auf deren Verlauf einwirken und durch solidarische Zuordnung und soziale Öffnung Trennendes überbrücken. Dabei treffen sie auf das Hindernis des ‚Nicht-Verstehens'. Bei dieser Kooperationsbedingung stärkt und stabilisiert internationale Unterstützung lokale Gewerkschaftsführer mit negativer ‚benefits' Orientierung, zum Nachteil der positiven Orientierung. ‚Positive' internationale Intentionen können einer lokalen Gewerkschaftsbasis von gesellschaftlich benachteiligten Arbeiterinnen und Arbeitern nur bei ‚positiver' Orientierung der Führung des lokalen Kooperationspartners helfen und führen andernfalls zum Gegenteil.

Internationale Mentalitätsunterschiede zwischen Gewerkschaften ziehen kurzfristig stabile Trennlinien, die im Laufe einer Kooperation verändert und überwunden werden können. Ob, wie und in welchem Umfang den Akteuren dies gelingt, hängt von der jeweiligen Konstellation objektiver und subjektiver internationaler Kooperationsbedingungen ab. Es kann ein fortdauernder Zustand wechselseitigen ‚Nicht-Verstehens' eintreten, in dem offene oder verdeckte Probleme der Kooperation nicht gelöst werden können und eine soziale Öffnung unterbleibt. Möglich sind jedoch auch Verhaltensänderungen im Kooperationsverlauf als Ergebnis einseitigen Lernens und – als günstigster Fall für die soziale Öffnung zwischen den ungleichen Partnern – das Zustandekommen gemeinsamer Lernprozesse mit dem Ergebnis internationaler solidarischer Kooperation.

Anhang

I. Chronologie

I.1: Gewerkschafts- und Sozialentwicklung Thailands

1782	Staatsstreich von General Chao Phraya Chakri (später König Rama I) gegen König Taksin. Gründung der Chakri Dynastie im heutigen Bangkok.
1855	Bowring Treaty. Wirtschaftliche Öffnung und Modernisierung. Beginnende Migration chinesischer Lohnarbeiter.
Jh. Wende	*Integration in den Weltmarkt als Rohstoffexporteur.*
1898 f.	Illegalisierung chinesischer Organisationen durch den Secret Society Act. Unterdrückung spontaner Arbeiterproteste.
1910	Ende der Steuerprivilegien für chinesische Arbeitsmigranten. Spontane Streiks und Abschiebungen chinesischer Arbeiterführer.
1919	Siam wird Gründungsmitglied der IAO, ohne eine Arbeits- und Sozialgesetzgebung zu entwickeln.
1922 (31.12.)	Beginn des Straßenbahnarbeiterstreiks gegen die Siam Electric Company. Bündnis zwischen Arbeitern und Intellektuellen.
1923	Gründung der Gruppe *khana kammakon* und der Zeitschrift *kammakon.* Thawat Ritthidet erster nationaler Arbeiterführer.
1932	Nach dem Sturz der absoluten Monarchie Streiks in mehreren Industriezweigen. Erste Expansionsphase der Arbeiterbewegung.
1932 (September)	Registrierung der Thai Tramwaymen's Association als erste staatlich anerkannte Arbeiterorganisation.
1933 (Oktober)	Bowaradet Revolte monarchistischer Kräfte wird von der Regierung mit Unterstützung von Arbeiterorganisationen niedergeschlagen. Der König geht wenig später ins englische Exil. Formale Beibehaltung der konstitutionellen Monarchie.

1934	Nach Streiks in mehreren Industrien Auflösung der Thai Tramwaymen's Association. Erneut Deportationen chinesischer Arbeiter. In den Folgejahren ethnisch orientierte antichinesische Arbeitsmarktpolitik und Verhärtung des innenpolitischen Klimas.
1930er	*Beginn staatlicher Industrialisierungspolitik.*
1941 (21.12)	Bündnis mit Japan. Unter japanischem Einfluss erklärt Thailand am 25.1.1942 den Alliierten den Krieg. Faktische Besetzung des Landes durch Japan.
1944 (20.7.)	Feldmarschall Phibul Songkhram wird abgesetzt. Untergrundführer Pridi Bhanomyong erlangt politischen Einfluss und unterhält Kontakte zu illegalen Arbeiterorganisationen. Bis Kriegsende gelingt Thailand der Bündniswechsel zu den Alliierten.
1945 (September)	*Gründung des Weltgewerkschaftsbundes (WGB) in Paris*
1946	Gründung des gewerkschaftlichen Dachverbandes Central Labour Union (CLU). Zweite Expansionsphase der Arbeiterbewegung in der unmittelbaren Nachkriegszeit.
1947	CLU wird Mitglied des WGB.
1947 (8.11.)	Staatsstreich und erneute innenpolitische Verhärtung.
1948	Gründung der Thai Labour Union (TLU) unter dem Einfluss von Regierungschef Phibul Songkhram.
1949 (Dezember)	*Gründung des Internationalen Bundes Freier Gewerkschaften (IBFG).*
1950 (?)	TLU wird Mitglied des IBFG
1952	Zunehmende Verhärtung des innenpolitischen Klimas. Antikommunistische Gesetzgebung.
1954	Gründung der Free Labour Association of Thailand (FLAT) unter Kontrolle des Polizeigenerals Phao Sriyanon.
1955	Kursänderung von Regierungschef Phibul Songkhram mit populistischer Orientierung gegenüber Gewerkschaften. Mehrere konkurrierende gewerkschaftliche Dachverbände.
1950er	*Thailand wird Entwicklungsland; Schwerpunkte ländliche Entwicklung und im industriellen Sektor Importsubstitution.*

1957 (Januar)	Umfassende Arbeitsgesetzgebung mit erstmals voller rechtlicher Anerkennung von Gewerkschaften. Dritte Expansionsphase der Gewerkschaftsbewegung;
1957 (September)	Staatsstreich und neuerliche innenpolitische Verhärtung.
1958 (Oktober)	Nochmaliger Staatsstreich und direkte Machtübernahme von Feldmarschall Sarit Thanarat. Totale Unterdrückung von Gewerkschaften. Verhaftungen und Terror gegen Gewerkschaftsführer.
1959 (6.7.)	Hinrichtung des Gewerkschaftsführers Suppachai Srisati durch das Sarit Regime. Langjährige Repression in der Epoche des ‚Dark Age'.
1972	Erste Lockerung des totalen Organisationsverbots gegen Ende des Thanom Regimes (Revolutionary Party's Order No. 103).
1970er	*Entwicklungsstrategie der exportorientierten Industrialisierung.*
1973 (Oktober)	Ausgelöst von der Studentenbewegung Sturz des Thanom Regimes.
1974	Streikbewegungen und vierte Expansionsphase der Gewerkschaftsbewegung. Konkurrenz der Dachverbände: Labour Co-ordination Center of Thailand (LCCT, radikal); Federation of Labour Unions of Thailand (FLUT, pragmatisch); National Congress of Thai Labour (NCTL, bürokratisch – korporatistisch).
1975	Arbeitsgesetzgebung (Labour Relations Act) und formale Wiederzulassung von Gewerkschaften. Gründung neuer Gewerkschaften und Branchenverbände mit ersten Kontakten zu Internationalen Berufssekretariaten (IBS) und Dachverbänden (IBFG, WVA).
1976 (Oktober)	Verhärtung nach Staatsstreich. Unterdrückung der Gewerkschaftsbewegung unter dem Thanin Regime. Rückzug radikaler Aktivisten in den Dschungel.
1977 (Oktober)	Nach weiterem Staatsstreich unter Kriangsak Nachlassen der extremen Unterdrückung
1979	Wahlen und Bildung einer Zivilregierung.
1979	Registrierung des in Labour Congress of Thailand (LCT) umbenannten FLUT und Mitgliedschaft im IBFG. Gewerkschaften und Branchenverbände entwickeln IBS Kontakte.

1981	Aufhebung des Streikverbots.
1982	Militäreinfluss im LCT führt zur Abspaltung des Thai Trade Union Congress (TTUC), der ebenfalls IBFG Mitglied wird.
1980er	*Thailand auf dem Weg zum NIC. Hohes Wirtschaftswachstum.*
1988	Wirtschaftlicher Boom und Populismus der Chatchai Regierung in der fünften Expansionsphase der Gewerkschaften. Streiks und Lohnzuwächse vor allem in den Staatsbetrieben.
1990	Social Security Act
1991 (23.2.)	Verhärtung nach Staatsstreich. Drastische Einschränkung der Gewerkschaftsrechte durch das NPKC Regime. Gewerkschaftsverbot in Staatsbetrieben (State Enterprise Staff Relations Act) führt zu internationalen gewerkschaftlichen Protesten.
1991 (19.6.)	LCT Präsident Thanong Po-arn nach Kritik am Regime spurlos verschwunden. Trotz internationaler gewerkschaftlicher Proteste bleibt der Fall unaufgeklärt.
1992 (Mai)	Demokratiebewegung unter aktiver Teilnahme des reformorientierten Flügels der Gewerkschaftsbewegung. Sturz des militärgestützten Regimes.
1993 (10.5.)	Brandunfall in einem Exportbetrieb mit 188 Todesopfern. Internationale Proteste von Gewerkschaften und NROs gegen schlechte Arbeitsstandards in der Exportindustrie. Die Regierung verspricht eine grundlegende Reform des Arbeitsschutzes
1993	Gründung des Arbeitsministeriums, das gegenüber den Gewerkschaften im Klima des demokratischen Neubeginn noch aufgeschlossen ist. Sechste Expansionsphase und temporärer Bedeutungsgewinn des reformorientierten Flügels der insgesamt zersplitterten und mitgliederschwachen Gewerkschaften.
1993 (März/April)	Erfolgreiche Kampagne von Gewerkschaften und NROs zur Ausweitung des Mutterschaftsurlaubs.
1993	Gewerkschaftliche Kampgange wegen drohender Entlassung von Gewerkschaftsführerinnen erregt internationales Aufsehen. Die Regierung greift vermittelnd ein und die Entlassungen werden verhindert.

1994	Workmen's Compensation Act, ohne substantielle Reformen.
1995 f.	Stagnation der Arbeits- und Sozialpolitik zeichnet sich ab. Aufhebung des Gewerkschaftsverbots im State Enterprise Relations Act von 1991 scheitert an mehrmaligen Parlamentsauflösungen, Regierungsumbildungen oder Ablehnung im Senat.
1997	Drastischer wirtschaftlicher Einbruch und Schwächung der Gewerkschaftsbewegung durch die Asienkrise.
1998	Labour Protection Act, ohne substantielle Reformen.
2000	Gewerkschaftsverbot in Staatsbetrieben von 1991 nach anhaltenden internationalen Protesten und gelegentlichen US Sanktionsdrohungen aufgehoben.

I.2: Militärherrschaft, politische Krise und Demokratiebewegung 1991 – 1992

23. 02. 1991	Staatsstreich und Errichtung der National Peace Keeping Council (NPKC) Militärherrschaft. Einsetzung eines Gesetzgebungsgremiums (National Assembly) und eines Zivilisten (den Geschäftsmann Anand Panyarachun) als Regierungschef.
25. 02. 1991	General Suchinda bestellt Gewerkschaftsführer zu sich und drückt das Wohlwollen des NPKC aus. Ein Teil der Gewerkschaftsführer gratuliert dem Militärregime. Vier ‚Gewerkschafter' werden in die National Assembly aufgenommen.
28. 02. 1991	Einschränkungen des gewerkschaftlichen Handlungsspielraums durch Militärdekret NPKC Announcement No. 54.
18. 04. 1991	National Assembly erlässt den State Enterprise Staff Relations Act mit dem Gewerkschaftsverbot für Staatsbetriebe, das auch nach Wiederherstellung der Demokratie bis ins Jahr 2000 rechtswirksam bleibt.
19. 06. 1991	Thanong Po-arn, Präsident des größten gewerkschaftlichen Dachverbandes LCT, bleibt nach Kritik am Militärregime verschollen.
07. 12. 1991	National Assembly beschließt mit den Stimmen der ‚Gewerkschafter' eine pro-militärische Verfassung.

	Das NPKC kann 270 Senatoren für die zweite gesetzgebende Kammer aufstellen und der Regierungschef muss kein gewählter Abgeordneter sein.
Januar 1992	Gründung der State Enterprise Relations Confederation (SERC).
22. 03. 1992	In beeinflussten Parlamentswahlen erzielen pro-militärische Parteien eine knappe Mehrheit. Das NPKC stellt die 270 Mitglieder des Senats auf, unter ihnen einige kooperationswillige ‚Gewerkschafter'.
05. 04. 1992	Ernennung des militärgesponserten Zivilisten Narong Wongwan zum Regierungschef scheitert nach US Protesten wegen Narongs Verwicklung in den Drogenschmuggel.
07. 04. 1992	Militärchef Suchinda Kraprayoon wird ohne gewähltes Mandat entgegen seinem früheren Versprechen selbst Premierminister.
08. 04. 1992	Der frühere Abgeordnete Chalard Vorachat tritt aus Protest gegen Suchindas Ernennung in einen Hungerstreik.
17. 04. 1992	Suchinda ernennt sein Kabinett, darunter Personen mit korruptem Hintergrund.
19. 04. 1992	Bei Gouverneurswahlen in Bangkok überwältigender Wahlsieg der Oppositionsparteien.
20. 04. 1992	Erste größere Protestkundgebung gegen Suchinda vor dem Parlament.
04. 05. 1992	Bangkoks Exbürgermeister Chamlong Srimuang fordert Suchindas Rücktritt und droht einen Hungerstreik bis zum Tode an.
06. 05. 1992	Proteste vor dem Parlament unter Beteiligung von Gewerkschaftern der Branchenverbände (Federations) und dem Bereich der Staatsbetriebe der SERC.
Mai 1992	Die SERC nominiert den Eisenbahner Somsak Kosaisuk als Repräsentanten in der Demokratiebewegung. Somsak wird einer der Führer des Maiaufstandes.
07. 05. 1992	Premier Suchinda beschuldigt die Opposition der kommunistische Verschwörung und der Zerstörung des Buddhismus. Protestkundgebungen halten trotz militärischem Demonstrationsverbot an.

08. 05. 1992	Bei der Verlegung einer Massenkundgebung erstmals beinahe Zusammenstoß mit staatlichen Sicherheitskräften.
09. 05. 1992	Die Protestbewegung wird nach mündlicher Verabredung weitgehender Verfassungsänderungen zwischen Regierung und Opposition unterbrochen. Chamlong bricht seinen Hungerstreik ab.
13. 05. 1992	In Regierungskreisen wird die Notwendigkeit eines gewählten Premiers und das Ausmaß der Verfassungsreform erneut in Frage gestellt. Die Opposition nimmt den außerparlamentarischen Protest wieder auf.
17. 05. 1992	Nach einer Großveranstaltung auf dem historischen Sanam Luang Platz in Bangkok erster gewaltsamer Zusammenstoß der Polizei mit Demonstranten.
18. 05. 1992	Ausnahmezustand und Versammlungsverbot. Die Armee setzt zur Niederschlagung der Demokratiebewegung erstmals Feuerwaffen ein. Verhaftung vieler Demonstranten, darunter Chamlong.
19. 05. 1992	Die Proteste dauern an, das Militär setzt weiterhin Feuerwaffen gegen die Demonstranten ein.
20. 05. 1992	Trotz der wachsenden Zahl getöteter, verletzter und inhaftierter Demonstranten hält die Protestbewegung an. Nach Verhängung einer Ausgangssperre über Bangkok wird ein weiterer blutiger Zusammenstoß befürchtet. In dieser Situation werden Suchinda und Chamlong vom König einbestellt, der einen Kompromiss anordnet.
21. 05. 1992	Auflösung der Demonstrationen und Rückzug der Armee in die Kasernen. Die Inhaftierten werden nach und nach freigelassen. Später werden 43 ausschließlich zivile Todesopfer gezählt.
24. 05. 1992	Suchinda tritt zurück. Unmittelbar zuvor erwirkt er ein königliches Amnestiedekret, durch das die strafrechtliche Verantwortung für die Todesschüsse hinfällig wird.
25. 05. 1992	Das Parlament behandelt in erster Lesung weitreichende Verfassungsänderungen. Chalard beendet nach 47 Tagen seinen Hungerstreik.

29. 05. 1992	Die pro-militärischen Parteien setzen ihre Zusammenarbeit fort und unterbreiten Vorschläge für die Nachfolge Suchindas.
03. 06. 1992	Das Constitutional Tribunal' weist eine Befassung mit der Rechtmäßigkeit der Amnestie vorerst zurück.
10. 06. 1992	Der Parlamentspräsident blockiert die Weiterleitung eines Vorschlags pro-militärischer Parteien für das Amt des Regierungschefs an den König. Kurz darauf wird auf Wunsch des Königs der bereits 1991 eingesetzte Premierminister Anand Chef einer Übergansregierung.
30. 06. 1992	Anand löst das Parlament auf und setzt Neuwahlen fest.
19. 07. 1992	Die größte militärgesponserte Partei Samakkhi Tham löst sich auf.
02. 08. 1992	Führende Generale mit Verantwortung für das Blutbad im Mai werden auf inaktive Spitzenpositionen im Verteidigungsministerium versetzt.
13. 09 1992	Pro-demokratische Parteien erringen einen knappen Wahlsieg.
15. 09 1992	Der Versuch ehemaliger NPKC Militärkräfte zur Abspaltung von Politkern aus dem pro-demokratischen Lager scheitert.
23. 09. 1992	Chuan Leekpai formt unter Führung der Democrat Party eine pro-demokratische Koalition und wird Premierminister.
07. 10. 1992	Aufhebung des Amnestiedekrets vom 24. Mai im Parlament und Weiterleitung zur Überprüfung an das Juridical Council in der Zuständigkeit des Justizministeriums.
17. 10. 1992	Das Juridical Council sieht sich in der Überprüfung der ‚politischen' Amnestieentscheidung überfordert und leitet das königliche Dekret ein weiteres Mal an das Constitutional Council als höchster Instanz.
09. 11. 1992	Das Constitutional Council bestätigt die Amnestie. Die Verantwortlichen der Todesschüsse und des Militäreinsatzes gegen die Demokratiebewegung werden strafrechtlich nicht belangt.

II. Könige der Chakri Dynastie

Rama I	Phra Phutthayotta	1782 – 1809
Rama II	Phra Putthaloetla	1809 – 1824
Rama III	Phra Nangklao	1824 – 1851
Rama IV	Mongkut	1851 – 1868
Rama V	Chulalongkorn	1868 – 1910
Rama VI	Vajiravudh	1910 – 1925
Rama VII	Prajadhiphok	1925 – 1935
Rama VIII	Ananda Mahodol	1935 – 1946
Rama IX	Bhumibol Adulyadej	seit 1946

III. Regierungen seit 1932

Premierminister	im Amt seit
Phraya Manopkarn (Mano)	Juni 1932
Phraya Phahon	Juni 1933
Phibul Songkhram	Dezember 1938
Khuang Aphaiwong	August 1944
Tawee Boonyaket	August 1945
Seni Pramoj	September 1945
Khuang Aphaiwong	Januar 1946
Pridi Bhanomyong	März 1946
Thamrong Nawasawat	August 1946
Khuang Aphaiwong	November 1947
Phibul Songkhram	April 1948
Pote Sarasin	September 1957
Thanom Kitttikachorn	Januar 1958
Sarit Thanarat	Oktober 1958
Thanom Kitttikachorn	Dezember 1963
Sanya Thammasak	Oktober 1973
Seni Pramoj	Februar 1975
Kukrit Pramoj	März 1975
Seni Pramoj	April 1976
Thanin Kraivixien	Oktober 1976
Kriangsak Chomanand	November 1977
Prem Tinulanond	März 1980
Chatichai Choonhavan	April 1988
Anand Panyarachun	Februar 1991
Suchinda Kraprayoon	April 1992
Anand Panyarachun	Juni 1992
Chuan Leekpai	September 1992
Banharn Silpa Archa	Juli 1995
Chavalit Yongchaiyudh	November 1996
Chuan Leekpai	November 1997
Thaksin Shinawatra	Februar 2001

IV. Struktur der Thai Gewerkschaftsbewegung

Stand i.J. 1996 vor dem Beginn der Asienkrise, mit den erfassten internationalen Mitgliedschaften (in Klammern).

a) Nationale Dachverbände / National Congresses

Labour Congress of Thailand (LCT)
123.000 Mitglieder in 139 Gewerkschaften und 5 Federations
(Internationaler Bund Freier Gewerkschaften)

Thai Trade Union Congress (TTUC)
65.000 Mitglieder in 190 Gewerkschaften
(Internationaler Bund Freier Gewerkschaften)

National Congress of Thai Labour (NCTL)
30.000 Mitglieder in 218 Gewerkschaften

Confederation of Thai Labour (CTL)
30.000 Mitglieder in 62 Gewerkschaften

National Labour Congress (NLC)
20.000 Mitglieder in 55 Gewerkschaften

The National Congress of Private Employees of Thailand (NPET)
20.000 Mitglieder in 30 Gewerkschaften

National Free Labour Union Congress (NFLUC)
10.000 Mitglieder in 54 Gewerkschaften

Thailand Council of Industrial Labour (TCIL)
5.000 Mitglieder in 30 Gewerkschaften

b) Branchenverbände / Federations

Textile Garment and Leather Workers Federation of Thailand (TWFT)
33 Gewerkschaften mit 18.700 Mitgliedern
(Internationale Textil-, Bekleidungs- und Lederarbeiter-Vereinigung)

Paper and Printing Federation of Thailand (PPFT)
27 Gewerkschaften mit 9.000 Mitgliedern
(Internationale Grafische Föderation)

Federation of Bank and Financial Workers of Thailand (FBFT)
17 Gewerkschaften
(Internationaler Bund der Privatangestellten)

Petroleum and Chemical Workers Federation of Thailand (PCFT)
17 Gewerkschaften
(Internationale Föderation von Chemie, Energie-, Bergbau und Fabrikarbeiterverbänden)

Thailand Electrical Appliances Workers Federation (TEF)
13 Gewerkschaften
(Internationaler Metallgewerkschaftsbund)

Federation of Siam Motor Workers Unions (FSU)
11 Gewerkschaften mit 2.500 Mitgliedern

Construction Industrial Workers and Wood Workers Federation of Thailand (CIWWFT)
9 Gewerkschaften mit 5.000 Mitgliedern
(Internationaler Bund der Bau- und Holzarbeiter)

Automobile and Accessory Workers Federation of Thailand (AAWFT)
9 Gewerkschaften

Thailand Metal Workers Federation (TMF)
7 Gewerkschaften mit 5.000 Mitgliedern

Phuket Federation of Hotel Unions (PFHU)
7 Gewerkschaften mit 600 Mitgliedern
(Kontakte mit Internationale Union der Lebensmittel-, Landwirtschafts-, Hotel-, Restaurant-, Café- und Genussmittelarbeiter-Gewerkschaften

Transport Workers Federation of Thailand (TFT)
4 Gewerkschaften

c) Vereinigungen der Beschäftigen in den Staatsbetrieben

Insgesamt 43 State Enterprise Staff Associations mit 154.000 Mitgliedern. 31 dieser Associations mit insgesamt 147.000 Mitgliedern sind zusammengeschlos-

sen in der State Enterprise Relations Confederation (SERC). Viele dieser Associations unterhalten Mitgliedschaften in drei Internationalen Berufssekretariaten:
(Internationale der Öffentlichen Dienste)
(Internationale des Personals der Post-, Telegrafen- und Telefonbetriebe)
(Internationale Transportarbeiterförderation)

d) Berufsvereinigungen in der öffentlichen Verwaltung

Soweit solche Vereinigungen existieren, unterhalten sie keine Kontakte zur lokalen Gewerkschaftsbewegung. Im Bereich der Lehrer sind mehrere Verbände jedoch der Bildungsinternationale angeschlossen, die Bestandteil der internationalen Gewerkschaftsbewegung ist.

V. Interviewleitfaden

Interviewleitfaden für Feldforschung in Thailand (11.07.1999)

1. Allgemeines

Das angewendete Konzept der qualitativen Sozialforschung soll die Wirklichkeitsdefinition der befragten thailändischen Gewerkschafterinnen und Gewerkschafter als Beitrag zur Theoriebildung erfassen. Der Ansatz geht dabei von einem theoretischen Vorverständnis aus, das sich u.a. aus Elementen von Klassenbildung, Informalisierungsprozessen, Internationalisierung, Arbeitsmärkten und Fragen der Unterentwicklung ergibt. Diese theoretische Ausgangsbasis wird durch die Feldforschung induktiv modifiziert, verbessert oder korrigiert. Dabei wird der Konstitutionsprozess von sozialer Wirklichkeit in der internationalen Gewerkschaftskooperation durch prozesshaftes Forschen mittels problemzentrierter Interviews dokumentiert, rekonstruiert, interpretiert und erklärt. Die Verwendung eines weitgehend schematischen und spezifizierten Leitfadens ist in dieser Forschungsmethodologie nicht angemessen. Das anzuwendende Interviewkonzept beruht deshalb auf Offenheit, Kommunikativität und Flexibilität. Den narrativen Beiträge der Befragten kommt dabei besondere Bedeutung zu.

Da ein deduktiv entwickeltes theoretisches Vorverständnis besteht, wird die Methode des problemzentrierten Interviews (vgl. Lamnek, 1993, Bd. II, S. 74 ff.) eingesetzt. Entsprechend beginnt das Interview mit einem Kurzfragebogen (vgl. Anlage), gefolgt von einem inhaltlichen Stimulus des Interviewers. Das Interview durchläuft beim grundsätzlichen Anspruch von Offenheit die folgenden vier Phasen:

2. Interviewphasen

Interviewphase 1: Einstieg und Kurzfragebogen.

Persönliches Vorgespräch; knappe Eingrenzung des forschungsrelevanten Problembereichs (internationale Gewerkschaftskooperation im Rahmen von sozialökonomischen Transformationsprozessen in Thailand); Kurzerläuterung der Arbeitstechnik einer problemzentrierten narrativen Gesprächsstruktur, Klärung der

Übersetzungs- und Aufzeichnungsfragen; inhaltlicher Einstieg durch Beantwortung des Kurzfragebogens.

Interviewphase 2: Allgemeine Sondierung

Ein erstes Erzählbeispiel des Interviewers stimuliert eine narrative Phase der befragten Person zum Komplex gesellschaftlicher Transformationsprozesse in Thailand. In Frage kommen hier z.B. die „Insidern" bekannten Unsicherheiten im Verhalten mancher Gewerkschaften gegenüber dem Militär nach dem Putsch 1991 (Verhaltensalternative: War es angebrachter, den neuen Machthabern Glückwünsche oder Protestnoten zu überbringen?)

Mit einem zweiten Erzählbeispiel des Interviewers soll eine weitere narrative Phase stimuliert werden, die auf Erfahrungen und Einschätzungen bezüglich internationaler Gewerkschaftskooperation eingeht. Hier bieten sich an: Die gelegentlich auftretenden lokalen Konflikte im Gefolge internationaler Einladung zu internationalen Seminaren und Konferenzen oder, als Alternative, Konflikte als Folge von externer Infrastrukturhilfe (z.B. Finanzierung eines Gebäudes in einer internationalen Solidaritätsaktion).

Interviewphase 3: Spezifische Sondierung

Dies erfolgt vorzugsweise durch zwei Verfahren:

a) Aktive Verständnisgenerierung durch „Zurückspiegeln". Die Interpretationsangebote des Interviewers geben dabei den Befragten die Möglichkeit, dessen Deutungen zu kontrollieren, modifizieren oder korrigieren.
b) „Verständnisfragen". Dies eignet sich zur Thematisierung widersprüchlicher Antworten, um zu präziseren Interpretationen zu gelangen.

Eine Konfrontation mit Widersprüchen oder absichtliche Provokation ist nach allgemeinen Erfahrungen im thailändischen kulturellen Kontext und der lokalen Kommunikationskultur (bis auf wohlüberlegte Ausnahmen) im Prinzip zu vermeiden.

Interviewphase 4: ad-hoc Fragen

Hier wird durch gezielte Fragen ergänzend auf Themenbereiche eingegangen, die für die Forschung relevant sind, aber in den Sondierungsphasen durch die narrativen Schwerpunktsetzungen der interviewten Person noch nicht (ausreichend) behandelt wurden. Notwendige Themen sind ggf.: Die Bedeutung „externer Vermittler" in der internationalen Kooperation und das Verhältnis von „Formalität" und „Informalität" der beteiligten Akteure.

Questionnaire

Date:__________________ **Venue:**__________________________________

Age:_________ **Sex:** *male / female* **Language(s)** used:__________________

Knowledge of foreign languages?: □ None
language:________________ □ basic □ fair □ fluent
language:________________ □ basic □ fair □ fluent
translation Thai-English? □ yes □ no □ by (name)__________________
tape recording? □ yes □ no

Professional / occupational working experience:

____

____

Involved into labour movement as:
□ trade unionist □ NGO activist □ academic
□ professional, specify:____
□ other, specify:____

Years of experience as trade unionist/labour activist:______________________

Former / actual positions held in trade union or labour NGO movement:

____

____

____

____

Personal contacts to international trade union / labour organisations:
(organisation / type of contact / frequency)

____

____

____

____

(S.C. / 11.07.99 / Thailand)

VI. 15 zusammenfassende Thesen im Überblick

1) Traditionelle gesellschaftliche Einflüsse und Projektionen in den Thai Gewerkschaften sind eine Handlungsbedingung der internationalen Kooperation.
2) Die Thai Arbeiterbewegung durchlief ohne nachhaltige Aufwärtsentwicklung und im Kontext lokaler und globaler Bedingungen sechs Expansions- und Repressionsphasen.
3) Gewerkschaften in Entwicklungsländern agieren unter schwierigen Bedingungen bei struktureller Benachteiligung und sind auf internationale Solidarität angewiesen.
4) Die gewerkschaftliche Kooperation zwischen Industrie- und Entwicklungsländern bewegt sich im Spannungsfeld wirtschaftlicher Konkurrenz und solidarischer Zuordnung.
5) Die Priorität der internationalen Akteure einer Kooperation für das industrielle oder postmoderne Milieu eines Entwicklungslandes grenzt das jeweils andere Milieu aus.
6) Wechselseitige Selbstzuordnung überbrückt soziale und kulturelle Differenzierungen zwischen Gewerkschaften, bleibt aber im Kooperationsverlauf schwierig und ungewiss.
7) Neuere Bedingungen der Globalisierung und Weltmarktintegration erhöhen den Wirkungsgrad internationaler Solidaritätskampagnen für unterdrückte Gewerkschaften.
8) Internationale Solidarität mit ‚positiver' Intention kann lokales Engagement nicht ersetzen und ist mit einem ambivalenten Partnerspektrum konfrontiert.
9) Gewerkschaften können international auf gegensätzliche Grundorientierungen, unterschiedliche Handlungsmotive und wechselseitiges ‚Nicht-Verstehen' treffen.
10) Internationale Organisationen stabilisieren bei ‚Nicht-Verstehen' durch ihr Agieren ‚negative' Gewerkschaftsführer mit ‚benefits approach', zum Nachteil der positiven Orientierung.
11) ‚Positive' Ziele einer internationalen Kooperation dringen nur bei ‚positiver' lokaler Führung bis zur Gewerkschaftsbasis durch, während eine ‚negative' Führung dies verhindert.

12) Kulturelle Traditionen ziehen zwischengesellschaftliche Trennlinien, die sich mit globalem Einfluss verändern und von gewerkschaftlichen Akteuren überbrückt werden können.
13) Moderne kulturelle Differenzierung führt zur Überbewertung zwischengesellschaftlicher Unterschiede und beeinträchtigt die internationale Kooperation.
14) Unterschiede in den gewerkschaftlichen Klassenmentalitäten sind kurzfristig stabile Trennlinien, die sich längerfristig von den Akteuren einer Kooperation verändern lassen.
15) Eine Konstellation objektiver und subjektiver internationaler Kooperationsbedingungen ermöglicht oder verhindert gemeinsame solidarische Lernprozesse bzw. einseitiges Lernen.

VII. Glossar

(Thai Begriffe und buddhistische Terminologie)

ajan	Gelehrter, Akademiker
angyi	chinesische Organisation, ‚secret society'
bun	moralisches Verdienst, ‚merit'
barami	Auszeichnung durch Verdienste, ‚excellence due to merrit'
bun-khun	Hilfe, gewährter Vorteil
Chakri	Familienname des gegenwärtig herrschenden Königshauses
chaloej	verschleppte Person, versklavter Kriegsgefangener
chao	Prinz, Königshaus
chan sung	hohe, herrschende Klasse
chan tam	niedere, beherrschte Klasse
chueafang	Gehorsam gegenüber Wünschen des Ranghöheren
farang	westlicher Ausländer
Hinayana	Erlösungsweg des kleinen Fahrzeugs im Buddhismus (vor allem vertreten in Sri Lanka, Thailand, Burma, Laos, Kambodscha)
Isaan	Region Nordostthailands
jao-pho	einflussreicher lokaler Geschäftsmann, ‚Pate'
kammakon	‚Arbeiter', politische Zeitschrift der 20er Jahre
katanyu	Erinnern an gewährte Hilfe
katawethi	dankbarer Akt des Zurückgebens nach gewährter Hilfe
khaorop	Respekt des Rangtieferen in Worten und Verhalten
khunnang	Adel
khun	hier: Titel für Personen („Herr" bzw. „Frau")
khwamdii	Tugend, ‚virtue'
krengtschai	Furcht vor Handlungen, die das Missfallen des Ranghöheren auslösen könnten
Mahavamsa	in Pali geschriebene klassische ceylonesische Chronik
Mahayana	Erlösungsweg des großen Fahrzeugs im Buddhismus (vor allem vertreten in China, Japan, Korea, Mongolei, unter Tibetern)
nai	Herr, Patron, Mitglied der herrschenden Klasse

nakleng	Dorfwächter, starker Kerl
nong	Anrede gegenüber (Rang-) Jüngeren
paakaa thaj	politische Zeitschrift der 20er Jahre (wörtlich: Thai-Federhalter)
Pali	klassische indische Sprache des Altertums
pii	Anrede gegenüber (Rang-) Älteren
pii-nong	in Gewerkschaften: Kolleginnen und Kollegen (wörtlich: ältere und jüngere Geschwister)
phrai	abhängiger Bauer, Unterklassenangehöriger
phrai luang	*phrai* unter dem König
phrai som	*phrai* unter einem Adelsherrn
phunoi	‚kleine' Leute, Rangtiefere
phuyai	‚große' Leute, Ranghöhere
sakdina	quantitatives Merkmal der traditionellen Rangordnung
sammakkitham	gegenseitige Hilfe, Solidarität
sanam luang	historischer Platz in Bangkok (königlicher Platz)
Sangha	Gemeinschaft und Organisation des buddhistischen Klerus
seri thai	‚Freies Thailand' (antijapanische Widerstandsbewegung)
Siam	alte Bezeichnung für Thailand
that	abhängiger Diener, Sklave
thawaitua	Ritual der Einführung am Hof als Eintritt in die Oberschicht
Therawada	ältere buddhistische Lehre
thi-phung	Gewährleistung von Schutz
wai	traditioneller ‚Gruß' und Geste des Respekts vor einem Ranghöheren durch Falten der Hände vor dem Gesicht mit nach oben gerichteten Fingerspitzen
wat	buddhistischer Tempel
yut ngan	Streik

VIII. Literaturverzeichnis

VIII.1: Allgemein

Bean, Ron: Comparative industrial relations. An introduction to cross-national perspectives, London: 1994

Bechert, Heinz: Max Webers Darstellung der Geschichte des Buddhismus in Süd- und Südostasien, in: Schluchter, Wolfgang (Hg.): Max Webers Studie über Hinduismus und Buddhismus. Interpretation und Kritik, Frankfurt a.M.: Suhrkamp, 1984

Beck, Ulrich: Risikogesellschaft: Auf dem Weg in eine andere Moderne, Frankfurt a. M.: Suhrkamp, 1986

Beck, Ulrich: Was ist Globalisierung? Irrtümer des Globalismus – Antworten auf Globalisierung, Frankfurt a.M.: Suhrkamp, 1998

Bendt, Heinz: Eine Welt – Eine Stimme – Solidarität. Die Arbeit der Internationalen Berufssekretariate, Bonn: Friedrich-Ebert-Stiftung, 1995

Bourdieu, Pierre: Die feinen Unterschiede. Kritik der gesellschaftlichen Urteilskraft, Frankfurt a.M.: Suhrkamp, 2. Aufl. 1983(a)

Bourdieu, Pierre: Ökonomisches Kapital, kulturelles Kapital, soziales Kapital, in: Reinhard Kreckel (Hg.): Soziale Ungleichheiten, Göttingen: Verlag Otto Schwartz & Co., 1983(b)

Bourdieu, Pierre: Sozialer Raum und „Klassen". Leçon sur la leçon, Frankfurt a.M.: Suhrkamp, 1985

Brandt, Willy: Links und Frei: mein Weg 1930 – 1950, Hamburg: Hoffmann und Campe, 1982

Breuer, Jochen Peter: Aufprall der Kulturen, in: Die Mitbestimmung, 12/1999

Brock, Ditmar: Der schwierige Weg in die Moderne: Umwälzungen in der Lebensführung der deutschen Arbeiter zwischen 1850 und 1980, Frankfurt a. M./New York: Campus Verlag, 1991

Chrobot, Stefan: Gewerkschaften in Sri Lanka. Strukturen und Bündnispolitik unter der UNP-Regierung, in: Verfassung und Recht in Übersee, 21. Jg.,II/1988, Baden-Baden: 1988

Chrobot, Stefan: Gewerkschaftliche Solidarität und die Industrialisierung der Entwicklungsländer. In: Gümrükçü, Harun (Hrsg.): ITES Jahrbuch Globalisierung: Grenzen und Perspektiven. Hamburg: ITES, 1999

Dettmer, Erika: Der Mythos des Transnationalen. Die falsche neoliberale Annahme von der grenzenlosen Freiheit der Märkte. E+Z 10/1998

Deyo, Frederic C.: Dependent Development and Industrial Order: An Asian Case Study, New York: 1981

DGB Bildungswerk e.V.: Mit Sozialklauseln den Welthandel regeln? Düsseldorf: 1995

Ebbinghaus, Bernhard / *Visser,* Jelle: Barrieren und Wege „grenzenloser“ Solidarität: Gewerkschaften und Europäische Integration, in: Streeck, Wolfgang (Hrsg.): Staat und Verbände, Westdeutscher Verlag: Opladen, 1994

Eisner, Werner: Solidarität und deutsche Misere. Erfahrungsmomente der frühen sozialen Bewegungen bis 1848, Frankfurt a. M.: Materialis Verlag 1982

Elias, Norbert: Was ist Soziologie? 5. Aufl., Weinheim u. München: Juventa-Verlag, 1986

Elias, Norbert: Studien über die Deutschen. Frankfurt a. M.: Suhrkamp, 1990

Esters, Helmut / *Pelger,* Hans: Gewerkschafter im Widerstand, Schriftenreihen des Forschungsinstituts der Friedrich-Ebert-Stiftung, Hannover: Verlag für Literatur und Zeitgeschehen, 1967

Evers, Anton: Solidarität und Interesse: Die deutschen Gewerkschaften im Spannungsfeld von Anspruch und Wirklichkeit, Frankfurt a. M.: Lang, 1979

FIET: A Social Dimension to Globalisation, Geneva: International Federation of Commercial, Professional an Technical Employees, 23rd FIET World Congress 1995

Fischer, Karin: Die andere Globalisierung: Möglichkeiten und Grenzen einer transnationalen Zivilgesellschaft, in: Parnreiter / Christof, Novy, Andreas / Fischer, Karin (Hrsg.): Globalisierung und Peripherie. Umstrukturierungen in Lateinamerika, Afrika und Asien, Wien: Brandes & Apsel, 1999

Frenkel, Stephen: Theoretical Frameworks and Empirical Contexts of Trade Unionism; in: Ders.: Organized Labour in the Asia Pacifik Region, New York: 1993

Friedrich-Ebert-Stiftung: Seminar Report on FES / ITS Workshop „Labour Relations under Conditions of Globalisation“, Bonn: 1997

Friedrich-Ebert-Stiftung: Seminar Report on FES / ITS Workshop „Partnership in Trade Union Development“, Bonn: 1998

Fröbel, Folker / *Heinrichs,* Jürgen / *Kreye,* Otto: Die neue internationale Arbeitsteilung. Reinbek bei Hamburg: Rowohlt, 1977

Geary, Dick: Arbeiterprotest und Arbeiterbewegung in Europa 1848 – 1939, München: C.H. Beck, 1983

Geiger, Theodor: Theorie zur Sozialen Schichtung. In: Ders.: Arbeiten zur Soziologie, Neuwied: Luchterhand, 1962

Geiger, Wilhelm: The Mahavamsa or The Great Chronicle of Ceylon, London: Oxford University Press, 1934 (1. Aufl. 1912)
Giddens, Anthony: Konsequenzen der Moderne, Frankfurt a.M: Suhrkamp, 1997
Henning, Friedrich Wilhelm: Die Industrialisierung in Deutschland 1800 – 1914, 9. Aufl., Paderborn: UTB, 1995
Hirsch-Weber, Wolfgang: Gewerkschaften in der Politik. Von der Massenstreikdebatte zum Kampf um das Mitbestimmungsrecht, Köln u. Opladen: Westdeutscher Verlag, 1959
Hoffmann, Jürgen: Gewerkschaften in der „Globalisierungsfalle"?, in: PROKLA Heft 106, 1997
Hoffmann, Jürgen / *Hoffmann,* Rainer: Globalisierung – Risiken und Chancen für gewerkschaftliche Politik in Europa, S. 161 in: R. Simons, K. Westermann: Standortdebatte und Globalisierung in der Wirtschaft, Marburg: 1997
Huntington, Samuel Phillips: Kampf der Kulturen: die Neugestaltung der Weltpolitik im 21. Jahrhundert, München: Europa-Verlag, 1996
Ifo-Institut: Sind Löhne und Steuern zu hoch? In: Ifo-Schnelldienst Nr. 20, 1996
IG Metall: Weltweit Solidarität organisieren. Themenheft der IG Metall Nr.5, November 1996
IMB: Der Internationale Metallgewerkschaftsbund 1893 – 1993. Die ersten hundert Jahre, Genf, o.J.
Internationaler Metallgewerkschaftsbund: Aktionsprogramm 1997 – 2001, Genf o.J.
Internationales Arbeitsamt: Die normensetzende Tätigkeit der IAO im Zeichen der Globalisierung, Genf: 1997
ICFTU: Annual Survey of Violation of Trade Union Rights 1998, Brüssel: 1998
ICFTU-APRO: International Trade, Investment and Competetiveness. Trade Union Strategies in a Globalising Economy, Singapore: 1997
Johansson, Knut / *Norling,* Jan-Erik: Wir bauen die Zukunft: 100 Jahre internationale Zusammenarbeit – Eine Chronik. Stockholm: Internationaler Bund der Bau und Holzarbeiter, o.J.
Jomo, K.S. (Ed.): Tigers in Trouble: Financial Governance, Liberalisation and Crisis in East Asia, London: Zed Books, 1998
Journalistenhandbuch Entwicklungspolitik 1998, Bundesministerium für wirtschaftliche Zusammenarbeit und Entwicklung (BMZ), Berlin: 1998
Kant, Immanuel: Was ist Aufklärung? In: Was ist Aufklärung?, Stuttgart: Reclam, 1974
Katz, Harry C / *Kurvilla,* S. / *Turner,* Lowell: Trade Unions and Collective Bargaining. Policy Research Working Papers, World Bank: 1993
Kearney, Robert N.: Trade Unions and Politics in Ceylon, Berkeley: University of California Press, 1971

Kocka, Jürgen.: Lohnarbeit und Klassenbildung: Arbeiter und Arbeiterbewegung in Deutschland 1800-1875, Bonn, Berlin 1983

Kramer, Dieter: Kulturelle Vielfalt als Ressource. Die Bedeutung von Kultur in der Globalisierungsdebatte, in: E+Z 10/1998, S. 256 ff.

Lamnek, Siegfried: Qualitative Sozialforschung, Bd. 1 und Bd. 2., München: Beltz, 1993

Lash, Scott / *Urry,* John: The End of Organized Capitalism, Cambridge: Polity Press, 1987

Leich, Sabine Hanna / *Kruse,* Wolfgang: Internationalismus und nationale Interessenvertretung: Zur Geschichte der internationalen Gewerkschaftsbewegung. Köln: Bund-Verlag, 1991

Lenin, W.I.: Was tun? 1902, in: Ausgewählte Werke, Bd. 1, Frankfurt a.M.: VMB, 1973

Limmer, Hans: Die deutsche Gewerkschaftsbewegung, 3. Aufl., München: Günter Olzog Verlag, 1970

Martin, Hans-Peter / *Schumann,* Harald: Die Globalisierungsfalle, Reinbek b. Hamburg: Rowohlt, 1996

Marx, Karl: Das Kapital. Erster Band, in: MEW Bd. 23, Berlin: Dietz Verlag, 1973

Marx, Karl / *Engels,* Friedrich: Manifest der kommunistischen Partei, 1848, in: Marx-Engels Studienausgabe, Bd. 1, Frankfurt a.M.: Fischer, 1966

Mayring, Phillip: Qualitative Inhaltsanalyse: Grundlagen und Techniken, 4. erw. Aufl., Weinheim: Dt. Studien-Verlag, 1993

Menzel, Ulrich: Die drei Entwicklungstheorien des Karl Marx, in: E+Z, Jg. 41.2000:1, S. 8-11

Metcalfe, Andrew: For Freedom and Dignity: Historical Agency and Class Structures in the Coalfields of NSW, Sydney: Allen & Unwin, 1988

Mitterauer, Michael: Frühformen der Lohnarbeit in europäischen Agrargesellschaften, in: Bockhorn, Olaf / Grau, Ingeborg / Schicho, Walter (Hrsg.): Wie aus Bauern Arbeiter wurden. Wiederkehrende Prozesse des gesellschaftlichen Wandels im Norden und im Süden einer Welt, Frankfurt a.M.: Brandes und Apsel, 1998

Munck, Ronaldo: The New International Labour Studies. An Introduction, London: 1988

Obeyesekere, Ganath: The Vicissitudes of the Sinhala-Buddhist Identity through Time and Change, in: Roberts, Michael (Ed.): Collective Identities, Nationalisms and Protest in Modern Sri Lanka, Colombo: Marga Institute, 1979

OECD: Globalisation of Industry, Overview and Sector Reports, Paris: 1996

Opel, Fritz: 75 Jahre Eiserne Internationale 1893 – 1968, Genf: Internationaler Metallarbeiter-Bund, 1968

Rasiah, Rajah / *Hofmann,* Norbert von (Ed.): Workers on the Brink. Unions, Exclusions and Crisis in Southeast Asia, Singapore: Friedrich-Ebert-Stiftung, 1998

Pohlmann, Friedrich: Die europäische Industriegesellschaft, Opladen: UTB, 1997

Reichertz, Jo: Probleme qualitativer Sozialforschung: zur Entwicklungsgeschichte der Objektiven Hermeneutik, Frankfurt a.M.: Campus Verlag, 1986

Rufin, Jean-Christoph: Das Reich und die neuen Barbaren. Berlin: Volk und Welt, 1993

Southall, Roger: Trade Unions and the New Industrialisation of the Third World, 1988

Schneider, Michael: Kleine Geschichte der Gewerkschaften. Ihre Entwicklung in Deutschland von den Anfängen bis heute, Bonn: Dietz, 1989

Senghaas, Dieter: Zivilisierung wider Willen. Der Konflikt der Kulturen mit sich selbst. Frankfurt a.M.: Suhrkamp, 1998

Stein, Lorenz von: Die Geschichte der sozialen Bewegung Frankreichs von 1798 bis auf unsere Tage, Bd. II: Die industrielle Gesellschaft: Der Sozialismus und Kommunismus Frankreichs von 1830 bis 1848, (1850) München: Drei Masken Verlag, 1921 (Neudruck)

Tomlinson, John: Kulturelle Globalisierung und Deterritorialisierung. Die Bedrohung der westlichen Hegemonie. E+Z 10/1998, S. 259 ff.

Thompson, Edward P.: Die Entstehung der englischen Arbeiterklasse, Bd. I u. Bd. II, Frankfurt a.M.: Suhrkamp, 1987

Vester, Michael: Die Entstehung des Proletariats als Lernprozeß: Die Entstehung antikapitalistischer Theorie und Praxis in England 1772 – 1848, Frankfurt a.M.: Europäische Verlagsanstalt, 1970

Vester, Michael: Ökonomische Modernisierung und soziale Milieus: Innovative und entwicklungshemmende Akteure in einer Südregion, in: Ders. (Hrsg.): Unterentwicklung und Selbsthilfe in europäischen Regionen, Offizin Verlag: Hannover, 1993(a)

Vester, Michael / *Oertzen,* Peter von / *Geiling,* Heiko / *Hermann,* Thomas / *Müller,* Dagmar: Soziale Milieus im gesellschaftlichen Wandel. Zwischen Integration und Ausgrenzung. Köln: Bund-Verlag, 1993(b)

Voß, Eckhard et al.: Grenzüberschreitende Arbeitsmarktpolitik an der deutsch-dänischen Grenze, Forschungsbericht, Hamburg: ISA Consult, 1999

Wagner, Christian: Die Muslime Sri Lankas. Eine Volksgruppe im Spannungsfeld des ethnischen Konflikts zwischen Singhalesen und Tamilen, Freiburg: Arnold Bergstraesser Institut, 1990

Waterman, Peter: One, Two, Three new Internationalisms! On a new Third World Internationalism and it's Relationship to those of the West and the East, The Hague: Institute of Social Studies, 1990

Waterman, Peter: The newest International Labour Studies: Fit for the new World Order? The Hague: Institute of Social Studies, 1996

Weber, Max: Die protestantische Ethik und der Geist des Kapitalismus, in: Ders.: Gesammelte Aufsätze zur Religionssoziologie, 4. Aufl., Tübingen: J.C.B. Mohr, 1947

Weber, Max: Gesammelte Politische Schriften, 2. Aufl., Tübingen: J.C.B. Mohr, 1958

Weber, Max: Die Wirtschaftsethik der Weltreligionen Hinduismus und Buddhismus, in: MWG I / 20, Tübingen: J.C.B. Mohr, 1976

Weber, Max: Wirtschaft und Gesellschaft: Grundriss der verstehenden Soziologie, 5. Aufl., Tübingen, J.C.H. Mohr, 1972

Weggel, Oskar: Wie mächtig wird Asien? Der Weg ins 21. Jahrhundert, München: Beck, 1999

Zürn, Michael: Regieren jenseits des Nationalstaates: Globalisierung und Denationalisierung als Chance, Frankfurt a. M.: Suhrkamp, 1998

Zwanzig Jahre Weltgewerkschaftsbund: Dokumente aus der Tätigkeit des Weltgewerkschaftsbundes, Bd. I u. Bd. II, Berlin: Verlag Tribüne, 1965

VIII.2: Zu Thailand

Akin Ribhadana: Clientship and Class Structure in the Early Bangkok Period, in: From Change and Persistence in Thai Society, Cornell University Press, 1975

Akin Ribhadana: Patron-Client Relationship and Self-Help Organisation of the Poor, University of Amsterdam, Anthropological- Sociological Centre, 1980

Akin Ribhadana: The Impact of Economic Growth on Culture: The Case of Thailand, Bangkok: The United Nations University, 1994

Anek Laothamatas: Business Associations and New Political Economy of Thailand. Singapore: Westview Press, 1992

Arya, Gosa: Thailand: A Vertically Structured Social System. In: Journal of Social Science, Chulalongkorn University, Vol. XVI, No. 1, 1979

Bello, Walden: A Siamese Tragedy: Development and Disintegration in Modern Thailand. London, New York: Zed Books, 1998

Buddhadasa Bhikku: Handbook for Mankind, Bangkok: Mahachula Buddhist University Press, o.J.

Brown, Andrew: The Industrial Working Class and the State in Thailand: An Introductory Analysis, (Master Thesis) The Australian National University 1990

Brown, Andrew / *Frenkel,* Stephen: Union Unevenness and Insecurity in Thailand; in: Frenkel, Stephen (Ed.): Organized Labor in the Asia-Pacific Region, New York: 1993

Brummelhuis, Han ten: Abundance and Avoidance: an interpretation of Thai individualism, in: Brummelhuis, Han ten / Kemp, Jeremy H.: Strategies and Structures in Thai Society, Antropologisch-Sociologisch Centrum, Amsterdam: 1984

Bundit Thanachaisethavut: Trade Union Structure and Tripartite Systems in Thailand, Bangkok: Arom / FES, 1998

Callahan, William A: Imagining Democracy: Reading "The Events of May" in Thailand. Singapore: Institute of Southeast Asian Studies, 1998

Chrobot, Stefan: Occupational Health and Safety Development in Thailand, in: Social Security in the International Development Cooperation, Bonn: Friedrich-Ebert-Stiftung, 1997

Chrobot, Stefan: Trade Unions in Transition: Present Situation and Structure of the Thai Labour Movement, Bangkok: Friedrich-Ebert-Stiftung, 1996

Dixon, Chris: The Thai Economy. Uneven development and internationalisation, London, New York: Routledge, 1999

Embree, John F.: Thailand – a loosely structured system, in: American Anthropologist, 52: 1950, S. 181 – 193

Hanks, Lucien M.: Merit and Power in the Thai Social Order, in: American Anthropologist 64 No. 6, 1962, S. 1247 ff.

Hewison, Kevin (Ed.): Political Change in Thailand: Democracy and Participation. London, New York: Routledge, 1997

Hewison, Kevin / *Brown,* Andrew: Labour and Unions in an Industrialising Thailand: A Brief History. Asia Research Centre Mordoch University, Western Australia: Working Paper No. 22/1993

Holmes, Henry / *Suchada* Tangtongtavy: Working with the Thais: A Guide to Managing in Thailand. Bangkok: White Lotus, 1995 (4th Ed. 1997)

Husa, Karl / *Wohlschläger,* Helmut: Thailand – on its Way to Becoming Asia's Fifth Tiger? The Thai Model of Industrialisation and the Price at which it comes. In: Applied Geography and Development Vol. 48: Tübingen, 1996

IBFG: Aus der Asche: Ein Spielzeugfabrikbrand in Thailand, Brüssel: o.J.

Jensen, Anette: Thailand und Vietnam nach der Finanzkrise, in: Die Mitbestimmung, 12/1999

Ji Giles Ungpakorn: The struggle for democracy and social justice in Thailand. Bangkok: Arom Pongpangan Foundation, 1997

Ji Giles Ungpakorn: Class Struggle in an Era of Economic Crisis. Hongkong, Bangkok: Asia Monitor Resources Centre, 1999

Kanchada Poonpanich: The Making of Third World Workers: A Cultural Analysis of the Labour Movement in Thailand, 1920s – 1950s, (Dissertation) Bielefeld, 1989

Kukrit Pramoj: Four Reigns (si phaedin), English Version by Tulachandra, Bangkok, Editions Duang Kamol, o.J.

Limqueco, Peter / *McFarlane*, Bruce / *Odhnoff,* Jan: Labour and Industry in ASEAN, Manila,: Journal of Contemporary Publishers, 1989

Mabry, Bevars D.: The Development of Labor Institutions in Thailand, Ithaca, New York: Cornell University Southeast Asia Program Data Paper: No. 112, 1979

Mabry, Bevars D.: The Thai Labour Movement, in: Asian Survey, Vol XVII, No 10, 1977

McCarthy, James: Surveying and Exploring in Siam, London: John Murray, 1900

Nikom Chandravithun / *Vause,* W. Gary: Thailand's Labour and Employment Law, Bangkok 1993

Pasuk Phongpaichit / *Baker,* Chris: Thailand Economy and Politics, New York: Oxford University Press 1995

Pasuk Phongpaichit / *Baker,* Chris: Thailand's Boom!, Chiang Mai: Silkworm Books, 1996

Pasuk Phongpaichit / *Sangsidh* Piriyarangsan: Corruption and Democracy in Thailand. Bangkok: The Political Economy Centre, Chulalongkorn University, 1994

Prawat karntosu khong kammakon thai (History of the struggle of Thai labour), Communist Party of Thailand, o.J. (nach 1976)

Sangsidh Piriyarangsan: The Formation of a Workers-Strategic Group: An Analysis of the Labor Movement in Thailand (1958–1976), (Dissertation) Bielefeld, 1989

Sangsidh Piriyarangsan / *Pasuk* Phongpaichit: Introduction: The Middle Class and Democracy in Thailand, in: Dies. (Hrsg.): The Middle Class and Thai Democracy, Bangkok: 1993

Sangsidh Piriyarangsan: State-Enterprise union: a step backward, Bangkok: Political Economy Centre, Culalongkorn University, 1991

Sangsidh Piriyarangsan: prawat karntosu khong kammakon thai (History of the struggle of Thai labour), Bangkok: 1986

Skinner, G. William: Chinese Society in Thailand: An Analytical History, Ithaca, New York: Cornell University Press, 1957

Smyth, H. Warington: Five Years in Siam. From 1891 to 1896, Bd.1 u. Bd. 2, London: John Murray, 1898

Somsak Kosaisuk: Labour against Dictatorship, Bangkok: Friedrich-Ebert-Stiftung, 1993

Sulak Sivaraksa: Seeds of Peace. A Buddhist Vision for Renewing Society, Berkeley, Bangkok: Parralax Press, 1992

Sulak Sivaraksa: Powers that be: Pridi Banomyong through the rise and fall of Thai Democracy. Bangkok: Committees in the Project for National Celebrations on the Occasion of the Centenial Anniversary of Pridi Banomyong, 1999

Surin Maisrikrod: Thailand's two general elections in 1992: democracy sustained. Singapore: Institute of Southeast Asian Studies, 1992

Terwiel, Barend J.: Acceptance and Rejection: The first Inoculation and Vaccination Campaigns in Thailand, unveröffentlicht, o.J.

Terwiel, Barend J.: Formal structure and informal rules: an historical perspective on hierarchy, bondage and patron-client relationship, in: Brummelhuis, Han ten / Kemp, Jeremy H.: Strategies and Structures in Thai Society, Antropologisch-Sociologisch Centrum, Amsterdam: 1984

Thai Labour Museum: Catalogue, Bangkok: 1994

Thompson, Virginia: Labor Problems in Southeast Asia, New Haven, London: Yale University Press, 1947

Wehmhörner, Arnold: Trade Unionism in Thailand – A New Dimension in a Modernising Society, Manila: Journal of Contemporary Asia Vol. 13. No. 4 1983

Wright, Arnold / *Breakspear,* Oliver T.: Twentieth Century Impressions of Siam: Its History, People, Commerce, Industries, and Ressources. Lloyd's Greater Britain Publishing Company, Ltd., 1908; Nachdruck: Singapore: White Lotus, 1994

Wright Jr., Joseph J.: The Balancing Act. A History of Modern Thailand, Bangkok: Asia Books, 1991

Yuangrat (Pattanapongse) Wedel: Modern Thai Radical Thought: The Siamization of Marxism and its Theoretical Problems, Thammasat University Bangkok: Thai Khadi Research Institute, 1982

VIII.3: Interviews

Fünf Interviewrecherchen in Thailand:

- Interview 1 mit Ms. Wanpen Premkeow (13. 11. 1998)
- Interview 2 mit Mr. Somsak Kosaisuk (28. 11. 1998)
- Interview 3 mit Mr. Pratuang Seangsang (02. 12. 1998)

- Interview 4 mit Mr. Philip Robertson (03. 12. 1998)
- Interview 5 mit Mr. Damri Ruengsudham (07. 11. 1999)

Neun Problemzentrierte Interviews über Selbstverständnis und Außenkontakte der Gewerkschaftsbewegung in Thailand:

- Interview Nr. 1 (19.07.99)
- Interview Nr. 2 (21.07.99)
- Interview Nr. 3 (21.07.99)
- Interview Nr. 4 (22.07.99)
- Interview Nr. 5 (23.07.99)
- Interview Nr. 6 (24.07.99)
- Interview Nr. 7 (24.07.99)
- Interview Nr. 8 (25.07.99)
- Interview Nr. 9 (07.11.99)

Kolibri 360 GmbH
Ferdinand-Jühlke-Straße 7
99095 Erfurt, Deutschland
produktsicherheit@kolibri360.de

Druck:
CPI Druckdienstleistungen GmbH
im Auftrag der
Kolibri 360 GmbH
Ferdinand-Jühlke-Str. 7
99095 Erfurt